Jens Tenscher (Hrsg.)

Wahl-Kampf um Europa

Jens Tenscher (Hrsg.)

Wahl-Kampf um Europa

Analysen aus Anlass der
Wahlen zum Europäischen
Parlament 2004

VS VERLAG FÜR SOZIALWISSENSCHAFTEN

Bibliografische Information Der Deutschen Bibliothek
Die Deutsche Bibliothek verzeichnet diese Publikation in der Deutschen Nationalbibliografie;
detaillierte bibliografische Daten sind im Internet über <http://dnb.ddb.de> abrufbar.

1. Auflage November 2005

Alle Rechte vorbehalten
© VS Verlag für Sozialwissenschaften/GWV Fachverlage GmbH, Wiesbaden 2005

Lektorat: Frank Schindler

Der VS Verlag für Sozialwissenschaften ist ein Unternehmen von Springer Science+Business Media.
www.vs-verlag.de

Umschlaggestaltung: KünkelLopka Medienentwicklung, Heidelberg

Gedruckt auf säurefreiem und chlorfrei gebleichtem Papier

ISBN-13: 978-3-531-14340-8   e-ISBN-13: 978-3-322-80614-7
DOI: 10.1007/978-3-322-80614-7

Inhalt

**Europawahlkämpfe regional und international –
Analysen aus dem In- und Ausland**

Wahl-Kampf um Europa.
Eine Einführung

Jens Tenscher[1]

1   Wahlen „zweiter Wahl"

Im Juni 2004 fand die sechste Direktwahl zum Europäischen Parlament (EP) statt. Aufgerufen waren rund 342 Millionen Bürger[2] aus 25 Mitgliedsländern der Europäischen Union (EU), ihre Repräsentanten auf europäischer Ebene zu bestimmen und zugleich ihrer Unterstützung gegenüber dem voranschreitenden Integrationsprozess Ausdruck zu verleihen. Erstmalig nahmen an diesen Wahlen auch die Bürger acht postkommunistischer Staaten Mittel- und Osteuropas sowie Maltas und Zyperns teil, die am 1. Mai 2004 der EU beigetreten waren. Vor dem Hintergrund dieser größten Erweiterungsrunde in der Geschichte der Europäischen Staatengemeinschaft, der zu diesem Zeitpunkt erwarteten baldigen Verabschiedung einer gemeinsamen EU-Verfassung sowie der Ausweitung der politischen Gestaltungs- und Einflussmöglichkeiten des Europäischen Parlaments keimte – insbesondere bei den politischen Handlungsträgern der EU – vorab Zuversicht auf, dass die Europawahl 2004 in deutlich größerem Maße als ihre Vorläuferinnen massenmediale Aufmerksamkeit und öffentliches Interesse wecken würde und damit wieder an die hohe Resonanz der ersten Direktwahlen zum Europäischen Parlament 1979 anknüpfen könnten (vgl. zu früheren Europawahlen u.a. die Beiträge in J. Blumler 1983a; O. Niedermayer/H. Schmitt 1994; J. Blondel et al. 1998; W. van der Brug/ C. van der Eijk 2005).

Allein, die hohen Erwartungen gegenüber der politischen und auch symbolischen „Startschussfunktion" der Europawahl 2004, vor allem die Hoffnungen auf eine entsprechend „historische" Wahlbeteiligung, wurden nicht erfüllt. Im Gegenteil: Niemals zuvor hatten, EU-weit und in Deutschland, so wenige Menschen bei einer Europawahl ihre Stimme abgegeben; in Deutschland waren dies gerade einmal 43 Prozent der Wahlberechtigten. Der Trend, wonach seit 1979 alle fünf Jahre immer *weniger* Bürger Interesse zeigten, sich an der Europawahl zu beteiligen, wurde somit fortgesetzt (vgl. Abbildung 1). Zum zweiten Mal hintereinander ver-

---

1   Mein besonderer Dank gilt Annika Breutmann, Carsten Gieselmann und Eric Schmitt für ihre Unterstützung bei der Formatierung dieses Bandes sowie Marcus Menzel für die Übersetzung der Beiträge fremdsprachiger Autoren.
2   Hier wie in den folgenden Beiträgen des Bandes wird einzig aus Gründen des Leseflusses auf die Verwendung geschlechtsneutraler Begrifflichkeiten bei Personenkreisen und -gruppen (z.B. „Bürgerinnen und Bürger", „PolitikerInnen" o.ä.) verzichtet. Entsprechende Aussagen beziehen sich demzufolge, wenn nicht anders vermerkt, immer sowohl auf weibliche als auch auf männliche Akteure.

zichtete mehr als die Hälfte der wahlberechtigten EU-Bürger und auch der Deutschen darauf, ihre Stimme abzugeben. Damit wurde wiederum – in manchen Ländern stärker, in manchen weniger (vgl. den Beitrag von B. Weßels in diesem Band) – die für die Legitimation des Europäischen Parlaments zentrale „demokratische Schmerzgrenze" (Brettschneider et al. 2003: 16; vgl. auch Delwit 2002) von einer mindestens fünfzigprozentigen Wahlbeteiligung unterschritten.[3]

Abbildung 1:   Entwicklung der Wahlbeteiligung bei den Europawahlen im Vergleich (in Prozent)

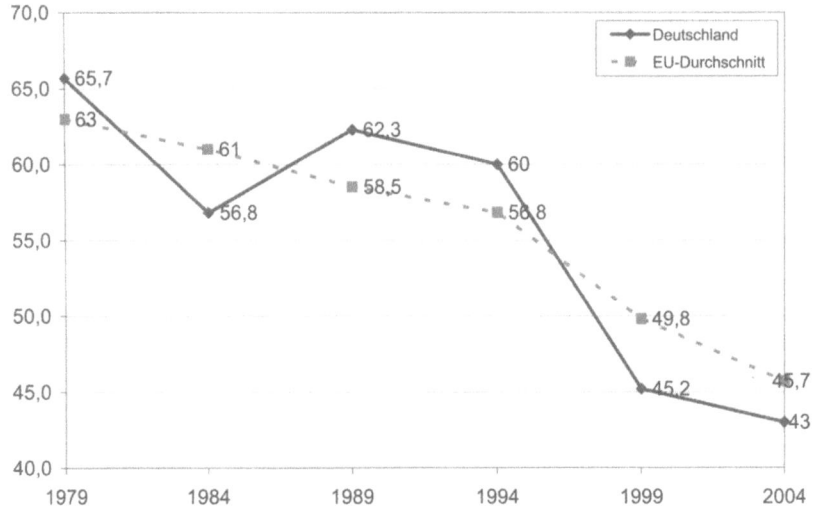

Quelle: Europäisches Parlament, EOS Gallup Europe.

Hinzu kommt, dass in den meisten Ländern – wie schon bei früheren Wahlen (vgl. u.a. K. Reif/H. Schmitt 1980; M. Marsh 1998, 2005a) – die Abstimmung über die Zusammensetzung der europäischen Legislative seitens der Wähler auch 2004 primär dazu genutzt wurde, ihrer (Un-)Zufriedenheit mit der *nationalstaatlichen* Politik Ausdruck zu verleihen (vgl. M. Marsh 2005b). So spiegelte sich nicht nur im deutschen Wahlergebnis (vgl. den Beitrag von J. Tenscher in diesem Band), weniger ein Protest gegenüber Europa und auch nur in vernachlässigbarem Ausmaß eine Bewertung der Leistungen des Europäischen Parlaments wider, sondern vor allem der wachsende Unmut mit der Arbeit der *nationalen* Regierungspar-

---

3 Bei der Interpretation der stetig sinkenden Wahlbeteiligung bei Europawahlen gilt es zu berücksichtigen, dass mit steigender Zahl an EU-Mitgliedsländern nicht nur der Anteil der Länder mit Wahlpflicht gesunken ist, sondern dass zudem Länder mit traditionell niedriger Wahlbeteiligung der EU beitraten. Überdies hängt die Höhe der Wahlbeteiligung auch von Terminierungseffekten ab, also davon, ob am Tag der Europawahl eine nationale Parlamentswahl stattfindet oder nicht (vgl. u.a. M. Franklin 2001).

tei(en).[4] Entsprechend bekamen diese in insgesamt 20 der 25 EU-Länder einen „Denkzettel" verpasst, getreu dem Motto „Wer regiert, verliert" (o.V. 2004).

Diese Umdeutung der Europawahl zu einer Art nationalen „Zusatzwahl" gilt es auch bei der Interpretation der rasant sinkenden Wahlbeteiligung zu berücksichtigen. Wenn es bei Europawahlen aus Sicht der Wähler zuvorderst um *nationale* Belange und nur in den seltensten Fällen um eine Abstimmung über europäische Themen und Akteure geht, so ist die abbröckelnde Beteiligung an den Wahlen – zumindest in den meisten EU-Mitgliedsländern – auch kein geeigneter Hinweis für vermeintlich sinkendes Vertrauen in das „Projekt Europa", das Europäische Parlament oder andere EU-Institutionen (vgl. S. Wagner 2003; H. Schmitt/C. van der Eijk 2005).[5] Tatsächlich ist es sogar so, dass die auf die EU bezogene Unterstützung in den vergangenen Jahren weder EU-weit noch in Deutschland in signifikantem Maße gesunken ist (vgl. J. Thomassen/H. Schmitt 1999; D. Fuchs 2003).[6] Insofern reflektiert die nachlassende Partizipation an Europawahlen zunächst einmal „nur" einen generellen Trend, der sich in Bezug auf nationale Parlamentswahlen in fast allen Demokratien in den vergangenen Jahren feststellen lässt und der primär auf Orientierungen gegenüber nationalen politischen Akteuren zurückzuführen ist (vgl. M. Franklin 2004 sowie für Deutschland den Beitrag von J. Tenscher in diesem Band).

Darüber hinaus spiegelt sich aber in der steigenden Abstinenz bei Europawahlen jedoch auch ein *EU-spezifisches* Momentum: Diesen wird im Vergleich zu nationalen Parlamentswahlen schlichtweg eine geringere *Relevanz* seitens der Wählerschaft zugesprochen (vgl. ursprünglich K. Reif/H. Schmitt 1980). Dies mag zunächst auf den institutionellen Charakter des vergleichsweise komplizierten

---

4   Gleichwohl ist darauf hinzuweisen, dass die (niedrige) Wahlbeteiligung bei der Europawahl 2004 – nicht nur in Deutschland – in größerem Maße als bei früheren Europawahlen auf originär europäische Ursachen, namentlich eine Unzufriedenheit mit dem beschleunigten EU-Integrationsprozess und der Osterweiterung der EU, zurückzuführen sind (vgl. H. Schmitt 2005).

5   Diese Interpretation findet sich dennoch immer wieder im Rahmen publizistischer Deutungen des Wahlergebnisses (vgl. z.B. C. von Marschall 2004). Auch muss darauf hingewiesen werden, dass das Ausmaß der nationalen Rahmung der Europawahlen stark kontextabhängig ist und somit durchaus EU-spezifische Fragen das Wahlverhalten beeinflussen können (vgl. u.a. R. Flickinger et al. 2003). So spielte im vergangenen Europawahlkampf zwar nicht in Deutschland, aber in einigen anderen EU-Mitgliedsländern – insbesondere in Mittel- und Osteuropa, aber auch z.B. in Österreich – die europäische Dimension eine zentrale Rolle, was auch in entsprechenden Proteststimmen *gegen* die EU und in hoher Wahlabstinenz zum Ausdruck kam (vgl. die Beiträge von K.-R. Tigasson sowie R. Picker/E. Zeglovits in diesem Band).

6   Bei genauerem Hinsehen zeigen sich z.t. erhebliche – und weithin konstante – Unterschiede zwischen den EU-Mitgliedsländern hinsichtlich des Ausmaßes an EU-bezogener Unterstützung, Vertrauens in EU-Institutionen, des EU-bezogenen Interesses und Wissens, des Grades der EU-bezogenen Informationsnutzung und schließlich der Beteiligung an Europawahlen (vgl. u.a. J. Blondel et al. 1998). Während sich, beinahe schon „traditionell", die EU-Begeisterung in einigen Ländern in Grenzen hält (vor allem in Großbritannien, Finnland, Dänemark, Schweden, Österreich und Flandern), zählen die Bürger der Gründerländer der Europäischen Gemeinschaft für Kohle und Stahl (Deutschland, Niederlande, Belgien, Luxemburg, Frankreich, Italien) sowie die Mittelmeerländer seit jeher zu den stärksten Befürwortern des europäischen Integrationsprozesses (vgl. auch O. Niedermayer 1995). Umso unerwarteter war die Ablehnung der EU-Verfassung, die die Mehrheit der Franzosen und der Niederländer im Zuge der Referenden im Frühsommer 2005 zum Ausdruck brachte.

Mehrebenensystems der EU zurückzuführen sein, in dem das Europäische Parlament zwar stetig an Kompetenzen gewonnen hat, doch weiterhin nicht direkt Einfluss auf die Zusammensetzung einer europäischen „Regierung" (d.h. der Europäischen Kommission) nimmt (vgl. S. Schmidt 2002). Aus Sicht der Bürger steht somit bei Europawahlen folglich weniger „auf dem Spiel" als bei nationalen Parlamentswahlen.

Hinzu kommt, dass das Interesse an dem *Arkanum EU* im Vergleich zur nationalen Politikarena seit jeher vergleichsweise mäßig ausfällt: Die Bürger Europas verfolgen Geschehnisse auf der europäischen Ebene schlichtweg seltener, weniger intensiv und kontinuierlich, sie wissen weniger über EU-Institutionen und -Akteure als über nationalstaatliche (vgl. z.B. J. Blondel et al. 1998: 85ff.) und nur relativ wenige machen sich auf die aktive Suche nach EU-bezogenen Informationen. Die Deutschen sind hier eher die Ausnahme, da sie sich seit in deutlich überdurchschnittlichem Maße für europäische Belange interessieren, am stärksten Europawahlkämpfe massenmedial verfolgen und sich aktiv Informationen suchen (vgl. u.a. W. Schulz/J. Blumler 1994; H. Scherer 1995; EOS Gallup Europe 2004). Gleichwohl ändert sich auch hier wie bei den Bürgern der anderen EU-Mitgliedsländern die weit reichende *Indifferenz* gegenüber der EU nur in geringem Maße zu Europawahlkampfzeiten (vgl. u.a. F. Bicchi et al. 2003: 15ff.).

2   Wahl-Kämpfe „zweiter Wahl"

Eine vergleichsweise geringe Aktivierung und mangelhafte Mobilisierung bei Europawahlen ist umso erstaunlicher, da Wahlkämpfe doch eigentlich als Hoch-Zeiten politischer Kommunikation gedacht sind, in denen, vor dem Hintergrund entsprechend öffentlichkeitswirksamer Kampagnenbemühungen, das Ausmaß und die Sichtbarkeit politischer Akteure, Themen und Ereignisse im Vergleich zu den Routinephasen der Politikvermittlung zunehmen sollten (vgl. u.a. die Beiträge in A. Dörner/L. Vogt 2002). Dies scheint – mit Ausnahme der ersten Direktwahl des Jahres 1979 (vgl. die Beiträge in J. Blumler 1983a) – bei Europawahlkämpfen jedoch nur in vergleichsweise geringem Maße der Fall zu sein (vgl. u.a. R. Cayrol 1991; W. Schulz/J. Blumler 1994; F. Bicchi et al. 2003). Insofern spricht einiges dafür, die nachgeordnete Bedeutung, mit denen die Bürger bisher – und in wachsendem Maße – den europäischen Parlamentswahlen begegnet sind, direkt mit der Quantität und Qualität zu verknüpfen, mit der Europawahlkämpfe ausgetragen, und der Art und Weise, wie diese den Bürgern *vermittelt* worden sind. Diese Vermutung wird durch einen Blick auf die bisherigen Europawahlkämpfe bestätigt: Je intensiver die Kampagnen geführt wurden und je sichtbarer und umfassender über die Kampagne berichtet wurde, desto mehr Bürger wurden erreicht, desto mehr Wähler wurden aktiviert und waren schließlich bereit, sich – auf Basis eines gestiegenen EU-bezogenen Interesses und eines höheren Grads an Informiertheit – an der Wahl zu beteiligen (vgl. u.a. J. Blondel et al. 1998: 160ff.; J. Gerstlé et al. 2002; S. Banducci/H. Semetko 2003).[7]

Entsprechende Befunde unterstreichen die besondere Rolle, die den *intermediären Instanzen* der politischen Willensbildung und Interessenvermittlung, d.h. Parteien, Interessengruppen und – nicht zuletzt – den Massenmedien, bei der Vermittlung des „Projekts Europa" im Allgemeinen und im Rahmen von Europawahlkämpfen im Besonderen zukommt. Gerade letzteren scheint angesichts eines erst schwach ausgeprägten europäischen Parteiensystems (vgl. z.B. S. Hix/C. Lord 1997; K. Pöhle 2000) und entsprechend fehlender psychologischer Bindungen der Wähler an europäische Parteien, eine zentrale Bedeutung zukommen: Mehr noch als im nationalen Kontext fungieren hier Rundfunk, Print- und neue Medien für die Mehrheit der Bürger als zentrale, mitunter einzige Foren zur Beobachtung einer für viele i.d.r. entfernten europäischen Entscheidungs- und Handlungsarena (vgl. J. Blumler 1983b; J. Tenscher/S. Schmidt 2004; C. de Vreese et al. 2005). Entsprechend dürfte die geringe Aufmerksamkeit und Apathie, mit der die Bürger die Europäische Union allgemein und auch Europawahlen bislang verfolgt haben, nicht zuletzt auf eine entsprechend unbefriedigende Berichterstattung zurückzuführen sein (vgl. bereits K. Schönbach 1981).

Diese Vermutung wird durch eine Vielzahl an Studien bestätigt, die eine in vielerlei Hinsicht defizitäre EU-Berichterstattung – EU-weit, aber insbesondere auch in Deutschland – konstatieren: Diese ist in Routinephasen weitgehend „flüchtig", kaum sichtbar und konzentriert sich zumeist auf einige wenige Europa umspannende Ereignisse, wie z.B. die BSE-Krise oder die Einführung des Euro (vgl. z.B. H. Semetko et al. 2000; C. de Vreese 2002; D. Kevin 2003 sowie den Beitrag von F. Brettschneider/M. Rettich in diesem Band). In „Kommunikationshochphasen", wie sie Europawahlen vermeintlich darstellen, steigt die Europaberichterstattung zwar kurzzeitig an, sie bleibt aber in *quantitativer Hinsicht* deutlich unter dem Niveau nationaler Parlamentswahlen (vgl. Medien Tenor 2004; C. de Vreese et al. 2005).

Neben dieser EU-weit feststellbaren massenmedialen *Marginalisierung* des Themas „Europa" fällt in *qualitativer* Hinsicht – mit der großen Ausnahme der ersten Europawahl 1979 (vgl. K. Siune 1983; W. Schulz 1982) – vor allem dessen „Domestizierung" bzw. „Nationalisierung" in Europawahlkämpfen auf (vgl. u.a. P. Leroy/K. Siune 1994; D. Kevin 2001):[8] Demnach werden EU-Ereignisse und

---

7 Auch hier zeichnen sich z.t. deutliche Länderunterschiede bezüglich des Zusammenhangs von Kampagnenintensität, Ausmaß und Art der Berichterstattung sowie Wähleraktivierung ab. Überdies wirken Europakampagnen und -berichterstattung in unterschiedlichem Maße auf politische Einstellungen und das Wahlverhalten betroffener Rezipienten bzw. Wähler, je nachdem, in welchem Maße diese sich allgemein für Politik und für Europapolitik im Besonderen interessieren und in welchem Maße sie die EU unterstützen (vgl. z.B. J. Blumler 1983b; F. Bicchi et al. 2003: 21ff.; J. Peter 2005).

8 Im Grade der „Domestizierung" zeigen sich im Ländervergleich z.t. erhebliche und im Wahlvergleich variable Unterschiede in der Berichterstattung: So zeichnete sich z.B. zwar die Wahlkampfberichterstattung Deutschlands bei der ersten Direktwahl durch das stärkste Ausmaß an „Europeanness" aus (vgl. W. Schulz 1982), stärkte aber fortan von Wahl zu Wahl die nationale Perspektive (vgl. S. Reiser 1994: 153f.; D. Kevin 2001: 27ff.). Was die „Tonalität" der Berichterstattung an-

-Themen, wie auch in den Routinephasen politischer Kommunikation (vgl. J. Peter 2004; C. Eilders/K. Voltmer 2004), in aller Regel aus einem nationalen Blickwinkel beleuchtet und es kommen zumeist nationale Akteure zu Wort bzw. ins Bild. Lediglich zu Wahlkampfzeiten gelingt es den EU-Repräsentanten für kurze Zeit, an medialer Präsenz gegenüber nationalen Akteuren zuzulegen, wenn auch nicht, diese zu übertreffen (vgl. E. Lauf/J. Peter 2004). Zudem konzentriert sich die EU-Berichterstattung durchgängig vor allem auf die EU-Kommission, selbst in Wahlkampfzeiten spielen EU-Parlamentarier nur eine untergeordnete Rolle. So gilt allgemein, was C. de Vreese et al. (2005) mit Blick auf die Europawahlberichterstattung des Jahres 1999 feststellten: „The European Union had neither face nor voice during the campaign for the European elections" (vgl. auch den Beitrag von F. Brettschneider/M. Rettich in diesem Band).

Europawahlen werden demzufolge nicht nur von den Bürgern als zweitrangige nationale Nebenwahlen wahrgenommen, sie werden – nach anfänglicher Euphorie 1979 – auf eben solche Art und Weise von den Massenmedien behandelt und den Wählern präsentiert. Dabei ist die Wechselseitigkeit zwischen (unterstellten) Publikums- und Wählererwartungen einerseits und einer zunehmend an den Bedürfnissen des Publikums orientierten Medienberichterstattung andererseits offenkundig.

Zugleich scheint im Ausmaß und der Art der Berichterstattung aber auch nicht zuletzt eine – im negativen Sinne – „adäquate" Reaktion auf entsprechend „farblose" (W. Schulz/J. Blumler 1994: 219) und unscheinbare kommunikative Bemühungen seitens der Wahlkampf führenden Parteien zum Ausdruck zu kommen. Vor dem Hintergrund der Erkenntnisse der Agenda-Building- und Agenda-Setting-Forschung (vgl. allgemein D. Berkowitz 1992; J. Dearing/E. Rogers 1996; M. McCombs et al. 2000; und in Bezug auf „second-order elections" u.a. K. Schönbach 1981; W. Hüning/J. Tenscher) liegt die Vermutung nahe, dass nicht nur Wähler und Massenmedien Europawahlen relativ geringe Aufmerksamkeit schenken und sie zugleich domestizieren, sondern dass auch die Parteien entsprechend national ausgerichtete, ereignisarme „low key campaigns" (R. Cayrol 1991: 29; F. Bicchi et al. 2003: 38) betreiben, die im Vergleich zu nationalen Parlamentswahlen konsequenterweise nur wenig massenmediale und öffentliche Aufmerksamkeit erwecken, die Schwerpunktsetzungen und die „Tonalität" der Berichterstattung beeinflussen.

Diese Vermutung bestätigt sich beim Blick auf die Parteienkampagnen im Rahmen der vergangenen Europawahlkämpfe: Nicht nur in Deutschland, auch in anderen „etablierten" EU-Mitgliedsländern Nord-, West- und Südeuropas hat sich gerade seit den 1980er Jahren der Prozess der *Modernisierung und Professionali-*

---

geht, so ist ein länderübergreifendes Übermaß an *neutraler* Berichterstattung festzustellen, wenn auch der Anteil an expliziten negativen Bewertungen im Anschluss an die erste Direktwahl des Europäischen Parlaments im Jahr 1979 auf niedrigem Niveau, aber doch spürbar gestiegen ist (vgl. P. Leroy/K. Siune 1994; J. Peter 2004). Dies ist insofern von Bedeutung, als dass eine positive Europawahlberichterstattung zwar nicht bei allen Wählern Mobilisierungseffekte mit sich bringt, aber immerhin die Bereitschaft zur Wahl ursprünglich EU-skeptischer Wähler erhöhen kann (vgl. S. Banducci/H. Semetko 2003: 11f.).

sierung nationaler Parlamentswahlkämpfe beschleunigt. Dies äußert sich a) in struktureller Hinsicht vor allem in einem sukzessiven Wandel hin von arbeits- zu kapitalintensiv geführten Kampagnen und in der steigenden Bedeutung externer Wahlkampfberater bzw. -dienstleister sowie b) in prozessualer Hinsicht in einer Ausdehnung des Kampagnenzeitraums hin zur „permanent campaign", im steigenden Grad des professionellen Ereignis- und Newsmanagements, der Mediatisierung (vor allem der Televisionierung), der Talkshowisierung, der Personalisierung und der Betonung zielgruppenspezifischer Direktkommunikation (vgl. zusammenfassend P. Norris 2000; F. Plasser/G. Plasser 2002; für Deutschland u.a. C. Holtz-Bacha 1999; A. Römmele 2002; J. Tenscher 2005).

Während sich die Parteien bei nationalen Parlamentswahlen in den vergangenen Jahren jedoch immer mehr gegenüber entsprechenden Techniken und Strategien „modernen" Kampagnenmanagements geöffnet haben, mutet ihr Engagement bei Europawahlen im Vergleich zur nationalen Parlamentsarena zunehmend anachronistisch an (vgl. u.a. F. Ferrara/J. Weishaupt 2004). Kennzeichen in diesem Sinne eher „traditioneller", weithin gebremster und unauffälliger Europakampagnen in Deutschland, aber auch in anderen ähnlich fortgeschrittenen „Mediendemokratien" sind vor allem:

- vergleichsweise schmale Budgets und eine kurzfristige Kampagnendauer (vgl. z.B. W. Schulz 1999: 5ff.; J. Gerstlé et al. 2002: 61ff.),
- relativ „überschaubare", wenig ausdifferenzierte Kampagnenstäbe mit bisher nur geringfügiger Einbettung externer, parteiungebundener Dienstleister und einem entsprechend unterentwickelten Ereignis- und Newsmanagement (vgl. z.B. F. Bicchi et al. 2003: 31ff),
- eine Fokussierung auf massenwirksame Werbekanäle der „paid media" (insbesondere Großflächenplakate und Parteienwerbesendungen im Fernsehen), bei gleichzeitig weitgehender Vernachlässigung sowohl der diversen Selbstdarstellungsformate des Fernsehens (vgl. J. Tenscher 2002) als auch des kostenintensiven „Narrowcastings" (vgl. J. Wilke/J. Tangemann 2004: 4ff.),
- ein niedriger Grad an Personalisierung aufgrund des geringen Bekanntheitsgrades der Europapolitiker und des zögerlichen Engagements der nationalen politischen Elite (vgl. bereits W. Schulz 1983: 362f.; O. Niedermayer 2005: 40) sowie
- eine umfassende Betonung nationaler Probleme sowie eine zunehmende Domestizierung EU-spezifischer Themen (vgl. u.a. O. Niedermayer 1989: 472ff.; J. Gerstlé et al. 2002: 67ff.). Dies kommt allerdings zuvorderst in der öffentlichen Rhetorik und weniger in den Europawahlprogrammen der Parteien zum Ausdruck, in denen – zumindest in Deutschland – durchaus programmatische Standpunkte in einem europäischen Kontext diskutiert werden, in denen in den vergangenen Jahren auch immer stärker auf das politische System der EU Bezug genommen wurde, originär europapolitische Themen aber nur eine marginale Rolle gespielt haben (vgl. T. Binder/A. Wüst 2004; A. Wüst 2005).

Mehr als alles andere offenbaren diese für alle vergangenen Europawahlkämpfe in weitgehend konstanten Maß, EU-weit sichtbaren Facetten vor allem den vergleichsweise niedrigen Stellenwert, den Parteien den Europawahlen im Vergleich zu nationalen Parlamentswahlen eingeräumt haben. Eine gewisse Ausnahme von dieser Regel scheint lediglich die erste Direktwahl zum Europäischen Parlament im Jahr 1979 gewesen zu sein, der aufgrund ihres „Neuigkeitswerts" sowohl von Seiten der Parteien als auch von Seiten der Massenmedien – wenn z.T. auch widerwillig (vgl. K. Brants et al. 1983: 129ff.) – eine nie mehr erreichte Relevanz zugeschrieben wurde, die sich in erhöhter Intensität, Sichtbarkeit und „Europeanness" niederschlug (vgl. K. Siune 1983). Seitdem hat sich aber nicht nur das *Commitment* der Massenmedien reduziert und deren Fokus auf innenpolitische Akteure und Themen verschoben (s.o.), sondern auch die Parteien haben ihre Bemühungen auf vergleichsweise niedrigem Niveau weitgehend *eingefroren*; selbst im nationalen Rahmen erfolgreiche Strategien und Strukturen scheinen nur zögerlich und wenig konsequent auf die Organisation und Durchführung von Europawahlkampagnen übertragen zu werden, auch wenn diesen, je nach Terminierung, mitunter die Bedeutung nationaler „Testwahlen" zukommt (vgl. allgemein F. Ferrara/J. Weishaupt 2004; für Deutschland S. Reiser 1994; J. Wilke/J. Tangemann 2004 sowie den Beitrag von J. Tenscher in diesem Band).

Die Gründe für diese stiefmütterliche Behandlung europäischer Wahlkämpfe seitens der involvierten Parteien sind genauso banal wie folgenreich:

- Erstens können Parteien, so viel lehrt die Erfahrung vergangener EU-Wahlkämpfe, *a priori* davon ausgehen, dass sowohl Medien als auch die Wählerschaft sich nur mit geringer Aufmerksamkeit intensiv geführten, primär auf Europa bezogenen Kampagnen zuwenden würden. Kostenintensive Bemühungen des auf die Nutzung der „free media" ausgerichteten Ereignis- und Newsmanagements (vgl. P. Esaisson 1991), ebenso teure Maßnahmen der zielgruppenspezifischen Direktkommunikation (vgl. A. Römmele 2002), aber auch eine Forcierung „europäischer" Themen würden vielmehr von vornherein angesichts einer weit verbreiteten „Europalethargie" (vgl. J. Wilke/J. Tangemann 2004) drohen, im Sande zu verlaufen.
- Zweitens erscheinen die Möglichkeiten zur Zuspitzung der Kampagnen auf Personen in mehrerlei Hinsicht begrenzt: EU-Parlamentarier sind weitgehend unbekannt, wodurch sie nicht nur über bezahlte Werbekanäle schwer zu vermitteln sind, sondern auch seltener die öffentlickeitswirksamen und reichweitenstarke Plattformen des Fernsehens nutzen können (vgl. J. Tenscher 2002). Dieses Prominenzdefizit europäischer Politiker könnten zu einem gewissen Maß nationale Spitzenpolitiker ausgleichen; allerdings haben sich diese i.d.R. bisher wenig enthusiastisch und eher zurückhaltend gegenüber Wahlkampfeinsätzen bei Europawahlen gezeigt (vgl. bereits W. Schulz 1983). Auch die Strategie, mangelnde Prominenz zu kompensieren, indem sich Persönlichkeiten aus nicht-politischen Bereichen – aus Gesellschaft, Sport, Kunst und Kultur – um ein Mandat bewarben, hat sich bisher nur in den seltensten

Fällen als erfolgreich erwiesen (vgl. den Beitrag von T. Moring in diesem Band).

- Drittens steht für die primär national verankerten und finanzierten Parteien bei Europawahlen schlichtweg nicht so viel auf dem Spiel wie bei nationalen Parlamentswahlen: Weder wird eine supranationale Regierungsmacht direkt gewählt, noch wird über die Besetzung nationaler Herrschaftspositionen und damit die gesellschaftliche Positionierung und Weiterentwicklung der Parteien entschieden (vgl. O. Niedermayer 1989: 472).

Vor diesem Hintergrund kann es, ungeachtet der faktisch steigenden Bedeutung des Europäischen Parlaments auch für nationale Entscheidungsprozesse, kaum überraschen, dass die deutschen und andere europäische Parteien deutlich mehr Zeit, finanzielle und personelle Ressourcen in die Gestaltung ihrer nationalen Parlaments- als ihrer Europakampagnen investieren (vgl. u.a. J. Gerstlé et al. 2002). Damit limitieren sie jedoch von vorneherein ihre Aussichten, massenmediale und öffentliche Resonanz zu erzielen – und setzen sich zugleich der Kritik aus, sich über die Wahlkampffinanzierung bei Europawahlkämpfen sanieren zu wollen (vgl. O. Niedermayer 2005: 47f.). Gleichwohl eröffnet das im Vergleich zu Bundestagswahlen weithin „unaufgeregte", indifferente und kalkulierbare Kampagnenumfeld – zumindest potenziell – *einzelnen*, auch kleineren Parteien außerordentliche Chancen, durch zielgruppenspezifische und/oder medienwirksame, innovative, originelle, auf charismatische Personen zugespitzte, ggf. auch populistische Kampagnen in besonderer Weise massenmediale Aufmerksamkeit zu wecken und Wähler zu mobilisieren (vgl. B. Meyer 2004 sowie den Beitrag von J. Tenscher in diesem Band). Allein, dieses Potenzial scheint bisher nur selten ausgeschöpft worden zu sein.

Parteien, Massenmedien und Wählerschaft scheinen insofern in einer Art *ménage à trois* festzustecken, in der weniger die faktische Relevanz der Europawahlen an sich, sondern vor allem das *Commitment* und die wechselseitigen Erwartungen der involvierten Akteure den Charakter des Wahlkampfes bestimmen. In diesem Sinne prägen einerseits die seitens der Parteien und Massenmedien *wahrgenommenen* Publikumserwartungen in hohem Maße das Ausmaß und die Richtung ihrer jeweiligen Kampagnenbemühungen. Andererseits wirken die Art und Weise der Kampagnenführung und -berichterstattung auf das Publikum, d.h. auf Bürger und Wähler, zurück und verstärken deren Prädispositionen in Bezug auf eine „zweitrangige" Wahl und einen eben solchen Wahlkampf. Ursache und Wirkung sind hier nur schwer auseinander zu halten.

Um jedoch einer, aus demokratietheoretischer Sicht unbefriedigenden voranschreitende Entwertung der Europawahlen und sinkender Bereitschaft zur aktiven Beteiligung am „Projekt Europa" zu begegnen, bedarf es zuvorderst langfristig angelegter, massenmedialer und zielgruppenorientierter Informationskampagnen – und das nicht nur in Deutschland, sondern europaweit. Nur diese, und nicht zeitlich begrenzte, weithin unscheinbare, unspektakuläre und domestizierte Wahlkämpfe scheinen auf Dauer in der Lage zu sein, das Interesse an europäischen Problemen und Ereignissen und damit den Grad der Involvierung seitens der Wählerschaft heben zu können. In diesem Prozess der sukzessiven Ausbildung einer *europäischen Öffentlichkeit* kommt den intermediären Instanzen – Parteien, Interessengruppen und nicht zuletzt den Massenmedien – auch weiterhin *die* zentrale Funktion zu, indem sie den Bürgern dauerhaft die Beobachtung des für viele abstrakten, unscharfen und von Eliten-gesteuerten Projekts „Europa" sowie die grenzüberschreitende Kommunikation und Selbstbeobachtung ermöglichen (vgl. u.a. C. Eilders/K. Voltmer 2004: 360ff.; R. Koopmanns/J. Erbe 2004).

3   Zum Inhalt dieses Bandes

Die in dem vorliegenden Band versammelten Beiträge knüpfen an den skizzierten Forschungsstand an, indem sie die jeweiligen Akteure bzw. Akteursgruppen der Dreiecksbeziehung – also Parteien, Massenmedien und Wähler –, deren Strategien, wechselseitige Orientierungen und Verhaltensweisen am Beispiel des Europawahlkampfes 2004 beleuchten. Dabei geht e nicht nur um die Analyse des Wahlergebnisses an sich (vgl. dazu weiterführend die Beiträge in O. Niedermayer/H. Schmitt 2005), sondern vor allem um die Untersuchung von Interdependenzen anhand eines seltenen und aufgrund der skizzierten Symbolträchtigkeit und Zweitrangigkeit zugleich einzigartigen politischen *Kommunikationsereignisses*. Diese werden im ersten Teil des Bandes zunächst am Beispiel des Europawahlkampfes 2004 in Deutschland veranschaulicht. Entsprechende Langzeitstudien zu den Europawahlkämpfen in Deutschland, aber auch einige ausgesuchte Länderstudien zum Europawahlkampf 2004 im zweiten Teil des Bandes sollen schließlich dazu beitragen, die deutschen Befunde angemessen einzuordnen und ihre Generalisierbarkeit zu überprüfen.

3.1   Europawahlkampf national – Kampagnen, Inhalte, Effekte

Den Auftakt des ersten Teils des Bandes bilden die Ausführungen von *Jens Tenscher*, der in seinem Beitrag „Mit halber Kraft voraus!" die Europawahlkampagnen der im Deutschen Bundestag und im neu gewählten Europäischen Parlament vertretenen Parteien untersucht. Dabei geht es im Kern um die Frage, inwieweit der in den vergangenen Jahren bei Bundestagswahlen beschleunigte Trend zur Modernisierung der Wahlkampfkommunikation im Jahr 2004 eine Fortsetzung bei der „Nebenwahl" eines supranationalen Parlaments gefunden hat. Gestützt auf eine schriftliche Befragung der verantwortlichen Wahlkampfmanager werden die unterschiedlichen Strukturen und Strategien der Parteien veranschaulicht. Dabei kommt eine im Vergleich zu Bundestagswahlkämpfen quantitativ und qualitativ defizitäre und zugleich stark domestizierte Zuwendung zur Europawahl zum Ausdruck, die sich u.a. in vergleichsweise niedrigen Kampagnenbudgets, geringen Commitments der Verantwortlichen und eher „traditionellen" Strategien manifestierte. Öffentlichkeitswirksam und aus strategischer Sicht „modern" verhielten sich im Jahr 2004 vor allem *FDP* und *Bündnis90/Die Grünen*, die der Personalisierung deutscher Europakampagnen Vorschub leisteten und zugleich am stärksten das spezifisch Europäische der Wahl betonten. Von diesen und weiteren vereinzelten Innovationen der Direktkommunikation abgesehen, versagten jedoch die Parteienkampagnen als Ganzes weitgehend darin, wahrnehmbare massenmediale Resonanz zu erzeugen und das Interesse der Wähler an einer aktiven Teilhabe an der Europawahl zu steigern.

An diesen Befund knüpft der Beitrag von *Andreas M. Wüst* und *Dieter Roth* zu „Parteien, Programme und Wahlverhalten" bei der Europawahl 2004 an. Ausgehend von einem erweiterten Wahlmodell untersuchen sie zunächst, welche Rolle die inhaltlichen Angebote der Parteien und deren Rezeption durch die Wähler für deren Wahlentscheid spielten. Zur Überprüfung werden Aggregatdaten mit repräsentativen Umfragedaten und inhaltsanalytischen Auswertungen der Wahlprogramme sowie der Wahlwerbespots der Parteien verknüpft. Dabei wird deutlich, dass sich weder die deutschen Wähler in besonderem Maße von der EU distanzierten, noch die Parteien – zumindest in ihren Europawahlprogrammen – die europäische Dimension vernachlässigten. Die dennoch niedrige Wahlbeteiligung führen die Autoren entsprechend vor allem auf die geringe öffentliche Wahrnehmbarkeit des Wahlkampfes, die geringe Thematisierung originär europäischer Aspekte sowie das unterdurchschnittliche Interesse der Bürger an der Wahl zurück. Darüber hinaus wird deutlich, dass die zukünftige Wahlbeteiligung vor allem dadurch gesteigert werden könnte, dass die Europawahl zeitgleich mit anderen Wahlen niedriger Ordnung (z.B. Kommunalwahlen) und möglichst zeitnahe vor einer Bundestagswahl platziert würde. Diese herausgehobene Rolle des Wahlzyklus' kommt schließlich auch in verschiedenen Regressionsmodellen zum Vorschein, anhand derer das Abschneiden der Parteien bei der Europawahl 2004 erklärt wird. In Ergänzung der Annahmen des „second-order"-Modells, wird hierbei zudem klar, dass die wahrgenommene Performanz von Regierungs- und Oppositionsparteien auch und gerade bei Europawahlen das Wahlverhalten der Bürger in starkem Maße beeinflusst.

Unabhängig vom Abschneiden einzelner Parteien, knüpft *Bernhard Weßels'* Beitrag „Europawahlen, Wählermobilisierung und europäische Integration" an die in den ersten Beiträgen aufgeworfene Vermutung an, wonach das Mobilisierungsdefizit des vergangenen Europawahlkampfes vor allem eine Folge mangelhafter Öffentlichkeitsgenerierung seitens der Parteien und der Massenmedien sowie weit reichender Zurückhaltung der Bürger gegenüber dem Wahlkampf gewesen sei. Über die Mobilisierung zur aktiven Teilhabe an der Wahl hinaus hätte dies jedoch auch, so die Ausgangsannahme, entsprechend negative, langfristige Konsequenzen für die Ausbildung einer europäischen Öffentlichkeit, für die Re-Aktualisierung eines EU-bezogenen Identifikationsgefühls und die Unterstützung des europäischen Integrationsprozesses. Zur Überprüfung dieser Annahme stützt sich der Autor auf EU-weit vergleichende repräsentative Bevölkerungsumfragen. Deren Analyse verdeutlicht zunächst, dass sich die Deutschen im Vergleich zu den Bewohnern der alten und insbesondere der neuen EU-Länder stark mit der EU identifizieren, zugleich aber am stärksten die Effektivität der Europawahlen und die Responsivität der EU-Institutionen in Frage stellen. Diese langfristigen Orientierungen

gegenüber der EU blieben durch den Europawahlkampf 2004, entgegen der Annahme, weitgehend unberührt. Die Katalysatorenfunktion von Europawahlkämpfen
hinsichtlich der Ausbildung einer europäischen Öffentlichkeit ist demzufolge begrenzt. Der vergangene Europawahlkampf schien dagegen vornehmlich – wenn
auch nur in schwachem Maße – seine engere Funktion erfüllt zu haben: die Mobilisierung für die Wahlen. Insbesondere die direkte, nicht massenmedial vermittelte
Wähleransprache konnte Wähler EU-weit und auch in Deutschland aktivieren.
Allerdings waren solche direkten Austauschmöglichkeiten zwischen Bürgern und
Politikern gerade in Deutschland eher die Ausnahme als die Regel.

Auch die von der Bundesregierung gemeinsam mit dem Informationsbüro des
Europäischen Parlaments durchgeführte parteiunabhängige Informationskampagne
zur Europawahl „Europa – eine gute Wahl" konnte nur wenig an der geringen
Wahlbeteiligung ändern. Die für die Kampagne Verantwortlichen *Hans-Hermann
Langguth* und *Klaus Löffler* skizzieren aus der Sicht der politischen Kommunikati-
onspraxis die wesentlichen Kampagneninhalte und -kanäle, die dazu beitragen
sollten, die Bürger sowohl über das „Projekt Europa", vor allem die EU-Erweiterung und die EU-Verfassung, zu informieren als sie auch zur Wahl zu mobilisieren.
Dabei kam, wie von *Weßels* gefordert, der direkten Ansprache der Bürger vor Ort
eine herausgehobene Bedeutung zu. Daneben wurde eine umfassende multimediale
Werbekampagne gestartet, in der Prominente zum einen über die EU-Erweiterung
informierten und zum anderen via TV-Spots zur aktiven Teilhabe an der Europawahl aufriefen. Dass trotz entsprechend aufwändiger, parteiunabhängiger PR-
Bemühungen die Wahlbeteiligung weiter sank, führen die Autoren vor allem auf
ein grundlegendes Informationsdefizit und mangelndes Interesse gegenüber der
Europäischen Union zurück, welches durch kurzfristig und halbherzig angelegte
Wahlkampagnen der Parteien verstärkt würde.

Mit dieser Kritik rücken wiederum die Aktivitäten der wahlkämpfenden Parteien selbst in den Fokus der Betrachtung. Diesen widmen sich *Michaela Maier*
und *Jürgen Maier* in ihrem Beitrag „Nebensache Europa". Mit den Fernsehwahl-
werbespots der Parteien betrachten sie ein Medium, dem, so die Ausgangsvermu-
tung, gerade bei Europawahlen eine hohe Mobilisierungsfunktion zukäme. Dieser
Vermutung und der Frage, in welchem Maße die Parteienwerbung zur Europawahl
2004 politische Orientierungen beeinflussten, wird anhand einer experimentellen
Untersuchung nachgegangen. Dabei zeigen sich durchaus vielfältige – teils positive, teils negative – Effekte der Wahlwerbespots: So verbesserte sich einerseits das
Faktenwissen der Probanden, andererseits ging von den Spots keine mobilisierende
Funktion im Hinblick auf gesteigertes Interesse gegenüber der EU, die Relevanz
europapolitischer Themen, das Gefühl der Informiertheit oder die Wahlabsicht der
Rezipienten aus. Dass die Spots z.T. sogar eher zu einer Abwendung von Europa
und der Europawahl führten, wird schließlich jedoch als logische Folge primär
national ausgerichteter Spotinhalte interpretiert. Insofern scheint das Wirkungspotenzial der bezahlten Fernsehwerbung zwar erheblich, jedoch seitens der Parteien
nur mangelhaft ausgeschöpft worden zu sein.

Nicht nur die Parteien nahmen sich der Europawahl vergleichsweise zurückhaltend an und pushten, wie die skizzierten Beiträge verdeutlichen, die nationale

Dimension, auch die Massenmedien verhielten sich im Wahlkampf 2004 in ähnlicher Weise defizitär. Dies unterstreicht der Beitrag „Europa – (k)ein Thema für die Medien" von *Frank Brettschneider* und *Markus Rettich*. Gestützt auf eine inhaltsanalytische Zeitreihenanalyse der Jahre 1998 bis 2004, gehen diese der Frage nach, welchen Anteil die Medienberichterstattung am Europabild und der geringen Teilhabe der Bürger an der Europawahl 2004 hatten. Dabei wird davon ausgegangen, dass die Wahrnehmung Europas nicht ein Resultat der Wahlkampfberichterstattung allein, sondern vielmehr das Ergebnis der kontinuierlichen massenmedialen Europa-Darstellung auch zwischen den Wahlen sei. Diese entpuppt sich im Hinblick auf das Ausmaß der Berichterstattung als eine „quantité négligeable", die nur bei besonderen Ereignissen, wie z.b. den Europawahlen 1999 und 2004, etwas ansteige. Nur dann gelang es dem Europäischen Parlament etwas mehr Aufmerksamkeit auf sich zu ziehen, wenngleich die Hauptakteure, die Europaparlamentarier, weiterhin im Schatten nationaler Spitzenpolitiker blieben. Dies war im Wahljahr 2004 nicht anders, in dem das Europaparlament zudem – vor dem Hintergrund des „Spesenskandals" einiger Abgeordneter – in einem vorher nicht gekannten Maße in der medialen Kritik stand. Insgesamt verdeutlichen die Befunde, dass die deutschen Massenmedien in Bezug auf die EU in den vergangenen Jahren ihrer Informations-, Artikulations-, Öffentlichkeits- und Kontrollfunktion nur unzureichend nachgekommen sind: Sie haben – auch zu Wahlzeiten – nur selten und vor allem durch eine nationale Brille berichtet. Dadurch erschweren sie den Prozess der Ausbildung einer europäisierten nationalen Öffentlichkeit.

Im Anschluss daran beleuchten *Jürgen Wilke* und Carsten *Reinemann* in ihrem Beitrag „Zwischen Defiziten und Fortschritten", inwieweit sich die Europawahlkampfberichterstattung deutscher Tageszeitungen von 1979 bis 2004 verändert hat. Dabei stützen sie sich auf eine Inhaltsanalyse der Berichterstattung von vier überregionalen Qualitätszeitungen jeweils vier Wochen vor der Europawahl. Im Langzeitvergleich wird offensichtlich, dass die Wahl des supranationalen Parlaments zwar steigende mediale Beachtung genoss (mit einem Höhepunkt 1999), aber deren Umfang doch immer deutlich unter der Bundestagswahlkampfberichterstattung blieb. Zudem dominierten bei jeder Europawahl nationale Aspekte die Medienagenda. Nur in einer Hinsicht markierte die Wahl 2004 eine deutliche Trendwende: Erstmals konnten die Europawahlkandidaten eine höhere Präsenz als die nationalen Spitzenpolitiker verbuchen – zweifelsohne auch eine Folge entsprechend stärker personalisierter Parteienkampagnen (vgl. den Beitrag von J. Tenscher in diesem Band). Dessen ungeachtet belegt die longitudinale Analyse das Ausmaß quantitativ defizitärer und nach innen fokussierter Europawahlkampfberichterstattung. Auch wenn die untersuchten Tageszeitungen den zunehmenden Einfluss des Europäischen Parlaments korrekt wiedergaben, beförderten sie bei allen Europawahlen doch die Einschätzung, dass es sich hierbei in erster Linie um nationale Nebenwahlen handelte.

Diesen Eindruck mussten insbesondere auch die Fernsehzuschauer im vergangenen Europawahlkampf gewinnen. Nicht nur in den tagesaktuellen Informationssendungen wurde die Europawahl marginalisiert (vgl. F. Brettschneider/M. Rettich in diesem Band), auch in den politischen Diskussionsformaten spielte sie

so gut wie keine Rolle. Lediglich fünf Sendungen von „Sabine Christiansen"
(ARD) und „Berlin Mitte" (ZDF), den beiden reichweitenstärksten politischen
Talkshows, widmeten sich im gesamten Jahr 2004 den Themen „Europa" und
„Europawahl". Zwei dieser Sendungen untersucht *Christian Schicha* exemplarisch,
anhand dichter Inhaltsbeschreibungen und aus normativer Sicht mit Blick auf ihren
Informationsgehalt und das von den Diskutanten und Moderatorinnen gepflegte
Diskursniveau. Dabei treten z.t. deutliche Unterschiede zwischen den beiden Formaten auf, die auf die Zusammensetzung der jeweiligen Gesprächsrunden und vor
allem auf die Moderationsstile der beiden Gastgeberinnen zurückgeführt werden.
Davon unbenommen vernachlässigten aber beide Sendungen kurz vor dem Wahltag den eigentlichen Diskussionsgegenstand, die Europawahl, die nationale Perspektive dominierte und parteipolitisch motivierte Auseinandersetzungen verhin-
derten, das komplexe Thema „Europa" in angemessener Form zu vermitteln. Vor
diesem Hintergrund formuliert *Schicha* einige Regeln, die die Politikvermittlungsleistung politischer Talkshows gerade beim Thema „Europa" verbessern helfen
könnten.

Den Abschluss des ersten Teils des Bandes bildet *Christophs Biebers* umfassender Blick auf den deutschen „Europawahlkampf im Internet". Das in deutschen
Wahlkämpfen seit 1998 genutzte Online-Medium wurde auch im Europawahljahr
2004 sowohl als „klassische" Informationsplattform von parteiunabhängigen Anbietern (d.h. nationalstaatlichen und EU-Institutionen der politischen Bildung,
Medienanbietern und Bürgerinitiativen) als auch als Informations- und Werbeplatt-
form von Seiten der wahlkampfführenden Parteien und Kandidaten genutzt. Dadurch verschmolzen Parteienkampagnen und Wahlkampfberichterstattung, Information, Werbung und Bildung in einem Medium. Die Analyse zeigt zunächst, dass
sich die Parteien im Europawahlkampf 2004 nicht nur offline (vgl. den Beitrag von
J. Tenscher in diesem Band) sondern auch online „mit angezogener Handbremse"
engagierten. Technische und auch einige unterhaltungsorientierte Innovationen
blieben somit zuvorderst den unabhängigen Medienanbietern überlassen, die –
ebenso wie die politischen Bildungsträger – in deutlich stärkerem Maße als die
Parteien die europäische, grenzüberschreitende Dimension der Wahl thematisierten
und zugleich eine höhere Interaktivität und Partizipation der Nutzer ermöglichten.
Daneben hielten so genannte „Weblogs", d.h. Online-Tagebücher einzelner Kandidaten, erstmalig Einzug in die deutsche Wahlkampfarena. Ungeachtet dieser vereinzelten Neuerungen gab die Online-Kampagne 2004 jedoch insgesamt nur wenig
neue Impulse für einen „interaktiven" Wahlkampf und konnte – angesichts der
Dominanz national ausgerichteter Offline-Kampagnen und ebensolcher Medienberichterstattung – nur wenig zur grenzüberschreitenden Europäisierung des Wahlkampfs beitragen.

3.2 Europawahlkampf regional und international – Analysen aus dem In- und Ausland

Die Beiträge des ersten Teils des Bandes verweisen – aus jeweils spezifischen Blickwinkeln – auf die Zurückhaltung und Nachrangigkeit, mit der Parteien, Massenmedien und Wähler dem Europawahlkampf 2004 in Deutschland begegneten. Die Beiträge des zweiten Bandes knüpfen hier an und erweitern zugleich die Perspektive: Zum einen wird ein Blick auf eine regionale „Nebenwahl", die Landtagswahl in Thüringen, geworfen. Zum anderen rücken mit Österreich, Großbritannien, Finnland und Estland vier Länder mit ganz unterschiedlichen medialen, politischen und soziokulturellen Rahmenbedingungen sowie unterschiedlich langer Zugehörigkeit zur EU in den Fokus der Betrachtung. Die Betrachtung des jeweils spezifischen Kommunikationsereignisses „Europawahl 2004" in diesen Ländern, die Untersuchung der „Dreiecksbeziehung" von Parteien, Massenmedien und Wählern, ermöglicht es, die seit den ersten Europawahlkampfstudien konstatierte *Kontextabhängigkeit* (vgl. u.a. J. Blumler 1983b; M. Marsh 1998) einer neuerlichen Überprüfung zu unterziehen. Die im ersten Teil des Bandes mit Bezug auf Deutschland herausgearbeiteten Charakteristika und Defizite der Europawahl 2004 erhalten hierdurch schließlich einen zusätzlichen Interpretationsrahmen, der dazu beiträgt, deutsche Besonderheiten und länderübergreifende Ähnlichkeiten des Europawahlkampfes 2004 aufzudecken (vgl. weiterführend hierzu M. Maier/J. Tenscher 2005).

Den Auftakt bildet der Beitrag „Von Straßburg über Brüssel nach Erfurt – und zurück?" von *Daniel Schneider* und *Patrick Rössler*. Diese nehmen die parallel zur Europawahl stattgefundene Landtagswahl in Thüringen zum Anlass, Wechselwirkungen zwischen zwei „Nebenwahlen" vor dem Hintergrund des Informationsverhaltens und der Mediennutzung der Bürger zu untersuchen. Dabei stützen sie sich hauptsächlich auf eine eigens durchgeführte mehrwellige Panel-Befragung von Erfurter Wählern. Deren Antworten verdeutlichen, dass die Landtagswahl das dominante politische Ereignis war, das für die meisten Wähler als Interpretationsrahmen für die Europawahl diente. Dadurch wurden zwar überdurchschnittlich viele Bürger zur Teilhabe an der Wahl mobilisiert. Diese orientierten sich jedoch bei der Europawahl vornehmlich an bundes- *und landespolitischen* Kriterien. Offensichtlich fehlte es den Wählern an europaspezifischen Bewertungsobjekten, Positionen und Personen, um eine auf die EU bezogene Entscheidung treffen zu können. Gerade das massenmediale Agenda-Setting und Framing scheint hier versagt zu haben, indem kein ausreichender europäischer Interpretationsrahmen zur Verfügung gestellt wurde.

Im Anschluss daran richten *Ruth Picker* und *Eva Zeglovits* den Blick auf den „Europa-Wahlkampf in Österreich", einem Nachbarland Deutschlands, das 1995 der Europäischen Union beitrat und seitdem zu den EU-skeptischsten Ländern zählt. Die bei großen Bevölkerungsteilen in Österreich tief verwurzelte Abneigung gegenüber dem „Projekt Europa" wurde im Europawahlkampf 2004 von mehreren Seiten – Parteien wie Massenmedien – instrumentalisiert und, wie eine Nachwahlstudie unterstreicht, weiter befördert. Zum Ausdruck kam dies in stark negativ geprägten, gegen die EU gerichteten, Österreich-zentrierten und populistischen Kampagnen, in einer – mit Deutschland vergleichbaren – historisch niedrigen Wahlbeteiligung sowie im deutlichen Erfolg einer reinen EU-Protestpartei. Insofern untermauert der Europawahlkampf 2004 in Österreich nicht nur in mehrerlei Hinsicht die auch für Deutschland konstatierte Nachrangigkeit der Europawahl, er verweist vielmehr auf kurz- und mittelfristige Risiken, die sich mit Blick auf den voranschreitenden europäischen Integrationsprozess aus Wahlkämpfen ergeben, die in manchen Ländern explizit *gegen* Europa gerichtet sind (vgl. auch den Beitrag von K.-R. Tigasson in diesem Band).

Wie in Österreich manifestierte sich die distanzierte Haltung der Briten gegenüber der Europäischen Union zuvorderst im Erfolg einer Protestpartei, der *United Kingdom Independence Party (UKIP)*. Im Unterschied zu den meisten EU-Mitgliedsländern erreichte die Wahlbeteiligung in Großbritannien jedoch – wenn auch auf niedrigem Niveau – ein neues *Rekordhoch* für Europawahlen, an denen sich das Land, wie Deutschland, zum sechsten Mal beteiligte. Inwieweit die hohe Wählermobilisierung und der Erfolg einer expliziten Anti-EU-Partei ein und dieselben Ursachen haben, untersucht *Pontus Odmalms* Beitrag „Europawahlkampf in Großbritannien oder: Die Kampagne, die es nicht gab". Dabei stützt er sich auf eine schriftliche Befragung britischer Europa-Abgeordneter und verantwortlicher Wahlkampfmanager. Deren Auskünfte verdeutlichen, dass – mit Ausnahme von *UKIP* – alle britischen Parteien den Europawahlkampf 2004 in struktureller und strategischer Hinsicht halbherzig angingen. Dadurch erleichterten sie es *UKIP*, die eine populistische, personenzentrierte und medienwirksame Kampagne gegen die EU-Mitgliedschaft Großbritanniens führte, sich zu positionieren. Zugleich mündete die von den Medien transportierte Konfrontation über die zentrale Wahlkampffrage „Pro oder Contra EU" in vergleichsweise hoher Aktivierung vornehmlich EU-kritischer Wähler. Insofern untermauern die Befunde Großbritanniens und Österreichs in hohem Maße die Annahme, dass das defizitäre Engagement der Mehrheit der Parteien zu Europawahlkampfzeiten es einzelnen (auch kleinen) Parteien ermöglicht, mittels origineller, an Zielgruppen orientierter, aber auch populistischer Kampagnen überproportionale Aufmerksamkeit und mediale Resonanz zu erzielen. Dadurch können sie erheblichen Einfluss auf die Wahlkampfagenda nehmen. Bedenklich stimmt, dass dabei in beiden Fällen EU-ablehnende Positionen an Gewicht gewannen, die an latente Ressentiments gegenüber der EU anknüpften und vor allem die EU-kritischen Wähler mobilisierten.

Im Vergleich zu den Europawahlkämpfen in Österreich und Großbritannien verlief die Kampagne in Finnland, das wie Österreich 1995 der EU beitrat, alles in allem sehr harmonisch und ruhig. Die Parteien (und auch die Massenmedien) verzichteten weitgehend auf EU-kritische und populistische Töne und pflegten stattdessen eine sachliche, stark politisierte Auseinandersetzung um nationale Themen und um die Stellung Finnlands in der EU. Dies verdeutlicht der Beitrag *Tom Morings*, der sich, gestützt auf repräsentative Bevölkerungsumfragen und eine mündliche Befragung der Wahlkampfverantwortlichen 2004, in einer Langzeitperspektive mit der „Medialisierung" bzw. Modernisierung finnischer Wahlkämpfe seit Beginn der 1990er Jahre beschäftigt. Dabei wird deutlich, dass die Parteienkampagnen 2004 – im Vergleich zu Deutschland, Großbritannien und Österreich – stärker professionalisiert waren: Dies findet seinen Ausdruck im entsprechenden *Commitment* der Kampagnenverantwortlichen und darin, dass alle Parteien im Vergleich zu früheren Europawahlkämpfen höhere finanzielle und organisatorische Ressourcen in die 2004er Kampagne investierten. Hier reagierten die Parteien auf die *wachsende* Aufmerksamkeit, die die finnischen Wähler der supranationalen Politikebene entgegenbrachten. Diese scheinen sich, im Unterschied zur Bevölkerung der meisten EU-Länder (s.o.), in zunehmendem Maße an den europäischen Wahlkontext zu gewöhnen und dabei zu sein, ein EU-spezifisches Wahlverhalten auszubilden. Erleichtert wird dies durch eine in hohem Maße auf Konsens ausgerichtete politische Kultur Finnlands, die zum einen modernisierungsbedingte Transformationen abschwächt und zum anderen dazu führt, dass Parteien, Massenmedien und Wähler Europawahlen nicht zu Zwischenabstimmungen über die nationale Politik oder zum Protest gegen die EU ummünzen würden.

. Im Gegensatz hierzu entpuppte sich die Europawahl 2004 in Estland, das sich nach seinem Beitritt zur EU am 1. Mai 2004 erstmalig an den Wahlen zum Europäischen Parlament beteiligte, als ein von nahezu allen Parteien vorangetriebener „Wahlkampf gegen Europa". Dies unterstreicht der abschließende Beitrag von *Külli-Riin Tigasson*, mit dem ein exemplarischer und zugleich umfassender Blick auf die Europakampagne einer der jungen, postkommunistischen Demokratien Osteuropas geworfen wird. Typisch für diese Länder sind die ausgeprägte Skepsis der Bevölkerung gegenüber der EU und die weit verbreitete Angst vor einem Verlust der gerade gewonnenen staatlichen Souveränität bei voranschreitender EU-Integration. An diese Befürchtungen versuchten die estnischen Parteien im Europawahlkampf 2004 anzuknüpfen, wie eine Inhaltsanalyse sowohl der TV-Spots, dem wichtigsten Wahlwerbemittel in Estland, als auch der Berichterstattung der beiden auflagenstärksten Tageszeitungen untermauert. Das Ergebnis waren stark personalisierte und gegenüber dem politischen Gegner wie der EU überzogen negativ ausgerichtete Parteienkampagnen, die nicht zuletzt deswegen unglaubwürdig wirkten – und von den Massenmedien kritisiert wurden –, weil die Parteien noch ein drei Viertel Jahr zuvor sich vehement für den Beitritt Estlands zur EU einsetzten. So trugen die Parteien wohl die Hauptverantwortung für die erschreckend niedrige Wahlbeteiligung von rund 27 Prozent, da sie zum einen das hohe Verweigerungspotenzial unterschätzt hatten und zum anderen die falschen kommunikationsstrategischen Maßnahmen trafen, um Wähler zu mobilisieren.

Insgesamt verdeutlichen diese Länderstudien und der Blick auf die Beiträge des ersten Teils des Bandes das hohe Maß an Kontextualisierung ein und desselben Kommunikationsereignisses – der Europawahl 2004 – vor dem Hintergrund von (1) unterschiedlichen massenmedialen, politischen und soziostrukturellen Rahmenbedingungen, (2) divergierenden politischer Kulturen, Erfahrungen und Orientierungen gegenüber der europäischen Politikebene sowie (3) unterschiedlichen Modernisierungsgraden der Wahlkampagnen. Länderübergreifend erweist sich schließlich die Nachrangigkeit, mit der Parteien, Massenmedien und Wähler die Europawahl 2004 im Vergleich zu nationalen Parlamentswahlen angingen, als zentrales Charakteristikum – und, aus demokratietheoretischer Sicht, als wesentlicher Hemmschuh für die Mobilisierung der Bürger zur aktiven Teilhabe am europäischen Integrationsprozess.

Letztlich waren die Europawahlkämpfe 2004 länderübergreifend vor allem gekennzeichnet durch ein hohes Maß an Marginalisierung und Domestizierung der spezifisch europäischen Dimensionen der Wahl, durch ausgeprägte Nabelschau (wie in Deutschland), durch gegen die EU gerichtetes Negative Campaigning (wie in Großbritannien, Österreich und Estland), durch Personalisierungsschübe (wie in Deutschland und Estland) und Populismus (in Österreich und Großbritannien). Diese bestimmten die Ausrichtung, das „Europabild" und die Tonalität der Europawahlkämpfe 2004 – und mündeten schließlich in z.t. historisch niedrigen Wahlbeteiligungsraten. Offensichtlich bedarf es hier eines umfassenden Umdenkens seitens aller involvierten Akteure – insbesondere der wahlkämpfenden Parteien und der Massenmedien –, damit zukünftige Europawahlen ihre grenzüberschreitende, symbolische wie legitimatorische Funktion in höherem Maße erfüllen werden und einen Beitrag zur Entwicklung einer europäischen Öffentlichkeit leisten können. Dass dies prinzipiell auch bei der einzigen supranationalen „Nebenwahl" möglich ist, zeigen immerhin einige positive Erfahrungen eines engagiert und ruhig geführten Europawahlkampfs 2004 in Finnland.

4 Literatur

Banducci, Susan A./Semetko, Holli A. (2003): Campaign Engagement in a Cross-national Comparative Perspective: The Importance of Context. Paper presented at a Conference on Mass Communication and Civic Engagement at the Anneberg School for Communication, University of Pennsylvania, August 27th 2003.

Berkowitz, Dan (1992): Who Sets the Media Agenda? The Ability of Policymakers to Determine News Decisions. In: Kennamer (1992): 81-102.

Bicchi, Federica/Blondel, Jean/Svensson, Palle (2003): The European Parliament Campaign. Working Paper.

Binder, Tanja/Wüst, Andreas M. (2004): Inhalte der Europawahlprogramme deutscher Parteien 1979-1999. In: Aus Politik und Zeitgeschichte. 17. 38-45.

Blondel, Jean/Sinnott, Richard/Svensson, Palle (1998): People and Parliament in the European Union. Participation, Democracy, and Legitimacy. Oxford: Clarendon Press.

Blumler, Jay G. (1983b):Election Communication. A Comparative Perspective. In: Blumler (1983a): 359-378.

Blumler, Jay G. (Hrsg.) (1983a): Communicating to Voters. Television in the First European Parliamentary Elections. London: Sage.

Brants; Kees/van Praag Jr., Philip/Noël-Aranda, Marie-Claire (1983): The Campaign Communicators' Commitments. Enthusiasm, Duty or Indifference? In: Blumler (1983a): 125-141.

Brettschneider, Frank/van Deth, Jan/Roller, Edeltraud (Hrsg.) (2003): Europäische Integration in der öffentlichen Meinung. Forschungsstand und Forschungsperspektiven. In: Brettschneider et al. (2003): 9-26.

Brettschneider, Frank/van Deth, Jan/Roller, Edeltraud (Hrsg.) (2003): Europäische Integration in der öffentlichen Meinung. Opladen: Leske + Budrich.

Cayrol, Roland (1991): European Elections and the Pre-Electoral Period. Media Use and Campaign Evaluations. In: European Journal of Political Research. 19. 17-29.

de Vreese, Claes H. (2002): Framing Europe. Television News and European Integration. Amsterdam: Aksant Publishers.

de Vreese, Claes H./Lauf, Edmund/Peter, Jochen (2005): The Media and European Parliamentary Elections: Second-Rate Coverage of a Second-Order Event? In: van der Brug/van der Eijk (2005): im Druck.

Dearing, James · W./Rogers, Everett M. (1996): Agenda-Setting. Thousand Oaks/London/New Delhi: Sage.

Delwit, Pascal (2002): Electoral Participation and the European Poll. A Limited Legitimacy. In: Perrineau et al. (2002): 207-222.

Dörner, Andreas/Vogt, Ludgera (Hrsg.) (2002): Wahl-Kämpfe. Betrachtungen über ein demokratisches Ritual. Frankfurt a.M.: Suhrkamp.

Eilders, Christiane/Neidhardt, Friedhelm/Pfetsch, Barbara (Hrsg.) (2004): Die Stimme der Medien. Pressekommentare und politische Öffentlichkeit in der Bundesrepublik. Wiesbaden: Verlag Sozialwissenschaften.

Eilders, Christiane/Voltmer, Katrin (2004): Zwischen Marginalisierung und Konsens. Europäische Öffentlichkeit in Deutschland. In: Eilders et al. (2004): 358-385.

EOS Gallup Europe (2004): Europe Flash Eurobarometer 162 „Post European Elections 2004 Survey" (21/06/2004-30/06/2004). Report.

Erbring, Lutz (Hrsg.) (1995): Kommunikationsraum Europa. Konstanz: Ölschläger.

Falter, Jürgen/Gabriel, Oscar/Weßels, Bernhard (Hrsg.) (2002): Wahlen und Wähler. Analysen aus Anlass der Bundestagswahl 2002. Wiesbaden: Verlag Sozialwissenschaften.

Ferrara, Federico/Weishaupt, J. Timo (2004): Get Your Act Together. Party Performance in European Parliament Elections. In: European Union Politics. 3. 283-306.

Flickinger, Richard S./Studlar, Donley T./Bennett, Stephen E. (2003): Turnout in European Parliament Elections. Towards a European-Centred Model. National Europe Centre paper 105. Canberra.

Franklin, Mark N. (2001): How Structural factors Cause Turnout Variations at European Parliament Elections. In: European Union Politics. 2. 309-328.

Franklin, Mark N. (2004). Voter Turnout and the Dynamics of Electoral Competition in Established Democracies Since 1945. New York: Cambridge University Press.

Fuchs, Dieter (2003): Das Demokratiedefizit der Europäischen Union und die politische Integration Europas. Eine Analyse der Einstellungen der Bürger in Westeuropa. In: Brettschneider et al. (2003): 29-56.

Fuchs, Dieter/Roller, Edeltraud/Weßels, Bernhard (Hrsg.) (2002): Bürger und Demokratie in Ost und West. Studien zur politischen Kultur und zum politischen Prozess. Festschrift für Hans-Dieter Klingemann. Wiesbaden: Westdeutscher Verlag.

Gerstlé, Jacques/Semetko, Holli A./Schönbach, Klaus/Villa, Marina (2002): The Faltering Europeanization of National Campaigns. In: Perrineau et al. (2002): 59-77.

Hagen, Lutz (Hrsg.) (2004): Europäische Union und mediale Öffentlichkeit. Theoretische Perspektiven und Befunde zur Rolle der Medien im europäischen Einigungsprozess. Köln: von Halem.

Hix, Simon/Lord, Christopher (1997): Political Parties in the European Union. Houndmills/Basingstoke/London: Macmillan.

Holtz-Bacha, Christina (1999): Bundestagswahlkampf 1998. Modernisierung und Professionalisierung. In: Holtz-Bacha (1999): 9-44.

Holtz-Bacha, Christina (Hrsg.) (1999): Wahlkampf in den Medien – Wahlkampf mit den Medien. Ein Reader zum Wahljahr 1998. Opladen/Wiesbaden: Westdeutscher Verlag.

Hüning, Wolfgang/Tenscher, Jens (2002): Medienwirkungen von Parteistrategien. Agenda-Building-Prozesse im nordrhein-westfälischen Landtagswahlkampf 2000. In: Sarcinelli/Schatz (2002): 289-317.

Kennamer, David J. (Hrsg.) (1992): Public Opinion, the Press and Public Policy. Westport/London: Praeger.

Kevin, Deirdre (2001): Coverage of the European Parliament Elections of 1999. National Public Spheres and European Debates. In: Javnost – The Public. 1. 21-38.

Kevin, Deirdre (2003): Europe in the Media. A Comparison of Reporting, Representation, and Rhetoric in National Media Systems in Europe. Mahwah/London: Lawrence Erlbaum.

Knieper, Thomas/Müller, Marion G. (Hrsg.) (2004): Visuelle Wahlkampfkommunikation. Köln: von Halem.

Koopmanns, Ruud/Erbe, Jessica (2004): Towards a European Public Sphere? In: Innovation: The European Journal of Social Science Research. 2. 97-118.

Lauf, Edmund/Peter, Jochen (2004): EU-Repräsentanten in Fernsehnachrichten. Eine Analyse ihrer Präsenz in 13 EU-Mitgliedsstaaten vor der Europawahl 1999. In: Hagen (2004): 162-177.

Lauth, Hans-Joachim (Hrsg.) (2002): Vergleichende Regierungslehre. Wiesbaden: Westdeutscher Verlag.

Leroy, Pascal/Siune, Karen (1994): The Role of Television in European Elections. The Cases of Belgium and Denmark. In: European Journal of Communication. 9. 47-69.

Maier, Michaela/Tenscher, Jens (Hrsg.) (2005): Campaigning in Europe – Campaigning for Europe. Parties, Campaigns, Mass Media and the European Parliamentary Elections 2004. Münster/Hamburg/Berlin/London/Wien: Lit (i.V.).

Marsh, Michael (1998): Testing the Second-order Election Model after Four European Elections. In: British Journal of Political Science 28. 591-607.

Marsh, Michael (2005a): European Parliament Elections and the Loss of Governing Parties. In: van der Brug/van der Eijk (2005): im Druck.

Marsh, Michael (2005b): The Results of the 2004 European Parliament Elections and the Second-order Model. In: Niedermayer/Schmitt (2005): 142-158.

McCombs, Maxwell/Lopez-Escobar, Esteban/Llama, Juan Pablo (2000): Setting the Agenda of Attributes in the 1996 Spanish General Election. In: Journal of Communication. 50. 77-92.

Meyer, Britta (2004): Europawahl light. Den Parteien fehlen die europäischen Themen, die originellen Ideen und die charismatischen Kandidaten. In: Die Zeit [online unter zeus.zeit.de/text/2004/24/kandis; Abruf am 02.09.2005].

Niedermayer, Oskar (1989): Die Europawahlen 1989. Eine international vergleichende Analyse. In: Zeitschrift für Parlamentsfragen. 4. 469-487.

Niedermayer, Oskar (1995): Trends and Contrasts. In: Niedermayer/Sinnott (1995): 53-72.

Niedermayer, Oskar (2005): Europa als Randthema: Der Wahlkampf und die Wahlkampfstrategien der Parteien. In: Niedermayer/Schmitt (2002): 39-75.

Niedermayer, Oskar/Schmitt, Hermann (Hrsg.) (1994): Wahlen und Europäische Einigung. Opladen: Westdeutscher Verlag.

Niedermayer, Oskar/Schmitt, Hermann (Hrsg.) (2005): Europawahl 2004. Wiesbaden: Verlag Sozialwissenschaften.

Niedermayer, Oskar/Sinnott, Richard (Hrsg.) (1995): Public Opinion and Internationalized Governance. Oxford: Oxford University Press.

Norris, Pippa (2000): A Virtuous Circle. Political Communication in Post-Industrial Democracies. New York: Cambridge University Press.

Norris, Pippa (2002): Democratic Phoenix. Reinventing Political Activism. Cambridge: Cambridge University Press.

o.V. (2004): Europawahl. Wer regiert, verliert. In: Die Welt [online unter www.welt.de/data/ 2004/06/291444.html; Abruf am 02.09.2005].

Perrineau, Pascal/Grunberg, Gérard/Ysmal, Colette (Hrsg.) (2002): Europe at the Polls. The European Election of 1999. New York: Palgrave.

Peter, Jochen (2004): Kaum vorhanden, thematisch homogen und eher negative. Die alltägliche Fernsehberichterstattung über die Europäische Union im internationalen Vergleich. In: Hagen (2004): 146-161.

Peter, Jochen (2005): Media Effects on Attitudes towards European Integration. In: van der Brug/van der Eijk (2005): im Druck.

Plasser, Fritz/Plasser, Gunda (2002): Globalisierung der Wahlkämpfe. Praktiken der Campaign Professionals im weltweiten Vergleich. Wien: WUV Universitätsverlag.

Pöhle, Klaus (2000): Europäische Parteien – für wen und für was eigentlich? In: Zeitschrift für Parlamentsfragen. 31. 599-619.

Reif, Karlheinz/Schmitt, Hermann (1980): Nine Second-order Elections: A Conceptual Framework for the Analysis of European Election Results. In: European Journal of Political Research 8. 3-44.

Reiser, Stefan (1994): Parteienkampagne und Medienberichterstattung im Europawahlkampf 1989. Eine Untersuchung zu Dependenz und Autonomieverlust im Verhältnis von Massenmedien und Politik. Konstanz: Ölschläger.

Römmele, Andrea (2002): Politische Parteien und professionalisierte Wahlkämpfe. In: Fuchs et al. (2002): 448-461.

Sarcinelli, Ulrich/Schatz, Heribert (Hrsg.) (2002): Mediendemokratie im Medienland? Inszenierungen und Themensetzungsstrategien im Spannungsfeld von Medien und Parteieliten am Beispiel der nordrhein-westfälischen Landtagswahl im Jahr 2000. Opladen: Leske + Budrich.

Schatz, Heribert/Lange, Klaus (Hrsg.) (1982): Massenkommunikation und Politik. Aktuelle Probleme und Entwicklungen im Massenkommunikationssystem der BRD. Frankfurt a.M.: Haag + Herchen.

Scherer, Helmut (1995): Kommunikationskanäle in der Europawahl 1989. Eine international vergleichende Studie. In: Erbring (1995): 203-221.

Schmidt, Siegmar (2002): Die Europäische Union in der Vergleichenden Politikwissenschaft. In: Lauth (2002): 156-180.

Schmitt, Hermann (2005): Die Beteiligung der Deutschen an der Europawahl 2004. In: Niedermayer/Schmitt: 124-141.

Schmitt, Hermann/Thomassen, Jacques (Hrsg.) (1999): Political Representation and Legitimacy in the European Union. Oxford: Oxford University Press.

Schmitt, Hermann/van der Eijk, Cees (2005): Non-Voting in European Parliament Elections and Support for European Integration. In: van der Brug/van der Eijk (2005): im Druck.

Schönbach, Klaus (1981). Agenda-setting im Europawahlkampf 1979: Die Funktionen von Presse und Fernsehen. In: Media Perspektiven. 7. 537-547.

Schulz, Winfried (1982): Themen des Europawahlkampfes 1979 im Fernsehen der neun EG-Länder. Analyse der symbolischen Topographie Europas. In: Schatz/Lange (1982): 140-160.

Schulz, Winfried (1983): Der Medienwahlkampf für das Europäische Parlament. Ein Vergleich der Kampagnen (1979) in den neun EU-Ländern. In: Schulz/Schönbach (1983): 357-373.

Schulz, Winfried (1999): The Campaign for the 1999 European Election in Germany. A Contribution to the European Elections Study of the Centro Interuniversitario di Communicazione Politics, Universitá Studi Perugia.

Schulz, Winfried/Blumler, Jay G. (1994): Die Bedeutung der Kampagnen für das Europa-Engagement der Bürger. Eine Mehr-Ebenen-Analyse. In: Niedermayer/Schmitt (1994): 199-223.

Schulz, Winfried/Schönbach, Klaus (Hrsg.) (1983): Massenmedien und Wahlen. Mass Media and Elections. International Research Perspectives. München: Ölschläger.

Semetko, Holli/de Vreese, Claes H./Peter, Jochen (2000): Europeanised Politics – Europeanised Media? European Integration and Political Communication. In: West European Politics. 23. 121-141.

Siune, Karen (1983): The Campaigns on Television. What Was Said and Who Said It. In: Blumler (1983a): 223-240.

Tenscher, Jens (2002): Talkshowisierung als Element moderner Politikvermittlung. In: Tenscher/Schicha (2002): 55-71.

Tenscher, Jens (2005): Bundestagswahlkampf 2002. Zwischen strategischem Kalkül und der Inszenierung des Zufalls. In: Falter et al. (2005): 102-133.

Tenscher, Jens/Schicha, Christian (Hrsg.) (2002): Talk auf allen Kanälen. Akteure, Angebote und Nutzer von Fernsehgesprächssendungen. Wiesbaden: Westdeutscher Verlag.

Tenscher, Jens/Schmidt, Siegmar (2004): „So nah und doch so fern". Empirische Befunde zur massenmedialen Beobachtung und Bewertung des europäischen Integrationsprozesses in einer Grenzregion. In: Hagen (2004): 212-237.

Thomassen, Jacques/Schmitt, Hermann (1999). Political Representation and Legitimacy in the European Union. In: Schmitt/Thomassen (1999): 3-21.

van der Brug, Wouter/van der Eijk, Cees (Hrsg.) (2005): European Elections and Domestic Politics: Lessons from the Past and Scenarios for the Future. University of Notre Dame Press (im Druck).

Wagner, Sandra (2003): Nichtwählertypen bei Europawahlen und Bundestagswahlen. In: Brettschneider et al. (2003): 303-333.

Wilke, Jürgen/Tangemann, Jens (2004): Wahlkampfkommunikation zur Europawahl 1999. In: Knieper/Müller (2004): 13-44.

Wüst, Andreas M. (2005): Deutsche Parteien und Europawahlen. Programmatische Schwerpunkte 1979-2004. In: Niedermayer/Schmitt (2005): 76-93.

EUROPAWAHLKAMPF NATIONAL

KAMPAGNEN, INHALTE, EFFEKTE

Mit halber Kraft voraus!
Parteienkampagnen im Europawahlkampf 2004

Jens Tenscher

1 Einleitung

Freie und kompetitive Wahlen gelten seit jeher als konstitutiver Bestandteil repräsentativer Demokratie. Verbunden mit vergleichsweise geringen Informations- und Opportunitätskosten, gewährleisten sie – zumindest idealiter – mehr als andere Formen politischer Partizipation allen (wahlberechtigten) Bürgern die gleichberechtigte Teilhabe am politischen Geschehen und am Prozess der Machtzuteilung. Zugleich gelten sie als sinnfälliger Ausdruck der Volkssouveränität, als umfassender Gradmesser nicht nur für die Unterstützung einzelner Parteien, sondern vielmehr der generalisierten Zustimmung zum politischen System und der Identifikation mit der politischen Gemeinschaft. Insofern kommt Wahlen nicht nur eine politische, sondern in hohem Maße immer auch eine *symbolische* Funktion zu. Diese manifestiert sich nicht erst im Wahlgang, sondern schon im kommunikativ aufgeladenen Prozess des Werbens um Zustimmung, des Präsentierens und Mobilisierens – also in Wahlkämpfen (vgl. bereits U. Sarcinelli 1987; A. Dörner 2002).

Gerade bei Europawahlen, in denen die Bürger nicht über die Zusammensetzung ihrer zukünftigen Regierung entscheiden, sondern Repräsentanten in eine für viele vergleichsweise „unwichtige", wenig transparente, „unvertraute" und entfernte supranationale Legislative schicken (vgl. L. Schmitt 2003), spielt diese symbolische Dimension – ungeachtet der faktischen Kompetenzerweiterungen des Europäischen Parlaments – eine besondere Rolle. So geht es in Europawahlkämpfen in besonderem Maße darum, zunächst öffentliche Aufmerksamkeit für eine relativ „unbekannte" politische Arena zu gewinnen. Parteien und Massenmedien, als die zentralen Initiatoren und Vermittler der Wahlkampfkommunikation, stehen dabei vor der gemeinsamen Herausforderung, die Wählerschaft als Ganzes über das „Projekt Europa" zu informieren und für eine aktive Teilhabe an diesem Projekt zu mobilisieren.

Wie die sinkende Wahlbeteiligung nicht nur in Deutschland, sondern EU-weit signalisiert (vgl. die Beiträge von J. Tenscher und B. Weßels in diesem Band), scheint diese Mobilisierung jedoch in immer geringerem Maße zu gelingen. Ein Grund hierfür mag, neben einer öffentlichkeitshemmenden, kaum wahrnehmbaren und domestizierten Europawahlkampfberichterstattung (vgl. C. de Vreese et al. 2005 sowie den Beitrag von F. Brettschneider/M. Rettich in diesem Band), nicht zuletzt die Art und Weise sein, wie sich die Parteien in Europawahlkämpfen engagieren und positionieren. Allgemeine Öffentlichkeits- und Mobilisierungsdefizite, wie sie für Europawahlen und -wahlkämpfe spätestens seit der zweiten Direktwahl zum Europäischen Parlament (EP) im Jahr 1984 charakteristisch sind (vgl. u.a. die Beiträge in O. Niedermayer/H. Schmitt 1994; van der Brug/van der Eijk 2005),[1] sind in diesem Sinne nicht zuletzt eine Konsequenz aus *quantitativ wie qualitativ defizitären Kampagnen* der involvierten Parteien.

Ungeachtet des aus demokratietheoretischer Sicht Wünschenswerten, geht es Parteien in Wahlkämpfen jedoch weniger um eine Mobilisierung der Wählerschaft insgesamt, weniger darum, Aufmerksamkeit für die (Europa)Wahl *an sich* zu wecken, sondern zuvorderst darum, die eigenen, parteitreuen Wähler *für sich* zu aktivieren sowie jene Wähler, die entweder unentschieden sind oder anderen Parteien zuneigen, für sich zu gewinnen. Der Stellenwert einer Wahl an sich, die öffentliche Bedeutung, die ihr zugesprochen wird, ergibt sich folglich quasi als „Nebenprodukt" aus 1) der Summe der Kampagnenaktivitäten einzelner, eigennutzorientierter Parteien, 2) deren Vermittlung und Rahmung seitens an der Maximierung von Aufmerksamkeit orientierter Massenmedien sowie 3) der Relevanzzuschreibung und des Ausmaßes der Inklusion der Wähler. Werden diese Variablen berücksichtigt, so konnten sich die deutschen Parteien im Jahr 2004, vor dem Hintergrund der Erfahrungen früherer Europawahlen, auf eine im Vergleich zu Bundestagswahlkämpfen eingeschränkte Medienaufmerksamkeit, vergleichsweise geringes öffentliches Interesse sowie eine eher indifferente, wenig involvierte und schwer zu mobilisierende Wählerschaft einstellen (vgl. u.a. D. Roth 1994; J. Blondel et al. 1998: 137ff.).

Wie bei allen Wahlkämpfen beeinflussen solch kontextspezifische Rahmenbedingungen – aber auch das jeweilige *Commitment* der involvierten Akteure – die Planung, Gestaltung und Ausführung von Parteienkampagnen. Dies wird augenscheinlich bei einem Blick auf die Europawahlkämpfe in Deutschland bis zum Jahr 1999, die sich sowohl in struktureller als auch in prozessualer Hinsicht als wenig spektakulär, unscheinbar und konventionell erwiesen – und insofern dem eingeschränkten medialen und öffentlichen Interesse glichen bzw. dieses beförderten (vgl. u.a. S. Reiser 1994: 83ff.). Offenkundig hatte sich der bei nationalen und z.T. auch regionalen Parlamentswahlen in Deutschland seit Mitte der 1990er Jahre feststellbare Trend zur „Modernisierung" der Kampagnenkommunikation (vgl. u.a. O. Niedermayer 2000; Geisler/Tenscher 2002; J. Wagner 2005) bisher nur wenig auf Europakampagnen übertragen. Diese zeichneten sich, gerade im Vergleich zu sich rasant verändernden Bundestagswahlkämpfen, in Deutschland wie auch in anderen EU-Mitgliedsländern in zunehmendem Maße als „low key campaigns" (R. Cayrol 1991: 29; vgl. W. Schulz 1999) aus.

---

1 Die Beteiligung an Europawahlen in Deutschland ist in den vergangenen Jahren in etwa so stark gesunken wie in anderen EU-Mitgliedsländern (vgl. den einführenden Beitrag von J. Tenscher in diesem Band), was auf vergleichbare Mobilisierungsdefizite verweist. Allerdings haben sich die Bundesbürger von Beginn an im Vergleich zu den Bürgern anderer EU-Mitgliedsländer als überdurchschnittlich an Europawahlkämpfen interessierte Wähler erwiesen, sich überdies mit am intensivsten Kampagnenbotschaften ausgesetzt haben (vgl. u.a. H. Scherer 1995; F. Bicchi et al. 2003). Dies spricht für ein starkes *Öffentlichkeitspotenzial*, das vor dem Hintergrund einer im EU-Vergleich äußerst defizitären Medienberichterstattung in Deutschland (vgl. u.a. C. de Vreese et al. 2005) und nur halbherziger Mobilisierungsversuche seitens der Parteien (vgl. u.a. J. Gerstlé et al. 2002) nur unzureichend aktiviert worden ist.

Im Folgenden gilt es zu hinterfragen, inwieweit die Kampagnen zur Europawahl 2004 diesen Trend fortsetzten oder unterbrachen. Angesichts der herausgehobenen Bedeutung der „Founding Elections" (B. Weßels in diesem Band) einer um zehn Mitgliedsländer erweiterten Europäischen Union (EU) und der exaltierten Rolle, die Deutschland seit jeher als einer der Motoren der europäischen Integrationsprozesses spielt, wäre zu erwarten, dass sich die Parteien im Jahr 2004 wieder wie bei den ersten Direktwahlen 1979 (vgl. K. Brants et al. 1983) in hohem Maße und *mit voller Kraft* engagieren würden.

Um diese Annahme zu überprüfen, werden, nach einem kurzen Blick auf die politische Stimmung und das Wahlergebnis des Jahres 2004, die Kommunikationsstrukturen und -strategien der im Deutschen Bundestag und im neu gewählten Europäischen Parlament vertretenen Parteien unter dem Blickwinkel ihrer „Modernität", aber auch ihres Europabezugs untersucht. Letzterem Aspekt kommt eine besondere Bedeutung zu, da nicht nur die Massenmedien und die Wähler, sondern auch die Parteien in früheren Europawahlkämpfen der nationalen Perspektive Vorschub leisteten (vgl. u.a. Bicchi et al. 2003; E. Lauf/J. Peter 2004). Inwieweit dies auch für den 2004er Wahlkampf zutrifft, soll im Folgenden mit Blick auf die Parteien geklärt werden. Eine Annäherung an deren Kampagnenengagement erfolgt zuvorderst über Einschätzungen der für den Wahlkampf Hauptverantwortlichen, welche in der Woche nach der Europawahl einen schriftlichen Fragebogen ausfüllten.[2]

2 Politische Stimmung und Wahlergebnis

Nachdem sich bei der Europawahl im Jahr 1999 erstmalig weniger als die Hälfte der wahlberechtigten Deutschen (45,2 Prozent) bei einer bundesweit stattfindenden Parlamentswahl beteiligte, waren die Hoffnungen seitens der politischen Elite und einiger Medienvertreter im Vorfeld des vergangenen Europawahlkampfes groß, dass das „europäische Jahr" 2004 eine Trendwende markieren und in stärkerem Maße Wähler für eine aktive Teilhabe am „Projekt Europa" mobilisieren würde (vgl. B. Meyer 2004). Umso größer fiel die Ernüchterung aus, als am 13. Juni 2004 die Wahlbeteiligung einen neuerlichen historischen Tiefststand erreichte: Lediglich 43 Prozent der deutschen Wähler gaben ihre Stimme ab. Damit fügte sich die Bundesrepublik nahtlos in einen EU-weit feststellbaren Negativtrend, eine um sich greifende Wahlabstinenz der Bürger der etablierten und insbesondere der neuen EU-Mitgliedsländer ein (vgl. die Beiträge von J. Tenscher und B. Weßels in diesem Band). Der auch in Bezug auf nationale Parlamentswahlen, nicht nur in Deutschland, seit einigen Jahren beobachtbare Anstieg der Zahl der Wahlverweige-

---

2 Die schriftliche Befragung der Wahlkampfmanager war Teil einer Vergleichsstudie zur Modernität von Kampagnenstrukturen und -strategien (European Campaign Project, ECP), die in Zusammenarbeit mit Tom Moring (Universität Helsinki) durchgeführt wurde. Ich möchte an dieser Stelle den Kampagnenverantwortlichen Achim Post (SPD), Laurenz Meyer (CDU), Markus Söder (CSU), Steffi Lemke (Greens), René Hagemann-Miksits (FDP) und André Brie (PDS) sowie ihren jeweiligen Mitarbeitern für ihre Unterstützung danken.

rer (vgl. u.a. R. Dalton 2002: 37) scheint sich bei Europawahlen jedoch nicht nur fortzusetzen, sondern sogar zu beschleunigen. So betrug die Differenz der wahlabstinenten Deutschen bei der ersten Europawahl 1979 zur darauf folgenden Bundestagswahl 1980 noch 22,9 Prozent; im Vergleich von Europawahl 2004 und vorgezogener Bundestagswahl 2005 waren dies bereits 34,7 Prozent (vgl. Abbildung 1). Die Bereitschaft zur Teilhabe an Wahlen auf europäischer Ebene sinkt offensichtlich deutlich schneller, was zum einen darauf verweist, dass immer weniger Wähler Europawahlen im Vergleich zu „Hauptwahlen", wie sie Bundestagswahlen darstellen, eine hohe Bedeutung zumessen, und zum anderen – in geringerem Maße – der Anteil derjenigen steigt, die ihrer Unzufriedenheit mit der nationalen Politik, aber auch gegenüber dem Tempo des europäischen Integrationsprozesses durch Wahlabstinenz Ausdruck verleihen (vgl. S. Wagner 2003; H. Schmitt 2005).

Abbildung 1:   Entwicklung der Wahlbeteiligung bei Europawahlen und Bundestagswahlen im Vergleich (in Prozent)

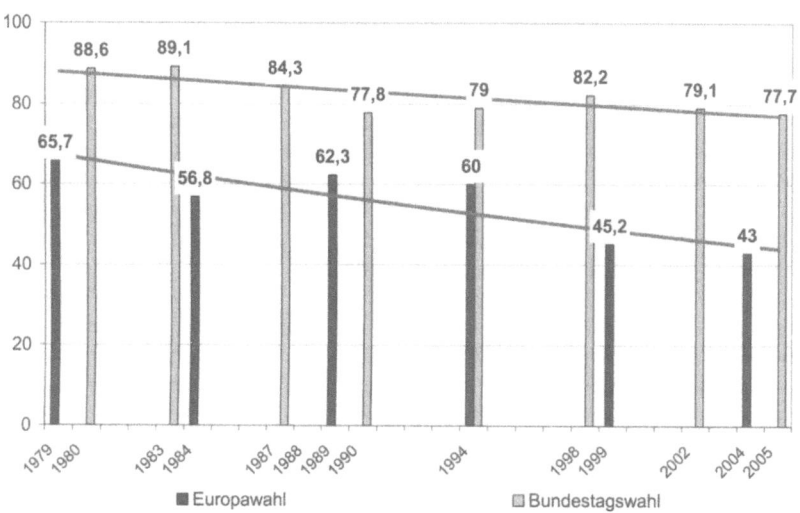

Quelle: Statistisches Bundesamt

Hohe Indifferenz gegenüber der Europawahl und allgemeine Unzufriedenheit mit nationalen (und weniger supranationalen) politischen Entscheidungen – diese beiden Hauptmotive für die geringe Beteiligung an der Europawahl 2004 spiegeln sich auch in verschiedenen repräsentativen Bevölkerungsumfragen wider, die in der Woche vor und direkt im Anschluss an die Wahl durchgeführt wurden. So gaben kurz vor der Wahl, also zum vermeintlichen Höhepunkt des Wahlkampfes, 57 Prozent der Wähler an, sich wenig bis gar nicht für europapolitische Fragen zu interessieren (vgl. Infratest dimap 2004: 70).[3] Dies ist ein erster Hinweis für einen Wahlkampf, der die europäische Dimension nur am Rande thematisierte, wodurch diese zwangsläufig kaum ins öffentliche Bewusstsein drang (vgl. O. Niedermayer 2005). Darüber hinaus gaben immerhin 36 Prozent der Wähler an, die EU-Wahl sei für sie unwichtig und „Europa" zu kompliziert (vgl. Infratest dimap 2004: 10). Überdies maßen lediglich 61 Prozent der Wähler Parlamentsentscheidungen auf europäischer Ebene eine für sie persönlich hohe Bedeutung zu – in Bezug auf Entscheidungen des Bundestags sind dies 86 Prozent und auch für die kommunale und Länderebene fallen die Werte im Vergleich zum Europaparlament höher aus (vgl. Forschungsgruppe Wahlen 2004: 28).[4]

Hier kommt deutlich die vergleichsweise geringe Bedeutung zum Ausdruck, mit denen die Wahlen zum Europäischen Parlament im Jahr 2004 – wie auch in früheren Jahren – verfolgt wurden. Der geringe Stellenwert, den diese supranationale Ebene aus Sicht der Wähler genießt, ist jedoch nicht zu verwechseln mit einer generellen Unzufriedenheit bzw. mit besonders geringem Vertrauen in das Europäische Parlament: Tatsächlich vertrauten die Bundesbürger im Juni 2004 dem Europäischen Parlament in etwa genauso stark *bzw. wenig* wie dem Deutschen Bundestag (vgl. Infratest dimap 2004: 74). Das EP blieb, wie in den Jahren zuvor, auch weiterhin – nach dem Europäischen Gerichtshof –, diejenige EU-Institution, der das größte Vertrauen auf europäischer Ebene entgegengebracht wurde (vgl. L. Schmitt 2003: 73f.). So kam in der hohen Wahlabstinenz der Deutschen zuvorderst eine *allgemeine* und keine EU-spezifische politische Unzufriedenheit zum Ausdruck: Mehr als in jedem anderen der „alten" EU-Mitgliedsländer spielte dieser EU-unspezifische Aspekt eine zentrale Rolle für diejenigen, die sich nicht an der Wahl beteiligten (vgl. EOS Gallup Europe 2004: 19).

Für die Mehrzahl der deutschen Wähler ging es bei der Europawahl 2004 zuvorderst um bundespolitische und weniger um europapolitische Fragen: Je nach Umfrage, schwankte der Anteil derjenigen, die nach eigenen Angaben die Europawahl zu einer Abstimmung über die Bundespolitik nutzten, zwischen 51 und 61 Prozent, während nur für eine Minderheit europapolitische Erwägungen im Vordergrund standen (vgl. Forschungsgruppe Wahlen 2004: 29; Infratest dimap 2004: 7).[5] Damit wiederholte sich die schon aus früheren Europawahlen bekannte Um-

---

3   In derselben Umfrage gaben lediglich 41 Prozent an, sich wenig bis gar nicht für Politik im Allgemeinen zu interessieren. Diese Unterschiede zwischen allgemeinem und Europa-bezogenem Interesse fanden in einer zeitgleich durchgeführten Umfrage ihre Bestätigung, auch wenn beide Dimensionen aufgrund einer anderen Antwortskala etwas höhere Werte erzielten (vgl. Forschungsgruppe Wahlen 2004: 28).

4   Die Nachrangigkeit der perzipierten Wichtigkeit von Parlamentsentscheidungen auf der europäischen Ebene bestätigt sich in Umfragen seit 1979. Immerhin ist jedoch die individuelle Bedeutung, mit denen Entscheidungen des Europaparlaments wahrgenommen wurden, im Jahr 2004 erstmals seit 1989 wieder gestiegen (vgl. D. Roth/B. Kornelius 2004: 53).

5   Als zentrale EU-spezifische Frage, die in Deutschland, aber auch anderen EU-Mitgliedsländern Einfluss auf die Wahlbeteiligung ausübte, kristallisierte sich die Positionierung der Wähler gegenüber der allgemeinen Entwicklung der europäischen Einigung (inkl. der Frage der EU-Osterweiterung) heraus (vgl. H. Schmitt 2005). Auch wenn die Mehrheit der Bundesbürger die allgemeine Entwicklung der EU weiterhin positiv bewertete (vgl. Infratest dimap 2004: 72), blieben doch die Europaskeptiker in deutlich stärkerem Maße als bei früheren Europawahlen der Wahl fern.

deutung der Wahl eines supranationalen Parlaments zur „Zwischenabstimmung" über nationale Probleme und Leistungen nationaler Akteure (vgl. K. Reif 1980; D. Roth 1994 sowie zusammenfassend den Beitrag von A. Wüst/D. Roth in diesem Band). Inwieweit die Parteien mit ihren Kampagnen und die Massenmedien als zentrale Wahlkampfvermittler hierzu ihren Beitrag leisteten, gilt es, an dieser Stelle zu überprüfen (vgl. auch den Beitrag von F. Brettschneider/M. Rettich in diesem Band).

Besonders betroffen von der nationalen Rahmung der Europawahl seitens der Wählerschaft war die *SPD*, die seit ihrem, für viele lange Zeit unerwarteten Wahlsieg bei den Bundestagswahlen im September 2002 z.T. dramatisch sinkende Akzeptanzwerte zu verzeichnen hatte: Sie rutschte vor dem Hintergrund stagnierender Wirtschaftsdaten, steigender Arbeitslosigkeit, politischen Missmanagements, entsprechender „Vermittlungsprobleme", einiger Koalitionskrisen und insbesondere der inner- und zwischenparteilichen sowie öffentlichen Auseinandersetzungen über die Einführung der „Agenda 2010" und die Folgen der Arbeits-, Steuer- und Gesundheitsreformen in ein vorher nicht gekanntes politisches Stimmungstief (vgl. zusammenfassend O. Niedermayer 2005: 41f.). Der steigende Missmut und das sinkende Vertrauen gegenüber der SPD manifestierte sich nicht zuletzt in einer Reihe an z.T. verheerenden Niederlagen bei Landtagswahlen, also regionaler Nebenwahlen, die seitens der Oppositionsparteien und der Wähler zu Abstimmungen über nationale (Fehl)Leistungen umgemünzt wurden (vgl. u.a. den Beitrag von D. Schneider/P. Rössler in diesem Band). Dabei markierte die Hamburger Bürgerschaftswahl Ende Februar 2004 nur den Abschluss einer für die *SPD* unheilvollen Kette an „Abstrafungen" – und dies ungeachtet des als parteiinternes wie öffentliches Aufbruchsignal gedachten Wechsels des Parteivorsitzes vom in der Bevölkerungsgunst auf ein historisches Tief gesunkenen Bundeskanzler Gerhard Schröder hin zu Franz Müntefering.

Wie schon fünf Jahre zuvor, bekam die *SPD* bei der Europawahl einen – national begründeten – historisch anmutenden „Denkzettel" verpasst (vgl. H. Prantl 2004; N. Piper 2004): Sie verlor weitere 9,5 Prozent der Stimmen gegenüber der Europawahl von 1999 und sogar 17,5 Prozent im Vergleich zur vorangegangenen Bundestagswahl 2002. 21,5 Prozent der abgegebenen Stimmen bedeuteten schließlich für die Sozialdemokraten das schlechtesten Ergebnis bei einer bundesweit ausgetragenen Wahl überhaupt. Dieses konnte sie bei der vorgezogenen Bundestagswahl 2005 wieder deutlich verbessern (vgl. Abbildung 2).

Wenn auch in der großen Mehrheit der EU-Mitgliedsländer die Europawahl zum wiederholten Male vornehmlich zur Abstrafung der Regierungspartei(en) genutzt wurde (vgl. o.V. 2004a; M. Marsh 2005) und diese Umwandlung auch in Deutschland an frühere Europawahlen anknüpfte, so fiel der Absturz der *SPD* doch präzedenzlos aus. Davon profitieren konnten aber weniger die Unionsparteien, *CDU* und *CSU*, als größte Oppositionsparteien auf nationaler Ebene, die gegenüber ihrem besten Ergebnis bei einer Europawahl im Jahr 1999 4,2 Prozent verloren und im Jahr 2004 44,5 Prozent der abgegebenen Stimmen erhielten – immerhin mehr als doppelt so viele wie die *SPD*. Als eigentliche Sieger der Europawahlen und als Profiteure des Protests gegen die *SPD* konnten sich vielmehr die kleinen Parteien fühlen. So gelang es den im Bund mitregierenden *Grünen*, sich von der grassierenden Unzufriedenheit gegenüber der Regierungspolitik abzukoppeln und mit 11,9 Prozent der Stimmen ihr bestes Ergebnis bei einer nationalen Wahl einzufahren (vgl. G. Hirscher 2005: 10ff.). Die *FDP* schaffte nach zehnjähriger Abstinenz mit 6,1 Prozent genauso wie die *PDS* den Wiedereinzug in das Europäische Parlament. Darüber hinaus konnten weitere 18 nicht im Deutschen Bundestag vertretene Kleinparteien insgesamt 9,8 Prozent der Stimmen erzielen – so viele wie noch bei keiner bundesweit ausgetragenen Parlamentswahl zuvor. Getreu der These der „second-order election" manifestierte sich somit der Protest gegenüber der Regierungspolitik im Jahr 2004 in erster Linie in Stimmenzuwächsen für die kleinen Parteien (vgl. K. Reif/H. Schmitt 1980: 9f.).

Abbildung 2:   Wahlergebnisse bei Europawahlen und Bundestagswahlen im Vergleich (in Prozent)

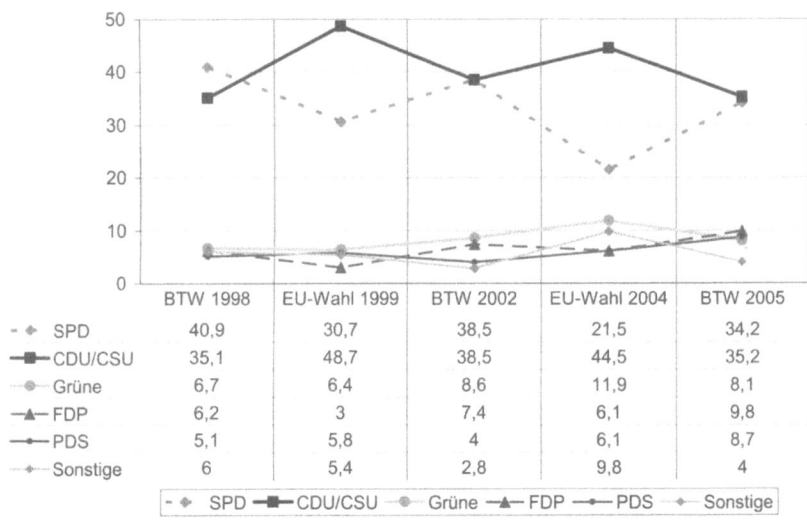

	BTW 1998	EU-Wahl 1999	BTW 2002	EU-Wahl 2004	BTW 2005
SPD	40,9	30,7	38,5	21,5	34,2
CDU/CSU	35,1	48,7	38,5	44,5	35,2
Grüne	6,7	6,4	8,6	11,9	8,1
FDP	6,2	3	7,4	6,1	9,8
PDS	5,1	5,8	4	6,1	8,7
Sonstige	6	5,4	2,8	9,8	4

Quelle: Statistisches Bundesamt

Die Stimmenanteile, die die Parteien bei der Europawahl 2004 erzielten, aber vor allem auch die historisch niedrige Wahlbeteiligung, das konstant mäßige Interesse gegenüber der Wahl an sich und der nachrangige Stellenwert, der der europäischen Politikebene seitens der Wähler zugestanden wurde, verdeutlichen zweierlei: Zunächst war der Wahlkampf 2004 offenkundig nicht in in besonderem Maße, wie demokratietheoretisch erwünscht (s.o.), erfolgreich darin, das öffentliche Interesse am „Projekt Europa" zu steigern, die Aufmerksamkeit auf die Wahl zu lenken und entsprechend viele Bürger für eine aktive Teilhabe an der Wahl zu mobilisieren. Darüber hinaus, und dies wird durch die nationale „Umdeutung" der Wahlen unterstrichen, scheint das spezifisch Europäische im Wahlkampf um eine supranationale Legislative nur eine untergeordnete Rolle gespielt zu haben.

Diese Vermutung wird zum einen durch eine umfassende, medienübergreifende Marginalisierung und Domestizierung der Wahlkampfberichterstattung unterstrichen, die sich in Quantität und Qualität nur unwesentlich von der des Europawahlkampfes 1999 unterschied (vgl. Medien Tenor 2004 sowie den Beitrag von F. Brettschneider/M. Rettich in diesem Band).[6] Inwieweit diese auf entsprechend halbherzige und auf nationale Probleme fokussierte Parteienkampagnen zurückzuführen ist, inwieweit also die schon 1999 konstatierte „Europalethargie" der Bürger (J. Wilke/J. Tangemann 2004) letztlich auch eine logische Folge des gezügelten und auf Deutschland bezogenen Engagements der zentralen Wahlkampfkommunikatoren, der Parteien, ist, soll im Folgenden überprüft werden.

3 Parteienkampagnen: Strukturen und Strategien

3.1 Modernisierung der Wahlkampfkommunikation – und ihre Grenzen

Vor dem Hintergrund einiger oft zitierter weit reichender Veränderungen im soziokulturellen und massenmedialen Umfeld politischen Handelns hat sich in der Bundesrepublik, wie in vielen anderen postindustriellen europäischen Demokratien, insbesondere in der vergangenen Dekade der Prozess der *Modernisierung* und *Professionalisierung* der Wahlkampfkommunikation bei nationalen Parlamentswahlen beschleunigt. Augenscheinliche Kennzeichen für einen entsprechenden Wandel sind u.a. ein Anstieg an professionellen Ereignis- und Themenmanagements, an fernsehzentrierter, auf Spitzenkandidaten fokussierter, kapitalintensiver, zeitlich ausgedehnter Kampagnenaktivitäten, die sich, geleitet von professionellen Politikvermittlungsexperten, neben reichweitenstarken Formen der Politikwerbung in zunehmendem Maße auch der kostenlosen Nutzung massenmedialer Unterhaltungsformate sowie zielgruppenorientierter Techniken des „Narrowcastings" bedienen (vgl. für Deutschland zusammenfassend J. Tenscher 2003: 83ff.; J. Wagner 2005). Entsprechende Veränderungen in Bezug auf die Art und Weise, wie Wahl-

---

6 Die im Vergleich zur Berichterstattung über Bundestagswahlkämpfe stiefmütterliche Behandlung der Europawahlen 2004 kam nicht nur während des Wahlkampfs, sondern in besonderem Maße am Wahltag selbst zum Ausdruck: Von den großen Fernsehanstalten berichteten lediglich *ARD* und *ZDF* in Wahlsondersendungen über die Europawahlergebnisse und zwar in Kombination mit Prognosen und Hochrechnungen zur Landtagswahl in Thüringen, die am selben Tag stattfand (vgl. den Beitrag von D. Schneider/P. Rössler in diesem Band). Im Unterschied zur *ARD* verzichtete das *ZDF* zunächst auf eine umfassende Live-Berichterstattung über die Europawahl und informierte stattdessen in Form geteilter Bildschirme (split screens), in der Halbzeit und im Anschluss an zwei Live-Übertragungen von der Fußball-Europameisterschaft. Ungeachtet der Tatsache, dass die Einschaltquoten bei den Wahlsendungen deutlich im Vergleich zur Fußballübertragung sanken, konnten so mehr Zuschauer als bei früheren Europawahlen erreicht werden: Immerhin verfolgten 9,87 Millionen Zuschauer (28,3 Prozent Marktanteil) das zwischen zwei Fußballspiele geschaltete „heute spezial" zur Europawahl, während „Sabine Christiansen" (*ARD*) und weitere Wahlsondersendungen im Spätprogramm von *ARD* und *ZDF* nur vergleichsweise wenige Zuschauer erreichten (vgl. AGF/GHfK-PC#TV Aktuell). Entsprechend positiv bewertete das *ZDF* in einem vertraulichen Papier die Europawahlberichterstattung wie folgt: „Das Konzept der Kombination Fußball-EM und Wahlen ist damit beim Zuschauer angekommen".

kampagnen geplant, durchgeführt und kommuniziert werden, verweisen schließlich auf tiefer greifende Veränderungen auf der *strukturellen* Ebene politischer Organisationen, namentlich auf die sukzessive Öffnung gegenüber (post)modernen Elementen – und Akteuren – politischen Marketings (vgl. u.a. M. Scammell 1999).

Voraussetzung entsprechend „moderner", vielfältiger, zielgruppenorientierter, zeit- und kapitalintensiver Wahlkampagnen ist vor allem eine hinreichende *finanzielle* Ressourcenausstattung. Diese kann als sinnfälliger Ausdruck der Bereitschaft von Parteien dienen, sich (post)moderner, Marketing-orientierter Wahlkampftechniken zu bedienen, was wiederum in hohem Maße mit der Relevanz zusammenhängt, mit der Parteien sich einer Wahl annehmen. Konsequenterweise haben deutsche Parteien bisher so genannten „Nebenwahlen" auf kommunaler, regionaler und europäischer Ebene deutlich weniger Beachtung als den „Hauptwahlen" zum Deutschen Bundestag geschenkt, bei denen schließlich in erster Linie über die zukünftige politische und gesellschaftliche Positionierung einer Partei entschieden wird, bei denen also aus Sicht der Parteien schlichtweg mehr auf dem Spiel steht (vgl. bereits O. Niedermayer 1989 sowie den einleitenden Beitrag von J. Tenscher in diesem Band).

Eine entsprechend halbherzige Zuwendung der Parteien zu den Europawahlen lässt sich in Deutschland seit der ersten Direktwahl 1979 beobachten: Diese kam nicht nur im „gebremsten" Commitment der verantwortlichen Wahlkampfmanager zum Ausdruck (vgl. K. Brants et al. 1983: 130ff.; W. Schulz 1983: 362f.), sondern vor allem in der wiederholt zu beobachtenden zeitlichen und finanziellen Begrenztheit der Europakampagnen (vgl. W. Schulz 1999: 5). Erst der Europawahlkampf 1999 zeigte, wenn auch nur vereinzelt und wenig systematisch, Ansätze moderner Kampagnenführung: So richtete die *SPD*, dem 1998er Mythos der im Bundestagswahlkampf erfolgreichen *Kampa* folgend, wiederum eine temporäre, ausdifferenzierte Kampagnenzentrale ein, ein paar externe Dienstleister (Werbeagenturen und Meinungsforschungsinstitute) wurden beauftragt und das Internet hielt als Mittel interner und externer Kampagnenkommunikation Einzug (vgl. J. Wilke/J. Tangemann 2004). Ungeachtet dieser überschaubaren Innovationen schienen die Parteienkampagnen aber auch 1999 im Vergleich zum Bundestagswahlkampf 1998 weiterhin auf Sparflamme zu kochen.

Um zu überprüfen, inwieweit sich die Parteien den unter besonderer Beachtung stattfindenden „Founding Elections" des Jahres 2004 widmeten, sollen im Folgenden die Kampagnenstrukturen und -strategien der im Deutschen Bundestag vertretenen Parteien untersucht werden. Auf *struktureller* Ebene würde sich ein hohes Commitment der Parteien zuvorderst in entsprechend hohen Wahlkampfbudgets, in ausdifferenzierten Kampagnenstäben und der Verpflichtung professioneller Wahlkampfexperten sowie externer Dienstleister niederschlagen. In *strategischer* Hinsicht würde ein modernes, Marketing-orientiertes Engagement der Parteien in einem abgestimmten Medienmix zum Ausdruck kommen, der primär auf das reichweitenstärkste Medium „Fernsehen", auf politische Fernsehwerbung und die Nutzung diskursiver TV-Formate, aber auch auf zielgruppenorientierte Direktkommunikation vertraut (vgl. F. Plasser/G. Plasser 2002: 25ff.). Im Mittelpunkt der Parteienkampagnen würden schließlich die Spitzenkandidaten stehen, die die Parteiprogrammatik und zentrale Wahlkampfbotschaft nicht nur verkörperten, sondern ggf. kompensierten. Gerade in dieser Hinsicht der Personalisierung der Kampagnen hatten sich die Parteien bei früheren Europawahlkämpfen extrem zurückgehalten (vgl. u.a. S. Reiser 1994: 143ff.).

3.2 Kampagnenstrukturen im Vergleich

Wie skizziert, ist die Grundlage jeglichen innovativen, (post)modernen Kampagnenmanagements eine angemessene finanzielle Grundausstattung. Diesbezüglich sahen sich die Parteien seit den ersten Direktwahlen im Jahr 1979 immer wieder dem Vorwurf ausgesetzt, sie würden zu wenig Geld in Europawahlkämpfe investieren, um überhaupt entsprechend professionelle, öffentlichkeitswirksame und effektive Kampagnen organisieren und durchführen zu können (vgl. u.a. J. Gerstlé et al. 2002: 61). Überdies würden Europawahlkämpfe von den Parteien in erster Linie dazu genutzt werden, sich gesund zu sparen, indem sie weniger Geld in den Wahlkampf investierten, als sie über die staatliche Parteienfinanzierung zurückerhielten (vgl. u.a. O. Niedermayer 2005: 48). Dass dieser Vorwurf nicht ganz unberechtigt ist, zeigt das aktuellste Beispiel: Während die 24 Parteien und politischen Vereinigungen, die sich am Europawahlkampf 2004 in Deutschland beteiligten, rund 32 Millionen Euro ausgaben, erhielten sie – bzw. die 14 Parteien, die mehr als 0,5 Prozent der Stimmen erhielten – mehr als 100 Millionen Euro als Wahlkampfkostenerstattung zurück (vgl. L. Langenau 2004). Insbesondere für die Kleinparteien entpuppte sich die Europawahl 2004 so zu einem lukrativen Geschäft, mit dem die finanzielle Konsolidierung im Vorfeld der nächsten Bundestagswahl vorangetrieben werden konnte.

Tabelle 1: Wahlkampfbudgets im Vergleich (in Millionen Euro)

	SPD	CDU	CSU	Grüne	FDP	PDS
Europawahl 2004	12,5	8,0	3,5	1,2	1,0	3,0
Bundestagswahl 2002	28,0	20,0	8,0	2,5	5,1	5,8
Europawahl 1999	12,3	10,0	3,0	0,25	1,0	3,0
Differenz BTW 2002/EPW 2004 (in Prozent)	-55%	-60%	-56%	-52%	-80%	-48%
Differenz EPW 1999/EPW 2004 (in Prozent)	+2%	-20%	+17%	+380%	0%	0%

Quelle: Gerstlé et al. 2002: 61; Tenscher 2005: 114ff.; ECP.

Die großen, im Deutschen Bundestag vertretenen Parteien „froren" – mit Ausnahme von *CSU* und *Bündnis90/Die Grünen* – weitgehend ihre Budgets auf den vergleichsweise niedrigen Niveaus der Europawahl des Jahres 1999 ein: Die *SPD* investierte für die Europawahl 2004 rund 12,5 Millionen Euro, die *CDU* reduzierte ihr Budget auf 8 Millionen Euro, die *CSU* investierte 3,5 Millionen, die *PDS* 3 Millionen, die *FDP* 1 Million und die *Grünen* – ungeachtet einer deutlichen Steigerung gegenüber 1999 – 1,2 Millionen Euro (vgl. Tabelle 1). Erst im Vergleich mit den Kampagnenbudgets des vorausgegangenen Bundestagswahlkampfes wird jedoch die Zurückhaltung deutlich, mit der sich die Parteien im Europawahlkampf 2004 engagierten: Um mindestens fünfzig (*PDS* und *Bündnis90/Die Grünen*) und bis zu achtzig Prozent (*FDP*) wurden die finanziellen Ressourcen gekürzt – ein deutlicher Beleg für die Nachrangigkeit, mit der die Europawahl 2004 angegangen wurde, und zugleich ein augenscheinliches Hemmnis für kostenintensive Maßnahmen, wie z.b. das Outsourcing bestimmter Kampagnenaktivitäten an professionelle Dienstleister, die Durchführung von Situationsanalysen, Meinungsumfragen und zielgruppenorientierter Direktkommunikation.

Tatsächlich fanden die vergleichsweise dürftigen Budgets ihren Niederschlag in der Art und Weise, wie – und von wem – die Kampagnen geplant und durchgeführt wurden.[7] Dabei vertraute die *SPD* wiederum, wie schon bei den beiden vorangegangenen Bundestagswahlkämpfen und im 1999er Europawahlkampf, einer eigens ins Leben gerufenen Kampagnenzentrale, der so genannten „Europa-Kampa". Diese wurde von Achim Post geleitet, der sich politisch und organisatorisch mit dem Generalsekretär und dem Bundesgeschäftsführer abstimmte. In insgesamt neun Arbeitsbereichen (darunter Abteilungen für „Parteimobilisierung", „Veranstaltungen/Rednereinsatz/Events", „Online-Wahlkampf" und „Spitzenkandidat") arbeiteten rund 50 Personen– und damit weniger als die Hälfte im Vergleich zum Bundestagswahlkampf 2002 (vgl. J. Tenscher 2005: 114). Daneben wurden vier externe Dienstleister, die Kreativagentur *Aimaq Rapp Stolle*, die Veranstaltungsagentur *Compact*, die Konzeptagentur *Becker/Kronacher* und die Internetagentur *face2net*, engagiert.

Im Vergleich zur *SPD* operierten die anderen Parteien mit deutlich niedrigerer *Manpower*: Das Wahlkampfteam der *CDU*, angesiedelt im Konrad-Adenauer-Haus und geleitet vom Generalsekretär und vom Bundesgeschäftsführer in Absprache mit der Parteivorsitzenden Angela Merkel, umfasste rund 15 Personen. Dazu wurden – wie schon im Bundestagswahlkampf 2002 – die Werbeagentur *McCann-Erickson* und *NMS Carat* für die Mediaplanung gewonnen. Organisatorisch unabhängig, aber doch in stetem Kontakt mit der *CDU*, operierte das 18-köpfige Wahlkampfteam der *CSU*. Geografisch beschränkt auf den Europawahlkampf in Bayern konnte es sich die Partei dank eines vergleichsweise „üppigen" Budgets (s.o.) als einzige erlauben, nicht nur eine Werbeagentur (*Serviceplan*) einzuschalten, sondern extern Zielgruppenanalysen durchführen zu lassen. In dieser Hinsicht schaffte die *CSU* zweifelsohne die besten Voraussetzungen für eine (post)moderne Wahlkampagne.

In anderer Weise eingebunden war das Kampagnenmanagement der *Grünen*. Das für den bundesweiten Wahlkampf verantwortliche rund 15-köpfige Team, das von der Bundesgeschäftsführerin und dem Leiter des Referats Öffentlichkeitsabteilung angeführt wurde, operierte zwar weitgehend autark, war aber dennoch integriert in die erste gesamteuropäische Kampagne der am 21. Februar gegründeten Partei *Eurogreens*. Diese Einbettung machte sich weniger in organisatorischer

---

7   Die folgenden Aussagen zu den Kommunikationsstrukturen und -strategien der Parteien beruhen zum einen auf den Informationen der schriftlich befragten Wahlkampfmanager, zum anderen auf einer Analyse entsprechender Kampagnenmaterialien.

Hinsicht als vielmehr in Bezug auf die Kampagneninhalte und das Corporate Design bemerkbar (s.u.). Dabei profitierten die deutschen *Grünen* davon, dass ihre „Heimagentur", *Zum Goldenen Hirschen*, verantwortlich für die Gestaltung des paneuropäischen Auftritts zeichnete. Daneben wurde noch die Internetagentur *Kompakt medien* engagiert.

Während die *Grünen* darauf verzichteten, Personen nur für den Wahlkampf ein- oder abzustellen, konnten sich die rund 15 Mitarbeiter des „Projektgruppe Europawahl 2004" der *FDP* ganz auf die Organisation und Durchführung der Europakampagne konzentrieren. Das Kampagnenbüro wurde geleitet von René Hagemann-Miksits, der in permanenter, enger Absprache mit der Spitzenkandidatin, Silvana Koch-Mehrin, einerseits und der Generalsekretärin sowie dem Bundesgeschäftsführer andererseits die Entscheidungen traf. Besonders auffällig im Vergleich zu den anderen Parteien ist, dass sich allein vier Personen um die Terminkoordinierung der bis dato politisch weithin unerfahrenen und vor allem öffentlich unbekannten Spitzenkandidatin kümmerten. Weitere, professionelle Hilfestellung kam von der wahlkampferfahrenen Agentur *von Mannstein*, die vor allem für die persönliche Betreuung und das Coaching Koch-Mehrins engagiert wurde. Sonstige werbliche Aktivitäten wurden von der Agentur *Etwas Neues entsteht* übernommen.

Die PDS schließlich vertraute dem kleinsten Kampagneteam: Unter der Leitung des Europaabgeordneten und langjährigen Wahlkampfleiters André Brie, der nach einer Auszeit im Bundestagswahlkampf 2002 reaktiviert wurde, arbeiteten zehn Personen. Professionelle Unterstützung kam von Seiten der *Agentur für Kommunikationskultur DiG/Plus*.

Zusammengefasst fällt auf, dass alle Parteien im Vergleich zum Bundestagswahlkampf 2002 nicht nur ihre Budgets, sondern – konsequenterweise – auch ihre Mitarbeiterstäbe deutlich reduzierten. Die Organisation, Planung und Durchführung der Kampagnen lag ausnahmslos in den Händen parteitreuer, wahlkampferfahrener Mitarbeiter – ein deutlicher Beleg dafür, dass der Prozess der Professionalisierung der Wahlkampfkommunikation in Deutschland (im Unterschied zu den USA) vornehmlich *innerhalb* von Parteien stattfindet und externe, parteiungebundene Consultants in führender Position kaum eine Rolle spielen (vgl. J. Tenscher 2003: 83). Entsprechende Unterstützung von außen wurde im Vergleich zu den vergangenen beiden Bundestagswahlkämpfen nur in geringem Maße angenommen und beschränkte sich zuvorderst auf werbliche Aktivitäten. Lediglich die *CSU* finanzierte eigene Meinungsumfragen und schuf damit am ehesten die Basis für einen zielgruppenorientierten, Marketing-orientierten Wahlkampf. Als innovativ müssen schließlich vor allem die finanziell knappsten Kampagnenstrukturen, von *Bündnis90/Die Grünen* und *FDP*, angesehen werden: Die einen durch ihre Einbettung in den ersten paneuropäischen Wahlkampf, die anderen durch ihre eindeutige Fokussierung auf die Spitzenkandidatin. Demgegenüber erwies sich die *SPD*-„Europa-Kampa" zwar als die best ausgestattete und am stärksten ausdifferenzierte, gleichwohl in struktureller Hinsicht wenig innovative Wahlkampfzentrale. Inwieweit sich diese organisationsbezogenen Unterschiede im Rahmen der strategischen und inhaltlichen Ausrichtungen der Kampagnen niederschlagen, gilt es in einem weiteren Schritt zu überprüfen.

3.3 Kampagnenstrategien

Die vergleichsweise niedrigen Budgets sowie der eingeschränkte Grad an Externalisierung und Kommerzialisierung erlaubten den Parteien von Grund auf nur wenige (post)moderne, d.h. vielfältige, Aufmersamkeit bündelnde, zielgruppen- und situationsadäquate Kampagnenmaßnahmen. Dies kommt auch deutlich in den sehr engen Zeitrahmen zum Ausdruck, an denen sich die Parteien bei der Vorbereitung und Durchführung ihrer Kampagnen orientierten: Nach Angaben der Wahlkampfmanager setzte zwar bereits im Sommer (*CDU*) bzw. im Herbst 2003 die Planungsphase ein,[8] die parteiinternen und nach außen gerichteten Mobilisierungsaktivitäten begannen jedoch (mit Ausnahme von *Bündnis90/Die Grünen*, welche im November 2003 starteten) erst im Januar/Februar 2004. Die „heiße Phase" des Wahlkampfs setzte aus Sicht aller Parteienvertreter sogar erst vier bzw. fünf Wochen vor dem Wahltag ein. Diese – im Vergleich zu Bundestagswahlkämpfen – äußerst komprimierten Kampagnenzeitkorridore sind weit vom mithin unterstellten Ideal einer „permanent campaign" entfernt (vgl. D. Nimmo 1999; J. Tenscher 2003: 53ff.).

Tabelle 2: Bewertungen des Wahlkampfs durch die Kampagnenmanager
             (Skala: 1 = „stimme nicht zu" bis 5 = „stimme völlig zu")

	SPD	CDU	CSU	Grüne	FDP	PDS
Die Wahlkampfstrategien der Parteien waren innovativ.	3	3	3	3	2	1
Der Wahlkampf hat gezeigt, dass Wahlen immer „amerikanischer" werden.	2	1	2	1	3	1
Im Vergleich zu früheren EU-Wahlkämpfen war das öffentliche Interesse an der Wahl 2004 höher.	3	2	2	1	2	1
Die Medien haben dem Wahlkampf nur geringe Aufmerksamkeit geschenkt.	5	2	4	4	5	1
Der Wahlkampf wurde von nationalen Themen überlagert.	5	4	4	4	4	5

Quelle: ECP

Diese objektiven Rahmendaten von weithin „gebremsten" und eher traditionellen Kampagnen werden durch die subjektiven Einschätzungen der Wahlkampfmanager gestützt. Jene zeigten sich im Anschluss an den Wahlkampf parteiübergreifend darin einig, dass ihre Kampagnenstrategien vergleichsweise wenig innovativ waren. Ein entsprechender Innovationsschub wurde insbesondere von den Vertretern der *PDS* und der *FDP* vermisst (vgl. Tabelle 2). Vor diesem Hintergrund herrschte auch großer Konsens unter den Kampagnenmanagern, dass der EU-Wahlkampf

---

8   In diese Phase fielen auch die Verabschiedung der Wahlprogramme sowie die Kandidatenaufstellungen der Parteien. Diese wurden – je nach Partei – entweder in den Bundesländern (*CDU* und *CSU*) oder zentral auf eigens einberufenen Europadelegiertenkonferenzen vorgenommen. Erst mit dem „Europatag" der *FDP* am 28. März 2004, also zweieinhalb Monate vor der Wahl, waren alle Kandidatenlisten verabschiedet (vgl. O. Niedermayer 2005: 43ff.).

2004 den mithin unterstellten „Amerikanisierungsprozess" nicht fortsetzte. Modernisierungs- und Professionalisierungsfortschritte, die in den vergangenen Jahren bei nationalen Parlamentswahlen zum Vorschein kamen (vgl. C. Holtz-Bacha 1999; J. Tenscher 2005), fanden demgemäß auch nach der subjektiven Wahrnehmung der Kampagnenverantwortlichen bei der nationalen Nebenwahl im Jahr 2004 eine Unterbrechung.

Ein Grund hierfür mag das von allen Verantwortlichen perzipierte – und faktisch vorhandene (s.o.) – geringe öffentliche Interesse am Europawahlkampf 2004 gewesen sein, das entsprechend „aufwendige", zeit- und kostenintensive Maßnahmen aus Sicht der Parteien nicht gerechtfertigt hätte.[9] Lediglich der *SPD*-Vertreter sah im Vergleich zur vorangegangenen Europawahl 1999 immerhin kein sinkendes Interesse der Öffentlichkeit am Europawahlkampf. Dafür wurde insbesondere von diesem und von *FDP*-Seite die mangelhafte mediale Resonanz im Wahlkampf bemängelt. Während die Kampagnenmanager von *CSU* und *Bündnis90/Die Grünen* dies ähnlich sahen, waren *CDU* und *PDS* weitgehend mit dem Ausmaß der Wahlkampfberichterstattung zufrieden. Diesbezüglich bestand offenkundig die größte Uneinigkeit der Befragten, was zuvorderst auf unterschiedliche Erwartungen im Vorfeld des Wahlkampfs zurückzuführen sein mag.

In diesen Aussagen der Wahlkampfverantwortlichen kommt schließlich vor allem die Reziprozität des Zusammenspiels von Kampagnenmaßnahmen einerseits und öffentlicher bzw. massenmedialer Resonanz andererseits offen zu Tage: Wahrgenommene Öffentlichkeitsdefizite müssen in diesem Sinne sowohl als *Ursache* für eingeschränkte Kampagnenmaßnahmen als auch als deren logische *Folge* interpretiert werden.

Gleiches gilt für die inhaltliche Ausrichtung des Wahlkampfes und der Wahlkampfberichterstattung, bei der sich die Parteienvertreter einig waren, dass nationale Themen und Probleme im Vordergrund standen – auch wenn dies nicht unbedingt in den Europawahlprogrammen der Parteien direkt zum Ausdruck kam (vgl. Tabelle 2 sowie den Beitrag von A. Wüst/D. Roth in diesem Band). Dieser Eindruck wird durch die weithin „domestizierte" Medienberichterstattung bestätigt (vgl. den Beitrag von F. Brettschneider/M. Rettich in diesem Band). Diese war jedoch zweifelsohne auch eine Konsequenz von z.T. sehr stark nach innen orientierten Kampagnen – zumindest der Agenda-bestimmenden beiden Volksparteien. Insbesondere die *CDU* wendete den Europawahlkampf, wie bereits 1999 (vgl. W. Schulz 1999), zu einer „Zwischenabstimmung" über die Politik der rot-grünen Bundesregierung. Der zentrale *CDU*-Wahlkampfslogan „Europa 2004: Deutschland kann mehr" versinnbildlichte das Anliegen, die nationale Dimension mit der europäischen Ebene zu verknüpfen, indem der Rest Europas zur (vornehmlich ökonomischen) Messlatte für Misserfolge der *SPD*-geführten Bundesregierung

---

9 Es muss an dieser Stelle darauf hingewiesen werden, dass die im Anschluss an den Wahlkampf geäußerten Einschätzungen der Kampagnenverantwortlichen zweifelsohne auch den Erfolg bzw. Misserfolg der Parteien am Wahltag widerspiegeln. Einzelne Kampagnenmaßnahmen und allgemeine Beurteilungen des Wahlkampfumfelds sind insofern durch das jeweilige Wahlergebnis „gefiltert", ggf. verzerrt und einzelne Antworten „rechtfertigen" im Nachhinein bestimmte Maßnahmen.

herangezogen wurde. In strategischer Hinsicht äußerte sich dies in einer Kombination aus permanentem Angriff gegen die als „irrsinnig", „desaströs" und schlichtweg „chaotisch" bezeichnete Politik der Bundesregierung[10] und dem Versuch, sich als „bessere", da „kompetentere" Alternative – sowohl in Deutschland als auch für Europa – zu präsentieren. Je nach Kommunikationskanal und Kampagnenphase wurden diese beiden Strategien – Angriffs- und Kompetenzlinie – miteinander verknüpft (vgl. O. Niedermayer 2005: 56f., den Beitrag von M. Maier/J. Maier in diesem Band sowie Abbildung 3).

Abbildung 3: Europawahlplakate

Quelle: Bundeszentrale für politische Bildung

Vor dem Hintergrund der gegebenen schwachen wirtschaftlichen Bilanz versuchte die *SPD* den auf die Innenpolitik ausgerichteten Angriffen der *CDU* vornehmlich dadurch auszuweichen, dass sie ihre Rolle als europäische Friedensmacht, die sich in der Irak-Krise 2002 als standfest erwiesen hatte, hervorhob (vgl. U. Sosalla/G. Wiesmann 2004). Während dieses Thema jedoch noch im Bundestagswahlkampf 2002 auf entsprechend hohe öffentliche Resonanz stieß und mit ausschlaggebend für den überraschenden Wahlerfolg der SPD war (vgl. J. Tenscher 2005: 109ff.), beschäftigten die Wähler im Vorfeld der Europawahl in erster Linie innenpolitische Fragen, die im Zusammenhang mit den eingeleiteten Reformen der „Agenda 2010" standen, vor allem steuer-, wirtschafts- und arbeitsmarktpolitische Probleme sowie der Aspekt der sozialen Gerechtigkeit (vgl. Infratest dimap 2004: 58; Forschungsgruppe Wahlen 2004: 32). Dies waren allesamt Themen, die die Unionsparteien im Wahlkampf pushten und bei denen die *SPD* in die Defensive geriet. Sowohl der Versuch der *SPD*, außenpolitische Themen zu forcieren, als auch, den innenpolitischen Angriffen eine positiv-zukunftsorientierte Sichtweise entgegenzuhalten, verfingen nicht. Vielmehr verfestigte sich im Wahlkampf bei der Mehrheit der Wähler der Eindruck, dass die eingeleiteten Reformen nicht nur sozial unausgewogen wären, sondern von den zusehends zerstrittenen Regierungsparteien und einem politisch geschwächten Bundeskanzler auch handwerklich mangelhaft umgesetzt würden (vgl. O. Niedermayer 2005: 61f.).

---

10 So äußerte sich u.a. der damalige Generalsekretär der *CDU*, Laurenz Meyer, bei der Wahlkampfauftaktveranstaltung am 8. Mai 2004 in Saarbrücken.

Während die beiden Volksparteien also entweder die europapolitische Dimension der Europawahl nationalen Aspekten unterordneten (wie die *CDU*) oder mit europa- bzw. außenpolitischen Fragen in nur geringem Maße auf mediales und öffentliches Interesse stießen (wie die *SPD*), schenkten die anderen im Bundestag vertretenen Parteien der Europäischen Union in ihren Kampagnen größere Beachtung. Besonders deutlich war dies bei der *CSU*, die sich nicht nur, wie aus früheren Europawahlkämpfen gewohnt, „für ein starkes Bayern in Europa" einsetzte, sondern die vor allem mit der Frage des EU-Beitritts der Türkei ein genuin europapolitisches und zugleich polarisierendes „Streitthema" in den Wahlkampf einbrachte (vgl. S. Weiland 2004). Dabei stand das offensive Eintreten Stoibers gegen einen Beitritt der Türkei im Widerspruch zur Zurückhaltung der *CDU* im Wahlkampf, die gleichfalls eine „privilegierte Partnerschaft" favorisierte, populistische Töne jedoch vermied (vgl. O. Niedermayer 2005: 58). Schließlich sollte die Türkei-Frage nur für eine verschwindend geringe Anzahl an Wählern eine wahlentscheidende Bedeutung spielen (vgl. Infratest dimap 2004: 58).

Auch die Kampagnen von *Bündnis90/Die Grünen* und *FDP* waren eher europa- als innenpolitisch ausgerichtet. Zudem rückten beide Parteien – im Unterschied zu *CDU, CSU, SPD* und *PDS* – ihre Spitzenkandidaten in den Mittelpunkt der Kampagne.[11] Für die *Grünen* trat neben der niedersächsischen Fraktionsvorsitzenden Rebecca Harms der international bekannte Europaabgeordnete Daniel Cohn-Bendit als „Frontrunner" an. Zusammen mit Bundesaußenminister Joschka Fischer, der sich bereits im Bundestagswahlkampf 2002 als leistungsstarkes, prominentestes „Zugpferd" erwiesen hatte (vgl. J. Tenscher 2005: 124), gaben sie in der Endphase des Wahlkampfs den „grünen Kernthemen" ein Gesicht. Dabei ging es inhaltlich vor allem um Fragen des Umwelt- und Verbraucherschutzes, der Energie- und Friedenspolitik, um Gleichstellungsfragen und Bürgerbeteiligung; mithin alles Themen, die sich im Rahmen der ersten gesamteuropäischen Parteienkampagne sowohl national als auch in Bezug auf die grenzüberschreitende EU-Dimension rahmen ließen („It's Yourope", vgl. Abbildung 3). Mit hoher parteipolitischer Prominenz, der „Doppelspitze" Cohn-Bendit und Fischer, mit europäischem Flair und starkem transnationalen Themenbezug gelang es den *Grünen* schließlich am besten, ihre von Grund auf am stärksten an Europathemen interessierten Wähler zu mobilisieren und sich vom nationalen Stimmungstief der rot-grünen Regierungskoalition abzukoppeln (vgl. G. Hirscher 2005: 10ff.).

In noch stärkerem Maße als die *Grünen* trug die *FDP* dazu bei, dass der bis 1999 gültige Trend der *Depersonalisierung* deutscher Europakampagnen (vgl. u.a. J. Wilke/J. Tangemann 2004) nicht fortgesetzt wurde: Im Mittelpunkt der „Wir

---

11 Die Spitzenkandidaten der *CDU*, Hans-Gert Pöttering, der *SPD*, Martin Schulz, der *CSU*, Ingo Friedrich und der *PDS*, Sylvia-Yvonne Kaufmann, spielten weder in den jeweiligen Parteienkampagne eine herausgehobene Rolle noch erlangten sie im Wahlkampf eine hohe Bekanntheit (vgl. Infratest dimap 2004: 86). Während die Unionsparteien jedoch immerhin die nationale Politikprominenz, von Angela Merkel über Edmund Stoiber bis hin zu Helmut Kohl, bei Wahlkampfveranstaltungen einspannte, hielt sich die politische Elite der *SPD* angesichts mäßiger Popularitätswerte des Kanzlers und des Parteivorsitzenden – wie schon 1999 (vgl. J. Wilke/J. Tangemann 2004) – merklich zurück (vgl. auch O. Niedermayer 2005: 59ff.).

können Europa besser!"-Kampagne der Liberalen stand die bis dato weithin unbekannte, politisch „unverbrauchte" Silvana Koch-Mehrin, die „Europa auf Vorderfrau" (so ein Wahlplakat) bringen sollte. Koch-Mehrin personifizierte, nach Auskunft des Wahlkampfmanagers, in nahezu perfekter Weise die Vorstellung der Liberalen von einem tatkräftigen, modernen, bürgernahen und attraktiven Europa. Mit der stärksten Personalisierungsstrategie und der inhaltlichen Ausrichtung auf zwei originär europapolitische Themen, nämlich die Frage des Bürokratieabbaus und der Thematisierung eines Volksentscheids über die EU-Verfassung, vollzog die FDP schließlich nach zwei erfolglosen Europakampagnen die konsequenteste Kehrtwende. Deren Erfolg schlug sich in einer hohen Medienpräsenz und positiven Bewertung der Spitzenkandidatin, in steigenden Bekanntheitswerten (vgl. Infratest dimap 2004: 86 sowie den Beitrag von F. Brettschneider/M. Rettich in diesem Band) und letztlich im Wiedereinzug der Liberalen in das Europäische Parlament nieder.

Vor dem Hintergrund der niedrigsten Wahlkampfbudgets (s.o.) ist demzufolge festzuhalten, dass die Kampagnen von *Bündnis90/Die Grünen* und *FDP* schließlich in strategischer Hinsicht am effizientesten mit den Rahmenbedingungen einer von Medien, Wählern und Parteien perzipierten Nebenwahl umgingen. Durch die Betonung des Faktors „Prominenz" bereicherten sie den Europawahlkampf um ein bis dahin weithin vernachlässigtes Element (post)moderner Kampagnen. Überdies brachten sie in stärkstem Maße den europäischen Charakter der Europawahl in Erinnerung. Dass diese Strategie zumindest bei kleinen Parteien erfolgreich sein kann, wird durch das Wahlergebnis belegt; auch wenn europapolitische Fragen nicht im Fokus der Mehrheit der Wähler und der Massenmedien standen, deren Agenda in stärkerem Maße den großen Parteien folgte.

Letztlich gelang aber auch der *PDS* – nicht zuletzt dank des Einsatzes des reaktivierten Gregor Gysi und ungeachtet einer weithin unbekannten Spitzenkandidatin Sylvia-Yvonne Kaufmann – der Wiedereinzug in das Europäische Parlament. Dabei spielten europapolitische Fragen in der Kampagne so gut wie keine Rolle. Vielmehr positionierte sich die *PDS* als einzige Partei der sozialen Gerechtigkeit. Mit Slogans wie „Es reicht! Für eine bessere Politik. Sozial wählen!" konnten so vor allem innenpolitisch inspirierte Proteststimmen gegen die rot-grüne Bundesregierung gewonnen werden.

3.4 Kampagnenkanäle

Die skizzierten strukturellen und strategischen Unterschiede in den Parteienkampagnen verdeutlichen eine enorme Spannbreite an Intensität, Originalität und Modernität, mit der der Europawahlkampf 2004 seitens der Parteien angegangen wurde. Bislang ungeklärt geblieben ist jedoch die Frage, über welche Kommunikationskanäle die Parteien versuchten, öffentliche Aufmerksamkeit auf sich, ihre Kandidaten und Positionen zu lenken. Diesbezüglich stehen Parteien in Wahlkämpfen vor der Herausforderung, einen geeigneten *Kommunikationsmix* aus (1) Formen der direkten Kommunikation (Wahlveranstaltungen, Hausbesuche, Direct Mailings, Direct Callings etc.), (2) der indirekten und einseitigen Ansprache durch Nutzung der verschiedenen Informations- und Unterhaltungsformate der Massenmedien („free media") sowie (3) der werblichen Massenkommunikation via Rundfunkspots, Plakaten, Annoncen etc. („paid media") zu finden (vgl. zusammenfassend A. Geisler/J. Tenscher 2002: 79). „(Post)moderne" Wahlkampfführung würde eine entsprechend multimediale Kanalvielfalt erwarten lassen, bei der sowohl die „kostengünstigen", reichweitenstarken Formate des Fernsehens über geschicktes Ereignismanagement und aktive Partizipation z.B. in Talkrunden bedient würden als auch bezahlten Rundfunkwerbespots eine besondere Bedeutung zukäme. Schließlich würde die zielgruppenspezifische Direktkommunikation, das so genannte Narrowcasting, verstärkt zum Einsatz kommen (vgl. F. Plasser/G. Plasser 2002: 25f.).

Grundvoraussetzung für einen entsprechend elaborierten Medien- und Kommunikationsmix wäre nicht nur eine adäquate finanzielle Ausstattung der Kampagnenetats, sondern vor allem auch ein ausgeprägtes Interesse der Massenmedien, über den Wahlkampf zu berichten und Diskussionsformate anzubieten. An beidem hatte es in den bisherigen Europawahlkämpfen in Deutschland jedoch gefehlt, sodass sich die Parteien zumeist auf eher traditionelle Kampagnen beschränkten, in denen Plakatierungen, Zeitungsinserate und Massenveranstaltungen als zentrale Kommunikationsmedien dienten (vgl. u.a. W. Schulz 1999; J. Wilke/J. Tangemann 2004).

Tabelle 3: Wahrgenommene Relevanz der Massenmedien
(Skala: 1 = „völlig unwichtig" bis 5 = „sehr wichtig")

	SPD	CDU	CSU	Grüne	FDP	PDS
Öffentlich-rechtlichen Fernsehen allgemein	2	5	5	4	5	4
Privates Fernsehen	1	5	5	3	5	2
Politische Talkshows	2	5	5	3	5	3
Fernsehunterhaltungssendungen	1	4	3	3	4	1
Hörfunk	2	5	5	2	4	4
Internet	3	3	5	3	4	5
Tageszeitungen	2	5	5	4	5	5
Nachrichtenmagazine	1	5	5	2	5	3
Sonstige Zeitschriften	1	4	5	2	5	2

Quelle: ECP

Die knapp bemessenen Budgets (s.o.) und die umfassende „Zurückhaltung" der Massenmedien (vgl. die Beiträge von F. Brettschneider/M. Rettich und von C. Schicha in diesem Band) ließen auch für das Europawahljahr 2004 im Vergleich zu den vergangenen Bundestagswahlkämpfen kein besonderes Maß an kommunikativer Vielfalt erwarten. Diese Vermutung wird jedoch durch die Einschätzungen zumindest der Hälfte der Wahlkampfmanager nicht bestätigt: Danach befragt, für wie wichtig sie die Präsenz ihrer Partei bzw. ihres Spitzenkandidaten in verschiedenen Formaten der Medienberichterstattung („free media") erachteten, vertrauten die Vertreter von *CDU, CSU* und *FDP* auf eine sehr hohe und multimediale Präsenz (vgl. Tabelle 3). *Grüne* und *PDS* dagegen maßen unterschiedlichen Medien-kanälen auch unterschiedliche Relevanzen zu, was, angesichts der schmalen Bud-gets und des unterschiedlichen Involvements der Massenmedien, für eine äußerst rationale Medienauswahl spricht.

Im Unterschied zu allen anderen Parteien sprach das Wahlkampfmanagement der *SPD* schließlich *keinem* der kostenfreien Medienkanäle eine ausgeprägte Wich-tigkeit im Wahlkampf zu. Diese, angesichts der voranschreitenden Mediatisierung der politischen Kommunikation, nahezu *orthodox* anmutende Vernachlässigung insbesondere auch der Fernsehformate mag mit ein Grund gewesen sein für die, im Vergleich zur Position als führende Regierungspartei, unterdurchschnittliche mas-senmediale Sichtbarkeit der *SPD* im Europawahlkampf 2004 (vgl. den Beitrag von F. Brettschneider/M. Rettich in diesem Band) und – einen Schritt weitergedacht – das schlechte Abschneiden am Wahltag.

Mit Ausnahme des Vertreters der Sozialdemokraten waren sich zudem alle Kampagnenverantwortlichen darin einig, dass die Präsenz ihrer Partei bzw. ihres Kandidaten im öffentlich-rechtlichen Fernsehen und in den Tageszeitungen höchs-te Priorität genoss. Neben diesen beiden „klassischen" Massenmedien versprachen sich alle Parteienvertreter vom Internet einen Sichtbarkeitsbonus. Konsequenter-weise beschäftigten alle Parteien Mitarbeiter, die sich einzig und allein um den Online-Wahlkampfauftritt kümmerten (s.o.).

Im Gegensatz zu diesem parteiübergreifenden Konsens fällt zudem auf, dass – mit Ausnahme von *CDU* und *FDP* – den politischen Diskussions- und sonstigen Unterhaltungssendungen des Fernsehens nur geringe Bedeutung zugemessen wur-de, obwohl deren Stellenwert als zentrale Wahlkampfplattformen bei nationalen Parlamentswahlen in Deutschland in den vergangenen Jahren stetig gestiegen ist (vgl. u.a. J. Tenscher 2002). Vor allem die *FDP* schien sich jedoch nicht davon abschrecken zu lassen, dass das Fernsehen im Europawahljahr 2004 nur eine Handvoll entsprechend diskursiver Sendungen anbot (vgl. C. Schicha in diesem Band). Vielmehr war es ein zentraler Baustein der *FDP*-Kampagne, auch unter-haltsame Fernsehformate zu nutzen, um der zunächst unbekannten Spitzenkandida-tin öffentliche Aufmerksamkeit zu sichern.[12] Dass diese Strategie aufging, wird sowohl durch den rasant steigenden Bekanntheitsgrad der Kandidatin als auch durch deren hohe mediale Präsenz bei gleichzeitig positiver Beurteilung bestätigt (vgl. den Beitrag von F. Brettschneider/M. Rettich in diesem Band). Zudem konnte durch eine hohe Präsenz in den kostenfreien Medienformaten der Nachteil eines schmalen Wahlkampfbudgets in Teilen kompensiert werden.

Entsprechend wurde die Medienkampagne der FDP auch von einer nur auf wenige Kommunikationskanäle konzentrierten Werbekampagne begleitet, in der Plakatierungen die Hauptrolle spielten (vgl. Tabelle 4). Die anderen Parteien räum-ten ebenso dem „klassischsten" aller Werbekanäle, der Plakatierung, wie schon im vorangegangenen Europawahlkampf 1999, hohe bis höchste Priorität ein (vgl. J.

---

12 Nach Angaben des Wahlkampfmanagements besuchte Frau Koch-Mehrin im ersten Halbjahr 2004 insgesamt vierzehn TV-Diskussionssendungen, darunter politische Talkshows wie „Berlin Mitte" (*ZDF*), aber auch politik-ferne Unterhaltungssendungen wie „Blondes Gift" (*Pro Sieben*). Damit war sie mit Abstand die eifrigste Fernsehtalkerin unter den Spitzenkandidaten zur Europawahl.

Wilke/J. Tangemann 2004) und verzichteten, je nach Budget, auf zusätzliche Werbemaßnahmen. Das umfassendste Set an Werbemaßnahmen und gleichzeitig das höchste Vertrauen in deren Wichtigkeit zeigte sich schließlich bei der *CDU*. Zusammen mit der hohen Relevanz, die diese Partei nahezu allen kostenfreien Medienformaten zusprach (vgl. Tabelle 3), ergab sich hier der zwar umfassendste, jedoch nicht unbedingt zielgenaueste Kommunikationsmix.

Tabelle 4: Wahrgenommene Relevanz der Werbemedien
(Skala: 1 = „völlig unwichtig" bis 5 = „sehr wichtig")

	SPD	CDU	CSU	Grüne	FDP	PDS
Wahlspots im öffentlich-rechtlichen Fernsehen	3	5	1	3	3	2
Wahlspots im privaten Fernsehen	3	5	4	-	-	5
Hörfunkspots	3	3	4	3	3	4
Kinospots	-	4	1	-	4	4
Plakate	4	4	5	4	5	5
Anzeigen in Nachrichtenmagazinen	-	5	-	-	-	5
Anzeigen in sonstigen Zeitschriften	-	5	3	-	-	4
Anzeigen in überregionalen Zeitungen	2	4	5	-	-	5
Anzeigen in regionalen/lokalen Zeitungen	4	3	5	-	-	5

Quelle: ECP

Im Gegensatz hierzu deuten die Angaben des *SPD*-Vertreters darauf hin, dass nicht nur die Bedeutung der „free media" im Europawahlkampf 2004 unterschätzt (s.o.), sondern auch den meisten Werbekanälen kein großes Vertrauen entgegengebracht wurde. Lediglich Plakatierungen sowie Anzeigen in regionalen und lokalen Zeitungen wurde eine hohe Wichtigkeit eingeräumt.

Es fällt auch auf, dass mit Ausnahme des *CDU*-Vertreters alle Wahlkampfverantwortlichen das Potenzial der bezahlten Parteienwerbung im Fernsehen niedriger als das der Plakatierungen einstuften. Dessen ungeachtet machten alle Parteien ihren gesetzlich gesicherten Anspruch geltend und strahlten kostenfrei die ihnen zustehende Anzahl an Wahlwerbespots im öffentlich-rechtlichen Fernsehen und Hörfunk aus (vgl. O. Niedermayer 2005: 52f. sowie den Beitrag von M. Maier/J. Maier in diesem Band). *CDU* und *SPD* kauften darüber hinaus noch Sendezeiten, um auf diversen privaten Fernsehkanälen (von *n-tv* bis zum türkischen Sender *TRT Int.*) für sich zu werben. Die anderen Parteien verzichteten – nicht zuletzt aufgrund finanzieller Engpässe – auf diese zielgruppenspezifische, jedoch kostenintensive Kampagnenkommunikation.

Im vergleichsweise geringen Stellenwert, den die Werbespots aus Sicht der Verantwortlichen hatten, mag wohl auch die Einsicht zum Ausdruck kommen, dass gerade bei so genannten „Nebenwahlen", die auf geringes Interesse seitens der Wähler stoßen, deren Bereitschaft zum Um- oder Ausschalten bei parteipolitischer Werbung groß und entsprechende Wirkungen in besonderem Maße begrenzt sind. Kinospots versprachen hier durch ihre Zielgenauigkeit größere Effekte, wie auch die positiven Evaluationen derjenigen Kampagnenverantwortlichen unterstreichen, deren Parteien (*CDU, PDS* und *FDP)* im Europawahlkampf 2004 Kinowerbung betrieben.

Noch bessere Aussichten, Wähler(gruppen) direkt anzusprechen und zu mobilisieren, ergeben sich schließlich prinzipiell durch unterschiedliche Formen der direkten Kommunikation. Diesbezüglich schienen sich die Parteien jedoch im Europawahlkampf 2004 im Vergleich zum vorangegangenen Bundestagswahlkampf (vgl. J. Tenscher 2005: 114ff.) stark zurückzuhalten: Alle Parteien verzichteten nach Angaben ihrer Repräsentanten auf Hausbesuche und lediglich die *SPD* operierte mit Direct Callings, Direct Mailings und SMS-Aktionen. *FDP* und *PDS* verzichteten als einzige der im Deutschen Bundestag vertretenen Parteien selbst auf diese relativ kostengünstige Form der Direktkommunikation per Handy.

Ungeachtet dieser Vernachlässigung (post)moderner Techniken des zielgruppengerechten Narrowcastings muss doch zusammenfassend festgehalten werden, dass die Liberalen in strategischer Hinsicht die „modernste", da im Verglich zu früheren Europakampagnen innovativste, konsequenteste und öffentlichkeitswirksamste Kampagne 2004 durchführten: Limitiert durch das schmalste Budget aller im Bundestag vertretenen Parteien, fand eine auf die Spitzenkandidatin zugespitzte Auswahl geeigneter Medien und Plattformen statt. Auch die ebenfalls auf ein klar umgrenztes Wählersegment abzielende „Low-budget"-Kampagne der *Grünen*, die immerhin wöchentlich 10.000 Direct Mailings und 3.000 SMS' verschickten, profitierte von der Zuspitzung auf ihre – im Unterschied zur *FDP* von vorneherein – prominenten Spitzenpolitiker (Fischer und Cohn-Bendit). Beide Parteienkampagnen verdeutlichen, dass Personalisierung auch – oder gerade – in Europawahlkämpfen ein geeignetes Mittel ist, um Aufmerksamkeit auf sich zu lenken und Wähler zu mobilisieren. Zudem konnte eine zielbewusste Auswahl der Kommunikationskanäle dazu beitragen, finanzielle Nachteile zu kompensieren. Die beiden großen Parteien scheinen hier weniger zielgenau vorgegangen zu sein: Sie räumten entweder, wie die *CDU*, allen Medienkanälen hohe Relevanz ein oder unterschätzten deren Bedeutung komplett wie die *SPD*. Gerade für die an großen Wählersegmenten orientierten Volksparteien scheint demzufolge – zumindest bei Europawahlkämpfen – noch Nachholbedarf in Sachen „Personalisierung", „Zielgruppenansprache" und „gezielte Medienauswahl" zu bestehen.

4 Fazit

Ungeachtet der hohen Erwartungen gegenüber der symbolischen Verweiskraft der Europawahl des Jahres 2004 setzte diese in mancherlei Hinsicht bekannte Trends fort: Erneut zeigte sich die Mehrheit der deutschen Wähler gegenüber der Wahl eines supranationalen Parlaments weitgehend indifferent, desinteressiert und verweigerte – in noch größerem Maße als bisher – die aktive Teilhabe. Für die Mehrheit hatten zudem nationale Fragen und weniger europaspezifische Belange wahlentscheidende Bedeutung.

Diese *Umdeutung* der Europawahl zu einer Zwischenabstimmung über innenpolitische Fragen und (Fehl)Leistungen war wohl nicht zuletzt eine Folge eines weithin domestizierten, nach innen orientierten Wahlkampfes. Diesen haben, wie gezeigt werden konnte, vor allem die beiden Volksparteien, die eine aktiv (*CDU*), die andere reaktiv (*SPD*), befördert. Die anderen im Bundestag vertretenen Parteien riefen in deutlich stärkerem Maße das spezifisch Europäische dieser Wahl in Erinnerung. Dabei gingen sie unterschiedliche Wege: teils populistische (*CSU*), teils personenzentrierte (*FDP* und *Bündnis90/Die Grünen*) und erstmalig sogar paneuropäische (*Bündnis90/Die Grünen*). Dadurch konnten die kleinen Parteien ihre Wählerklientel mobilisieren und – dank der geringen Wahlbeteiligung und der national inspirierten Proteststimmen gegen die SPD – in das Europäische Parlament einziehen. Konsequente Personalisierungsstrategien verhalfen zudem den *Liberalen* und *Grünen* kurzfristig überproportionale mediale und öffentliche Aufmerksamkeit auf ihre charismatischen Spitzenkandidaten und sich zu lenken.

Trotz dieses für Europawahlkämpfe innovativen *Personalisierungsschubs* drangen die europapolitischen Themen und Anliegen der kleinen Parteien nur in geringem Maße auf die massenmediale Agenda und ins öffentliche Bewusstsein (vgl. den Beitrag von F. Brettschneider/M. Rettich in diesem Band). Vielmehr profitierten die beiden Volksparteien einerseits gegenüber den Massenmedien von ihrem Status-bedingten Thematisierungsvorteil (vgl. bereits W. Schulz 1983: 362f.) und andererseits in ihren Werbekampagnen von ihren höheren Budgets. Die zwar gegenüber Bundextagswahlkämpfen beschnittenen, im Vergleich zu den kleinen Parteien aber relativ gut ausgestatteten Etats ermöglichten ihnen schlichtweg eine höhere öffentliche Präsenz, die durch kostenintensive Maßnahmen der Direktkommunikation noch intensiviert werden konnte.

Insgesamt ist festzuhalten, dass die Parteienkampagnen 2004 in strategischer Hinsicht im Vergleich zum vorangegangenen Europawahlkampf 1999 vereinzelte Innovationen brachten: Namentlich die vor allem seitens der *FDP* forcierte Personalisierung und Talkshowisierung sowie der von einigen anderen Parteien vorangetriebene Einzug einzelner Elemente des Narrowcastings via Direct Mailings, Direct Callings und SMS-Aktionen waren in früheren Europawahlkämpfen nicht gesehen worden (vgl. u.a. J. Wilke/J. Tangemann 2004). Gleichwohl kann hier nicht für alle Parteien von einer insgesamt systematischen, koordinierten und konsequenten Umsetzung (post)moderner Wahlkampftechniken gesprochen werden. Diese war nur bei den *Liberalen* in Ansätzen zu beobachten. Ansonsten verfestigte sich der Eindruck einer „Europawahl light" (B. Meyer 2004). Schuld daran hatten vor allem die großen Parteien, die in struktureller und strategischer Hinsicht wenig originell, kaum inspiriert und nicht zielgruppengerecht entweder dem „Gießkannenprinzip" zu folgen schienen, d.h. alle Massenmedien und Werbeaktivitäten als wichtig erachteten, oder deren Bedeutung in Europawahlkämpfen weiterhin unterschätzten.

Dadurch blieb der Europawahlkampf 2004 alles in allem in der Berichterstattung der ohnedies zurückhaltenden Massenmedien weithin unsichtbar und drang zudem kaum ins öffentliche Bewusstsein. So wie die Parteien nur mit halber Kraft, gekürzten Budgets und geringer Originalität Wahlkampf betrieben, genauso wurden deren Kampagnen von den Massenmedien im negativen Sinne „perfekt" begleitet und an die Wähler transportiert. Ungeachtet dieser quantitativ wie qualitativ defizitären Kampagnen und ebensolcher Wahlkampfberichterstattung gaben schließlich jedoch 60 Prozent der deutschen Wähler an, sie hätten über ausreichend Informationen verfügt, um ihre Wahl treffen zu können (vgl. EOS Europe Gallup 2004: 26). Offensichtlich erwartete die Mehrheit der deutschen Wähler gar keine „high-density"-Kampagne bei einer „Nebenwahl", der sie mit vergleichsweise geringem Interesse und hoher Indifferenz begegneten.

Angesichts einer entsprechend reservierten Wählerschaft und zurückhaltenden Massenmedien war es zweifelsohne auch bei der vergangenen Europawahl für die Parteien schwierig, Aufmerksamkeit auf sich und das „Projekt Europa" zu lenken. Um zukünftig mehr Bürger für eine aktive Teilhabe an der Wahl zu mobilisieren, bedürfte es schließlich vor allem eines entsprechenden Mentalitätswandels seitens der Parteien. So lange diese Europawahlen von vorneherein als Nebenwahlen abqualifizieren, sie zu nationalen Zwischenabstimmungen umdeklarieren und sich finanziell zurückhalten, ist kaum zu erwarten, dass in Zukunft sowohl in struktureller als auch in strategischer Hinsicht mit voller Kraft professionelle und öffentlichkeitswirksame Europawahlkampagnen geplant, organisiert und durchgeführt werden könnten, die in der Lage wären, die weit verbreitete Europalethargie zu durchbrechen. Hierzu bedarf es vielmehr der Integration einzelner direktkommunikativer, aber auch massenmwirksamer Elemente des Europawahlkampfes 2004 in langfristig ausgerichtete, koordinierte Kampagnen, die, begleitet von entsprechenden Informationskampagnen anderer intermediärer Instanzen – insbesondere der Massenmedien –, die Bürger in stärkerem Maße mit auf den Weg in ein erweitertes Europa nähmen.

5   Literatur

Bicchi, Federica/Blondel, Jean/Svensson, Palle (2003): The European Parliament Campaign. Working Paper.

Blondel, Jean/Sinnott, Richard/Svensson, Palle (1998): People and Parliament in the European Union. Participation, Democracy, and Legitimacy. Oxford: Clarendon Press.

Blumler, Jay G. (Hrsg.) (1983): Communicating to Voters. Television in the First European Parliamentary Elections. London: Sage.

Brants; Kees/van Praag Jr., Philip/Noël-Aranda, Marie-Claire (1983): The Campaign Communicators' Commitments. Enthusiasm, Duty or Indifference? In: Blumler (1983a): 125-141.

Brettschneider, Frank/van Deth, Jan/Roller, Edeltraud (Hrsg.) (2003): Europäische Integration in der öffentlichen Meinung. Opladen: Leske + Budrich.

Cayrol, Roland (1991): European Elections and the Pre-Electoral Period. Media Use and Campaign Evaluations. In: European Journal of Political Research. 19. 17-29.

Dalton, Russell J. (2002): Citizen Politics. Public Opinion and Political Parties in Advanced Industrial Democracies. New York.

de Vreese, Claes H./Lauf, Edmund/Peter, Jochen (2005): The Media and European Parliamentary Elections: Second-Rate Coverage of a Second-Order Event? In: van der Brug/van der Eijk (2005): im Druck.

Dörner, Andreas (2002): Wahlkämpfe – eine rituelle Inszenierung des „demokratischen Mythos". In: Dörner/Vogt (2002): 16-42.

Dörner, Andreas/Vogt, Ludgera (Hrsg.) (2002): Wahl-Kämpfe. Betrachtungen über ein demokratisches Ritual. Frankfurt a.M.: Suhrkamp.

EOS Gallup Europe (2004): Europe Flash Eurobarometer 162 „Post European Elections 2004 Survey" (21/06/2004-30/06/2004). Report.

Erbring, Lutz (Hrsg.) (1995): Kommunikationsraum Europa. Konstanz: Ölschläger.

Falter, Jürgen/Gabriel, Oscar/Weßels, Bernhard (Hrsg.) (2005): Wahlen und Wähler. Analysen aus Anlass der Bundestagswahl 2002. Wiesbaden: Verlag Sozialwissenschaften.

Forschungsgruppe Wahlen (2004): Europawahl. Eine Analyse der Wahl vom 13. Juni 2004. Berichte der Forschungsgruppe Wahlen e.V. Nr. 115. Mannheim.

Geisler, Alexander/Tenscher, Jens (2002): „Amerikanisierung" der Wahlkampagne(n)? Zur Modernität von Kommunikationsstrukturen im nordrhein-westfälischen Landtagswahlkampf 2000. In: Sarcinelli/Schatz (2002): 53-117.

Gerstlé, Jacques/Semetko, Holli A./Schönbach, Klaus/Villa, Marina (2002): The Faltering Europeanization of National Campaigns. In: Perrineau et al. (2002): 59-77.

Hagen, Lutz (Hrsg.) (2004): Europäische Union und mediale Öffentlichkeit. Theoretische Perspektiven und Befunde zur Rolle der Medien im europäischen Einigungsprozess. Köln: von Halem.

Hirscher, Gerhard (2005): Zum Zustand des deutschen Parteiensystems. Eine Bilanz des Jahres 2004. Aktuelle Analysen. N. 36. München: Hanns-Seidel-Stiftung.

Holtz-Bacha, Christina (1999): Bundestagswahlkampf 1998. Modernisierung und Professionalisierung. In: Holtz-Bacha (1999): 9-44.

Holtz-Bacha, Christina (Hrsg.) (1999): Wahlkampf in den Medien – Wahlkampf mit den Medien. Ein Reader zum Wahljahr 1998. Opladen/Wiesbaden: Westdeutscher Verlag.

Infratest dimap (2004): Wahlreport. Wahl zum Europäischen Parlament. 13. Juni 2004. Berlin.

Knieper, Thomas/Müller, Marion G. (Hrsg.) (2004): Visuelle Wahlkampfkommunikation. Köln: von Halem.

Langenau, Lars (2004): Großer Reibach für die Kleinen. In: Spiegel online [online unter www.spiegel.de/politik/deutschland/0,1518,304083,00.html; Abruf am 14.06.2004].

Lauf, Edmund/Peter, Jochen (2004): EU-Repräsentanten in Fernsehnachrichten. Eine Analyse ihrer Präsenz in 13 EU-Mitgliedsstaaten vor der Europawahl 1999. In: Hagen (2004): 162-177.

Marsh, Michael (2005): The Results of the 2004 European Parliament Elections and the Second-order Model. In: Niedermayer/Schmitt (2005): 142-158.

Meyer, Britta (2004): Europawahl light. Den Parteien fehlen die europäischen Themen, die originellen Ideen und die charismatischen Kandidaten. In: Die Zeit [online unter zeus.zeit.de/text/2004/24/kandis; Abruf am 02.09.2005].

Niedermayer, Oskar (1989): Die Europawahlen 1989. Eine international vergleichende Analyse. In: Zeitschrift für Parlamentsfragen. 4. 469-487.

Niedermayer, Oskar (2000): Modernisierung von Wahlkämpfen als Funktionsentleerung der Parteibasis. In: Niedermayer/Westle (2000): 192-210.

Niedermayer, Oskar (2005): Europa als Randthema: Der Wahlkampf und die Wahlkampfstrategien der Parteien. In: Niedermayer/Schmitt (2002): 39-75.

Niedermayer, Oskar/Schmitt, Hermann (Hrsg.) (1994): Wahlen und Europäische Einigung. Opladen: Westdeutscher Verlag.

Niedermayer, Oskar/Schmitt, Hermann (Hrsg.) (2005): Europawahl 2004. Wiesbaden: Verlag Sozialwissenschaften.

Niedermayer, Oskar/Westle, Bettina (Hrsg.) (2000): Demokratie und Partizipation. Festschrift für Max Kaase. Wiesbaden: Westdeutscher Verlag.

Nimmo, Dan (1999): The Permanent Campaign. Marketing as Governing Tool. In: Newman (1999): 73-86.

Newman, Bruce I. (Hg.) (1999): Handbook of Political Marketing. Thousand Oaks/London/ New Delhi.

o.V. (2004a): Denkzettelwahl. Die Europäer bestrafen ihre Regierungen. In: Spiegel online [www.spiegel.de/politik/ausland/0,1518,304043.html. Abruf am: 14. Juni 2004].

o.V. (2004b): Europa – eine quantité négligeable. Europaberichterstattung in deutschen Zeitungen und TV-Nachrichten 1998-2004. In: Medien Tenor Forschungsbericht. 149. 104-107.

Perrineau, Pascal/Grunberg, Gérard/Ysmal, Colette (Hrsg.) (2002): Europe at the Polls. The European Election of 1999. New York: Palgrave.

Piper, Nikolaus (2004): Die Logik des Denkzettels. In: Süddeutsche Zeitung. 15. Juni 2004. 33.

Plasser, Fritz/Plasser, Gunda (2002): Globalisierung der Wahlkämpfe. Praktiken der Campaign Professionals im weltweiten Vergleich. Wien: WUV Universitätsverlag.

Prantl, Heribert (2004): Die Sündenbockpartei. In: Süddeutsche Zeitung. 14. Juni 2004. 4.

Reif, Karlheinz/Schmitt, Hermann (1980): Nine Second-order Elections: A Conceptual Framework for the Analysis of European Election Results. In: European Journal of Political Research 8. 3-44.

Reiser, Stefan (1994): Parteienkampagne und Medienberichterstattung im Europawahlkampf 1989. Eine Untersuchung zu Dependenz und Autonomieverlust im Verhältnis von Massenmedien und Politik. Konstanz: Ölschläger.

Roth, Dieter (1994): Die Europawahl 1989. In: Niedermayer/Schmitt (1994): 47-62.

Roth, Dieter/Kornelius, Bernhard (2005): Europa und die Deutschen. Die untypische Wahl am 13. Juni 2004. In: Aus Politik und Zeitgeschichte. 17. 4654.

Sarcinelli, Ulrich (1987): Symbolische Politik. Zur Bedeutung symbolischen Handelns in der Wahlkampfkommunikation der Bundesrepublik Deutschland. Opladen: Westdeutscher Verlag.

Sarcinelli, Ulrich/Schatz, Heribert (Hrsg.) (2002): Mediendemokratie im Medienland? Inszenierungen und Themensetzungsstrategien im Spannungsfeld von Medien und Parteieliten am Beispiel der nordrhein-westfälischen Landtagswahl im Jahr 2000. Opladen: Leske + Budrich.

Sarcinelli, Ulrich/Schatz, Heribert (Hrsg.) (2002): Mediendemokratie im Medienland? Inszenierungen und Themensetzungsstrategien im Spannungsfeld von Medien und Parteieliten am Beispiel der nordrhein-westfälischen Landtagswahl im Jahr 2000. Opladen: Leske + Budrich.

Scammell, Margaret (1999): Political Marketing. Lessons for Political Science. In: Political Studies. 47. 718-739.

Schmitt, Hermann (2005): Die Beteiligung der Deutschen an der Europawahl 2004. In: Niedermayer/Schmitt: 124-141.

Schmitt, Lars H. (2003): Vertrauenskrise in der EU? Ausmaß, Struktur und Determinanten des Vertrauens in die zentralen Institutionen der EU unter besonderer Berücksichtigung des Europäischen Parlaments. In: Brettschneider et al. (2003): 57-82.

Schulz, Winfried (1983): Der Medienwahlkampf für das Europäische Parlament. Ein Vergleich der Kampagnen (1979) in den neun EU-Ländern. In: Schulz/Schönbach (1983): 357-373.

Schulz, Winfried/Schönbach, Klaus (Hrsg.) (1983): Massenmedien und Wahlen. Mass Media and Elections. International Research Perspectives. München: Ölschläger.

Schulz, Winfried (1999): The Campaign for the 1999 European Election in Germany. A Contribution to the European Elections Study of the Centro Interuniversitario di Communicazione Politics, Universitá Studi Perugia.

Sosalla, Ulrike/Gerrit, Wiesmann (2004): Innenpolitik dominiert Europawahlkampf. In: Financial Times Deutschland. 10. Juni 2004.

Tenscher, Jens (2002): Talkshowisierung als Element moderner Politikvermittlung. In: Tenscher/Schicha (2002): 55-71.

Tenscher, Jens/Schicha, Christian (Hrsg.) (2002): Talk auf allen Kanälen. Akteure, Angebote und Nutzer von Fernsehgesprächssendungen. Wiesbaden: Westdeutscher Verlag.

Tenscher, Jens (2003): Professionalisierung der Politikvermittlung? Politikvermittlungsexperten im Spannungsfeld von Politik und Massenmedien. Wiesbaden: Westdeutscher Verlag.

Tenscher, Jens (2005): Bundestagswahlkampf 2002. Zwischen strategischem Kalkül und der Inszenierung des Zufalls. In: Falter et al. (2005): 102-133.

van der Brug, Wouter/van der Eijk, Cees (Hrsg.) (2005): European Elections and Domestic Politics: Lessons from the Past and Scenarios for the Future. University of Notre Dame Press (im Druck).

Wagner, Jochen W. (2005): Deutsche Wahlwerbekampagnen made in USA? Amerikanisierung oder Modernisierung bundesdeutscher Wahlkampagnen. Wiesbaden: Verlag Sozialwissenschaften.

Wagner, Sandra (2003): Nichtwählertypen bei Europawahlen und Bundestagswahlen. In: Brettschneider et al. (2003): 303-333.

Weiland, Severin (2004): Schlussspurt mit dem Streitthema Türkei. In: Spiegel online [www.spiegel.de/politik/deutschland/0,1518,303443,00.html. Abruf am: 9. Juni 2004].

Wilke, Jürgen/Tangemann, Jens (2004): Wahlkampfkommunikation zur Europawahl 1999. In: Knieper/Müller (2004): 13-44.

Parteien, Programme und Wahlverhalten

Andreas M. Wüst/Dieter Roth

1 Die Beschäftigung mit Europawahlen als Pflichtübung

Spätestens seit der Europawahl 1989 sind es alle fünf Jahre im Kern die drei gleichen Themen, die im Zusammenhang mit der Wahl des Europäischen Parlaments in Deutschland diskutiert werden (vgl. D. Roth 1994; D. Roth/B. Kornelius 2004). Da ist zunächst die Wahlbeteiligung, die traditionell niedrig und mit Ausnahme der Wahl des Jahres 1989 von einer auf die nächste Wahl stets gesunken ist. Die niedrige Wahlbeteiligung war immer Anlass zur Sorge, doch diente sie mitunter auch als Steilvorlage für eine Bürgerschelte: Wie können die Bürger nur so desinteressiert an einer so wichtigen Entscheidung über Europas Zukunft sein? Das zweite zentrale Thema sind die Verluste der jeweiligen Regierung bei Gewinnen der Opposition – allerdings nur, wenn die Ergebnisse der vorangegangenen Bundestagswahl als Referenzpunkte dienen. In diesem Zusammenhang wird dann nicht selten, vor allem von den Oppositionspolitikern, aber auch von einigen Journalisten und „Fernseh-Wissenschaftlern", das Wahlergebnis als „wichtiger Test" für die nächste Bundestagswahl interpretiert (vgl. B. Kornelius/D. Roth 2005). Drittens schneiden die kleinen Parteien bei Europawahlen erfahrungsgemäß gut ab, auch wenn diese Feststellung für die *FDP* nicht gilt. Neben den stets erfreulichen Wahlabenden für die *Grünen* und bundespolitischen Lebenszeichen der *PDS* erzielen auch rechtsradikale Parteien stets gute Ergebnisse. Allerdings gelang ‚den Rechten' in Gestalt der *Republikaner* lediglich 1989 der Sprung über die 5 Prozent-Hürde, so dass die Erfolge der Rechten bei Europawahlen inzwischen etwas seltener diskutiert werden.

Es erscheint berechtigt, im Zusammenhang mit der Europawahl von einer ‚Pflichtübung' zu sprechen, denn das Interesse ist nicht nur auf Seiten der Bürger gering. Die Parteien geben sehr viel weniger für den Europawahlkampf aus, als sie durch die Wahlkampfkostenerstattung bei Europawahlen einnehmen, ganz zu schweigen von den Unterschieden zu den Ausgaben für Bundestagswahlen.[1] Etwas polemisch wird in diesem Zusammenhang mitunter auch vom „Auffüllen der Kriegskassen" für die nächste wirklich bedeutungsvolle nationale Wahl gesprochen (vgl. K. Reif 1985 sowie den Beitrag von J. Tenscher in diesem Band). Von weni-

---

1 Die *FDP* gab nach eigenen Angaben beispielsweise 1 Mio. € für die Europawahl (EW) 2004 aus (Befragung der Parteizentralen durch H. Schmitt, MZES, unveröffentlicht), obwohl sie seit 1999 über 3 Mio. € Wahlkampfkostenerstattung für die EW erhalten hatte (eigene Berechnungen). Für die BTW 2002 gab sie hingegen 5,1 Mio. € aus (vgl. M. Müller 2002: 630). Die im Vergleich zu den Einnahmen teuerste Wahlkampagne bestritt dagegen die *PDS*: 3 Mio. € Ausgaben für die EW 2004 bei knapp 6 Mio. Einnahmen für EW 1999 und 5,8 Mio. € Ausgaben für die BTW 2002 (vgl. auch J. Tenscher 2005).

gen Ausnahmen abgesehen, sind zudem die Europawahlkandidaten namenlos: Wer kennt Herrn Pöttering, Frau Harms oder Frau Kaufmann? Sie wurden vor der Wahl offensichtlich selbst von den Medien selten zu europapolitischen Themen befragt (vgl. Rettich 2004: 42f.). Nach primär national geprägten Ausflügen nach Europa kehrten die Massenmedien schnell wieder zu den alten Themen zurück – offensichtlich ist das politische Europa dann doch zu komplex.

Und die Europawahlforschung? Nun, auch um sie war es nach anfänglicher Euphorie bis in die 1990er Jahre hinein nicht allzu gut bestellt. Doch es hat sich sowohl international-vergleichend (vgl. C. van der Eijk/M. Franklin 1996; H. Schmitt/J. Thomassen 1999) als auch in Deutschland (vgl. F. Brettschneider et al. 2003) innerhalb der letzten Jahre ein wenig getan. Die Analyse der Europawahlen ist für die Wissenschaft inzwischen zu mehr als einer reinen Pflichtübung geworden. Es liegen nicht nur Thesen, sondern aufgrund der Zeitreihe und diverser Anstrengungen in der Datenerhebung mittlerweile auch beachtliche empirische Analysen vor, für einzelne Länder wie Deutschland genauso wie europaweit.

2 Analytischer Rahmen

Der vorliegende Beitrag knüpft vor allem an die Ergebnisse der international vergleichenden Europawahlforschung an. Hiezu werden Aggregatdaten (Europawahlergebnisse auf Bundes- und Länderebene 1979-2004), Umfragedaten (Vorwahlbefragungen und exit polls der FGW 1994-2004, deutsche Nachwahlbefragungen der European Election Study, v.a. 1999 und 2004[2]), Daten des Euromanifesto-Projekts (vgl. www.euromanifestos.de; A. Wüst 2005) in Verbindung mit Daten des international-vergleichenden Manifesto-Projekts (vgl. I. Budge et al. 2001) und die Europawahlwerbespots der Parteien[3] zur Analyse genutzt. Es geht damit nur zum Teil um eine klassische Europawahlanalyse, wie sie an anderer Stelle bereits vorliegt (vgl. B. Kornelius/D. Roth 2005; FGW 2004). Vielmehr sollen bestehende Thesen und Ergebnisse der Europawahlforschung für Deutschland überprüft werden, um zu generalisierbaren Aussagen zu gelangen. Dazu wird auf ein von Jacques Thomassen (2000) beschriebenes, erweitertes Forschungsdesign zurückgegriffen, das auch die Angebotsseite der Parteien einschließt.

Ausgehend von einem erweiterten sozialpsychologischen Modell des Wählerverhaltens (vgl. R. Dalton 2002: 173), wird den Medien sowie der Wahlkampfkommunikation im vorliegenden Kontext zunächst ein wesentlicher Selektions- und Verstärkungseffekt zugeschrieben (vgl. Abbildung 1). Auf Grundlage dieses

---

2 Die Daten dieser Nachwahlstudie wurden im Telefonlabor der Universität Mannheim im Juni und Juli 2004 (N=596) erhoben. Der Studienleiter Andreas Wüst möchte sich bei Siegfried Gabler (ZUMA) für die Stichprobenziehung, bei Maria-Helena Staniewski, Sandra Berreth und Ivan Stoyanov (Telefonlabor-Administration) sowie den studentischen Interviewern der Universitäten Heidelberg und Mannheim herzlich für ihre Mithilfe bei der Realisierung der Studie bedanken. Es werden in diesem Beitrag repräsentativgewichtete Daten (befragte Deutsche sowie EU-Ausländer) ausgewiesen.

3 Wir danken Jürgen Maier (Kaiserslautern) und Michaela Maier (Landau) für die Überlassung der Fernsehspots der Parteien.

Modells lassen sich bereits Unterschiede zwischen Bundestags- und Europawahlen festmachen. Zunächst ist bedeutsam, dass die Wahlkampfaktivitäten vor Europawahlen geringer ausfallen als vor Bundestagswahlen. Dies hat mit Sicherheit keinen positiven Einfluss auf die Wahlbeteiligung. Zu den wahlbeteiligungsrelevanten, ergänzenden Einflussfaktoren ist auch die EU-Systemebene zu rechnen, deren wahrgenommene Relevanz insgesamt, vor allem jedoch diejenige des Parlaments, die Wahlbeteiligung beeinflussen dürfte. Ferner sollten durch das Nebenwahlszenario europawahlferne, nationale Einflüsse wie die Performanz der Bundesregierung oder die allgemeine Wirtschaftlage eine größere Rolle für die Parteienwahl spielen, Europawahlthemen und -kandidaten dagegen eine geringere Rolle als nationale Themen und Kandidaten bei einer Bundestagswahl spielen.

Abbildung 1:   Einflussfaktoren der Wahlbeteiligung und Parteienwahl bei Europawahlen in einem erweiterten Michigan-Modell

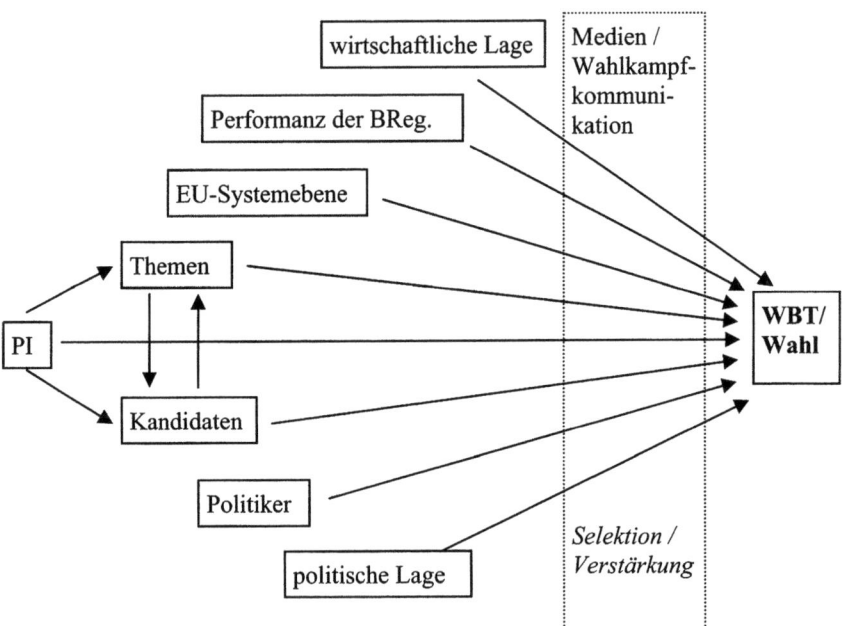

Ausgehend von diesem Modell soll im Folgenden vielen der hier postulierten Einflüsse auf die Wahlbeteiligung und die Parteienwahl nachgegangen werden. Nach einem kurzen Überblick über die Einstellungen der Bürger zur Mitgliedschaft in der EU, der EU-Demokratie und dem Vertrauen in die verschiedenen politischen Institutionen der europäischen und nationalen Ebene, stehen in erster Linie die Wahlthemen, die Angebotsseite der Parteien und deren Rezeption durch die Bürger im Fokus der Betrachtung: Welche Rolle spielen welche (europäischen?) Themen für Parteien, Kandidaten und Bürger bei Europawahlen? Was ist hinsichtlich der Themen bei Europawahlen anders als bei Bundestagswahlen? Der zweite Teil behandelt die Wahlbeteiligung und die Parteienwahl. Wo liegen die Gründe für die Wahlenthaltung von über der Hälfte aller wahlberechtigten Deutschen? Welchen Einfluss können die EU-Systemebene und der nationale Wahlzyklus (Performanz der Bundesregierung und politische Lage) haben? Im Hinblick auf die Wahlbeteiligung und zur Analyse der Parteienwahl werden insbesondere die vielzitierten, im Detail häufig jedoch unzureichend beachteten Thesen von Karlheinz Reif und Hermann Schmitt (1980) überprüft: Wo erweist sich der „Second-Order-Elections-Ansatz" als nützlich, das Wahlverhalten der Deutschen besser zu verstehen, und an welchen Stellen bedarf er einer Ergänzung?

3 Die EU-Systemebene: Mitgliedschaft, Demokratie und Institutionen

Die Europäische Union selbst und die Mitgliedschaft Deutschlands in dieser Union werden von den Deutschen alles in allem positiv bewertet. Zwei Drittel der Bürger in der Nachwahlumfrage (67 Prozent) meinen, Deutschlands Mitgliedschaft in der EU sei eine gute Sache, und nur 7 Prozent meinen, die Mitgliedschaft sei eine schlechte Sache. Diese positive Grundhaltung wird auch nicht von der Einschätzung, dass die Mitgliedschaft in der EU nicht überwiegend Vorteile (28 Prozent) oder Nachteile (22 Prozent) bringt, sondern dass mit der Zugehörigkeit zur EU gleichermaßen Vor- und Nachteile verbunden sind (45 Prozent), tangiert. Und obwohl drei Viertel der Deutschen (77 Prozent) angeben, sich nicht häufig als EU-Bürger zu fühlen, sind immerhin 52 Prozent stolz darauf, EU-Bürger zu sein.

Mit der Demokratie in der EU sind viele Deutsche jedoch nicht zufrieden. Ist die Zufriedenheit mit der Demokratie in Deutschland noch mehrheitlich feststellbar – 52 Prozent sind sehr zufrieden (4 Prozent) oder ziemlich zufrieden (48 Prozent) –, so sinkt die Zufriedenheit, wenn nach der EU gefragt wird, um 13 Prozentpunkte: Nur 1 Prozent sind mit der Demokratie in der EU sehr und 38 Prozent ziemlich zufrieden. Hinweise, worauf diese Unzufriedenheit gründen könnte, erhält man durch Antworten auf zwei weitere Fragen: Dass Entscheidungen, die von der EU getroffen werden, im Interesse Deutschlands sind, bezweifeln 59 Prozent, und zwei Drittel (66 Prozent) der Deutschen glauben nicht, dass Entscheidungen, die von der EU getroffen werden, in ihrem persönlichen Interesse sind. Die Antworten auf beide Fragen korrelieren höchst signifikant sowohl mit der Zufriedenheit mit der Demokratie in der EU als auch, etwas schwächer, mit der grundsätzlichen Zustimmung („gute Sache") zur EU. Die Deutschen sind also sowohl EU-Befürworter als auch EU-Kritiker, vor allem was die Demokratie in der EU betrifft, aber nur wenige lehnen die EU schlichtweg ab.

Zu diesem Befund passt, dass lediglich 16 Prozent der Deutschen meinen, das Europaparlament sollte in der Zukunft weniger zu sagen haben als bisher; 35 Prozent sind für die Beibehaltung des Status quo und 42 Prozent wünschen sich, dass das Europaparlament in Zukunft mehr zu sagen haben sollte. Das Europaparlament ist damit eine europäische Institution, die von den Bürgern positiv bewertet wird.

Allerdings hat das Europäische Parlament, wie Abbildung 2 zeigt, ein Vertrauens-defizit gegenüber dem Bundestag. In das nationale Parlament haben die Bürger, ganz unabhängig von ihrer Parteipräferenz, mehr Vertrauen als in die europäische Teil-Legislative und in die Kommission. Als einzige europäische Institution erhält der Gerichtshof mehr Vertrauen als der Bundestag, wenn er auch knapp vom Bundesverfassungsgericht überflügelt wird.

Abbildung 2:   Vertrauen in politische Institutionen nach Parteienwahl
                  (Mittelwerte, Skala von 1 bis 10; Kenntnisschätzung[4] in
                  Klammern)

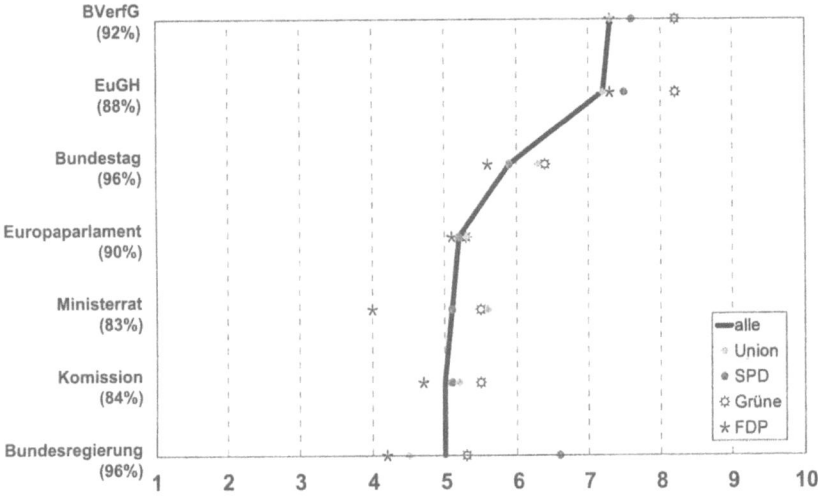

Quelle: European Election Study 2004 (dt. Teilstudie), 16.6.-30.7.2004

Im großen Vertrauen in die Gerichte spiegelt sich der Primat der Rechtstaatlichkeit in Deutschland gut wider. Originär politische Institutionen haben es traditionell schwerer (vgl. K. v. Beyme 2004: 65ff.; O. Niedermayer 2001: 55f.). Dies zeigt sich am besten bei der insgesamt am kontroversesten bewerteten Institution, der Bundesregierung: Für die *SPD*-Anhänger ist sie nach den Gerichten die vertrau-enswürdigste Institution, für die *CDU*-Anhänger diejenige Institution, der sie mit Abstand am wenigsten Vertrauen entgegenbringen. Kurzum: Sie ist die parteipoli-tischste Institution. Bei allen anderen Institutionen spielt Parteipolitik eine geringe-re Rolle. Indirekt offenbart sich hier natürlich auch das EU-Demokratiedefizit, denn eine parteipolitisch geprägte EU-Institution fehlt.[5] Zudem ist der Bekannt-

---

4   Kenntnisschätzung bedeutet, dass alle Befragten, die die jeweilige Institution bewertet (und nicht verweigert) haben, diese auch kennen sollten, und dass mit diesem Vorgehen eine Annäherung an den tatsächlichen Kenntnisgrad möglich ist.
5   Das geringere Vertrauen der *FDP*-Anhänger in Kommission und Ministerrat lässt sich hiermit jedoch interessanterweise nicht begründen.

heitsgrad der EU-Institutionen geringer als derjenige der nationalen Institutionen. Wenn davon ausgegangen wird, dass der Anteil derjenigen, die eine Institution bewertet haben, ein Indikator für deren Bekanntheitsgrad ist (vgl. A. Wüst 2002: 134f.), dann liegen sämtliche EU-Institutionen hinter den nationalen. Erwartungsgemäß sind Ministerrat und Kommission unbekannter als Gerichtshof und Parlament. Auch insofern böte vor allem das Europaparlament den Bürgern die Chance, sich Zugang zur EU-Systemebene zu verschaffen und die EU-Demokratie zu stärken. Letztlich bleibt jedoch bemerkenswert, dass die Deutschen nicht nur die Mitgliedschaft Deutschlands in der EU gutheißen, sondern auch den EU-Institutionen grundsätzlich Vertrauen entgegenbringen. Diese Ergebnisse sind bedeutsame Hinweise für die grundsätzliche Legitimität des politischen Systems der EU.

4 Parteien, Kandidaten, Bürger und die Themen der Europawahl 2004

4.1 Europawahlprogramme der Parteien

Alle relevanten deutschen Parteien haben den Europawahlkampf 2004 mit eigenen Programmschwerpunkten bestritten (vgl. A. Wüst 2005). Für die linken Parteien waren Demokratie und das Demokratiedefizit der EU durchweg sehr wichtige Themen. Für *Grüne* und *SPD* kamen Umweltthemen hinzu, für *PDS* und *SPD* soziale Gerechtigkeit. *PDS* und noch stärker die *Grünen* kritisierten zudem das Wachstumsparadigma, d.h. im Grunde die Wirtschaftsordnung. Diese im Vergleich zu den Bundestagswahlprogrammen von *Grünen* und *PDS* heftige Kritik am Wirtschaftswachstum könnte man dahingehend interpretieren, dass diese Parteien bei Europawahlen offenbar bereit sind, punktuell etwas mehr zu riskieren.

Dies zeigt sich so nicht bei den Europawahlprogrammen der bürgerlichen Parteien. Für *CDU* und *CSU* war interessanterweise der politische Führungsanspruch stark ausgeprägt, obwohl doch das politische System der EU nicht einmal die Rahmenbedingungen bietet, diesen Anspruch bei einem guten Wahlergebnis unter Beweis stellen zu können. Hier lässt sich durchaus feststellen, dass sich die Unionsparteien punktuell in Allgemeinplätze flüchteten, die für die Hauptwahlarena (Abrechnung mit der Regierung) allerdings von Bedeutung gewesen sein mögen. Ansonsten zeigen sich beachtenswerte Unterschiede in den Programminhalten von *CDU*, *CSU* und *FDP*. Die *CDU* betonte vor allem die Notwendigkeit zu internationaler und damit auch europaweiter Kooperation, während die *CSU* primär darum besorgt war, dass der Föderalismus und damit sowohl die Rechte als auch die Identität Bayerns nicht tangiert würden. Die *FDP* schließlich behandelte schwerpunktmäßig wirtschaftliche Kernthemen wie freie Marktwirtschaft und die Notwendigkeit von Forschung, Technologie und Infrastruktur.

Mit vielen dieser thematischen Schwerpunkte bestreiten die deutschen Parteien auch andere Wahlkämpfe, doch kann nicht behauptet werden, Europa und die EU spielten in den Europawahlprogrammen der Parteien keine Rolle. Eines lässt sich ganz eindeutig feststellen: Die deutschen Parteien haben ihre Programmschwerpunkte 2004 europäisch „verpackt". Gemessen am so genannten *framing* der Argumente, bezogen sich über 80 Prozent der Inhalte sämtlicher Parteien auf Europa oder die EU.[6] Wenn die potenziell kontroversen Themen, die es mit Blick auf die europäische Einigung und die EU gab, nach Themenbereichen zusammengefasst werden, ergibt sich ein in Tabelle 1 zu entnehmendes Ergebnis. Im Vergleich zu den von den Parteien bis 1994 vor Europawahlen kontrovers diskutierten Themen (vgl. T. Binder/A. Wüst 2004; A. Wüst 2005), ist für 1999 und 2004 eine Zunahme der Beschäftigung deutscher Parteien mit Europathemen feststellbar. Dabei sind es nicht die Verfassungsfragen, die Kontroversen verursachen, sondern primär die Fragen nach der Ausgestaltung und der Zukunft des politischen Systems der EU. Die Sozialdemokraten sind hier unkritisch, und auch von den *Grünen* und der *PDS* gibt es sehr wenig Kritik: Vor allem der Strukturfonds, die Erweiterung der EU und das Europaparlament werden durchweg positiv erwähnt und erörtert.

Tabelle 1: Potenziell kontroverse Themen in den Euromanifestos deutscher Parteien 2004 (in Prozentanteilen jeweils aller Inhalte)

Themenbereich	Bewertung	PDS	Grüne	SPD	FDP	CDU	CSU	REP
EG/EU-Verträge/ Verfassung	positiv	1,0	1,9	3,5	2,7	1,6	1,5	0,0
	negativ	0,0	0,0	0,0	0,0	0,0	0,0	0,0
	Differenz	1,0	1,9	3,5	2,7	1,6	1,5	0,0
EG/EU-relevante Systemfragen	positiv	1,7	2,5	3,9	5,9	3,6	7,8	1,1
	negativ	0,9	0,6	0,0	5,9	4,7	14,2	29,9
	Differenz	0,8	1,9	3,9	0,0	-1,0	-6,4	-28,7
EG/EU-Wirtschaftspolitik	positiv	2,2	1,9	0,0	2,4	6,3	3,4	0,0
	negativ	0,0	0,0	0,0	0,9	0,0	0,5	0,0
	Differenz	2,2	1,9	0,0	1,6	6,3	2,9	0,0
„Way of Life"	europäisch	1,2	0,6	4,4	0,0	0,5	0,0	0,0
	national	0,0	0,0	0,0	0,0	2,6	2,0	3,4
	Differenz	1,2	0,6	4,4	0,0	-2,1	-2,0	-3,4

EG/EU-Verträge: EMCS-Kategorien 2-203 (EG/EU-Verfassung/Verträge positiv) und 2-204 (EG/EU-Verträge negativ);
EG/EU-Systemfragen: sämtliche EMCS-Kategorien des Themenbereichs Politisches System der EG/EU und die Kategorien 2-3021 (Kompetenztransfer auf die EG/EU-Ebene positiv) sowie 2-3011 (Kompetenztransfer auf die EG/EU-Ebene negativ);
EG/EU-Wirtschaftspolitik: Währungsunion (2-4086/2-4087), Binnenmarkt (2-4084/2-4085), Strukturfonds (2-4041/2-4011), jeweils positiv/negativ.
Way of Life: Pro-Europäisch (2-601) und Anti-National (1-602) positiv, Pro-National (1-601) und Anti-Europäisch (2-602) negativ.
Rundungsbedingt können sich die ausgewiesenen Differenzen leicht von den auf Grundlage der Tabellenwerte errechenbaren Differenzen unterscheiden.

---

6   Als framing wird hier die politische Ebene, auf die sich jede einzelne Aussage eines Europawahlprogramms bezieht, verstanden (vgl. A. Wüst/A. Volkens 2003: 6f.).

Anders sieht es bei den bürgerlichen Parteien und bei den *Republikanern* aus. Allein 11,5 Prozent aller Aussagen im *REP*-Europawahlprogramm richteten sich gegen die Erweiterung der EU, 2,3 Prozent konkret gegen eine mögliche Mitgliedschaft der Türkei. Von *CDU* (2,1 Prozent), *CSU* (1,5 Prozent) und *FDP* (0,7 Prozent) gab es ebenfalls kritische Stimmen gegen einen möglichen Türkeibeitritt, wenn auch positive Stimmen zur Erweiterung der EU bei diesen Parteien überwogen.[7] Kritischer als Erweiterungen allgemein und auch als das Türkei-Thema sahen die Mitte-Rechts-Parteien den Kompetenzverlust an Brüssel: 17,2 Prozent aller Inhalte im *REP*-Wahlprogramm deuteten auf diesen spezifischen Punkt, und auch 9,3 Prozent der Inhalte im *CSU*-Wahlprogramm sowie 3,0 Prozent der Aussagen im *FDP*-Programm. An diesen kontroversen Themen zeigt sich also durchaus, dass Europas Zukunft, zumindest jenseits der Linken, eine Rolle in den programmatischen Angeboten der Parteien spielte.

Im dritten Themenbereich, der Wirtschaft, diskutierte die *SPD* heikle Themen überhaupt nicht, und die Kritik der *FDP* und der *CSU* richtete sich ausschließlich gegen den Strukturfonds der EU. Ein Nachhall der Diskussionspunkte im Systembereich brachte jedoch die Frage nach dem „Way of Life": Die Rechte wünscht sich letztlich ein konföderales Europa der Vaterländer, während die progressiven Parteien, allen voran die *SPD*, eher die europäische als die nationale Wertegemeinschaft betonten. Betrachtet man die Bandbreite dieser Standpunkte, dann hatten die Bürger bei der Europawahl 2004 durchaus verschiedene programmatische Optionen, auch im Hinblick auf Europa und die Zukunft der EU.

4.2 Wahlwerbespots der Parteien im Fernsehen

Wahlprogramm-Inhalte sind wichtig zur Bestimmung der Politikschwerpunkte und -positionen der Parteien, aber so manche Inhalte können nicht wirksam werden, da sie weder von den Politikern selbst, noch von den Medien zu den Bürgern transportiert werden. Aus diesem Grund erscheinen die Inhalte der Wahlwerbespots eine weitere geeignete Informationsquelle dafür zu sein, worauf die deutschen Parteien im Europawahlkampf 2004 medienwirksam eingegangen sind. In Tabelle 2 sind darum verschiedene Charakteristika der Wahlwerbespots (es fehlt derjenige der *CSU*) und deren Inhalte, die entsprechend der Wahlprogrammanalyse codiert wurden,[8] zusammengetragen.

Es ist höchst interessant, welche Inhalte die einzelnen Parteien den Bürgern in maximal 90 Sekunden präsentierten. Zunächst fällt auf, dass die *FDP* auf Musik, die *Grünen* auf Sprache verzichteten. Alle anderen Parteien nutzten sowohl Musik als auch Sprache, wobei Musik bei der *SPD* nur im Hintergrund gespielt wurde und

---

7   Zusätzliche Kritik gab es, ohne dass die Parteien an diesen Stellen explizit das Demokratiedefizit ansprachen, an der Komplexität der EU (*REP*: 1,1 Prozent; *CDU*: 1,0 Prozent; *FDP*: 0,6 Prozent; *PDS*: 0,3 Prozent).

8   Jede Partei hatte einen TV-Spot. Es wurden Text, Ton und Bilder codiert, wobei mit Ausnahme der Grünen (kein Ton) inhaltliche Aussagen (v.a. Ton und Text, Bilder nachrangig) codiert wurden. Das Auftreten jedes Politikers wurde jeweils einmalig als „politische Führung" codiert.

bei der *PDS* nur phasenweise. Es ist beachtlich, dass die beiden großen Parteien keine Europapolitiker, sondern primär für sie ‚normal' erscheinende Bürger auftreten ließen. In den Wahlwerbespots von *Grünen* und *PDS* finden sich ebenfalls viele Bürger, die zur potentiellen Wählerschaft der beiden Parteien gehören, während die *FDP* eine fiktiv-überzeichnete Arbeitsamtssituation präsentierte. Doch die kleinen Parteien schickten auch ihre Europaparlamentarier bzw. Kandidaten ins Rennen, die entweder programmatische Statements (*FDP*, *PDS*) abgaben oder zumindest frech in die Kamera blickten (*Grüne*).

Tabelle 2:   Charakteristika und Inhalte der TV-Wahlwerbespots deutscher Parteien zur Europawahl 2004

	SPD	CDU	FDP	Grüne	PDS
Sprache, Musik	S, M	S, M	S	M	S, M
Europapolitiker (aktiv = +, passiv = −)	keine	keine	Koch-Mehrin+ (Bild+Ton)	Cohn-Bendit−, Harms− (Bild)	Kaufmann+ (Bild+Ton)
andere Politiker (aktiv = +, passiv = −)	Schröder+ (Bild+Ton)	keine	keine	J.Fischer− (auf Plakat), Künast+/− Trittin+/− (jeweils Bild)	Gysi+ (Ton)
Anzahl inhaltlicher Aussagen	18	26	24	20	17
Themen (für N>1)	Pol. Führung, Frieden, soz. Gerechtigkeit (je 3=17%) Produktivität, soz. Gruppen (je 2=11%)	Politische Führung (14=54%) soz. Gruppen (4=15%) Arbeitnehmer (3=12%)	Bürokratie-Abbau (4=17%) pol. Führung (3=13%) freie Markt-wirtschaft, Freiheit, Arbeitsplätze (je 2=8%)	Pol. Führung (7=35%) Umweltschutz, soz. Gruppen, Technologie/ Infrastruktur (je 3=15%) Verbraucher-schutz (2=10%)	Soz. Gerech-tigkeit (5=29%) pol. Führung (3=18%) Demokratie, Frieden (je 2=12%)
Europabezüge	5=28%	2=8%	2=8%	4=20%	7=41%

Daneben nutzten alle Parteien mit Ausnahme der *CDU* ihre führenden Bundespolitiker. Am stärksten machte davon die *SPD* Gebrauch, die es Kanzler Schröder im Spot überließ, zu den bereits erwähnten thematischen Schwerpunkten europäische Bezüge herzustellen. Da der *Grünen*-Spot nur mit Bildern und Musik auskommen musste, tauchten bei ressortspezifischen Themen die Fachminister Künast und Trittin ermutigend auf, während Außenminister Fischer nur auf einem Wahlplakat zu sehen war. Die *PDS* schließlich übertrug es ihrem „Zugpferd" Gysi, am Ende des Spots einen Wahlaufruf zu formulieren, ohne ihn ins Bild zu rücken.

Beim Blick auf die Inhalte der Spots und die Ebenenbezüge der inhaltlichen Aussagen (vgl. Tabelle 2), lässt sich zweierlei feststellen. Zum einen präsentierten sich die Parteien mit ihren politischen Schwerpunkten, die denjenigen ihrer Wahlprogramme ähnelten (vgl. A. Wüst 2005). Bei den Regierungsparteien tauchten zudem Themenbereiche auf, in denen sie in jüngster Vergangenheit Erfolge verbuchen konnten: Schröder in der Ablehnung des Irak-Kriegs und die *Grünen* beim Umweltschutz, der Umwelttechnologie und dem Verbraucherschutz. Zum anderen zeigte sich ein hoher Anteil von Aussagen, die das Codierschema unter „Politische Führung" fasst; dies bezieht sich auf Aussagen wie „wir können es besser" (positiv) oder „die Bürger haben genug von Rot-Grün" (negativ). Diese Aussagen sind in der parteipolitischen Auseinandersetzung normal, doch dass vor allem die *CDU* die nationale Regierung in ihrem Wahlwerbespot heftig kritisierte, unterstreicht, worum es der *CDU* bei der Europawahl 2004 im Wesentlichen ging: Um eine nationale Abrechnung mit Hilfe und aus Anlass einer Nebenwahl. Zum selben Schluss gelangt man, wenn man die Ebenenbezüge betrachtet: *CDU* und *FDP* ging es, zumindest im Spot, primär nicht um Europa, sondern um eine grundsätzliche und in Teilen nationale Auseinandersetzung mit dem anderen politischen Lager. Dass die *PDS* noch am stärksten auf Europa fokussierte, liegt wohl auch an der Tatsache, dass sie im nationalen politischen Diskurs kaum noch vorkam und hier weniger glaubhaft Akzente hätte setzen können.

4.3 Die Rezeption des Wahlkampfs durch die Bürger

Bevor die Themen der Bürger in den Fokus der Betrachtung rücken, soll kurz auf die mögliche Rolle, die den Medien im Europawahlkampf 2004 zukam, eingegangen werden. Vergleicht man die Wahrnehmung der Europawahl durch die Bürger im Fernsehen, in der Zeitung und die aktive Suche nach Wahlinformationen im Internet sowie den Austausch über die Wahl mit Bekannten, Freunden oder in der Familie mit genau den gleichen Informationen, die im Zusammenhang und unmittelbar nach der Bundestagswahl 2002 erhoben wurden, dann überrascht die geringe Wahlbeteiligung kaum.

Tabelle 3: Der Europawahlkampf 2004 und der Bundestagswahlkampf 2002 in der Wahrnehmung der Bürger (in Prozent aller Nennungen)

Wahl/ Antwort	Bericht im Fernsehen		Bericht in Zeitung		Wahlinfo im Internet		Gespräche über Wahl	
	BTW 2002	EW 2004	BTW 2002	EW 2004	BTW 2002	EW 2004	BTW 2002	EW 2004
Oft	69	33	55	39	3	2	45	24
Gelegentlich	28	59	32	43	14	9	47	51
Nie	3	7	12	17	83	89	8	24

Quellen: CSES 2002 (deutsche Nachwahlumfrage); EES 2004 (dt. Teilstudie).

Tabelle 3 ist zu entnehmen, dass die Europawahl 2004 für die Bürger erheblich unwichtiger war als die letzte Bundestagswahl. Dies kann zweierlei Gründe haben: Entweder gab es weniger Angebote bzw. war die Europawahl ein weniger wichtiges Thema in der Öffentlichkeit oder die Bürger waren schlichtweg weniger an ihr interessiert. Dass die Europapolitik allgemein auf wenig Interesse stößt, wurde an anderer Stelle genauso belegt wie die Tatsache, dass sich nur ein Drittel der Deutschen unmittelbar vor der Europawahl 2004 ausreichend über die EU informiert fühlten (vgl. B. Kornelius/D. Roth 2005). Insofern unterstreichen die hier dokumentierten Ergebnisse der Nachwahlumfrage, dass es im Vergleich zu Bundestagswahlen Defizite in der Wahlkampfkommunikation gegeben haben muss, die wahrscheinlich bei allen Beteiligten – Parteien, Medien und Bürgern – gesucht werden müssen. Es erscheint plausibel, anzunehmen, dass die Medien ihre in Abbildung 1 dargestellte Selektions- und Verstärkerrolle bei der Europawahl 2004 nicht in gleichem Maße wahrgenommen haben wie bei der Bundestagswahl 2002, auch wenn an dieser Stelle nur Indizien geliefert werden konnten. Vergleichende Medieninhaltsanalysen sollten in der Lage sein, diese Annahmen empirisch zu bestätigen. Erste Ergebnisse des Medien Tenors stützen jedoch die Beobachtungen (vgl. M. Rettich 2004: 42f. sowie F. Brettschneider/M. Rettich in diesem Band).

4.4 Probleme der Bürger sowie wahrgenommene und präferierte Lösungsebenen

Die Probleme und Themen der Bürger unterschieden sich von den Programminhalten der Parteien und – soweit sich dies anhand der Wahlwerbespots sagen lässt – auch derjenigen der Kandidaten. Parteien und Kandidaten haben zum einen eine Repräsentationsfunktion, d.h. sie sollten die Probleme der Bürger zunächst wahrnehmen, dann bündeln und thematisieren, Lösungsvorschläge unterbreiten und diese schließlich in Parlament und Regierung umzusetzen versuchen (vgl. R. Pierce 1999). Werden die Probleme noch nicht einmal thematisiert, kann von einem Repräsentationsdefizit gesprochen werden, wonach es für die Bürger dann auch legitim ist, sich an einer Wahl nicht zu beteiligen (vgl. M. Franklin et al. 1996: 328ff.). In der Vergangenheit konnte beobachtet werden, dass vor allem die etablierten Parteien aktuelle Probleme der Bürger kaum thematisierten, während z.B. die *Republikaner* 1989 das damals aktuelle Problem „Zuwanderung" aufgriffen (vgl. D. Roth 1994: 60) und – ungeachtet der defizitären Lösungsvorschläge – aus dieser Perspektive nicht unberechtigt in das Europaparlament einziehen konnten.

Neben der Thematisierung von zentralen Problemen und der Unterbreitung von Lösungsvorschlägen gehört zu den Aufgaben der Parteien und Kandidaten aber auch politische Führung (vgl. W. Patzelt 1993). Diese beinhaltet die Beschäftigung mit Themen und Problemen, die (noch) keine Aktualität besitzen oder nicht in der Breite diskutiert werden. Mit Blick auf die Europäische Union gehören hierzu insbesondere Fragen der Ausgestaltung des politischen Systems, die in den Wahlprogrammen der Parteien, wie gezeigt, breiten Raum einnahmen.

Wie die Europäische Union ausgestaltet sein sollte, beschäftigte die Bürger jedoch nur am Rande. Fasst man alle Problemnennungen mit EU-Bezug (vorwiegend allerdings weniger das politische System, sondern stärker den Euro/die Preissteigerung durch den Euro betreffend) zusammen, dann kommt man bei Addierung zweier möglicher Antworten (FGW-Blitz) auf 5 Prozent (vgl. Tabelle 4). Im Vergleich zu anderen Themen spielte Europa demnach für die Bürger eine untergeordnete Rolle. Interessant wird es jedoch, wenn die Bürger zum einen danach gefragt werden, auf welcher politischen Ebene das für sie wichtigste Problem vorwiegend behandelt wird und auf welcher politischen Ebene man sich vorwiegend damit beschäftigen sollte. Zur Auswahl hatten die Befragten drei Ebenen: Bundesländer, Bund und Europa. Wie bereits auf der Grundlage der Daten früherer Europawahlstudien (vgl. L. de Winter/M. Swyngedouw 1999: 55; A. Wüst/H. Schmitt 2005), zeigt sich auch für 2004, dass die Deutschen zwar wahrnehmen, dass die meisten Probleme vorwiegend auf nationaler Ebene behandelt werden (44 Prozent), aber auch, dass sie sich eine stärkere Problembehandlung auf europäischer Ebene wünschen (26 Prozent) als sie es zum Zeitpunkt der Befragung noch wahrnahmen (20 Prozent).

Tabelle 4: Wichtigste Probleme für die Bürger, wahrgenommene und präferierte Politikebene der Problemlösung (in Prozent aller Nennungen)

Datenquelle/ Problem	Problem-Kombi[+]		Top-Problem	Wahrgenommene Politikebene[++]		Präferierte Politikebene[++]	
	FGW-Blitz	EES 2004	EES 2004	D	Europa	D	Europa
Arbeitslosigkeit	70	71	55	43	21	39	27
Wirtschaftslage	20	19	11	50	26	41	23
Gesundheit	11	7	3	(73)	(13)	(50)	(25)
Rente	10	7	2	(40)	(40)	(40)	(30)
Wohlfahrtsstaat	–	6	3	(73)	(7)	(50)	(38)
Insgesamt				44	20	41	26

+   Durch Addition der beiden Erstnennungen Summe über 100 Prozent.
++   Anteile für die regionale Ebene (Bundesland) und k.A.'s jeweils nicht ausgewiesen.
( )   N < 30 der jeweiligen Problemnennungen.

Mit Blick auf die zentralen Probleme im Einzelnen zeigt sich, dass die Bürger lediglich wirtschaftliche Probleme und Fragen zur Rente weniger stark auf europäischer Ebene behandelt sehen möchten als bisher. Bei der Wirtschaftslage ist bemerkenswert, dass die Bürger vor allem Erwartungen an eine erweiterte Zuständigkeit der subnationalen Politikebene (Bundesländer) hatten.[9] Ansonsten erhofften sie sich von *mehr Europa* eine bessere Problemlösung, wenn auch die zentrale Rolle des Nationalstaats bei keinem Problem infrage gestellt wurde.

Höchst interessante Ergebnisse erhält man, wenn man den Bürgern verschiedene transnationale Probleme vorgibt und sie lediglich danach fragt, ob sich darum

---

9   Der Unterschied zwischen wahrgenommener (14 Prozent) und präferierter Lösungsebene (23 Prozent) ist hier mit neun Prozentpunkten beträchtlich.

in erster Linie die nationale Regierung oder die EU kümmern sollte. Beim Umweltschutz meinten 71 Prozent der Befragten der FGW-Vorwahlumfrage (vgl. FGW 2004: 33), die EU sollte sich in erster Linie darum kümmern (nationale Regierung: 26 Prozent). Bei der Kriminalität waren es immerhin noch 61 Prozent (nationale Regierung: 37 Prozent). Ambivalent sieht es hingegen im mittlerweile nahezu vollkommen vergemeinschafteten Politikbereich Landwirtschaft aus: 50 Prozent sahen hier in erster Linie eine Zuständigkeit der EU, 45 Prozent der nationalen Regierung. Hier mag die Unzufriedenheit mit der EU-Landwirtschaftspolitik[10] oder die Sorge um den Verbraucherschutz die Haltung der Bürger mit beeinflusst haben.

Von Bedeutung ist auch, wie die Deutschen allgemein zu denjenigen Themen, die von den Parteien im Rahmen ihrer politischen Führungsrolle angesprochen werden und zu denen sie sich programmatisch auch positionieren, stehen. Das möglicherweise wichtigste EU-Thema war der Beitritt neuer Länder zur EU. Knapp zwei Drittel (63 Prozent) der Deutschen befürworteten die Osterweiterung, und auch unter den Anhängern aller Parteien wurde die Osterweiterung befürwortet. Anders sah es beim geplanten EU-Beitritt der Türkei aus: 45 Prozent der Bürger waren zum Zeitpunkt der Befragung dafür, 50 Prozent dagegen. Je nach ideologischer und parteipolitischer Position der Befragten, werden diesbezüglich erhebliche Unterschiede deutlich: Diejenigen, die sich politisch links von der Mitte positionierten, befürworteten mehrheitlich einen EU-Beitritt der Türkei, während dieser von denjenigen in der Mitte und rechts von der Mitte mehrheitlich abgelehnt wurde. Diese Unterschiede decken sich mit den Parteianhängerschaften: Die Linke präferierte den EU-Beitritt der Türkei (*Grüne*: 69 Prozent dafür, *SPD*: 63 Prozent, *PDS*: 56 Prozent), die Anhänger der bürgerlichen Parteien lehnten ihn ab (*CDU/ CSU* und *FDP*: jeweils 59 Prozent dagegen).

Wenn es um die europäische Einigung und deren Ausgestaltung geht, wird vor allem ein Informationsdefizit der Bürger deutlich, das entscheidend vom Grad des politischen Interesses abhängt. So hatten 44 Prozent der Befragten in der Woche vor der Europawahl nichts von der europäischen Verfassung gehört; unter den politisch Interessierten waren es zwar nur 25 Prozent, unter den kaum oder gar nicht politisch Interessierten jedoch 82 Prozent. Es waren sehr wenige (7 Prozent), die eine gemeinsame europäische Verfassung ablehnten, doch war der Anteil Zustimmender (47 Prozent) nur unwesentlich höher als der Anteil derer, die sich kein Urteil erlaubten (46 Prozent). Der grundsätzlich konsensuale Kurs der Parteien in der Europapolitik fand in weiten Teilen der Bevölkerung demnach Unterstützung, auch wenn sich viele Bürger (64 Prozent) unzureichend über die Europäische Union informiert fühlten und vielen (41 Prozent) das Tempo der europäischen Einigung zu schnell ging (vgl. FGW 2004).

---

10 Ein Indikator hierfür ist der beträchtliche Unterschied der Zuständigkeitspräferenz in der Landwirtschaftspolitik in Abhängigkeit von der grundsätzlichen Bewertung der EU.

5 Wahlbeteiligung und Parteienwahl im Licht der Nebenwahlthese

Schon kurz nach Einführung der Direktwahl des Europaparlaments bemühten sich Wahlforscher, der Europawahlanalyse einen konzeptuellen Rahmen zu geben, der helfen sollte, sowohl die Wahlbeteiligungen als auch die Wahlergebnisse zu erklären. Karlheinz Reif und Hermann Schmitt (1980: 8) schlugen vor, Europawahlen als nationale Nebenwahlen (*second-order national elections*) zu begreifen. Angesichts der Bedeutung, die Europawahlen bis heute haben, ist man geneigt, sie nicht mehr nur als nationale Wahlen zweiter, sondern als Wahlen dritter oder vierter Ordnung zu bezeichnen.

Abbildung 3: Einschätzung der Bedeutung von Parlamentsebenen
(Auswahl: sehr wichtig und wichtig; in Prozent)

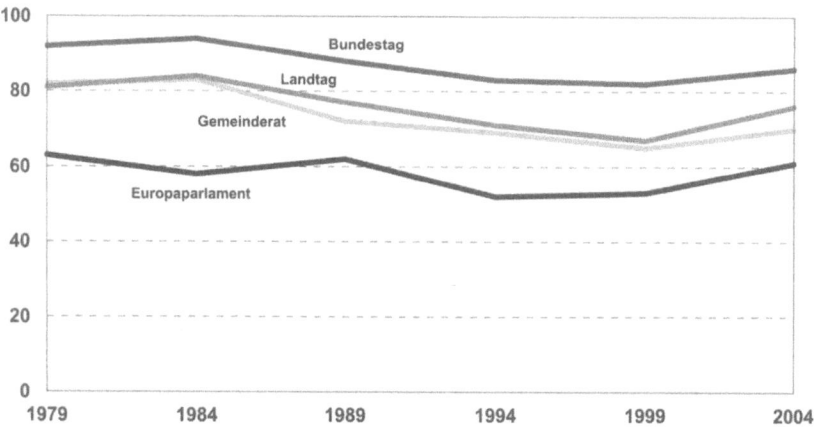

Quelle: Vorwahlumfragen der FGW, Mai 1979 und danach jeweils im Juni der Europawahljahre.

Für Deutschland verdeutlicht Abbildung 3, dass Europawahlen aus Sicht der Bürger die am wenigsten wichtigen Wahlen sind. 2004 erachteten sie über ein Drittel der Befragten (36 Prozent) als weniger wichtig (25 Prozent) oder unwichtig (11 Prozent). Von Bundestagswahlen behaupteten dies nur 12 Prozent (9 Prozent bzw. 3 Prozent). Auch Veränderungen im Zeitverlauf geben wenig Anlass zu Optimismus: Zwar wurden Europawahlen 1994 und 1999 als noch unwichtiger erachtet als 2004, doch haben sich die Abstände zu den anderen Wahlen im Vergleich zu 1979 und 1984 nur minimal verringert.

5.1 Die Nebenwahlthese

Reif und Schmitt (1980: 9ff.) nannten sechs Dimensionen, die für die Analyse von Europawahlen als Nebenwahlen besonders wichtig seien. Die erste und wohl heute noch bedeutungsvollste Dimension bezeichneten sie als *less-at-stake*: Bei Europa-

wahlen geht es um weniger als bei nationalen Parlaments- oder Präsidentschafts-
wahlen (vgl. D. Roth/B. Kornelius 2004: 46). Die Tatsache, dass für die meisten
Bürger *less-at-stake* ist, hat zur Folge, dass die Wahlbeteiligung niedriger ausfällt
als bei *first-order national elections*, und dass als Folge dieser niedrigeren Wahlbeteiligung mehr ungültige Stimmen abgegeben werden als bei einer als wichtig
erachteten Wahl, Regierungsparteien Stimmen verlieren und kleine sowie neue
Parteien bessere Wahlchancen besitzen. Hinzu kommt, dass in Abhängigkeit von
der Nähe bzw. Distanz zur letzten oder nächsten Hauptwahl (Wahlzyklus) Beteili-
gungs- und Regierungsanteile variieren sollten: Inmitten einer Legislaturperiode
dürften beide am niedrigsten ausfallen, unmittelbar nach einer Hauptwahl sollte die
Regierung am wenigsten verlieren (Bestätigungseffekt), und unmittelbar vor einer
Hauptwahl sollte ein Testwahleffekt zumindest die Wahlbeteiligung befördern,
möglicherweise aber auch dazu führen, dass das Europawahlergebnis den tatsächlichen nationalen Kräfteverhältnissen besser entspricht (vgl. C. van der Eijk/M.
Franklin 1996: 302).

An zweiter Stelle (vgl. K. Reif./H. Schmitt 1980: 11) nennen die Europawahlforscher die *specific arena*-Dimension: Sind die Akteure bei Europawahlen die
gleichen wie auf der nationalen Wahlebene? Können sich die Parteien überhaupt
zu den Arena-spezifischen Themen positionieren, vor allem wenn transnationale
Fragen eine größere Rolle spielen als beispielsweise sub-nationale? Wie stark und
homogen sind transnationale Bündnisse, um im Europaparlament überhaupt hand-
lungsfähig zu sein? All diese Fragen sind zum einen von der *less-at-stake*-Dimen-
sion überschattet und setzen zum anderen aber auch einen gewissen Informations-
und Reflexionsgrad der Bürger voraus, damit sie wahlentscheidungsrelevant werden können.

Die dritte Dimension umfasst das institutionelle und prozessuale Setting einer
Europawahl (vgl. ebd.: 12f.), das sich von demjenigen einer Hauptwahl unterscheiden kann. Hierzu gehört zunächst die Wahlpflicht und etwaige Sanktionen, die bei
Missachtung drohen: Beides sollte wahlbeteiligungssteigernd wirken. Dazu kommt
das Europawahlsystem: Je stärker sich dieses vom „üblichen“ Wahlsystem der
Hauptwahl unterscheidet, umso geringer müsste, vor allem durch Mangel an Vertrautheit, die Wahlbeteiligung ausfallen. Schließlich – und dieser Aspekt ist, wie
im Folgenden gezeigt wird, für Deutschland von besonderer Bedeutung – gehen
Reif und Schmitt (1980: 13) davon aus, dass parallel zur Europawahl stattfindende
andere Wahlen (national, regional oder lokal) sowohl die Beteiligung an einer
Europawahl fördern als auch den Testcharakter einer Europawahl erhöhen.

Als vierte Dimension identifizieren Reif und Schmitt (ebd.: 13f.) die Wahlkampagne. Da die Aufmerksamkeit der Medien bei Europawahlen geringer ausfällt
als bei Hauptwahlen, können gezielte Wahlkampfaktivitäten für Parteien besonders
Erfolg versprechend sein. Allerdings warnen sie, dass Parteien, die aufgrund des
Nebenwahlcharakters bevorzugt sind, durch gezielte Wahlkampf-Aktivitäten auch
gezielte Gegenwehr benachteiligter Parteien provozieren könnten, die ihnen wiederum zum Nachteil gereichten.

An fünfter Stelle verweisen Reif und Schmitt (ebd.: 14) auf die Bedeutung politischer Veränderungen in der Hauptarena (*main arena political change*). Ihrer

Ansicht nach können Europawahlen nicht isoliert von der Entwicklung der Haupt-
wahlergebnisse betrachtet werden. Die mittels Umfragen gemessene politische
Stimmung sei kein ausreichender Ersatz für tatsächliche politische Veränderungen
der Hauptarena.

Schließlich mahnen die Europawahlforscher, soziokulturelle Veränderungen
von Gesellschaften bei der Europawahlanalyse nicht außer Acht zu lassen, da gesellschaftliche Gruppen die Grundlage fast aller Parteien bildeten (vgl. K. Reif/H.
Schmitt 1980: 15).

5.2 Nebenwahlthese und Wahlbeteiligung

Die Beteiligung an Europawahlen in Deutschland ist niedrig und hat seit 1979
(65,7 Prozent) stark abgenommen (2004: 43,0 Prozent). Hätte es nicht bereits 1984
einen überdurchschnittlich starken Rückgang der Wahlbeteiligung auf 56,8 Prozent
gegeben (und 1989 dann wieder eine Zunahme auf 62,3 Prozent), könnte man von
einem kontinuierlichen Wahlbeteiligungsrückgang bei Europawahlen seit 1979
sprechen. Zwar ist auch für Bundestagswahlen seit 1980 (88,6 Prozent) ein Trend
zu etwas geringeren Beteiligungen zu beobachten (bis 1990 stetig, seit 1990 unein-
heitlich, 2002: 79,1 Prozent), doch erscheinen diese Veränderungen vergleichsweise moderat (vgl. den Beitrag von J. Tenscher in diesem Band). Zusätzlich zum
generellen Trend zu etwas niedrigeren Wahlbeteiligungen, lässt sich mit Abbildung
3 vermuten, dass die insbesondere bei Europawahlen niedrige Wahlbeteiligung
durchaus in einem Zusammenhang mit der Bedeutung stehen könnte, die Bürger
einer Wahlebene – hier: Europa – zuweisen. Ganz ähnliche Ergebnisse sind aus
den USA bekannt, wenn Kongresswahlen mit Präsidentschaftswahlen (alle vier
Jahre, höhere Wahlbeteiligung) oder reine Kongresswahlen (genau dazwischen,
niedrigere Wahlbeteiligung) stattfinden (vgl. H. Wasser/M. Eilfort 2004: 349).

Da sich der institutionelle Rahmen (Wahlrecht und Wahlsystem) zwischen
Bundestags- und Europawahlen nur geringfügig unterscheidet,[11] sollten zumindest
die beiden anderen Faktoren, die Reif und Schmitt als wahlbeteiligungsrelevant
anführen, von Bedeutung sein: Zusätzlich stattfindende Wahlen und der Wahlzyklus. Zwar fand noch nie eine Bundestagswahl parallel zu einer Europawahl statt,
dafür jedoch wiederholt Kommunalwahlen und 2004 erstmals auch eine Landtagswahl (Thüringen; vgl. den Beitrag von D. Schneider/P. Rössler in diesem
Band). Kontinuierlich seit 1979 wählen lediglich die Bürger in Rheinland-Pfalz
und im Saarland parallel zum europäischen Parlament auch ihre Kommunalparla-

---

11 Bei beiden Wahlen wird an einem Sonntag gewählt und es besteht keine Wahlpflicht. Die hohe
Anzahl der zu wählenden deutschen Abgeordneten des Europaparlaments führt nicht – wie in kleinen Ländern, die sehr wenige Abgeordnete wählen (A. Wüst/P. Stöver 2005) – zu höheren natürlichen Sperrklauseln. Der Wegfall der Erststimme bei Europawahlen ist der einzig nennenswerte Unterschied zum Bundestagswahlsystem, doch in beiden Wahlsystemen entscheiden die Parteistim-
men über die Sitzverteilung. Festzuhalten ist jedoch, dass entsprechend der Annahmen Reifs und
Schmitts der Anteil ungültiger Stimmen bei Europawahlen im Durchschnitt 1,7 Prozent, bei Bundestagswahlen zwischen 1980 und 2002 im Durchschnitt 1,1 Prozent (Zweitstimmen) betrug und
damit höher gewesen ist.

mente, seit 1994 auch Mecklenburg-Vorpommern, Sachsen und Sachsen-Anhalt. 1994 und 1999 wählten die Thüringer ebenfalls Kommunalparlamente. Die Baden-Württemberger wählten 1994 und wieder 2004 parallel zur Europawahl Gemeinde- und Landräte.

Betrachtet man nun die Beteiligung an Europawahlen auf Länderebene, berücksichtigt zudem parallel stattfindende andere Wahlen[12] und unterscheidet auch zwischen Ost und West, ergeben sich beträchtliche Wahlbeteiligungsdifferenzen (vgl. Tabelle 5). Im Länderdurchschnitt beträgt die Wahlbeteiligung bei Europawahlen im Westen ohne Zusatzwahl 52,8 Prozent, mit Zusatzwahl 69,8 Prozent. Im Osten ohne Zusatzwahl 32,8 Prozent, mit Zusatzwahl 56,1 Prozent. Nachteilig für den Ost-Durchschnitt wirkt sich aus, dass dort erst seit 1994 Europawahlen stattfinden, doch beträchtliche Differenzen zwischen Ost und West und in Abhängigkeit von zusätzlichen Wahlen bleiben auch unter ausschließlicher Berücksichtigung der Europawahlen seit 1994 erhalten. Insgesamt lässt sich sagen: Die Wahlbeteiligung sinkt im Zeitverlauf, sie ist im Westen höher als im Osten und erhöht sich – auf Länderebene – durch eine gleichzeitig stattfindende kommunale oder regionale Wahl um im Durchschnitt knapp 20 Prozentpunkte.

Tabelle 5: Wahlbeteiligung bei Europawahlen auf Länderebene mit und ohne gleichzeitig stattfindenden Kommunal- bzw. Landtagswahlen (arithmetische Mittel)

Bundesländer-Durchschnitt*	gesamt	1979	1984	1989	1994	1999	2004
West ohne Wahl	52,8	65,0	55,6	59,9	54,4	41,9	38,2
West mit Wahl	69,8	79,6	77,4	78,1	71,6	62,2	56,2
Differenz West	**17,0**	**14,6**	**21,8**	**18,2**	**17,2**	**20,3**	**18,0**
Ost ohne Wahl	32,8				41,5	30,0	27,0
Ost mit Wahl	56,1				68,5	53,0	46,9
Differenz Ost	**23,3**				**27,0**	**23,0**	**19,9**

* ohne Berlin.

Der zweite von Reif und Schmitt genannte mögliche Einflussfaktor ist der Wahlzyklus. Dieser ist auch bei Europawahlen vorhanden, wenn auch auf den ersten, bivariaten Blick nicht eindeutig, denn die Europawahlen 1994 und 2004 haben im Vergleich zur Erwartung zu geringe Wahlbeteiligungsraten. Unter Berücksichtigung des langfristigen Trends (Wahlbeteiligungsrückgang) ist der Trend klarer: Je näher die Europawahl innerhalb des nationalen Wahlzyklus an der *nächsten* Bundestagswahl liegt, desto höher fällt die Wahlbeteiligung aus.

Alle vier Beobachtungen – der langfristige Trend des Wahlbeteiligungsrückgangs, die Unterschiede zwischen Ost und West, Effekte gleichzeitig stattfindender Wahlen und der Wahlzyklus – lassen sich zur Erklärung der Varianz der Wahlbe-

---

12 Hierbei erscheint es übrigens zweitrangig, ob es sich um kommunale Wahlen oder eine regionale Wahl (LTW Thüringen 2004) handelt.

teiligung auf Länderebene modellieren.[13] Wie Tabelle 6 zeigt, gelingt dies gut. Ohne die Trendvariable (abnehmende Wahlbeteiligung im Zeitverlauf), die ja nicht endlos fortgeschrieben werden kann, werden bereits gute Ergebnisse erzielt (vgl. Modell 1). Eine gleichzeitig stattfindende Kommunal- oder Landtagswahl ist insgesamt am erklärungskräftigsten und fördert nachweislich die Wahlbeteiligung. Der Osten ‚drückt' die Wahlbeteiligung und der Wahlzyklus erklärt in etwa so viel wie der Ost-West-Unterschied. Wird die Trendvariable berücksichtigt (vgl. Modell 2), lässt sich die Wahlbeteiligung bei Europawahlen noch besser erklären. Die Trendvariable wird zur zweitwichtigsten Variable im Regressionsmodell, während die Ost-West-Variable und die Zyklusvariable zwar etwas an Bedeutung verlieren, beide jedoch signifikant bleiben.

Tabelle 6: Regressionsmodelle zur Erklärung der Wahlbeteiligung auf Länderebene bei Europawahlen (Aggregatdaten)

	Modell 1			Modell 2		
UV	B	SF	β	B	SF	β
Konstante	*52,075	1,162		*68,759	1,215	
Region[+]	*-15,079	2,619	-,475	*-8,321	1,345	-,262
KW oder LTW	*17,820	2,203	,667	*18,670	1,072	,699
Wahlzyklus[++]	*,228	,039	,431	*,132	,020	,250
Europawahl-Nr.[+++]				*-4,738	,306	-,629
$R^2_{adj.}$	*,581	8,2028		*,901	3,9860	
N	77			77		

[+] 0=West, 0,5=Berlin, 1=Ost.
[++] Diff. letzte BTW–nächste BTW in Monaten.
[+++] 1=1979 bis 6=2004.
* $p < ,001$.

Die Nebenwahlthese war demnach in der Lage, die Wahlbeteiligungsunterschiede bei Europawahlen in Deutschland besser verstehen und zu einem beträchtlichen Teil statistisch erklären zu können. Wenn zu den vorgeschlagenen Variablen „Zusatzwahl" und „Wahlzyklus" noch der Ost-West-Unterschied in das Modell integriert wird, lassen sich die Wahlbeteiligungsunterschiede zwischen den Bundesländern gut, mit einer zusätzlichen Trendvariable sogar sehr gut erklären. Diese Ergebnisse bestätigen damit die Relevanz des Wahlzyklus' für die Wahlbeteiligung, der neben der Wahlpflicht und der Sonntagswahl von der Europawahlforschung wiederholt als erklärungskräftig identifiziert werden konnte (vgl. C. van der Eijk/ M. Franklin 1996; M. Marsh 1998; M. Marsh 2005). Darüber hinaus wird an dieser Stelle deutlich, dass parallel stattfindende Kommunal- oder Landtagswahlen in

---

13 Wir begrenzen die Modellierung auf Aggregatdaten. Hier und nachfolgend (vgl. Kapitel 5.3) wurde zunächst auch der quadrierte Wahlzyklus als Variable berücksichtigt, blieb jedoch insignifikant. Zu Erklärungen mit Hilfe von Individualdaten vgl. H. Schmitt 2005, M. Marsh 2005 sowie B. Kornelius/D. Roth 2005.

Deutschland am wichtigsten für die Erklärung der beträchtlichen Wahlbeteiligungsunterschiede auf Länderebene sind.

5.3 Nebenwahlthese und Parteienwahl

Parteien haben nicht nur die Chance, sondern durchaus reale Möglichkeiten in Wahlkämpfen sowohl die Zahl der bekennenden als auch die der potenziellen Nichtwähler (vgl. B. Hoffmann-Jaberg/D. Roth 1994) beachtlich zu reduzieren, wie längerfristige Beobachtungen dieser Gruppen deutlich machen. Dies gilt ohne Zweifel für die Hauptwahl, also die Bundestagswahlebene. Die möglichen Mobilisierungserfolge der Parteien dabei sind sogar beeindruckend (vgl. Abbildung 4). Parteien sind entsprechend der Ergebnisse durch Dauerbeobachtung (Politbarometer) in der Lage, ,Nichtwähleranteile', die in Zeiten starker Kritik gegenüber den Handelnden besonders hoch sind, während Wahlkampfphasen bis zum Zeitpunkt der Wahl zumindest zu halbieren, und dies regelmäßig, während mehrerer Legislaturperioden. Die intensive Auseinandersetzung mit ihrer Klientel, der Versuch, deren Wünsche und Vorstellungen zu ergründen, und die Bereitschaft, sich mit diesen auseinander zu setzen, tragen in der Regel Früchte. Auch das Interesse an Politik steigt in dieser Phase an.

Abbildung 4:   Bekennende und potenzielle Nichtwähleranteile auf die Bundestags-Wahlabsichtsfrage im Politbarometer 1991-2004 (in Prozent)

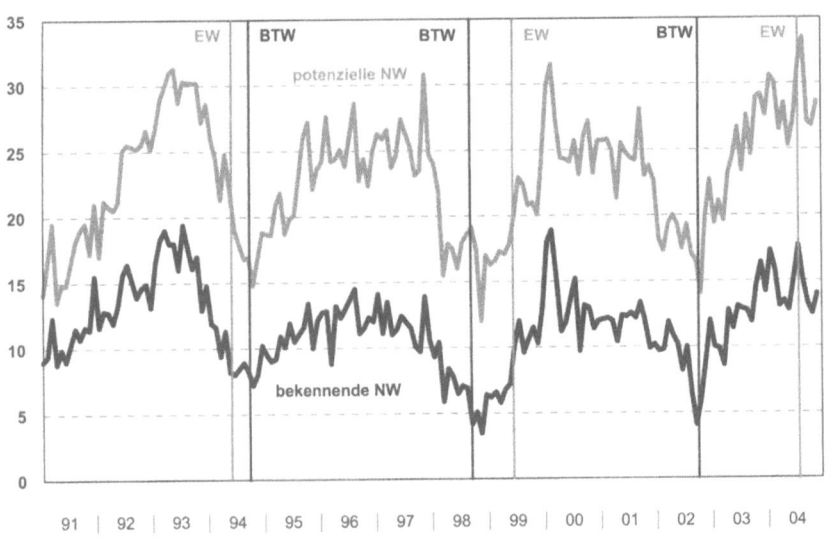

Was aber passiert auf der Europaebene? Aus Abbildung 4 lassen sich vom Hauptwahlzyklus unabhängige Mobilisierungserfolge der Parteien nur ansatzweise und dann eher als Nachwahleffekt feststellen. Das hat damit zu tun, dass Europawahlwahlkämpfe von Seiten der Parteien auf Sparflamme gefahren werden (vgl. den Beitrag von J. Tenscher in diesem Band). Dies ist ein wesentlicher Unterschied zur Bundesebene. Der allgemeine Informationsstand über Europa und die Europawahl wächst zwar aufgrund von Medienkampagnen im Zeitraum der letzten Monate vor dem Urnengang vorübergehend an. Auch die Bereitschaft, zur Wahl zu gehen, nimmt zu, aber es handelt sich offenbar um sehr unverbindliche Äußerungen der Wahlberechtigten.

Im April 2004 (17. Woche) gaben 49 Prozent der Befragten des Politbarometer an, „auf jeden Fall" zur Wahl zu gehen, im Mai (22. Woche) waren es 60 Prozent, die diese Absicht bekundeten, und in der Woche vor der Europawahl sogar 66 Prozent. Auf die weitere Frage, welche Partei man wählen wolle, gaben im April und Mai jeweils 36 Prozent an, dies nicht zu wissen bzw. gar nicht wählen gehen zu wollen. In der Woche vor der Wahl war diese Gruppe leicht größer geworden (38 Prozent). Die Verteilung der Wahlabsichten auf die Parteien zeigten Größenordnungen, die nicht gänzlich falsch waren (Union etwa doppelt so stark wie die *SPD*, die *Grünen* im unteren zweistelligen Bereich, *FDP* und *PDS* sehr stark um die 5 Prozent-Hürde schwankend), aber keinesfalls lagen diese Ergebnisse sehr nahe am endgültigen Ergebnis oder im Fehlerbereich einer repräsentativen Umfrage. Wie sollten sie auch, denn die Größe des Wahlkörpers kann zu keinem Zeitpunkt richtig erfasst werden und damit auch nicht die Wahlabsicht für die Parteien.

Die Frage nach der Beteiligung bei der Wahl hat bekanntermaßen hohen Aufforderungscharakter. Anders ausgedrückt: Die soziale Erwünschtheit des Verhaltens (der Beteiligung) ist hoch und durch Normen verfestigt, aber das Interesse an der Wahl ist gering, weil die Wahlebene als nicht sehr wichtig eingestuft wird. In diesem Zwiespalt geht der Befragte den leichten Weg, da er im Interview keiner sozialen Kontrolle unterliegt. Er bekundet eher Teilnahme, ohne eine tatsächliche Teilnahmeabsicht zu haben. Das Verhalten liegt ohnehin in der Zukunft und es könnten noch Umstände eintreten, die ihn zu einer Änderung seiner Absicht zwingen könnten. Der Analytiker muss versuchen, über Kontrollfragen diejenigen aus der überhöhten Zahl der ‚Teilnehmer' zu eliminieren, die mit größerer Wahrscheinlichkeit nicht zur Wahl gehen werden. Diese Vorgehensweise wird versucht, ist aber naturgemäß mit vielen Unsicherheiten behaftet. Es bleibt, dass mit den ‚weichen' Daten der Umfrage Wahlbeteiligungen und Wahlabsichten nicht in der erforderlichen Genauigkeit erfasst oder nur unter Heranziehen weiterer (Kontroll-) Daten zur Voraussage benutzt werden können.

Warum aber ist diese Europaebene für die Wahlforschung so anders? Da die regierungsbildende Funktion der Wahl bei den Europawahlen wegfällt, können Parteien und Politiker keine – oder zumindest weniger deutliche – Absichten über zukünftiges Handeln formulieren. Sie sind weniger überzeugend, weil sie nicht an gelerntes Wissen über den Ablauf und die Funktion der Wahl anknüpfen können. Sie behandeln zwangsläufig andere Themen, weil auf der anderen Ebene andere Entscheidungen zu treffen sind, deren Komplexität zwar keinesfalls geringer ist als die auf der nationalen, der Hauptebene, aber als weniger wichtig perzipiert werden. Sie treten zumindest teilweise mit anderem Personal in Wahlkämpfen an; die Bewerber um die Sitze im Parlament sind in der Regel weniger bekannt. Die Akteure spielen demzufolge nicht in den gleichen Arenen, die Stadien sind deutlich kleiner, die Zuschauer deutlich voneinander abgegrenzt und weniger begeistert. Die Parteien und Politiker haben deshalb keinesfalls die gleichen Möglichkeiten zu mobilisieren wie auf den nationalen Ebenen. Selbst wenn die Parteien versuchen – in der Regel tun dies die Oppositionsparteien (vgl. Wahlspot-Inhalt der *CDU*, Kapitel 4.2) –, Themen der Hauptebene in den Vordergrund des Wahlkampfs zu stellen und die Wahl zu einer (Zwischen-)Abstimmung für die Regierung auf nationaler Ebene zu machen, bleibt eine hohe Glaubwürdigkeitslücke bei vielen Wählern, denn die Wichtigkeitsentscheidung über die Europawahl wurde von den meisten längst getroffen. Die Durchsichtigkeit der Argumente und deren Fehlallokation werden in der Regel erkannt. Wahlbeteiligungssteigernd kann eine solche Vorgehensweise deshalb nicht wirken. Sie kann aber helfen, den Wählern überhaupt eine Problemebene für ihre Entscheidung anzubieten. Die Opposition sieht hier regelmäßig eine Chance, der Regierung eine verfehlte Politik nachzuweisen und ihr damit Wähler abzujagen. Dies gilt über Deutschland hinaus und generell bei Europawahlen.

Für 51 Prozent der Urnengänger am 13.6.2004 war bei ihrer Entscheidung die Bundespolitik wichtiger als die europapolitischen Vorstellungen oder Vorgehensweisen der Parteien. Überdurchschnittlich viele waren das bei der *CDU/CSU* (58 Prozent) und der *PDS* (66 Prozent), unterdurchschnittlich viele (42 Prozent) bei der *SPD* und vergleichsweise wenige bei den *Grünen* (28 Prozent). Die *FDP*-Wähler wichen kaum vom Durchschnitt ab. Die Bundespolitik war also von hoher Relevanz.

Die politische Stimmung zum Zeitpunkt der Wahl war für die Regierung, vor allem aber für die *SPD* als der größeren Regierungspartei, denkbar schlecht. Anderthalb Jahre nach einer knapp gewonnenen Bundestagswahl sind die Chancen für eine Regierungspartei, gut dazustehen, ohnehin äußerst gering (vgl. H. Schmitt/K. Reif 2003). Der Grund dafür ist, dass die für die Bevölkerung unangenehmen Entscheidungen bis zu diesem Zeitpunkt im Wesentlichen getroffen sein müssen. Das schlechte Ansehen der Regierung wurde aber noch verstärkt durch die schlechte Beurteilung der Wirtschaftslage und die niedrige Lösungskompetenz der Regierung bei ökonomischen Problemen durch die Wahlberechtigten. Hinzu kam die anhaltende Reformdiskussion um soziale Sicherungssysteme, deren Notwendigkeit mehrheitlich gesehen wurde, deren Konsequenzen aber für viele inakzeptabel erschienen. Die Kritik der unterschiedlichen Interessengruppen war laut; auch solcher, die den Regierungsparteien in der Vergangenheit eher nahe standen, wie z.B. ein Großteil der Gewerkschaften. Im Vergleich zur Vorwahlsituation 1999 lag die *SPD* 2004 ungleich schlechter im Rennen. Die Sicherheitsthemen, mit denen die Wähler mobilisiert werden sollten, blieben unklar bis unverständlich, auch weil unmittelbare Zusammenhänge zur Wahl nicht hergestellt werden konnten.

Die Verluste der Regierungsparteien sind stark wahlzyklusbedingt und können erstaunlich gut mit nur drei Variablen vorhergesagt werden. Wie Tabelle 7 zu entnehmen ist, spielen hierbei neben dem formalen Wahlzyklus auch die Regierungs- und Oppositionsbewertungen (realer Wahlzyklus) sowie die Anzahl der Legislaturperioden, die eine Regierung bereits im Amt ist (Regierungs-Abnutzung) eine Rolle (vgl. hierzu T. Gschwend/H. Norpoth 2001: 481). Zieht man nur eine Variable zur statistischen Erklärung der Regierungsverluste heran, dann ist die Anzahl der Legislaturperioden am erklärungskräftigsten. Pro Legislaturperiode verliert eine Regierung dann knapp vier Prozentpunkte.

Tabelle 7: Regressionsmodelle (ohne Konstante) zur Erklärung der Regierungsverluste auf Bundesebene bei Europawahlen (Aggregat- und aggregierte Daten; N=6)

Modelle/UV[+]	B	SF	β	$R^2_{adj.}$
Diff. Reg.-/CDU-Opp.-Bewertung	9,042	3,541	,752	,479
Legislaturperiode	*-3,921	1,031	-,826	,692
Kombi-Modell				
Diff. Reg.-/CDU-Opp.-Bew.	**8,596	,768	,715	
Legislaturperiode	**-2,266	,276	-,498	
Wahlzyklus	*-,115	,029	-,263	,992

[+] Variablenbeschreibung unter Tabelle 6.
* p < ,05; ** p < ,01; *** p < ,001.

In der Kombination mit der Differenz zwischen Regierungs- und Oppositionsbewertung sowie dem formalen Wahlzyklus (ohne tatsächliche Bewertung) nähert man sich den tatsächlichen Verlusten sehr gut an (vgl. Abbildung 5). Dabei zeigt die Zyklus-Variable: Je näher eine Europawahl hinter einer Bundestagswahl liegt, desto mehr gewinnt die Regierung (Bestätigungseffekt), während umgekehrt die Opposition zwischen der Mitte der Legislaturperiode und der nächsten Bundestagswahl hinzugewinnt; in der Mitte der Legislaturperiode spielt diese Variable im Zusammenspiel mit den beiden anderen keine Rolle.

Abbildung 5: Tatsächliche und modellierte Regierungsverluste (Kombi-Modell) bei Europawahlen in Deutschland 1979-2004 (N=6)

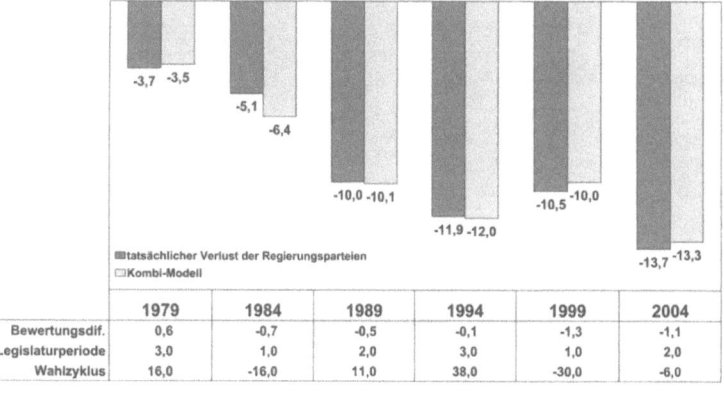

	1979	1984	1989	1994	1999	2004
Bewertungsdif.	0,6	-0,7	-0,5	-0,1	-1,3	-1,1
Legislaturperiode	3,0	1,0	2,0	3,0	1,0	2,0
Wahlzyklus	16,0	-16,0	11,0	38,0	-30,0	-6,0

Je Legislaturperiode, die eine Regierung im Amt ist, kostet sie dies bei einer Europawahl 2,3 Prozentpunkte. Aber – und diese Variable ist im multivariaten Regressionsmodell die erklärungskräftigste – jede Differenz in der Höhe von 0,1 zwischen Regierungs- und Oppositionsbewertung macht auf der +5/–5-Skala 0,86 Prozentpunkte (für oder gegen die Regierung) aus. Das heißt letztlich, dass die Regierung trotz struktureller Nachteile (Abnutzung, evtl. Zyklus), praktischer Erfordernisse ·(Regieren einschließlich unpopulärer Einschnitte) und situativer Imponderabilien (wirtschaftliche und politische Lage) einen erheblichen Teil der drohenden Verluste zumindest theoretisch selbst in der Hand hält. Bei der Europawahl 2004 betrug dieser beeinflussbare Teil immerhin 9,5 der insgesamt 13,3 Prozentpunkte modellierten Verlusts (tatsächlich: 13,7 Prozentpunkte Verlust).

Die Unzufriedenheit mit der führenden Regierungspartei *SPD* hatte nicht nur im flexiblen Wählersegment erhebliche Folgen, sondern auch unter den parteigebundenen Wählern (vgl. Abbildung 6).

Abbildung 6:   Wahlentscheidung der *SPD*-Identifikateure und deren Bewertung
der Regierungsleistung (in Prozent; Mittelwerte auf +5/–5-Skala)

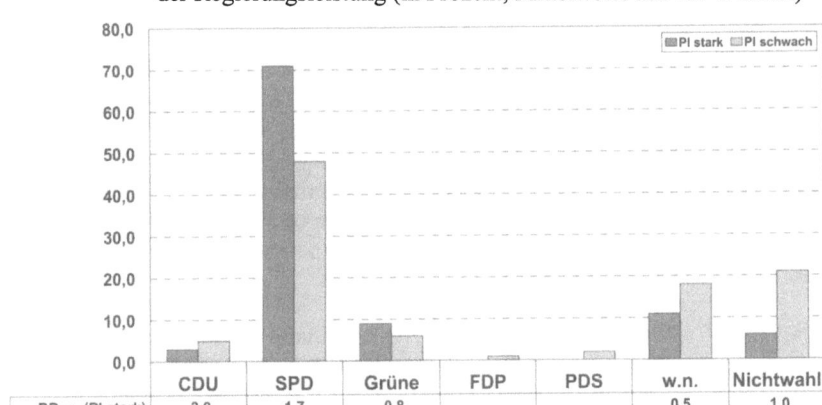

	CDU	SPD	Grüne	FDP	PDS	w.n.	Nichtwahl
BReg. (PI stark)	-2,0	1,7	0,8			0,5	1,0
BReg (PI schwach)	-2,7	1,2	-0,1	0,0	-1,6	1,1	-2,4

Quelle: Blitz-Umfrage der FG Wahlen, 7.-11.6.2004.

Zwar konnte die *SPD* 71 Prozent derer, die in der Blitzumfrage der FGW unmittelbar vor der Wahl sagten, sie neigten der *SPD* auch langfristig stark zu, für sich gewinnen, doch galt dies nur für 48 Prozent derer, die der *SPD* langfristig mäßig oder schwach zuneigten.[14] 39 Prozent der so genannten schwachen *SPD*-Identifikateure hatten vor, entweder nicht zur Wahl zu gehen (21 Prozent) oder sie wollten sich noch nicht festlegen (18 Prozent). Berücksichtigt man darüber hinaus die Bewertung der Regierung in den einzelnen Wähler- bzw. Nichtwählergruppen, dann

---

14 Zum Vergleich: Vor der Bundestagswahl 2002 gaben noch 89 Prozent der starken *SPD*-Identifika-
teure an, *SPD* wählen zu wollen, 6 Prozent die *Grünen*; 80 Prozent der schwachen *SPD*-Identifika-
teure hatten damals ebenfalls vor, *SPD* zu wählen, weitere 11 Prozent die *Grünen*.

liegt der Schluss nahe, dass die schwach an die *SPD* Gebundenen aus Unzufriedenheit über die Regierung vor allem nicht wählten[15] und in geringerem Ausmaß
vorhatten, *CDU, Grüne* oder *PDS* zu wählen.

Die herbe Kritik an der Regierung traf nicht nur die Partei, sondern auch den
Bundeskanzler und andere die Regierung nach außen vertretende Politiker. Das
Ansehen der wichtigsten *SPD*-Politiker war Mitte 2004 auf einem Tiefststand.
Weitgehend verschont blieben Joschka Fischer und die *Grünen*. Ohne Zweifel sind
die *Grünen*-Anhänger die am meisten Europa-orientierten von allen Wählern (vgl.
B. Kornelius/D. Roth 2005). Insofern war der Wahlkampf der *Grünen*, der sich
durch eine europaweit in Teilen identische Wahlkampagne ja deutlich von dem
anderer Parteien unterschied (vgl. den Beitrag von J. Tenscher in diesem Band),
sehr viel stärker auf die Interessen ihrer Klientel zugeschnitten und auch deshalb
erfolgreicher. Aber nicht nur mit den Themen der Partei konnte sich die Anhänger-
schaft der *Grünen* identifizieren, sondern auch mit mehreren grünen Europapolitikern, die im Wahlkampf, allen voran Daniel Cohn-Bendit, sehr sichtbar waren. Das
waren gute Ausgangsbedingungen. Trotzdem sind vor allem strukturelle Bedingungen für die Erfolge der Partei ausschlaggebend geworden. Die Wähler der *Grünen* sind jünger und formal höher gebildet als die Wähler anderer Parteien. Sie sind
besser informiert, stärker interessiert und erkennen eher die zukunftsorientierten
Konstellationen, die mit Europa einhergehen (vgl. B. Kornelius/D. Roth 2005).
Ihre Haltung zu Europa ist deshalb deutlich positiver als diejenige anderer Wähler,
auch im Hinblick auf die EU-Erweiterung, die Verfassung, die Geschwindigkeit
der Entwicklung Europas etc. Hinzu kommt, dass das alte Europawahlergebnis
vergleichsweise schlecht war. Aus dieser Position heraus ließen sich Zuwächse
leichter erreichen, z.T. allerdings, wie gesehen, zu Lasten des Koalitionspartners
SPD.

Wenn strukturelle Gründe maßgeblichen Anteil am Europawahlergebnis haben, dann lohnt sich auch der Blick auf die soziodemographische Zusammensetzung der Wählerschaft insgesamt sowie der Wählerschaften der Parteien im Einzelnen. Dies sollte insbesondere dann aufschlussreich sein, wenn die Europawahl
2004 mit der Bundestagswahl 2002 verglichen wird. Tabelle 8 ist zu entnehmen,
dass die Wähler der Europawahl älter und formal höher gebildet waren als diejenigen der vorangegangenen Bundestagswahl. Hinzu kommt, dass sich weniger Be-
rufstätige und Arbeiter an der Wahl beteiligten und dafür vor allem mehr Rentner
und Beamte. Allein diese veränderte Zusammensetzung der Wählerschaft verbesserte, eingedenk der soziodemographischen Schwerpunkte der Parteien (vgl. z.B.
A. Wüst 2003), die Ausgangslage für *CDU* und *Grüne*, während sich die Ausgangslage für die *SPD* verschlechterte. Hier könnte eingewendet werden, dass ein
erfolgreicher Wahlkampf eben auch eine erfolgreiche Mobilisierung der eigenen
Klientel voraussetzt. Dieser Einwand ist partiell berechtigt; dennoch wird an dieser
Stelle davon ausgegangen, dass darüber hinaus der Charakter (Nebenwahl; vgl.

---

15 Hermann Schmitt (2005) zeigt mit den Daten der Europawahlstudie, dass auf Grundlage der Wahl-
rückerinnerungsfragen 53 Prozent derer, die 2002 die *SPD* gewählt haben, bei der Europawahl
2004 zu Hause geblieben sind. Gleiches trifft nur auf 35 Prozent der Unions- und 34 Prozent der
Grünen-Wähler zu.

Kapitel 5.2) und die Themen der Wahl (Europa; vgl. Kapitel 4) die Beteiligung beeinflussen.

Wenn die Wählerschaften der Parteien im Detail betrachtet werden, dann fällt auf, dass zwei Drittel der *Grünen*-Wähler bei der Europawahl 2004 Abitur mit oder ohne Hochschulabschluss hatten, während die gleichen Gruppen lediglich 54 Prozent ihrer Wähler bei der Bundestagswahl 2002 ausmachten. Die Union profitierte dagegen massiv von der höheren Beteiligung der Deutschen ab 60 Jahren, die bei der Bundestagswahl noch 27 Prozent aller und 31 Prozent der Unionswähler ausmachten, bei der Europawahl 2004 jedoch 33 Prozent aller und 41 Prozent der Wähler von *CDU* und *CSU*. Dass diese Bilanz bei den Rentnern ähnlich ausfällt, überrascht angesichts der großen Überschneidung der über 60-Jährigen mit den Rentnern nicht. Für die *SPD* bedeutete das Fernbleiben vieler Arbeiter von den Wahlurnen herbe Verluste. Gingen 2002 noch 30 Prozent der Arbeiter – ob nun berufstätig, arbeitslos oder bereits im Ruhestand – zu den Urnen und machten damals 34 Prozent der *SPD*-Wählerschaft aus, lagen die entsprechenden Anteile bei der Europawahl 2004 sieben bzw. zehn Prozentpunkte niedriger (vgl. Tabelle 8).

Tabelle 8: Zusammensetzung der Wählerschaften insgesamt sowie von Union und *SPD* bei der BTW 2002 und der EW 2004 (Spaltenprozentwerte)

	BTW 2002			EW 2004			Differenz EW04–BTW02		
Soziodemographie	ges.	SPD	Union	ges.	SPD	Union	ges.	SPD	Union
18 bis 29 Jahre	15	15	13	13	11	11	-2	-4	-2
30 bis 44 Jahre	33	34	30	28	24	24	-5	-10	-6
45 bis 59 Jahre	25	25	26	26	28	24	+1	+3	-2
60 Jahre u. älter	27	26	31	33	38	41	+6	+2	+10
Hauptschule	32	36	34	28	33	33	-4	-3	-1
Realschule	34	33	34	31	29	31	-3	-4	-3
Abitur	17	16	15	17	16	15	0	0	0
Abitur + Hochschule	14	11	12	18	16	15	+4	+5	+3
in Ausbildung	7	7	5	7	6	5	0	-1	0
Arbeitslos	4	5	3	4	4	3	0	-1	0
Berufstätig	55	53	54	49	45	46	-6	-8	-8
im Ruhestand	23	23	25	28	31	33	+5	+8	+8
Arbeiter	30	34	29	23	24	23	-7	-10	-6
Angestellte	42	45	39	43	46	40	+1	+1	+1
Beamte	7	6	8	9	9	9	+2	+3	+1
Selbstständige	9	5	12	10	6	12	+1	+1	0
Landwirte	2	1	4	2	1	3	0	0	-1

Quelle: exit polls der FGW; rundungsbedingte Summenabweichungen möglich.

Obwohl die Voraussetzungen für ein gutes Abschneiden der Regierung bei der Europawahl 2004 alles andere als vorteilhaft gewesen sind, war die Union nicht in der Lage, in größerem Ausmaß davon zu profitieren. Das lag zum einen daran, dass sie sich europapolitisch nur beim Türkei- bzw. EU-Erweiterungsthema von *SPD* und *Grünen* absetzte. Eine europapolitische Themenarmut zeigte sich auch bei den Wahlwerbespots (vgl. Kapitel 4.2). Eine Interessenvertretung in Europa konnte sie jedenfalls nur für eine geringe Anzahl von Wählern in Anspruch nehmen (28 Prozent). Sie hatte damit trotz eines rechnerisch großen Stimmenvorsprungs vor den Regierungsparteien letztlich keinen Kompetenzvorsprung vor diesen. Auch auf der von der Union bevorzugten Ebene der Auseinandersetzung mit der Regierung, der Hauptwahlebene, war ihre Leistungsbeurteilung durch die Wähler bescheiden, so dass sie keinesfalls von diesen als Alternative betrachtet wurde. Letztlich konnte sie auch ihre strukturell besseren Mobilisierungschancen als konservative Kraft nur teilweise nutzen. Das Ergebnis der Union wurde zwar von ihr am Abend der Wahl als großer Sieg gefeiert, auf den zweiten Blick kamen ihre Analysten aber eher ins Grübeln.

Dagegen war die *FDP* und ihre Parteiführung mit dem Erfolg und sich selbst sehr zufrieden. Das positive Ergebnis ist teilweise auf die geringe Wahlbeteiligung zurückzuführen, aber auch von hoher Unsicherheit geprägt, wie die genauere Analyse der *FDP*-Wählerschaft (vgl. B. Kornelius/D. Roth 2005) zeigt. Aber immerhin gelang es der *FDP* nach zehn Jahren Zwangspause, wieder ins Europäische Parlament einzuziehen. Sie hat nun die Chance mit einer jungen Frontfrau, die große Beachtung in den Medien findet, ihre nicht gerade überzeugten Wähler an sich zu binden. Was Themen und Erwartungen angeht, unterscheiden diese sich bei den *FDP*-Wählern nicht besonders von denen der Union. Konkurrenz findet sich deshalb wahrscheinlich eher rechts von der Mitte.

Für die mit der *FDP* gleichstarke *PDS* (6,1 Prozent) war die Europawahl die Gelegenheit, eine Funktion erfolgreich zu übernehmen, die ihr auch auf anderen Wahlebenen gute Ergebnisse beschert. Sie hatte zwar aus der Sicht der Wähler (auch der eigenen) keinerlei Problemlösungskompetenz, wohl aber die Fähigkeit, Unzufriedenheit und Unwillen zu kanalisieren und zu artikulieren. Diese Ventilfunktion erfüllte die *PDS* und konnte sie in Stimmen umsetzen, weil durch die gleichzeitig stattfindenden Kommunalwahlen in drei Ost-Ländern ihre dortige Stärke auf der untersten Wahlebene mobilisierend wirkte (vgl. den Beitrag von D. Schneider/P. Rössler in diesem Band). Allerdings konnte sie nur dort als Anwalt der durch den Umbau der sozialen Sicherheitssysteme Geschädigten auftreten, wo sie selbst nicht in der Verantwortung steht. In Mecklenburg-Vorpommern, wo sie auf Landesebene mitregiert, verlor die *PDS* jedoch (2,6 Prozentpunkte).

Klein- und Kleinstparteien hatten mit einem Plus von 4,5 Prozentpunkten einen beachtenswerten Zugewinn, im Osten waren es sogar 6 Prozentpunkte mehr als 1999. 18 Parteien teilten sich einen Anteil von 9,8 Prozent bundesweit, darunter erreichten die extreme Rechte (*Republikaner* 1,9 Prozent, *NPD* 0,9 Prozent und 'Deutschland' 0,5 Prozent) insgesamt 3,3 Prozent. Einige spektakuläre Ergebnisse für Rechtsaußen gab es vor allem im Osten Deutschlands. Dass dies kein einmaliger Spuk war, verdeutlichten die Erfolge der *NPD* in Sachsen und die der *DVU* in

Brandenburg bei den Landtagswahlen im September 2004. Auch hier reagierten Wähler in einer für etablierte Parteien schmerzlichen Form: Sie stärkten die Ränder des Parteienspektrums. In der Regel ist dies eine (Ver-)Warnung, aber die Gefahr einer Wiederholung ist bei anhaltenden wirtschafts- und sozialpolitischen Problemen durchaus gegeben. Nebenwahlen waren immer schon geeignete Anlässe für politischen Protest (vgl. T. Faas/A. Wüst 2002: 5).

6   Resümee

Ausgangspunkt des vorliegenden Beitrags war die provokante Feststellung, Europawahlen seien für Parteien, Politiker, Bürger und für die Wahlsoziologie vor allem Pflichtübungen. Natürlich ließen sich allerhand Belege für diese These finden. Doch gab es auch andere Ergebnisse. So ließ sich zeigen, dass die Parteien sich auch mit Europa und europapolitischen Themen beschäftigten. Sie taten dies in ihren Wahlprogrammen ausgeprägter als in ihren Fernsehspots. Letztere dienten vor allem *CDU* und *FDP* zur Abrechnung mit der Regierung. Damit instrumentalisierten sie eine Nebenwahl (Europa) zur Auseinandersetzung auf der Hauptwahlebene (Bund).

Für die Bürger spielt die Europawahl generell (und auch 2004) im Vergleich zur Bundestagswahl eine nachweislich unwichtigere Rolle, weil es schlichtweg um weniger geht. Die Medien scheinen dies auch so zu sehen (vgl. den Beitrag von F. Brettschneider/M. Rettich in diesem Band). Doch sind die Bürger Europa gegenüber alles andere als indifferent. Sie akzeptieren die EU, ihre Institutionen und wünschen sich auf und von der europäischen Politikebene mehr Problemlösungen. Vor allem aufgrund des Demokratiedefizits sind die Bürger aber auch kritisch, und damit im besten Sinne demokratisch.

Die Wahlbeteiligung ist aufgrund des Nebenwahlcharakters zwar niedrig und nimmt aufgrund des festgestellten Trends wahrscheinlich auch bei der nächsten Europawahl weiter ab (obwohl es eine Art „natürliche Grenze" des Beteiligungsrückgangs gibt), doch auch wahlbeteiligungssteigernde Faktoren konnten identifiziert werden. Parallele Wahlen auf kommunaler oder Landesebene befördern die Wahlbeteiligung am stärksten (rund 19 Prozentpunkte auf Länderebene). Daneben spielt der Wahlzyklus eine wichtige Rolle: Je näher eine Europawahl vor eine Bundestagswahl rückt, desto positiver wirkt sich dies aufgrund des Testwahlcharakters auf die Wahlbeteiligung aus. Wünscht man sich höhere Beteiligungsraten bei Europawahlen, sollte man demnach zwar einerseits Europa stärker thematisieren und europapolitische Themen intensiver diskutieren, aber andererseits ganz pragmatisch die Wahl mit anderen Wahlen niedriger Ordnung (z.B. Kommunalwahlen) bündeln. Dadurch erhöht man zumindest die Chance, dass sich die Bürger intensiver mit der Europawahl auseinander setzen. Vor eine Bundestagswahl kann die Europawahl jedoch nicht gelegt werden, denn die Wahltermine werden unabhängig voneinander und auf verschiedenen Entscheidungsebenen bestimmt.

Abschließend rückten die Ergebnisse der Parteien bei der Europawahl 2004 in den Fokus der Betrachtung. Ausgehend von der Problematik, Umfrageergebnisse vor einer Nebenwahl zu Schätzungen über die Wahlbeteiligung und das Wahlergebnis zu nutzen, musste erneut der Hauptwahlebene ein wesentlicher Einfluss auf die Parteienwahl zugeschrieben werden. Jede Regierung nutzt sich ab: Hierfür und für unpopuläre politische Entscheidungen inmitten des Hauptwahlzyklus' erhält sie von den Bürgern gerne bei einer Nebenwahl die Quittung. Es reicht dann schon aus, dass viele Anhänger der großen Regierungspartei (2004: *SPD*) nicht zur Wahl gehen, damit die Oppositionsparteien (2004: *CDU/CSU* und *FDP*) erfolgreich sein können. Demgegenüber hat die Regierung die Möglichkeit, die Verluste durch eine im Vergleich zur Opposition positive Leistungsbilanz entscheidend zu begrenzen. Dies wird ihr am Ende einer Legislaturperiode bei vergleichsweise hoher Wahlbeteiligung besser gelingen als zwei Jahre nach und vor einer Bundestagswahl. Die nächste Europawahl (2009) wird voraussichtlich wieder wenige Monate vor einer Bundestagswahl stattfinden, sodass diese Wahl dann – wie 1994 – stärkeren Testwahlcharakter als die letzten beiden Europawahlen hätte. Bei einer nationalen Testwahl spielen Nebenwahlaspekte schließlich eine geringere Rolle.

7 Literatur

Bayerische Landeszentrale für politische Bildungsarbeit (Hrsg.) (2003): Parteien und Wahlen in Deutschland. München: Bayerische Landeszentrale.

Beyme, Klaus von (Hrsg.) (2004[10]): Das politische System der Bundesrepublik Deutschland. Eine Einführung. Wiesbaden: Westdeutscher Verlag.

Binder, Tanja/Wüst, Andreas M. (2004): Inhalte der Europawahlprogramme deutscher Parteien 1979-1999. In: Aus Politik und Zeitgeschichte. 7. 38-45.

Brettschneider, Frank/Deth, Jan van/Roller, Edeltraud (Hrsg.) (2003): Europäische Integration in der öffentlichen Meinung. Opladen: Leske + Budrich.

Budge, Ian/Klingemann, Hans-Dieter/Volkens, Andrea/Bara, Judith/Tanenbaum, Eric (Hrsg.) (2001): Mapping Policy Preferences. Oxford: Oxford University Press.

Bürklin, Wilhelm/Roth, Dieter (Hrsg.) (1994): Das Superwahljahr. Deutschland vor unkalkulierbaren Regierungsmehrheiten? Köln: Bund.

Dalton, Russel J. (2002[3]) (Hrsg.): Citizen Politics. Public Opinion and Polititical Parties in Advanced Industrial Democracies. New York: Seven Bridges Press.

De Winter, Lieven/Swyngedouw, Marc (1999): The Scope of EU Government. In: Schmitt/ Thomassen (1999): 47-73.

Franklin, Mark/Cees van der Eijk/Erik Oppenhuis (1996): The Institutional Context: Turnout. In: van der Eijk/Franklin (1996): 306-331.

Faas, Thorsten/Wüst, Andreas M. (2002): The Schill Factor in the Hamburg State Election 2001. In: German Politics 11. 2. 1-20.

Falter, Jürgen W./Gabriel, Oscar/Wessels, Bernhard (Hrsg.) (2005): Wahlen und Wähler. Analysen aus Anlass der Bundestagswahl 2002. Wiesbaden: VS-Verlag.

Forschungsgruppe Wahlen (FGW) (2004): Europawahl. Eine Analyse der Wahl vom 13. Juni 2004 (Berichte der FGW e.V., Mannheim, Nr. 115). Mannheim: FGW.

Gschwend, Thomas/Norpoth, Helmut (2001): „Wenn am nächsten Sonntag...". Ein Prognosemodell für Bundestagswahlen. In: Klingemann/Kaase (2001): 473-499.

Hoffmann-Jaberg, Birgit/Roth, Dieter (1994): Die Nichtwähler. Politische Normalität oder wachsende Distanz zu den Parteien? In: Bürklin/Roth (1994): 132-159.

Jennings, M. Kent/Mann, Thomas E. (Hrsg.) (1994): Elections at Home and Abroad. Ann Arbor: University of Michigan Press.

Klingemann, Hans-Dieter/Kaase, Max (Hrsg.) (2001): Wahlen und Wähler. Analysen aus Anlaß der Bundestagswahl 1998. Wiesbaden: Westdeutscher Verlag.

Kornelius, Bernhard/Roth, Dieter (2005): Europawahl in Deutschland. Kein Testlauf für 2006. In: Niedermayer/Schmitt (2005): 94-123.

Lösche, Peter/von Loeffelholz, Hans-Dietrich (Hrsg.) (2004): Länderbericht USA. Bonn: Bundeszentrale für politische Bildung.

Marsh, Michael (1998): Testing the Second-Order Election Model after Four European Elections. In: British Journal of Political Science 28. 591-607.

Marsh, Michael (2005): The Results of the 2004 European Parliament Elections and the Second-Order Model. In: Niedermayer/Schmitt (2005): 142-158.

Miller, Warren E./Pierce, Roy/Holmberg, Sören/Thomassen, Jacques (Hrsg.) (1999): Policy Representation in Western Democracies. Oxford: Oxford University Press.

Müller, Marion G. (2002): Parteienwerbung im Bundestagswahlkampf 2002. In: Media Perspektiven. 12. 629-638.

Niedermayer, Oskar (Hrsg.) (2001): Bürger und Politik. Politische Orientierungen und Verhaltensweisen der Deutschen. Eine Einführung. Wiesbaden: Westdeutscher Verlag.

Niedermayer, Oskar/Schmitt, Hermann (Hrsg.) (1994): Wahlen und europäische Einigung. Opladen: Westdeutscher Verlag.

Niedermayer, Oskar/Schmitt, Hermann (Hrsg.) (2005): Europawahl 2004. Wiesbaden: VS-Verlag.

Patzelt, Werner J. (Hrsg.) (1993): Abgeordnete und Repräsentation: Amtsverständnis und Wahlkreisarbeit. Passau: Rothe.

Pierce, Roy (1999): Mass–Elite Issue Linkages and the Responsible Party Model of Representation. In: Miller et al. (1999): 9-32.

Reif, Karlheinz/Schmitt, Hermann (1980): Nine Second-Order National Elections. A Conceptual Framework for the Analysis of European Election Results. In: European Journal of Political Research. 8. 3-44.

Reif, Karlheinz (Hrsg.) (1985): Ten European Elections. Aldershot: Gower.

Rettich, Markus (2004): EU-Wahlen gibt es nicht. In: Politik & Kommunikation. 4. 42-43.

Roth, Dieter (1994): Die Europawahl 1989. In: Niedermayer/Schmitt (1994): 47-62.

Roth, Dieter/Kornelius, Bernhard (2004): Europa und die Deutschen. Die untypische Wahl am 13. Juni 2004. In: Aus Politik und Zeitgeschichte. 17. 46-54.

Schmitt, Hermann (1994): Was war „europäisch" am Wahlverhalten der Deutschen? Eine Analyse der Europawahl in der Bundesrepublik. In: Niedermayer/Schmitt (1994): 63-83.

Schmitt, Hermann (2005): Die Beteiligung der Deutschen an der Europawahl 2004. In: Niedermayer/Schmitt (2005): 124-141.

Schmitt, Hermann/Jacques Thomassen (1999): Distinctiveness and Cohesion of Parties. In: dies. (1999): 111-128.

Schmitt, Hermann/Reif, Karlheinz (2003): Der Hauptwahlzyklus und die Ergebnisse von Nebenwahlen. Konzeptuelle und empirische Rekonstruktionen am Beispiel der Europawahlen im Wahlzyklus der Bundesrepublik. In: Wüst (2003): 239-254.

Schmitt, Hermann/Thomassen, Jacques (Hrsg.) (1999): Political Representation and Legitimacy in the European Union. Oxford: Oxford University Press.

Tenscher, Jens (2005): Bundestagswahlkampf 2002 – Zwischen strategischem Kalkül und der Inszenierung des Zufalls. In: Falter et al. (2005): 102-133.

Thomassen, Jacques (1994): Empirical Research into Political Representation: Failing Democracy or Failing Models? In: Jennings/Mann (1994): 237-264.

Thomassen, Jacques (2000): From Comparable to Comparative Electoral Research. In: van Deth et al. (2000): 17-31.

van der Eijk, Cees/van der Brug, Wouter (Hrsg.) (2005): Voting in European Parliament Elections. Lessons from the Past and Scenarios for the Future. Notre Dame: University of Notre Dame Press (i.D.).

van der Eijk, Cees/Franklin, Mark N. (1996): Choosing Europe? The European Electorate and National Politics in the Face of Union. Ann Arbor: University of Michigan Press.

van Deth, Jan/Rattinger, Hans/Roller, Edeltraud (Hrsg.) (2000): Die Republik auf dem Weg zur Normalität? Opladen: Leske + Budrich.

Wasser, Hartmut/Eilfort, Michael (2004): Politische Parteien und Wahlen. In: Lösche/von Loeffelholz (2004): 319-352.

Wüst, Andreas M. (2002): Wie wählen Neubürger? Politische Einstellungen und Wahlverhalten eingebürgerter Personen in Deutschland. Opladen: Leske + Budrich.

Wüst, Andreas M. (2003): Wahlverhalten in Theorie und Praxis. Die Bundestagswahlen 1998 und 2002. In: Bayerische Landeszentrale für politische Bildungsarbeit (2003): 90-117.

Wüst, Andreas M. (2005): Deutsche Parteien und Europawahlen. Programmatische Schwerpunkte 1979-2004. In: Niedermayer/Schmitt (2005): 77-95.

Wüst, Andreas M. (Hrsg.) (2003): Politbarometer. Opladen: Leske + Budrich.

Wüst, Andreas M./Schmitt, Hermann (2005): Comparing the Views of Parties And Voters in the 1999 Election to the European Parliament. In: van der Eijk/van der Brug (2005): i.D.

Wüst, Andreas M./Stöver, Philip (2005): Die Wahlsysteme einzelner Länder zur Wahl des Europäischen Parlaments. In: Niedermayer/Schmitt (2005): 169-171.

Wüst, Andreas M./Volkens, Andrea (2003): Euromanifesto Coding Instructions. MZES Working Paper 64. Mannheim.

Europawahlen, Wählermobilisierung und europäische Integration

Bernhard Weßels

1 Einleitung

Die Europawahlen des Jahres 2004 markieren nach den Systemwechseln in Mittel- und Osteuropa 1989/90 einen zweiten besonderen Schnittpunkt in der europäischen Nachkriegsgeschichte. Der Zusammenbruch des Staatssozialismus bedeutete den Fall des so genannten Eisernen Vorhangs, die Auflösung einer im wesentlichen durch den Ost-West-Konflikt bipolar organisierten Welt der Staaten durch die Etablierung demokratischer politischer Systeme. Herausragendes Kennzeichen dieses historischen Schnittpunkts und Systemwechsels waren die „Founding Elections", die ersten freien Wahlen nach der Wende. Die Europawahlen 2004 bedeuten nach der Erweiterung der Europäischen Union um acht der neuen Demokratien sowie Malta und Zyperns den in mehrfacher Hinsicht bemerkenswerten zweiten Schnittpunkt europäischer Nachkriegsgeschichte und der Geschichte der Europäischen Union. Neben der Tatsache, dass diesen Wahlen die an der Zahl neuer Mitglieder gemessen größte Erweiterung der EU voranging, war es die erste *gemeinsame* Möglichkeit der Bürger, ihren politischen Willen zu bekunden und zu bestimmen, wer ihre Repräsentanten auf der europäischen Ebene sein sollten. Mit diesen Wahlen sind die acht Nationen Mittel- und Osteuropas über die Gemeinsamkeit, zur Gemeinschaft demokratischer Länder zu gehören, hinaus Mitglieder einer politischen Gemeinschaft der EU geworden. Die Europawahlen 2004 waren in diesem Sinne die „Founding Elections" eines gemeinsamen politischen Europas.

Trotz dieser hohen symbolischen und politischen Bedeutung für die Zukunft der Europäischen Union als eines sich ständig weiterentwickelnden gemeinsamen politischen Systems haben die Europawahlen weniger Bürger mobilisieren können als alle Europawahlen bisher. Der sich in der Wahlbeteiligung ausdrückende symbolische Akt der Selbstzurechnung zu einem politischen Gemeinwesen hat nicht in dem Maße stattgefunden, wie aufgrund der Besonderheit dieser Wahlen zu erwarten gewesen wäre. Nicht nur lag die Wahlbeteiligung in den alten Mitgliedsländern unter der der vorherigen Wahlen zum Europäischen Parlament, sondern sie war in den neu hinzugekommenen Ländern im Durchschnitt nochmals deutlich niedriger.

Vor diesem Hintergrund soll hier der Frage nachgegangen werden, was diese Ausgangslage für die Perspektive der europäischen Einigung bedeutet. Immerhin handelte es sich um die erste Möglichkeit in der erweiterten Union für die in einem demokratischen Europa als Souverän zu denkenden Völker, ihre Repräsentanten zu bestimmen. Die Europawahlen 2004 stellen in diesem Sinne einen besonderen Kristallisationskern dar. Nicht nur können diese ersten Europawahlen in der erweiterten Union als besonderer Schnittpunkt im Nachkriegseuropa begriffen werden. Sie sind auch als die Phase zu vermuten, in der in der erweiterten Union die gemeinsame Polity durch Wahlkampf und Mobilisierung am stärksten in den politischen Vordergrund gerückt wurde.

Damit stellt sich implizit eine Frage, der hier ausdrücklich nachgegangen werden soll: Welche Bedeutung haben die Mobilisierungsprozesse bei der Europawahl 2004 für die Wahlbeteiligung im engeren und für die Einstellungen zur Europäischen Union sowie die Ausbildung einer politischen Gemeinschaft im weiteren Sinne? Diese Frage knüpft an die Diskussion über die Rolle einer europäischen Öffentlichkeit an, die verschiedentlich von wissenschaftlicher wie auch von politischer Seite als unabdingbar für die Demokratie in der EU angesehen wird. So heißt es z.b. in einem Papier des Planungsstabes im Auswärtigen Amt: Öffentlichkeit „bildet den Kitt für jede zukunftsfähige politische Ordnung. Ohne ein Mindestmaß an politischer Öffentlichkeit kann sich auch die EU nicht weiterentwickeln" (Auswärtiges Amt 2002).

Öffentlichkeit stellt sich nicht von alleine her. Sie ist ein Kommunikationsforum, das dreier Klassen von Akteuren bedarf: der Sprecher oder Quellen als Urheber bestimmter Themen und Informationen; der Vermittler oder Medien, die die Themen und Informationen aufgreifen und weitervermitteln, und schließlich des Publikums, an das Themen und Informationen vermittelt werden (vgl. F. Neidhardt/R. Koopmans/B. Pfetsch 2000).

Wahlkämpfe sind der ideale Anlass, Öffentlichkeit herzustellen. Situationsgemäß naturwüchsig ergibt sich die Rolle der Sprecher für die Parteiführungen und Kandidaten und die Rolle der Vermittler für die Parteien als kollektive Akteure, die die Wahlkämpfe tragen, und selbstverständlich für die Massenmedien. Das Publikum ist aufgerufen, Sprecher aufmerksam zu beobachten und Vermittlungs- bzw. Informationsangebote wahrzunehmen, um jeweils individuell als kompetenter Bürger eine vernünftige Auswahl aus dem politischen Angebot zu treffen. Allerdings ist dem Publikum – soll es denn als kompetente Staatsbürgerschaft agieren – mehr zuzumuten, als die Versammlung auf den Galerien (vgl. F. Neidhardt/R. Koopmans/B. Pfetsch 2000), um die Sprecher zu beobachten – es kann selbst aktiver Informationssucher sein.

Diesen drei Aspekten von Mobilisierung von Öffentlichkeit während des Wahlkampfes zu den Europawahlen 2004 soll hier nachgegangen und gefragt werden, welchen Beitrag die Wahlkampfaktivitäten von Politikern und Parteien, die Vermittlungsleistung der Massenmedien, und die Informationssuche der Bürger für die Wahlbeteiligung und die Orientierungen der Bürger gegenüber der Europäischen Union gehabt haben. Dabei wird auch zu prüfen sein, ob für die geringe Beteiligung bei diesen besonderen, als „Founding Elections" eines gemeinsamen politischen Europas anzusehenden Wahlen Öffentlichkeits- und Mobilisierungsdefizite verantwortlich gemacht werden können. Dazu werden Wahlen und Wahlkämpfe in einem ersten Schritt kurz demokratietheoretisch hinsichtlich ihrer Funktion über die bloße Zuweisung von Macht auf Zeit hinaus betrachtet. In einem zweiten Schritt werden die drei Dimensionen von Öffentlichkeitsgenerierung – massenmediale Berichterstattung, Wahlkampfaktivitäten von Politikern und Parteien, *Information Seeking* der Bürger – darauf hin untersucht, wie viele Bürger diese Prozesse erreicht haben. In einem dritten Schritt wird eine Bestandsaufnahme der Wahlbeteiligung und zentraler, auf Europa bezogener Einstellungen vorgenommen. Letztlich werden die Effekte der drei Dimensionen von Öffentlichkeitsgenerierung hinsichtlich ihrer Effekte auf europapolitische Einstellungen und die Wahlbeteiligung untersucht.

Analysiert werden repräsentative Bevölkerungsumfragen des EOS Gallup Europe „Post European elections 2004 survey", Flash Eurobarometer 162 (EOS Gallup 2004),[1] die in allen Mitgliedsländern nach den Europawahlen durchgeführt wurden. Insgesamt wurden über 24.000 Personen befragt.

2 Die Öffentlichkeitsfunktion von Europawahlen und ihre Rolle für die politische Identitätsbildung

Die Europäische Union ist wohl nicht weniger ein politisches System, als es die Polities der Nationalstaaten sind. Sie hat die Macht, Entscheidungen zu treffen, die für alle Mitgliedstaaten und ihre Bürger allgemeinverbindlich sind. Sie verfügt über einen beachtlichen Rahmen an Politikkompetenzen, der inzwischen weit über den Agrarbereich und Fragen der Marktliberalisierung hinausreicht. Sie hat eine konstitutionelle Ordnung, die derzeit noch aus den Vertragswerken besteht, aber möglicherweise zukünftig als Verfassung existieren wird. Sie verfügt über ein abgegrenztes Territorium mit einer Außengrenze, für deren Übertretungsmöglichkeiten einheitlich geltende Regelungen getroffen wurden. Exekutive und Vertretungskörperschaft existieren ebenso wie die Institute der politischen allgemeinen und freien Wahlen und der Bürgerschaft.

Wahlen sind demokratietheoretisch der zentrale Ausdruck des Demos. Allerdings wird trotz seit 1979 existierender Direktwahlen zum Europäischen Parlament nicht nur das demokratische Defizit der EU bemängelt (vgl. z.B. F. W. Scharpf 1996), sondern auch bezweifelt, dass es einen europäischen Demos gibt und geben kann (vgl. P. G. Kielmansegg 1996). Die Kritik an der Demokratie und die Zweifel an der „Demos-Fähigkeit" der EU stehen in engem Zusammenhang mit der Frage der Konstitution einer europäischen Öffentlichkeit im weitesten Sinne: Eine politische Öffentlichkeit, die (aufgrund einer geeigneten institutionellen Struktur) in der Lage ist, Politik zu kontrollieren und gegebenenfalls durch Wahlen zu sanktionieren (Accountability); eine Öffentlichkeit mit gemeinsamen Sinn- und Bedeutungsstrukturen und wenigstens einer transnationalen, wenn schon nicht einer auf gleicher Sprache und Kultur basierenden Kommunikationsgemeinschaft (Identität).

Wahlen sind aber nicht nur Ausdruck demokratischer Mitbestimmung, sondern auch der Willensbildung bis hin zur Entscheidungsfindung auf Seiten der Bürger, die durch die Wahlkämpfe der Parteien stimuliert werden soll. Damit kön-

1 Dem Direktor von EOS Gallup Europe, M. Pascal Chelala gebührt der Dank dafür, dass ein früher Datenzugang gewährt wurde, Hermann Schmitt, Universität Mannheim, Dank für die Vermittlung dieses Datenzugangs.

nen sie selbst zur Konstituierung oder Re-Aktualisierung von politischer Öffentlichkeit und der Identität des Demos beitragen. Nicht zuletzt aufgrund dieser Eigenschaft werden die ersten demokratischen Wahlen nach dem Zusammenbruch des Staatssozialismus als „Founding Elections" bezeichnet. Aus den gleichen Gründen kann von den Europawahlen 2004 als den „Founding Elections" eines gemeinsamen politischen Europas gesprochen werden.

Für den europäischen Integrationsprozess sind die Wahlen über den Umstand hinaus, den Bürgern Gelegenheit zur effektiven Äußerung ihrer Präferenzen, wer sie repräsentieren soll, zu geben, von Bedeutung, weil sie:

- einziger direkter politischer Zugriff der Bürger auf die europäische Ebene der Politik sind;
- die Wahlkampfzeit wohl die einzige Zeit ist, in der die europäische Ebene der Politik in der Öffentlichkeit eine größere Rolle spielt;
- es der Zeitraum ist, in dem politische Akteure wie Kandidaten und Parteien versuchen, Wähler für Fragen der europäischen Politik zu interessieren und für die Wahl zu motivieren;
- es damit insgesamt der Zeitraum ist, in dem die sonst von der Alltagswelt der Bürger relativ weit entfernten Fragen europäischer Politik ins Bewusstsein gerückt werden und europäische Politik zugänglich (accessible) gemacht wird.

Wahlkämpfe stellen generell Phasen dar, in denen die Bürger aufgrund der bevorstehenden Entscheidungssituation in den Wahlkabinen und der Mobilisierung durch die politischen Akteure der Politik erhöhte Aufmerksamkeit schenken und Politik als ein Gestaltungsbereich des eigenen Lebens in vielfältiger Hinsicht aktualisiert wird. Das lässt sich z.B. ablesen an der zyklischen Entwicklung des politischen Interesses, aber auch an der zyklischen Entwicklung politischer Unentschiedenheit zwischen Wahlen. Für Einstellungen zu Europa ist in einer dynamischen, zeitvergleichenden Analyse nachgewiesen worden, dass die Wahlkämpfe das Bewusstsein über europäische Politik re-aktualisieren und Unterstützung für die europäische Integration re-mobilisiert wird (vgl. B. Weßels 1995). Die Schlussfolgerung aus derartigen Befunden liegt nahe: Erfolgreiche Mobilisierung muss als ein positiver Faktor europäischer Integration angesehen werden. Sie revitalisiert das ansonsten weitab der Alltagswelt der Bürger liegende Feld europäischer Politik in deren Bewusstsein. Ein politisches System internationalen Regierens wie die EU kann nur dann politische Unterstützung erwarten, wenn politische Akteure entsprechende Anstrengungen unternehmen. Weil politische Unterstützung für ein derartiges System notwendig ist, haben politische Akteure dafür zu arbeiten, dass diese sichergestellt wird (vgl. B. Weßels 1995).

In diesem Sinne kommt der Herstellung von Öffentlichkeit durch die politischen Akteure eine besondere Bedeutung zu. Letztendlich ist es ihr Handeln als Sender und Vermittler, das eine Öffentlichkeit über Fragen herstellt, die in Zeiten geringerer Mobilisierung verschüttet oder gar nicht vorhanden sind oder waren.

Im Kontext der EU, die im Vergleich zur nationalstaatlichen politischen Gemeinschaft eine nur mäßig entwickelte politische Identität oder Identifizierung der

Bürger aufweisen kann, stellen Europawahlen damit nicht nur Vehikel der Machtzuweisung auf Zeit dar, sondern müssen selbst zur Identitätsbildung beitragen. Mit
Wahlkämpfen und Wahlen generell müssen Bürger die Erfahrung machen, dass
ihre Belange von Interesse für die Politik sind und sich ihre im Wahlakt geäußerten
Interessen auch in das politische System umsetzen. Sie dienen neben der Erfüllung
der minimalen demokratietheoretischen Erfordernisse – legitime Machtzuweisung
auf Zeit – auch dazu, politisches Zugehörigkeitsgefühl zu stiften und für den demokratischen Akt der Wahl zu mobilisieren. Verantwortlich dafür, die hinreichende Vermittlungsleistung der Politik zu erbringen, sind die politischen Parteien. In
Deutschland wird sie den Parteien im Grundgesetz, Artikel 21 und im Parteienge-
setz explizit zugeschrieben. Demokratietheoretisch könnte den Parteien und ihrem
Personal auch deshalb eine Bringschuld zugeschrieben werden, da sie für ihr Handeln demokratisch legitimiert werden wollen.

Wird diese Perspektive unterstellt, kann auch gefragt werden, ob die politischen Parteien und ihre Kandidaten es bei den Europawahlen 2004 versäumt haben, durch Mobilisierung eine hinreichende politische Öffentlichkeit herzustellen,
die es für die Bürger attraktiv gemacht hätte, sich an den Wahlen zu beteiligen.
Denn der Befund ist eindeutig: Trotz der herausragenden Bedeutung speziell dieser
Europawahlen war die Wahlbeteiligung alles andere als zufriedenstellend. Es lohnt
sich also zu fragen, welchen Einfluss Wahlkampföffentlichkeit auf die Europaorientierungen und das politische Verhalten der Bürger gehabt haben.

3   Drei Dimensionen der Öffentlichkeitsgenerierung bei den Europawahlen: medial vermittelt, direkt kontaktiert und Information Seeking

Ein immer wieder diskutierter kritischer Punkt der Europäischen Union als einer
politischen Gemeinschaft betrifft die Frage, ob der Prozess der europäischen Integration als ein Prozess der Demokratisierung der EU ohne eine hinreichende gemeinsame Öffentlichkeit denkbar ist. Dabei werden in der Diskussion und wissenschaftlichen Analyse Modelle der Öffentlichkeit unterschiedlicher Extensität als
notwendig oder gar hinreichend angesehen. Im Kern geht es um den Unterschied
zwischen einer *europäischen* Öffentlichkeit, die analog der Öffentlichkeit in Nationalstaaten als eine Sprach- und Kulturgemeinschaft konzipiert wird, und einer
europäisierten Öffentlichkeit, die von einer Europäisierung nationaler Öffentlichkeiten ausgeht (vgl. J. Gerhards 1992; 2000; auch Th. Risse 2002). Europawahlkämpfe sollten zumindest die Form der europäisierten Öffentlichkeit herstellen
können.

Die Mittel der Öffentlichkeitsgenerierung unterscheiden sich dabei nicht wesentlich von denen der Wahlkämpfe bei nationalen Wahlen. Es existieren Sender,
Vermittler und Publikum in derselben Rollenverteilung: Parteien und Politiker,
Massenmedien und Bürger. Dabei kann davon ausgegangen werden, dass sowohl
die Reichweite im Sinne der Frage, wie viele Bürger erreicht werden, als auch die
Intensität im Sinne der Häufigkeit des Erreichens, bei den Massenmedien am
höchsten ausfallen, die Informationssuche und der Informationsaustausch der Bür-

ger (Information Seeking) an zweiter Stelle folgen und an dritter Stelle die unmittelbare Ansprache der Bürger durch Politiker und Parteien stehen.

Die Nachwahlstudie zur Europawahl 2004 von EOS Gallup Europe erlaubt es, diese drei Dimensionen abzubilden. Insgesamt wurden 11 Fragen zur Informationsvermittlung im Wahlkampf gestellt, die sich theoretisch den Dimensionen mediatisierter Informationsvermittlung, der Informationsvermittlung durch direkte Kontakte der Wahlkampfparteien und der aktiven Informationsbeschaffung durch die Bürger selbst (Information Seeking) zuordnen lassen. Es ist allerdings eine offene Frage, ob die theoretischen Zurechnungen auch empirisch abgebildet werden. Um diese Frage zu beantworten, wurde mithilfe einer Faktorenanalyse die Dimensionalität der 11 Fragen zur Informationsvermittlung geprüft. Das Resultat bestätigt die Erwartungen. Vier Items, die der medialen Vermittlung im Wahlkampf zuzurechnen sind, bilden einen Faktor, drei Items, die sich auf Kontaktaufnahmen von Kandidaten und Parteien beziehen, einen zweiten Faktor, und vier Items, die sich auf die individuelle Informationssuche der Bürger beziehen einen dritten Faktor (vgl. Tabelle 1). Der erste Faktor bindet knapp 19, der zweite knapp 13, und der dritte knapp 10 Prozent der Varianz. Insgesamt binden die drei Faktoren 41 Prozent der Varianz in den Items der Informationsvermittlung im Europawahlkampf 2004.

Tabelle 1: Dimensionen der Informationsvermittlung im Wahlkampf der Europawahlen 2004 – gepoolte Analyse. 25 Länder

Items	Faktor 1 Mediatisiert	Faktor 2 Kontaktiert	Faktor 3 „Seeking"
Wahlkampf in den elektron. Medien wahrgenommen	0,6608	-0,0513	-0,0223
Anzeige von Kandidaten oder Parteien gesehen	0,6537	0,0506	0,0032
Etwas in der Zeitung über EU-Wahlkampf gelesen	0,6275	-0,0100	0,2575
Flugblätter erhalten	0,4728	0,3281	-0,1919
Parteien oder Kandidaten haben angerufen	0,0714	0,7192	-0,0599
Von Kandidaten oder Parteien kontaktiert worden	-0,0517	0,6670	0,0508
Auf der Straße von Parteien oder Kandidaten angesprochen worden	0,0612	0,5368	0,2275
Im Internet nach Wahlkampfinformationen gesucht	-0,0223	-0,0266	0,7414
An Versammlungen oder Treffen zu den Europawahlen teilgenommen	-0,0274	0,3238	0,5263
Diskussion über Europawahlen in der Familie, mit Freunden, oder Bekannten	0,4321	-0,0091	0,4415
Unparteiliche Kampagnen oder Anzeigen verfolgt	0,3152	0,0410	0,3254
Anteil erklärter Varianz in %	18,8	12,5	9,9

Die Antwortvorgaben waren „Ja", „Nein", „weiß nicht, keine Angabe" und wurden mit 1 (Ja), 0 (weiß nicht, keine Angabe) und -1 (Nein) codiert. 24063 Befragte.

Auf der Grundlage der Bestätigung der dimensionalen Zuordnung der einzelnen Fragen wurden zwei Maße konstruiert. Das erste Maß richtet sich auf die Reichweite der jeweiligen Dimension. Reichweite bezieht sich darauf, welcher Anteil der Bürger durch mindestens ein Element der Dimension erreicht wurde bzw. im Falle des Information Seeking sich mindestens eines der vier Elemente der Informationsbeschaffung bedient hat. Das zweite Maß bezieht sich auf die Intensität, wobei unter Intensität hier verstanden wird, wie viele Elemente der jeweiligen Dimension zutreffen. Zum Beispiel wird die erste Dimension durch vier Items oder Elemente charakterisiert („Wahrnehmung des Wahlkampfes in den elektronischen Medien", „Wahrnehmung von Anzeigen von Kandidaten/Parteien", „Wahrnehmung in der Zeitung", „Wahrnehmung auf Flugblatt"). Im Durchschnitt geben die Befragten in Deutschland für 3,2 der vier Elemente medialer Vermittlung als für sie zutreffend an (vgl. Tabelle 2).

Tabelle 2:   Reichweite und Intensität der drei Dimensionen der Informationsvermittlung im Wahlkampf der Europawahlen 2004

	Reichweite (% mindestens ein Item zutreffend)		
	Mediatisiert (4 Items)	Kontakt (3 Items)	„Seeking" (4 Items)
Alte EU-Mitglieder (o. D.)	98,0	22,0	77,0
Deutschland	99,0	17,0	74,0
Neue EU-Mitglieder	97,0	15,0	73,0
	Intensität (durchschnittl. Zahl zutreffender Items)		
Alte EU-Mitglieder (o. D.)	3,2	0,3	1,2
Deutschland	3,2	0,2	1,1
Neue EU-Mitglieder	3,1	0,2	1,0

Antwortvorgaben jeweils „Ja", „Nein", „weiß nicht, keine Angabe"; Tabelle enthält Werte für „Ja"-Antworten.
Mediatisiert: 1. Wahlkampf in den elektron. Medien wahrgenommen; 2. Anzeige von Kandidaten oder Parteien gesehen; 3. Etwas in der Zeitung über EU-Wahlkampf gelesen; 4. Flugblätter erhalten.
Kontakt: 1. Parteien oder Kandidaten haben angerufen; 2. von Kandidaten oder Parteien kontaktiert worden; 3. auf der Strasse von Parteien oder Kandidaten angesprochen worden.
„Seeking": 1. Im Internet nach Wahlkampfinformationen gesucht; 2. An Versammlungen oder Treffen zu den Europawahlen teilgenommen; 3. Diskussion über Europawahlen in der Familie, mit Freunden, oder Bekannten; 4. Unparteiliche Kampagnen oder Anzeigen verfolgt.
Anzahl der Befragten: alte EU-Länder ohne Deutschland 13.441; Deutschland 1.000; neue EU-Länder 9.622.

Werden die drei Dimensionen der Informationsvermittlung im Wahlkampf – mediatisiert, kontaktiert, seeking – hinsichtlich ihrer Reichweite und Intensität zwischen Deutschland und den alten sowie neuen EU-Mitgliedern vergleichend betrachtet, sind zunächst die im Durchschnitt relativ geringen Unterschiede bemerkenswert. Wie erwartet, haben die Massenmedien 97 bis 99 Prozent der Bürger mit Wahlkampfthemen erreicht. Zwischen durchschnittlich 73 und 77 Prozent der Bürger geben an, selbst informationssuchend tätig geworden zu sein. Wie erwartet, wurden deutlich weniger Bürger (durchschnittlich zwischen 15 und 22 Prozent) direkt von Kandidaten oder Parteien kontaktiert (vgl. Tabelle 2).

Auf den zweiten Blick fällt allerdings ein Unterschied Deutschlands gegenüber den anderen alten EU-Mitgliedsländern auf: Im Durchschnitt wurden hier weit weniger Bürger durch direkte Kontakte erreicht. Fünf Prozentpunkte Differenz zum Durchschnitt der alten EU-Mitgliedsländer bedeutet, dass in Deutschland im Vergleich fast ein Viertel weniger Bürger durch Kandidaten und Parteien direkt erreicht wurden. Der zweite und noch deutlichere Unterschied zeigt sich zwischen den alten und den neuen Mitgliedsländern. In letzteren liegt der Anteil zusätzlich zwei Prozentpunkte unter dem in Deutschland. Eine ähnliche Abstufung, allerdings weniger deutlich, ergibt sich beim Information Seeking: Der Durchschnitt der alten EU-Mitgliedsländer liegt drei Prozentpunkte über Deutschland und vier Prozentpunkte über den neuen Mitgliedsländern, aber insgesamt auf sehr hohem Niveau. Ungefähr drei Viertel der Bürger in Europa sind in der einen oder anderen Form selbst auf Informationssuche zum Europawahlkampf gegangen.

Angesichts dieser Differenzen insbesondere in den Kontaktaktivitäten von Kandidaten und Parteien liegt es nahe, danach zu fragen, ob sich hieraus Konsequenzen für die Mobilisierung bei den Europawahlen ergeben haben.

4   Wahlbeteiligung und Europaorientierungen: Deutschland im Vergleich

Wenn die eingangs formulierte These zutrifft, dass Wahlen nicht nur formale Instrumente zur demokratisch legitimierten Machtzuweisung sind, sondern Mobilisierungsphasen, in denen ein intensiver Austausch zwischen Politik und Gesellschaft stattfindet, dann müsste das im Kontext der EP-Wahlen bedeuten, dass erfolgreiche Mobilisierung auch ein positiver Faktor für die europäische Integration ist. Bezogen auf die Europawahlen bedeutet dies zunächst, Bürger dafür zu gewinnen, sich bei den Wahlen zu beteiligen. Darüber hinaus kann aber auch erwartet werden, dass die (Re-)Aktualisierung der EU im politischen Bewusstsein der Bürger Effekte auf europabezogene Einstellungen hat. Da Wahlen ein Vehikel sind, Bürgerinteressen in der politischen Entscheidungsarena Gehör zu verschaffen, wäre an erster Stelle zu erwarten, dass die Einstellungen zur Funktionsweise der EU-Institutionen beeinflusst werden. Erfolgreiche Mobilisierung kann aber darüber hinaus auch bedeuten, die politische Identifikation und das Zugehörigkeitsgefühl zur politischen Ordnung der EU positiv zu beeinflussen.

Gemessen an der Wahlbeteiligung markieren die Europawahlen 2004 alles andere als eine besondere Wahl. Ihre, politisch gesehen, besondere Bedeutung als „Founding Elections" einer über die ehemalige Grenze der Machtblöcke hinausreichenden Europäischen Union spiegelt sich nicht in entsprechenden Mobilisierungserfolgen wider. Bei der Wahlbeteiligung blieb, bezogen auf die alten Mitgliedsländer, alles beim Alten: Die Wahlbeteiligung ist nochmals im Durchschnitt der Länder leicht gefallen. Damit setzt sich der Trend seit den ersten Europawahlen fort. Im Durchschnitt ist die Wahlbeteiligung von Wahl zu Wahl seit 1979 in den alten Mitgliedsländern um 3,8 Prozentpunkte gesunken (vgl. den einleitenden Beitrag von J. Tenscher in diesem Band).

Abbildung 1: Wahlbeteiligung bei den Europawahlen im Vergleich (in Prozent)

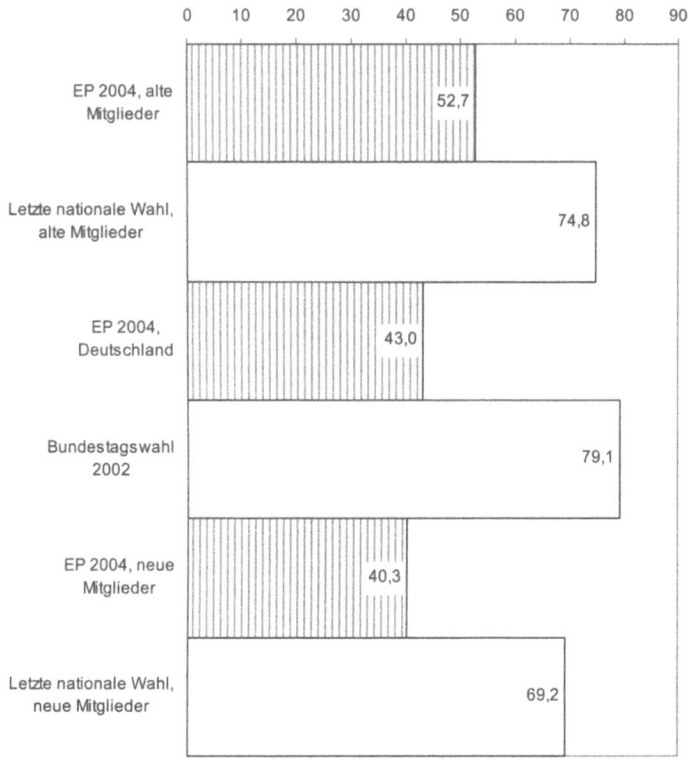

Quelle: amtliche Wahlstatistik, eigene Berechnungen.

Die Wahlbeteiligung in Deutschland lag deutlich unter dem Durchschnitt der alten EU-Mitgliedsländer (43 gegenüber etwa 53 Prozent; vgl. Abbildung 1). Während die Wahlbeteiligung im Durchschnitt der alten EU-Mitglieder gegenüber 1999 lediglich um 0,2 Prozentpunkte gesunken ist, lag die deutsche Wahlbeteiligung 2,2 Prozentpunkte unter der von 1999. In den neuen Mitgliedsländern lag die Wahlbeteiligung im Durchschnitt 2,7 Prozentpunkte unter der von Deutschland. Im Durchschnitt lag sie in den neuen Mitgliedsländern in Mittel- und Osteuropa (Malta und Zypern also nicht mitbetrachtet), mit durchschnittlich 31,3 Prozent sogar 11,7 Prozentpunkte unter der deutschen und 21,4 Prozentpunkte unter der durchschnittlichen Beteiligung der alten EU-Mitgliedsländer. Das so genannte „Euro-Gap", die Differenz zwischen der Beteiligung bei nationalen und Europawahlen, war im

Durchschnitt in allen Ländern stark zugunsten der Beteiligung bei nationalen Wahlen ausgeprägt (vgl. R. Rose 2005: 4). Deutschland liegt dabei mit einer Differenz von 36,1 Prozentpunkten zugunsten der Bundestagswahlen im Feld der Länder mit dem größten „Euro-Gap". Nur in der Slowakei (53 Prozentpunkte Differenz), Schweden (42), Slowenien (42), Österreich (41), den Niederlanden (41) und Dänemark (39) fällt es noch größer aus (vgl. Abbildung 1).

Wenn davon ausgegangen wird, dass Mobilisierungsprozesse bei Europawahlen auch die Europaorientierungen der Bürger beeinflussen, und zwar sowohl bezogen auf die Beurteilung der Funktionsweise der EU-Institutionen als auch die Identifikation mit der EU, gilt es, diese Orientierungen zu identifizieren und zu messen. Diesbezüglich enthält der Eurobarometer Flash 162 (EOS Gallup, Post European Election Survey 2004) sieben Fragen, die sich sowohl auf die Funktionsweise von EU-Institutionen als auch die Identifikation mit der EU bzw. Europa richten. Die Fragen wurden alle im gleichen Format abgefragt und lauten wie folgt:

„Könnten Sie mir bitte für jede der folgenden Aussagen mitteilen, ob diese Ihrer Einstellung oder Meinung eher entsprechen oder eher nicht entsprechen?"
1 „Ich vertraue den Institutionen der Europäischen Union"
2 „Ich fühle mich als Bürger Europas"
3 „Das Europäische Parlament berücksichtigt die Interessen der EU-Bürger"
4 „Die EU-Mitgliedschaft meines Landes ist eine gute Sache"
5 „Ich fühle mich Europa verbunden"
6 „Es ist sehr wichtig, welche politische Partei die meisten Sitze im Europäischen Parlament erhält"
7 „Es ist sehr wichtig, welcher Kandidat einen Sitz gewinnt und Mitglied im Europäischen Parlament wird"
Antwortvorgaben waren: „Entspricht eher meinen Meinung", „Entspricht eher nicht meiner Meinung" und „weiß nicht, keine Angabe".
(eigene Übersetzung aus englischem Fragebogen, Gallup 2004).

Die Fragen wurden in der genannten Reihenfolge gestellt, lassen sich aber durch ein leichtes Umsortieren schnell unterschiedlichen Aspekten zuordnen: Die Identifikation mit Europa wird durch die Fragen nach dem Gefühl der Zugehörigkeit zu Europa (Frage 5), dem Gefühl der EU-Bürgerschaft (Frage 2) und der Einschätzung, dass die Mitgliedschaftsgemeinschaft der Länder der EU eine gute Sache ist (Frage 4), bestimmt. Diese Fragen können als Merkmale der Selbstzurechnung zur EU mit zunehmender Konkretisierung angesehen werden. Die anderen Fragen richten sich auf die Funktionsweise der EU-Institutionen oder – spezifischer – auf die Funktionsweise der Institution der Wahl und ihrer Effekte.

Dabei geht es zum einen um die Frage, ob EU-Institutionen responsiv sind. Responsivität beinhaltet die Eigenschaft von politischen Akteuren, Institutionen oder eines politischen Systems als Ganzem, auf die Ansprüche und Bedürfnisse der Bürger zu reagieren. Frage 3 zielt direkt auf die Beurteilung dieser Leistung mit Blick auf das Europäische Parlament. Eher Indikator als direkte Messung für Responsivität ist das Vertrauen in die Institutionen der EU. Vertrauen kann als Vorschuss begriffen werden, der gegeben wird, wenn damit gerechnet wird, dass der, dem Vertrauen geschenkt wurde, sich den eigenen Erwartungen gemäß verhält. Im Zusammenhang mit Politik entsteht ein solcher Vertrauenszusammenhang dann, wenn die Erfahrungen mit Akteuren oder Institutionen entsprechend positiv sind. Aus der Perspektive der Bürger wird Vertrauen dann geschenkt, wenn den Erwartungen gemäß gehandelt wurde und erwartet wird, dass dieses Handeln fortgesetzt wird. In diesem Sinne kann Vertrauen als Indikator für Responsivität angenommen werden.

Zum anderen geht es um die „Effektivität des Wählens". Sie ist dann gegeben, wenn Wähler davon ausgehen können, dass sie mit ihren Stimmen tatsächlich darüber entscheiden, welcher Kurs in der Politik verfolgt werden soll. Die Kursbestimmung in der Politik erfolgt aus der Perspektive der Bürger in der Bestimmung derjenigen, die Entscheidungsträger werden sollen. Die Fragen 6 und 7 richten sich direkt auf diesen Zusammenhang. Wenn Bürger davon ausgehen, dass es wichtig ist, wer Sitze im Parlament bekommt und wie die Sitzverteilung der Parteien aussieht, gehen sie zugleich davon aus, dass Wahlergebnisse und damit der Wahlakt effektiv sind.

Die Dimensionalität der Einstellungsitems wurde faktoranalytisch geprüft und bestätigt. Entsprechend der Erwartungen trennen sich die Items in drei Faktoren. Der Faktor, auf dem die Fragen zur Identifikation laden, bindet 38,9 der Varianz, der Faktor, auf dem die Responsivitätsitems laden, 18,4 Prozent, und der Faktor zur Effektivität des Wählens 12,2 Prozent. Da die Dimensionalität der Items bestätigt werden konnte, wurden aus den Items additive Skalen konstruiert. Die Antworten „Entspricht eher meiner Meinung" wurden mit 1, die Antworten „Entspricht eher nicht meiner Meinung" mit -1 und „weiß nicht, keine Angabe" mit 0 codiert. Die Skala „Identifikation", bestehend aus drei Items, hat dementsprechend ein Maximum von +3 und ein Minimum von -3, die Skalen „Responsivität" und „Effektivität des Wählens" mit jeweils zwei Items dementsprechend Maxima von +2 und Minima von -2 (vgl. Tabelle 3).

Tabelle 3: Europabezogene Einstellungen im Vergleich

	Reichweite (% mindestens ein Item zutreffend)		
	Identifikation mit der EU/Europa (Skala -3 bis +3)	Responsivität der EU-Institutionen (Skala -2 bis +2)	Effektivität der Europawahlen (-2 bis +2)
Alte EU-Mitglieder (o. D.)	1,57	0,25	0,10
Deutschland	1,84	-0,10	-0,07
Neue EU-Mitglieder	0,83	0,36	-0,02

Anzahl der Befragten: alte EU-Länder ohne Deutschland 13.441; Deutschland 1.000; neue EU-Länder 9.622.

Im Vergleich der drei Regionen – alte EU-Länder, Deutschland, neue EU-Länder – ergeben sich interessante Unterschiede. So ist die Identifikation mit der EU bzw. Europa in Deutschland im Vergleich mit dem Durchschnitt der beiden anderen Regionen am höchsten und in den alten EU-Ländern deutlich höher als in den neuen. Umgekehrt werden die Responsivität der EU-Institutionen und die Effektivität der Europawahlen in Deutschland im Vergleich mit dem Durchschnitt der Regionen am schlechtesten beurteilt. Dabei darf aber nicht unbeachtet bleiben, dass dieses Ergebnis nicht heißt, dass Deutschland auch im Ländervergleich im einen Fall an der Spitze, im anderen Falle am Ende steht. So ist z.b. die Identifikation mit Europa in Belgien, Spanien und Luxemburg höher, die Beurteilung der Responsivität in Österreich deutlich und in Frankreich, Großbritannien und Litauen etwas schlechter, wie auch die Beurteilung der Effektivität des Wählens in einer ganzen Reihe von Ländern.

Ein erster grober Blick auf die Ausprägung Öffentlichkeit generierender Faktoren im Wahlkampf und den Befunden zur Wahlbeteiligung und den europabezogenden Einstellungen lässt schnell erkennen, dass eine einfache 1:1-Übersetzung von Mobilisierung in Verhalten und Einstellungen nicht anzunehmen ist. Während direkte Kontakte und Information Seeking die gleiche Rangfolge aufweisen wie die Ausprägung der Wahlbeteiligung, trifft dies nicht zu im Hinblick auf die politischen Orientierungen. Derartige grobe Aggregatvergleiche können jedoch Effekte auf der Individualebene verdecken.

5 Mobilisierung im Wahlkampf, Wahlbeteiligung und europabezogene Einstellungen

Die Antwort auf die hier im Zentrum stehende Frage nach den Effekten von Mobilisierung im Wahlkampf auf Wahlbeteiligung und politische Einstellungen steht also noch aus. Dazu soll geprüft werden, ob die Reichweiten der drei Öffentlichkeit generierenden Dimensionen – Medieninformationen, direkte Kontakte mit Politikern und Parteien sowie Information Seeking – einen Einfluss auf die Wahlbeteiligung und die Einstellungen zu Europa als Gemeinschaft sowie auf die Responsivität und Effektivität seiner Institutionen haben.

Zu dem Effekt von Mobilisierung lassen sich plausible Erwartungen formulieren: Der Einfluss medialer Information sollte am geringsten differenzieren, da es sich hier um Vermittlungsprozesse handelt, die nahezu jeden Bürger erreichen. Die Kontakte, die Parteien und Kandidaten direkt mit den Bürgern herstellen, sollten demgegenüber einen deutlichen Effekt insbesondere auf die Wahlbeteiligung sowie Responsivitäts- und Effektivitätswahrnehmungen haben. Der Dimension „Information Seeking" kommt eine besondere Rolle zu. Da es sich hier um eine Aktivität handelt, die Bürger unternehmen, die schon politisch interessiert sind, kann bei ihnen eine deutlich höhere Bereitschaft, wählen zu gehen, und im Durchschnitt auch ein höheres Maß an positiven europabezogenen Einstellungen unterstellt werden. Im Grundsatz handelt es sich weniger um eine „determinierende", als intervenierende Variable. Information Seeking selbst ist erklärungsbedürftig und möglicherweise nicht unabhängig von Mobilisierungsbemühungen der politischen Akteure oder der in den Medien verbreiteten Informationen, die gegebenenfalls die Neugier an mehr Informationen erst wecken. Diese prozessbezogene Frage lässt sich hier nicht beantworten. Allerdings dürfte, selbst wenn sie sich durch zeitliche

Sequenzierung von Messungen beantworten ließe, das Ergebnis sein, dass der Einfluss von massenmedialer Information und direkten Kontakten mit Politikern und Parteien auf das Information Seeking begrenzt ist. Die Korrelationen sind mit einem eher moderaten Wert von etwa 0,30 im Falle der Beziehung zwischen massenmedialer Information und Information Seeking und von 0,18 im Falle von unmittelbaren Kontakten eher schwach.

Im Vergleich der Anteile der Wahlbeteiligung bzw. der Mittelwerte der Einstellungsskalen ergeben sich fast durchweg die erwarteten Differenzen zwischen denjenigen, für die die jeweilige Dimension der Öffentlichkeitsgenerierung zutreffend ist, und denjenigen, für die sie es nicht ist (vgl. Tabelle 4). Wahrnehmung des Europawahlkampfes in den Massenmedien, unmittelbare Kontaktaufnahme von Kandidaten und Parteien und die eigene Informationssuche sind in allen Regionen mit einer höheren Wahlbeteiligung und positiven Orientierungen gegenüber der Europäischen Union verbunden. Die Prozentpunktdifferenzen bei der Wahlbeteiligung sind z.T. beträchtlich und liegen im Durchschnitt bei 18 Prozent (vgl. Tabelle 4).

Tabelle 4:   Mobilisierungseffekte durch Medien, Kontakte und Information Seeking auf Wahlbeteiligung und europabezogene Einstellungen

	Mediatisiert		Kontaktiert		„Seeking"	
	Nein	Ja	Nein	Ja	Nein	Ja
Wahlbeteiligung (in %)						
Alte EU-Mitglieder	47	67	65	76	54	71
Deutschland	40	53	51	63	42	56
Neue EU-Mitglieder	19	53	49	69	34	59
Skalenwerte Identifikation mit Europa (-3 bis +3)						
Alte EU-Mitglieder	1,07	1,58	1,51	1,76	1,31	1,65
Deutschland	1,00	1,85	1,83	1,91	1,46	1,97
Neue EU-Mitglieder	-0,74	0,87	0,77	1,14	0,34	1,01
Skalenwerte Responsivität (-2 bis +2)						
Alte EU-Mitglieder	0,06	0,25	0,19	0,45	0,13	0,29
Deutschland	-0,30	-0,10	-0,12	-0,01	-0,29	-0,04
Neue EU-Mitglieder	-0,72	0,40	0,33	0,58	-0,05	0,52
Skalenwerte Effektivität (-2 bis +2)						
Alte EU-Mitglieder	-0,47	0,11	0,05	0,29	-0,38	0,25
Deutschland	0,30	-0,08	-0,10	0,06	-0,51	0,08
Neue EU-Mitglieder	-1,07	0,01	-0,10	0,45	-0,77	0,25

Anzahl der Befragten: alte EU-Länder ohne Deutschland 13.441; Deutschland 1.000; neue EU-Länder 9.622.

Die Unterschiede zwischen erreichten und nicht erreichten Bürgern sind auf den Einstellungsskalen deutlich niedriger, wenn die Differenzen in Prozent des Skalenranges ausgedrückt werden (vgl. Tabelle 5). Das deutet zunächst einmal darauf hin, dass Europawahlkämpfe stärkere Effekte auf die Wahlbeteiligung als auf europabezogene Einstellungen haben. An den Prozentpunkt- und Mittelwertdifferenzen lässt sich die Bedeutung der Mobilisierung durch Medien, Wahlkampfaktivitäten der Parteien und eigene Informationssuche aber nicht hinreichend ablesen, weil damit noch nichts darüber ausgesagt ist, inwieweit die Mobilisierungsfaktoren die Gruppe der Nicht-Erreichten klar von der Gruppe der Erreichten abgrenzen. Technisch ausgedrückt: Es ist nicht ablesbar, ob die Binnengruppenvarianz geringer ist als die Zwischengruppenvarianz.

Tabelle 5: Effektstärken von Mobilisierung durch Medien, Kontakte und Information Seeking auf Wahlbeteiligung und europabezogene Einstellungen

	Mediatisiert			Kontaktiert			„Seeking"		
	Diff%*	Sig.	Eta	Diff%*	Sig.	Eta	Diff%*	Sig.	Eta
Wahlbeteiligung (in %)									
Alte EU-Mitglieder	20	,00	,06	11	,00	,10	17	,00	,15
Deutschland	14	,41	,03	12	,00	,09	14	,00	,13
Neue EU-Mitglieder	34	,00	,11	20	,00	,14	25	,00	,22
Skalenwerte Identifikation mit Europa (-3 bis +3)									
Alte EU-Mitglieder	7,3	,00	,03	3,5	,00	,05	4,8	,00	,07
Deutschland	12,1	,14	,05	1,2	,58	,02	7,3	,00	,12
Neue EU-Mitglieder	23,1	,00	,13	5,3	,00	,06	9,6	,00	,14
Skalenwerte Responsivität (-2 bis +2)									
Alte EU-Mitglieder	3,8	,07	,02	5,2	,00	,07	3,1	,00	,04
Deutschland	4,0	,70	,01	2,2	,44	,02	5,1	,03	,07
Neue EU-Mitglieder	22,2	,00	,13	5,2	,00	,06	11,4	,00	,17
Skalenwerte Effektivität (-2 bis +2)									
Alte EU-Mitglieder	11,6	,00	,05	4,8	,00	,06	12,6	,00	,16
Deutschland	-7,6	,45	,02	3,2	,23	,04	11,7	,00	,16
Neue EU-Mitglieder	21,7	,00	,11	11,1	,00	,12	20,4	,00	,26

* Differenzen „Ja" – „Nein" in Prozent der jeweiligen Skala
Anzahl der Befragten: alte EU-Länder ohne Deutschland 13.441; Deutschland 1.000; neue EU-Länder 9.622.

Um die Gruppendifferenzen beurteilen zu können, könnte zum einen die Signifikanz der Differenzen herangezogen werden. Im Falle Deutschlands ist das durchaus sinnvoll. Bei der gepoolten Analyse über mehrere Länder in den Gruppen alter und neuer EU-Mitglieder ist alleine aufgrund der hohen Fallzahl jedoch nahezu jede Differenz signifikant. Daher sollen hier die Werte für Eta genauer inspiziert werden, ein Maß, das auf der Basis des Verhältnisses von Binnen- und Zwischengruppenvarianz berechnet wird. Quadriert ist es ein so genanntes PRE-Maß (proportional reduction in error), das Auskunft darüber gibt, mit welcher Sicherheit die Ausprägung der abhängigen Variable (hier Wahlbeteiligung und Einstellungsskalen) vorhergesagt werden kann, wenn die Ausprägung der unabhängigen Variable bekannt ist (hier die drei Dimensionen der Mobilisierung).

Sehr deutlich bestätigt sich die Erwartung, dass Information Seeking eine besondere Rolle zukommt. Bürger, die schon soweit an den Europawahlen interessiert sind, dass sie sich selbst um weitere Informationen bemühen, unterscheiden sich sehr deutlich in allen Fragen von denjenigen, die dieses Interesse nicht aufbringen. Information Seeker grenzen sich demnach am deutlichsten bei der Wahlbeteiligung und bei der Beurteilung der Effektivität des Wählens von nicht auf Informationssuche Gehenden ab.

Weder medienvermittelte Information noch die Aktivitäten der Kandidaten und Parteien im Wahlkampf erzeugen eine ähnlich starke Differenzierung zwischen den Vergleichsgruppen. Nicht vollständig bestätigt wird die Erwartung, dass mediale Informationsvermittlung aufgrund der enormen Reichweite ein wenig diskriminierendes Merkmal ist. Das trifft zwar im Vergleich zu Information Seeking und direkten Wahlkampfkontakten mit politischen Akteuren in den alten Mitgliedsländern der EU einschließlich Deutschlands zu, nicht aber für die neuen Mitgliedsländer. Hier hat die massenmediale Vermittlung des Europawahlkampfes und der Europawahlen teilweise eine stärkere Bedeutung als die direkten Kontakte mit Politikern und Parteien während des Wahlkampfes. Generell sind die Effekte der drei Dimensionen der Wahlkampfvermittlung auf Wahlbeteiligung und Europaorientierungen in den neuen Mitgliedsländern höher als in den alten Mitgliedsländern.

Auch die Hypothese, die direkte Kontaktaufnahme von Kandidaten und Parteien mit den Bürgern würde die Responsivitäts- und Effektivitätswahrnehmungen der Bürger deutlich positiv beeinflussen, findet empirisch nur mäßige Unterstützung.

Wird Deutschland im Vergleich zu der Gruppe alter und neuer EU-Mitglieder betrachtet, ist zunächst festzuhalten, dass fast alle Effekte der Wahlkampfvermittlung schwächer ausfallen. Signifikant sind nur die Effekte des Information Seeking und ein weiterer Effekt: der der unmittelbaren Kontakte der Bürger mit Politikern und Parteien auf die Wahlbeteiligung.

Bezogen auf die quantitative Größenordnung, gemessen an den Prozentpunktdifferenzen zwischen den Vergleichsgruppen, sind die Effekte auf die Wahlbeteiligung durchgängig die größten. Wahlkämpfe scheinen damit vornehmlich einer engeren Funktion zu entsprechen – der Mobilisierung für die Wahlen. Politische Orientierungen gegenüber der EU werden durch die Vermittlung in den Europawahlkämpfen nur mäßig beeinflusst.

Bezogen auf die Frage, ob die Wahlkampfaktivitäten der Kandidaten und Parteien für die niedrige Wahlbeteiligung bei den „Founding Elections" einer erweiterten europäischen Union (mit)verantwortlich gemacht werden können, lässt die Individualdatenanalyse keinen unmittelbaren Schluss zu. Wohl lässt sich festhalten, dass auf der Individualebene die unmittelbare Ansprache starke positive Effekte auf die Wahlbeteiligung hat. Die Frage ist, ob sich dieser Befund im Aggregat von Gesellschaften in der EU auch kollektiv umsetzt. Der einfachen deskriptiven Betrachtung der Reichweite und Intensität der Wahlkampfaktivitäten von Kandidaten und Parteien (vgl. Tabelle 2) sowie der durchschnittlichen Wahlbeteiligung (vgl. Abbildung 1) zufolge kann dieser Zusammenhang angenommen werden. Er soll abschließend auf Basis einer Aggregatanalyse der EU-Länder betrachtet werden.

Abbildung 2: Wahlkampfkontakte von Bürgern mit Kandidaten und Parteien und Wahlbeteiligung bei den Europawahlen 2004[*]

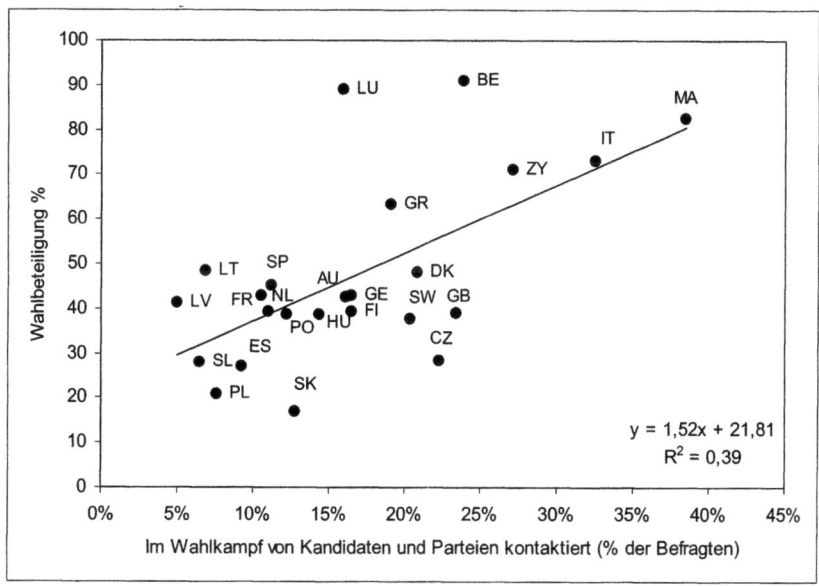

* Irland ist in der Analyse nicht berücksichtigt. Der statistische Zusammenhang bleibt aber auch unter Einschluss Irlands signifikant, ist allerdings deutlich schwächer (20 Prozent Varianzaufklärung). Werden die Wahlpflichtländer (Belgien, Griechenland, Luxemburg, Zypern) und Irland aus der Analyse ausgeschlossen, beträgt die Varianzaufklärung 50 Prozent.

In Beziehung gesetzt werden die Reichweite der Wahlkampfaktivitäten von Kandidaten und Parteien mit der amtlich festgehaltenen Wahlbeteiligung in den 25 Mitgliedsländern der Union. Reichweite bezieht sich darauf, welcher Anteil der Bürger durch direkte Kontakte der Politiker und Parteien erreicht wurde. Das Ergebnis fällt relativ deutlich aus: Je mehr Bürger von Politikern und Parteien direkt erreicht wurden, desto höher ist die Wahlbeteiligung in dem betreffenden Land. Dieser Zusammenhang gilt generell und ist statistisch signifikant. Allerdings wird er maßgeblich von einem Ausreißer-Land gestört: In Irland geben 77 Prozent der Bürger an, von Kandidaten oder Parteien direkt kontaktiert worden zu sein. Die Wahlbeteiligung müsste dementsprechend an der Spitze aller EU-Länder liegen. Faktisch lag sie mit 58,8 Prozent allerdings im oberen Mittelfeld. Wird der „outlier" Irland nicht mit in die Analyse eingeschlossen, wird der Zusammenhang zwischen Kontakten von Kandidaten und Parteien mit Bürgern und Wahlbeteiligung deutlich stärker und auch die statistische Signifikanz steigt nochmals an. Werden darüber hinaus auch die vier Länder mit Wahlpflicht bei den Europawahlen 2004 (Belgien, Griechenland, Luxemburg und Zypern) aus der Analyse ausgeschlossen, erhöht sich die Varianzaufklärung nochmals und liegt – statistisch signifikant – bei 50 Prozent. Der empirische Zusammenhang zwischen direkter Ansprache im Wahlkampf und Wahlbeteiligung ist also als recht robust einzuschätzen. Wie Abbildung 2 zeigt, setzten sich Wahlkampfkontakte der Kandidaten und Parteien nicht 1:1 in Wahlbeteiligung um, aber die Tendenz ist eindeutig: Je größere Anteile der Bürger die Wahlkampfparteien direkt durch Kontakte erreicht haben, desto höher die Wahlbeteiligung. Mit jedem Prozentanteil an Bürgern, die Kandidaten und Parteien erreicht haben, wächst die Wahlbeteiligung um 1,5 Prozentpunkte. Insofern sind direkte Kontakte ein sehr effektives Instrument der Mobilisierung, da augenscheinlich Diffusionsprozesse in Gang gesetzt werden, die über die direkt Angesprochenen hinausreichen.

6   Schlussfolgerungen

Die Europawahlen 2004 markieren auf der einen Seite einen besonderen Schnittpunkt in der Nachkriegsgeschichte Europas: Sie waren die ersten und damit die „Founding Elections" der über die ehemaligen Blockgrenzen hinwegreichenden Europäischen Union. Auf der anderen Seite setzen sie die bedauerliche Kontinuität abnehmender Wahlbeteiligung fort – im Durchschnitt der alten EU-Länder ohne Deutschland ein zwar sehr geringer Rückgang gegenüber 1999, in Deutschland ein deutlich höherer Rückgang und die neuen Mitgliedsländer lagen deutlich unter dem Niveau der alten Mitglieder. In der Wahlbeteiligung spiegelte sich damit in keiner Weise der besondere Charakter der Europawahlen 2004 wider. Die Ursachen hierfür sind sicherlich komplex. Da Wahlen aber Wahlkampf implizieren und Wahlkampf Wählermobilisierung bedeuten sollte, lag es nahe, danach zu fragen, ob die Mobilisierungsprozesse im Wahlkampf dem besonderen Charakter der Wahlen gerecht geworden sind – insbesondere also, ob die politischen Akteure ein hinreichendes Maß an Anstrengung unternommen haben, für diese Wahlen zu mobilisieren (vgl. den Beitrag von J. Tenscher in diesem Band). Wahlen und Wahlkämpfe müssen aber nicht notwendigerweise in ihrem Zweck und ihrer Wirkung auf den engen instrumentellen Kern der Mobilisierung von Wählerstimmen betrachtet werden. Insbesondere mit Blick auf die Europawahlen liegt es nahe, zu vermuten, dass Mobilisierungseffekte sich auch in den europabezogenen Einstellungen der Bürger niederschlagen. Denn es gibt kaum eine Phase, in der Europa und die Europäische Union stärker in die Öffentlichkeit gerückt werden. EU-Themen stehen im normalen (politischen) Alltagsleben in der Regel nicht auf der Agenda (vgl. die Beiträge von A. Wüst/D. Roth). Europawahlen können – so die Annahme – auch Einstellungen mobilisieren und re-aktualisieren.

Empirisch hingegen zeigt sich, dass die verschiedenen Dimensionen der Öffentlichkeitsgenerierung – massenmediale Vermittlung, Kontakte von Kandidaten und Parteien mit den Bürgern und Information Seeking der Bürger selbst – im

Europawahlkampf 2004 im Wesentlichen einen relativ engen Einfluss auf den funktionalen Zusammenhang von Wahlen gehabt haben. Dieser engere funktionale Zusammenhang ist recht stark und erklärt auch in einem nicht unbedeutenden Ausmaß die Unterschiede in der Wahlbeteiligung der Mitgliedsländer: Je mehr Bürger von Kandidaten und Parteien durch direkte Kontakte erreicht wurden, desto höher war die Wahlbeteiligung. Ob hieraus der Schluss gezogen werden kann, die dem Charakter der Europawahlen nicht gerecht werdende geringe Wahlbeteiligung hätte ihre Ursachen in einer diesem Charakter nicht gerecht werdenden Wahlkampfführung der politischen Akteure – zumindest in den Ländern, in denen die Wahlbeteiligung niedrig ausfiel – lässt sich nicht abschließend beantworten. Dazu wären zeitvergleichende Analysen nötig, die den gefundenen Zusammenhang auch im Verlauf der Europawahlen stabilisieren würden. Gleichwohl verweist das Ergebnis darauf, dass den Wahlkampfaktivitäten derjenigen, die um Stimmen und Macht ringen, ein starker Einfluss auf die Bereitschaft der Bürger, zu wählen, zukommt. Mehr Wahlkampfanstrengungen bedeuten auch mehr Wähler an den Urnen. Aus dieser Perspektive verbleibt eine gewisse Skepsis, ob die Kandidaten und politischen Parteien im Wahlkampf dem besonderen Charakter der Europawahlen entsprochen haben.

7   Literatur

Auswärtiges Amt (2002): Europäische Öffentlichkeit – Missing Link europäischer Politik. Thesen. Planungsstab, Berlin. 30. April 2002.

Bach, Mauricio (Hrsg.) (2000): Die Europäisierung nationaler Gesellschaften. Sonderheft der Kölner Zeitschrift für Soziologie und Sozialpsychologie, 40. Opladen: Westdeutscher Verlag.

EOS Gallup (2004): Europe Flash EB 162 „Post European elections 2004 survey" (21/06/2004-30/06/2004). Report.

Gerhards, Jürgen (1992): Europäische Öffentlichkeit durch Massenmedien? In: Schäfers (1992): 558-567.

Gerhards, Jürgen (2000): Europäisierung von Ökonomie und Politik und die Trägheit der Entstehung einer europäischen Öffentlichkeit. In: Bach (2000): 277-305.

Jachtenfuchs, Markus/Kohler-Koch, Beate (Hrsg.) (1996): Europäische Integration. Opladen: Leske + Budrich.

Kielmansegg, Peter Graf (1996): Integration und Demokratie. In: Jachtenfuchs/Kohler-Koch (1996): 47-71.

Klingemann, Hans-Dieter/Neidhardt, Friedhelm (Hrsg.) (2000): Die Zukunft der Demokratie. Herausforderungen im Zeitalter der Globalisierung. WZB-Jahrbuch 2000. Berlin: Sigma.

Neidhardt, Friedhelm/Koopmans, Ruud/Pfetsch, Barbara (2000): Konstitutionsbedingungen politischer Öffentlichkeit – Der Fall Europa. In: Klingemann/Neidhardt (2000): 263-294.

Niedermayer, Oskar/Sinnott, Richard (Hrsg.) (1995), Public Opinion and Internationalized Governance. Oxford: Oxford University Press.

Risse, Thomas (2002): Zur Debatte um die (Nicht-)Existenz einer europäischen Öffentlichkeit. In: Berliner Debatte Initial, 13: 15-23.

Rose, Richard (2004): Europe Expands, Turnout Falls – The Significance of the 2004 European Parliament Election. CSPP, Glasgow.

Schäfers, Bernhard (Hrsg.) (1992): Lebensverhältnisse und soziale Konflikte im neuen Europa. Verhandlungen des 26. Deutschen Soziologentages in Düsseldorf 1992. Frankfurt a.M./New York: Campus.

Scharpf, Fritz W. (1996): Economic Integration, Democracy, and the Welfare State. MPIfG Working Paper 96/2. Köln.

Weßels, Bernhard (1995), Support for Integration: Élite or Mass-driven? In: Niedermayer/ Sinnott (1995): 137-162.

„Europa – eine gute Wahl".
Die Informationskampagne zur Wahl des Europäischen Parlaments

Hans-Hermann Langguth/Klaus Löffler

1 Einleitung

Zum dritten Mal hintereinander – nach 1994 und 1999 – führte die Bundesregierung im Frühjahr 2004 gemeinsam mit dem Informationsbüro des Europäischen Parlaments (IEP) eine Informationskampagne zur Europawahl durch. Im Grunde eine ungewöhnliche Sache. Denn eine Wahl, zu welchem Parlament auch immer, ist ja zunächst und vor allem eine Angelegenheit der Parteien. In der Tat, bei jeder anderen Wahl würden die Parteien – zu Recht – aufschreien, wenn sich die Regierung mit Plakaten, Anzeigen, Kinospots, TV-Spots und Info-Bus-Touren in der Vorwahlzeit bemerkbar machen würde. Das Urteil des Bundesverfassungsgerichts vom 2. März 1977 „zur Öffentlichkeitsarbeit von Staatsorganen in Bund und Ländern" hat eine Grenzziehung vollzogen, die zum unkorrigierbaren Bestand der parlamentarischen Demokratie in Deutschland gehört.

Doch konturieren sich Regeln bekanntlich auch durch ihre Ausnahmen. Hier gab es eine, und der Grund ist: Europa! Der europäische Einigungsprozess und dabei auch die wachsenden Kompetenzen des Europäischen Parlaments gehören zum großen Ja aller demokratischen Parteien in Deutschland. Der europäische Konsens ist der eine Pfeiler, auf dem die gemeinsame Informationskampagne von Regierung und Europaparlament ruht. Der zweite ist die strikte Selbstverpflichtung der beiden Partner, sich in keiner Weise in inhaltliche Fragen einzumischen. Pro-Europa: Ja! Und vor allem: „Wählen gehen!" Mehr aber auch nicht. In dieser notwendigen Beschränkung liegt beides, die Chance zur Information und Motivation wie auch das Risiko eines schwachen Auftritts. Denn das allseits attraktive Hauen und Stechen verbietet sich, und nicht wenige, die gerne nach Sachlichkeit in der Politik rufen, werden nicht unbedingt neugierig, wenn es ausnahmsweise mal sachlich zugeht. Mit diesem Widerspruch war zu rechnen, als das Presse- und Informationsamt der Bundesregierung (BPA) gemeinsam mit dem IEP mit dem Slogan „Europa – eine gute Wahl" an den Start ging.

2 Rahmenbedingungen

Das politische Umfeld der Kampagne wurde von zwei weit reichenden europäischen Ereignissen geprägt: Neben der EU-Erweiterung um zehn neue Mitgliedstaaten am 1. Mai kam im Juni 2004 auch ein europäischer Verfassungsvertrag zustande. Wenngleich er noch zu ratifizieren ist, so enthält er doch Perspektiven, die die Bürger in Bewegung bringen könnten. So wurde die Grundrechtecharta der EU – bisher nur ein Dokument ohne rechtliche Bindung – nun Bestandteil der Verfassung. Es wird eine europäische Unionsbürgerschaft geschaffen. Außerdem ist die Möglichkeit eines europäischen Bürgerbegehrens als neue Form der aktiven Teilnahme am demokratischen Leben in der Union vorgesehen. Die Bürger können die Europäische Kommission so zu Gesetzesinitiativen auffordern. Mehr Bürgernähe verspricht zudem eine konsequentere Umsetzung des Subsidiaritätsprinzips. Das heißt, Gesetzgebung und Verwaltung sollen bürgernah stattfinden, möglichst in der Region selbst und in Brüssel nur, wenn dies die beste Lösung bei gemeinsamen Problemen anbieten kann.

Gestärkt werden soll aber nicht nur die „Demokratie von unten", sondern auch die repräsentative Demokratie. Das Europäische Parlament erhält mehr Kompetenzen und damit mehr Macht. Der Verfassungsvertrag stellt klar: „Das Europäische Parlament wird gemeinsam mit dem Ministerrat als Gesetzgeber tätig und übt gemeinsam mit ihm die Haushaltsbefugnisse aus; es erfüllt ferner Aufgaben der politischen Kontrolle und Beratungsfunktionen nach Maßgabe der Verfassung. Es wählt den Präsidenten der Europäischen Kommission."

Gewiss, das war bei der Europawahl am 13. Juni noch „Zukunftsmusik" – allerdings von den Staats- und Regierungschefs der 25 EU-Länder einvernehmlich notifiziert –, nicht die Realität. Und doch war da die Hoffnung, dass von dieser Einigung im Europäischen Rat auch Impulse für die Europawahl ausgehen würden. Diese blieben jedoch weitgehend, wie die niedrige Wahlbeteiligung später zeigte, aus. Und die beispiellose Erweiterung der Europäischen Union um zehn Staaten, die am 1. Mai Wirklichkeit wurde – würde sie nicht die Menschen auf die Beine und scharenweise in die Wahllokale bringen? Nein, da war kein Jubel und keine positive Zukunftserwartung. Eher abwartende Skepsis, die den Horizont der neuen Möglichkeiten verdüsterte.

Vor diesem Hintergrund fand die Informationskampagne „Europa – eine gute Wahl" statt. Natürlich kann keine Kampagne eine Trendwende erzeugen. Sie kann hoffnungsvolle Entwicklungen verstärken, bedenkliche vielleicht etwas schwächen. Aber stets bleibt sie Teil einer größeren Wellenbewegung. Nur wer dies als Mit-Organisator, so beherzt und hingebungsvoll er auch bei der Sache ist, vorher bedenkt, wird danach nicht verzweifeln, wohl aber ernüchtert sein, wenn er die Mitteilung des Statistischen Bundesamtes verarbeiten muss: „Die Wahlbeteiligung bei der Europawahl betrug in Deutschland nur 43,0 Prozent. Sie lag damit 2,2 Prozentpunkte unter der Wahlbeteiligung der Europawahl 1999 und ist somit die bislang niedrigste Wahlbeteiligung, die bei deutschlandweiten Wahlen zu verzeichnen war" (vgl. auch den Beitrag von J. Tenscher in diesem Band). Kein Trost liegt in den nachfolgenden Sätzen, dass es „sich dabei nicht um ein allein deutsches Phänomen handelt. Europaweit ging die Wahlbeteiligung von 48,9 Prozent im Jahr 1999 auf 45,5 Prozent im Jahr 2004 zurück. Die Wahlbeteiligung in den meisten neuen Mitgliedstaaten der EU lag weit unter dem europäischen Durchschnitt. Die niedrigste Wahlbeteiligung hatte dabei die Slowakei mit 16,7 Prozent zu verzeichnen, gefolgt von Polen mit 20,4 Prozent und Estland mit 26,9 Prozent." Bevor dieses grundsätzliche Handicap bei Europawahlen noch einmal aufgegriffen wird, sollen im Folgenden zunächst die Schwerpunkte der gemeinsamen Kampagne „Europa – eine gute Wahl" dargestellt werden.

3 Touren für Europa – Kampagnenziele und -wege

Die Kampagne wurde bestimmt von den beiden unmittelbar wirksamen Ereignissen, der Erweiterung und der Wahl. Die Zielsetzung lautete: Information und Motivation. Die Eignung des Claims „Europa – eine gute Wahl" wurde durch einen eigens durchgeführten repräsentativen Test untermauert. Die Befragten assoziierten den Claim positiv mit der EU im Allgemeinen und den aktuellen Themen „Erweiterung" und „Wahl" im Konkreten. Positive Assoziationen, so repräsentativ sie sein mögen, müssen nicht in Mobilisierung münden; das war von Anfang an zu bedenken. Wie also hautnah herankommen an die potentiellen Wähler? Wie verdeutlichen, dass nur die aktive Teilnahme an den Wahlen zum Europäischen Parlament Mitbestimmung ermöglicht und die Vertretung der persönlichen Interessen garantiert?

Es sollte durch eine Kombination geschehen. Einmal durch die Verzahnung der beiden europäischen Großereignisse. Zum Zweiten durch das Zusammenwirken von direkter Anregung – Kinospots, Internetauftritt, TV-Spots, Plakate, Anzeigen, Broschüren – und einladendem Gespräch „vor Ort". Ein Dreh- und Angelpunkt war die Info-Bus-Tour.

Abbildung 1:   Der Europabus auf Tour

Der Europabus rollte vom 19. September 2003 bis zum 20. Mai 2004 auf großer Informationstour quer durch Deutschland. Er machte in 35 Städten Station, um Europa den Bürgern näher zu bringen. Optisches Markenzeichen war ein Doppeldecker mit dem unübersehbaren Schriftzug „Europa – eine gute Wahl" (vgl. Abbildung 1). Die drei Auftraggeber Europäisches Parlament, Bundesregierung und Europäische Kommission organisierten auf diese Weise den direkten Dialog mit Bürgern vor Ort. Dabei wurden drei Themen verknüpft: EU-Erweiterung, Europawahl und die Zukunft Europas (Verfassung).

Das Ergebnis in Zahlen: Die Tour erreichte 500.000 Bürger direkt und entwickelte sich in jeder Stadt zu einem lokalen Medienereignis. 300 Presseartikel und Berichte im Radio und Fernsehen sorgten für das Echo. Hier ein paar Beispiele: „Doppeldecker wirbt für Europäische Union" (*Braunschweiger Zeitung*), „Guter Bus, gute Wahl" (*Hessische Allgemeine*), „Und Europa kam auf den Marktplatz" (*Stadtzeitung Karlsruhe*), „Europas rollender Botschafter parkt in der City" (*Saarbrücker Zeitung*). Einige Zeitungen sahen den Bus auch im Zusammenhang mit der zu Recht befürchteten geringen Wahlbeteiligung: „Die gute Wahl ist für viele lästige Pflicht – der Europabus soll Vorbehalte nehmen."

Konzeptioneller Kernpunkt der Tournee war das direkte Bürgergespräch. Der Europabus machte im Zentrum der beteiligten Städte, häufig ein Marktplatz in der historischen Altstadt, zwei Tage Station. Der Bus war Treffpunkt, Anlaufstelle und der Ort ausführlicher Informationen und intensiver Diskussionen mit Bürgerinnen und Bürgern. Hier wurden Gruppen zu Vorträgen und Diskussionen empfangen, hier fanden individuelle Gespräche statt. Bei Bürgersprechstunden standen Mitglieder des Europäischen Parlaments und des Deutschen Bundestages Rede und Antwort zu allen Themen rund um Europa.

Die parlamentarischen Sprechstunden wurden ergänzt durch themenorientierte Beratung nach dem Muster „Bürger fragen – Fachleute antworten". Experten gaben Ratschläge aus erster Hand, z.B. über Fragen der Jobsuche im Ausland (EU-RES-Berater der Arbeitsämter), über Sicherheitsfragen im vereinten Europa (Bundesinnenministerium), über Studienmöglichkeiten im Ausland (Akademische Auslandsämter) und die Modalitäten der Europawahl (Wahlämter der Stadt). Außerdem gaben die geschulten Berater der durchführenden Agentur „Euro-Informationen" während der gesamten Laufzeit der Tournee Auskünfte und beantworteten Fragen.

Der Auftakt zur Tour erfolgte am 19. September in der Hauptstadt Berlin. Auf den ersten Stationen steuerte der Bus die ostdeutschen Städte Leipzig, Jena und Magdeburg an. Im Vordergrund der Bürgerfragen standen dort die Themen ‚Erweiterung' und ‚Sicherheit der Arbeitsplätze'. Es folgten im Herbst Stationen in Braunschweig, Kassel, Nürnberg, Stuttgart, Karlsruhe, Saarbrücken und Dortmund. Im Westen rückten Fragen zur europäischen Verfassung, zur inneren und äußeren Sicherheit, also zur Kriminalitätsbekämpfung und Terrorismusabwehr im europäischen Raum ohne Grenzen, in den Vordergrund. Stark zu spüren war am Bus die Kampagne in der Boulevardpresse über die Spesenregelung im Europäischen Parlament. Gerade bei diesem heiklen Thema hat das Dialogangebot positiv gewirkt. Die Experten hörten zu, nahmen die Bedenken ernst, fragten nach, argumentierten sachorientiert und wirkten klärend. So ging es auf der Bustour nicht nur um Europabotschaften und Wissensvermittlung, sondern auch um einen Beitrag zum Abbau von Politikverdrossenheit, von der es nur ein kleiner Schritt zur Wahlenthaltung ist.

Die nächste Stadt war Frankfurt am Main im Februar 2004. Von dort aus ging es am Rhein entlang nach Mainz, Köln, Bonn und Düsseldorf. Es folgten Aachen, Trier, Wiesbaden und Freiburg im Südwesten. Von dort ging es weiter nach Bayern mit den Stationen Augsburg, München, Regensburg. Anschließend ging es Richtung Norden über Erfurt und Hildesheim nach Rostock, Kiel, Hamburg, Bremen und Hannover.

Im Frühjahr spielte die zeitliche Nähe zum großen Termin der EU-Erweiterung am 1. Mai eine zunehmend wichtige Rolle. Auch hier standen die Bürgerfragen in einem engen Zusammenhang mit der Berichterstattung. Bürgerinteresse und Medienaufmerksamkeit waren eng verzahnt. Mitarbeiter von Euro-Informationen berichteten, dass sich das sogar im Detail erwiesen hat.

Als die Berichterstattung im April 2004 einen Schwenk vollzog, weg von überwiegend kritischen Beiträgen zur EU-Erweiterung und hin zu landeskundlichen Themen und Vorstellungen der neuen Länder, stieg am Bus die Nachfrage nach Europakarten, geografischen Daten, Land und Leuten sowie Fahnen und Symbolen aus diesen Ländern. Die Neugier und das geweckte Interesse sind verlässliche Anzeichen für steigende Akzeptanz.

Unmittelbar vor und nach dem Erweiterungstermin am 1. Mai fuhr der Bus noch einmal nach Osten: Halle (Saale), Zittau, Dresden, Frankfurt/Oder und Berlin waren die Tourstationen. Der Tenor der Äußerungen und Bürgerfragen war in den neuen Bundesländern alles andere als einheitlich. Während in Städten mit größerem Abstand zur deutsch-polnischen Grenze (z.B. Halle) kritische und ablehnende Äußerungen dominierten, registrierte man in grenznahen Städten (z.B. Frankfurt/ Oder) eine beachtliche Veränderung zum Positiven, die Hoffnung auf Verbesserung durch die EU-Erweiterung gewann zunehmend Raum. Herausragend war die Teilnahme am grenzüberschreitenden Willkommensfest „Sternstunden Europas" im Dreiländereck Deutschland/Polen/Tschechien am 30. April und 1. Mai.

Die Bustour endete am 20. Mai in Aachen anlässlich der Karlspreis-Verleihung mit einem besonderen Höhepunkt: Pat Cox, Präsident des Europäischen Parlaments und Karlspreisträger 2004, besuchte den Europabus und diskutierte mit Jugendlichen. Wenige Wochen vor der Europawahl drehte sich die Diskussion vor allem um Fragen der Wahlmotivation (warum wählen gehen?), der unvollendeten Demokratie in der Europäischen Union und der Erwartungen junger Leute an das Europa der Zukunft.

Der Europabus hatte auch die Funktion eines „Rollenden Klassenzimmers". Die Aktion wurde gut aufgenommen, in manchen Städten beteiligte sich ein Dutzend Schulklassen, insgesamt waren während der Tournee 12.000 Schüler im Bus. Ihnen wurde ein unterhaltsames Informations-, Lehr- und Diskussionsprogramm zu den aktuellen Europathemen ‚Erweiterung', ‚Europawahl' und ‚Verfassung' geboten. Viele Abgeordnete nutzten die Plattform zur Diskussion mit den Schülern. Die gute Resonanz bei den Schulen ist zugleich ein Ansporn, in Zukunft auch speziell aufbereitete Unterrichtsmaterialien in das Sortiment der Europabroschüren aufzunehmen.

Der Europabus war nicht nur eine Plattform für Gespräche, sondern ermöglichte durch seinen Event-Charakter auch den spielerischen Zugang zum Thema „Europa". Ein besonderes Problem bei Infobussen oder Trucks ist die hohe psychologische Zugangsschwelle beim Betreten eines Fahrzeugs. Deshalb fanden Gespräche mit einzelnen Bürgern und Spiele möglichst nicht im Bus, sondern davor statt. Das wurde vor allem durch ein attraktives Zelt erreicht, das ebenerdig vor dem Bus aufgebaut wurde und als erste Anlaufstelle der Bürger sowie zur Platzierung des Broschürenangebots diente.

Um Familien und jungen Leuten einen unterhaltenden Zugang zum Thema zu erleichtern, wurden mehrere Spiele angeboten. Dabei war das Kistenklettern ein besonders attraktiver Blickfang – auch für Pressefotografen. Das Aufeinanderstapeln der Kisten, dekoriert in den jeweiligen Landesfarben der Beitrittsländer, stellte für Jugendliche einen ersten Bezug zum Thema ‚Erweiterung' dar. An einem Europa-Quiz beteiligten sich rund 55.000 Besucher. Gut angenommen wurde auch das Angebot, am Bus seine persönlichen Parteipräferenzen bei der Europawahl mit Hilfe des „Wahl-O-Mat" zu testen (vgl. auch den Beitrag von C. Bieber in diesem Band).

Wer in der jeweiligen Stadt den Weg zum Bus nicht gefunden hatte, wurde ausführlich in der Lokalzeitung informiert. Ausschlaggebend für das positive Medienecho waren die Medienpartnerschaft mit den jeweiligen Tageszeitungen, die Pressegespräche mit Abgeordneten des Europäischen Parlaments und des Bundestages sowie der Bus als Blickfang für Fotografen. Ein großes Plus war die lokale Akzentuierung, Europa wurde nicht abgehoben, sondern in der Stadt und in der jeweiligen Region verankert präsentiert. Die Teilnahme von Schulklassen, die Schirmherrschaft des Bürgermeisters, die Präsenz von Abgeordneten aus der Region und weiterer lokaler Kooperationspartnern sorgten für einen starken Regionalbezug. Alles zusammen genommen bot dies genügend Stoff für den Lokalteil der Tageszeitungen und andere regionale Medien. Hierzu weitere Fakten und Details:

- Eine umfangreiche Pressearbeit sowie die enge Einbeziehung der Medien vor Ort war ein wesentliches Element des Erfolges der Tour. Ein ausführlicher Presseverteiler wurde in Zusammenarbeit mit dem Presseamt der jeweiligen Stadt erstellt. Im Vorfeld wurden Gespräche mit den Redaktionen jeder Tourstation geführt. Eine Pressemappe mit einer Pressemitteilung und Einladung zur Veranstaltung sowie Hintergrundinformationen zum Thema gingen den regionalen Medien zu. Kurz vor den Veranstaltungen wurden die Medien vor Ort nochmals gezielt durch eine Pressemitteilung eingeladen und zusätzlich telefonisch kontaktiert.

- Im Ergebnis hat das Medienecho die Erwartungen weit übertroffen. Allein die Nennungen in den Printmedien erreichten eine Auflage von insgesamt 29,9 Millionen Exemplaren. Die Nennungen in den audiovisuellen Medien lagen bei rund 57,5 Millionen. Dabei wurde in vielen Medien sehr umfangreich auch über mehrere Seiten über die Themen der Tour berichtet. Der Grundtenor der Berichterstattung war positiv.

▪ Neun Leser- und Hörertelefonaktionen unter Beteiligung der Abgeordneten des Europäischen Parlaments führten zu einer umfangreichen Berichterstattung über konkrete Fragen der Bürger.

▪ 18 Mal konnten im Rahmen des „Europa-Quiz" die regionalen Medien zusätzlich eingebunden werden: Die Zeitungen druckten einen Quiz-Coupon mit 5 Fragen zur Erweiterung ab. Den Coupon gaben die Leser am Bus ab und nahmen damit an einer Verlosung teil.

▪ In Medienkooperation wurden sechs Mal Europaseiten anlässlich der Tour in den Tageszeitungen herausgegeben. Jugendredaktionen der regionalen Tageszeitungen und Sender wurden gesondert angesprochen und nahmen das Thema in der Regel sehr positiv auf.

Alles in allem erwies sich die Städtetour mit dem Europabus als ein wesentliches Element des direkten Dialogs mit den Bürgern, das sich in der Praxis der politischen Kommunikation bewährte.

4   Werben für die EU-Erweiterung – Information und Emotion

Im Frühjahr 2004 bestimmte die EU-Erweiterung weit stärker als die nahende Europawahl das Meinungsklima. Dabei wurde der voranschreitende Integrationsprozess zwar von einer Mehrheit der Bundesbürger befürwortet, gleichzeitig stieß er aber auf erhebliche Skepsis. Im Osten Deutschlands wurden Ängste deutlicher artikuliert. 64 Prozent der deutschen Bürger fühlten sich, nach einer im Auftrag des Bundespresseamts durchgeführten Forsa-Umfrage, nicht ausreichend informiert. Befürchtet wurden höhere Arbeitslosigkeit, finanzielle Belastungen und ein Ansteigen der Kriminalität. Positive Assoziationen waren demnach ‚Erleichterungen für Wirtschaft, Reisen und Zusammenarbeit' sowie ‚Frieden' und ‚Stabilität'.
Jedes der beitretenden Länder wurde unterschiedlich beurteilt. Dabei entsprang die jeweilige Zustimmung zum Beitritt dem subjektiven Blickwinkel. Mittels faktischer Zahlen ist dies dann mitunter schwer nachvollziehbar. Besonders auffällig war z.B. die subjektive Beurteilung der beiden deutschen Nachbarstaaten, Polen und Tschechische Republik. Während der Beitritt der Tschechischen Republik mit 59 Prozent Zustimmung und 28 Prozent Ablehnung mehrheitlich positiv bewertet wurde, waren die unterschiedlichen Meinungen zum Beitritt Polens mit 43 Prozent zu 44 Prozent gleichermaßen stark ausgeprägt. Hier galt das Prinzip „Motivierung durch Popularisierung der Beitrittschancen", Kommunikation nicht ohne Emotion und zugleich sachliche, faktenhaltige Information. Wem psychologische Grundmuster halbwegs vertraut sind, weiß, dass Vorbehalte und Ängste – ob im ganz persönlichen Bereich oder im öffentlichen – nicht durch Aufklärung und noch weniger durch einmalige Aktionen zu beseitigen sind. Beides muss sein, doch können sie nur, wenn es denn gut geht, der Anfang eines längeren Prozesses sein. Umdenken ist wie das Umsteuern eines großen Tankers, es braucht Zeit, Geduld

und vor allem die Entschlossenheit, tatsächlich das neue Ziel ansteuern zu wollen. Was die Kampagne tun konnte, war, einen Anstoß dazu zu vermitteln. Hierzu wurde auf zwei Schienen gefahren. Schiene eins war gekennzeichnet durch detaillierte Information über Anzeigen und Broschüren sowie im Internet. Die zweite Schiene lag auf emotionaler Ebene und setzte auf Prominente aus Medien, Sport und Unterhaltung. Diese „zielgruppenaffinen" Prominenten symbolisierten jeweils ein Thema und präsentierten auf sehr persönliche Art die Chancen der EU-Erweiterung. Die Besetzung war erstklassig: Die beiden schauspielerischen Schwergewichte Heinz Hoenig und Ottfried Fischer, Eisschnellläuferin Claudia Pechstein, „Wetterfrosch" Jörg Kachelmann (vgl. Abbildung 2). Die thematische Zuordnung zu den Prominenten entstammte deren öffentlicher Rolle. Ottfried Fischer („Der Bulle von Tölz") = Sicherheit, Jörg Kachelmann = Zukunftsaussichten, Heinz Hoenig = bodenständig/authentisch, Claudia Pechstein = Überwindung des Kalten Krieges – hier auf dem Eis, als ostdeutsche Symbolfigur.

Abbildung 2:   Prominente für EU-Erweiterung

Die Kino-Spots, 46 Sekunden lang, liefen zeitlich parallel zu Informations-Anzeigen in Tageszeitungen und Publikumszeitschriften, Außenwerbung sowie Informationsangeboten in Internet und Broschüren. Das Verwobensein mit der Europawahlkampagne wird beim Blick durchs Zeitfenster klar: Die kurzen Europa-filme waren ab 22. April für vier Wochen auf über 1.800 Leinwänden bundesweit zu sehen. Zugleich wurden in 66 Städten – mit regionalem Fokus auf den Osten Deutschlands sowie die bayerischen Grenzregionen und Nordrhein-Westfalen – auf Großflächen-Plakaten und City-Light-Postern (Fotograf: André Rival) Sympathien für diesen historischen Schritt Europas geweckt. Die Kampagne erzielte in einer repräsentativen Umfrage einen Aufmerksamkeitswert von 45 Prozent. Die Kosten der Kampagne lagen bei rund 2,7 Millionen Euro.

5 Die Kampagne „Wählen gehen!"

Die skizzierte EU-Erweiterungskampagne war der Einstieg ins Europajahr 2004. Die unmittelbare Fortsetzung und nun auch konzentrierte Hinwendung zur Europawahl folgte Ende Mai:

Gut zwei Wochen vor dem Wahltermin am 13. Juni warben neun Prominente in TV-Spots für die aktive Ausübung des Wahlrechts und damit für die Mitbestimmung des Einzelnen in Europa. Zusätzlich waren im Mai an allen deutschen ICE-Bahnhöfen Riesen-Banner zu sehen.

Insgesamt wurden im Blick auf die Wahl neun TV-Spots von je 15 Sekunden Länge mit bekannten Persönlichkeiten aus Medien, Sport und Unterhaltung produziert. Die Hauptdarsteller ließen sich allesamt ohne Gage als Zugpferde für Europa einspannen.

Die große Zahl an Prominenten garantierte der Kampagne hohe Aufmerksamkeit, Sichtbarkeit und Akzeptanz innerhalb verschiedener Teilzielgruppen und verstärkte den überparteilichen Ansatz der Kampagne. Zusätzlich konnte, auch durch die Beteiligung der Prominenten an der Kampagne, ein großes PR-Echo in den Medien, auch ausländischen, erzeugt werden. Sie hielten ihren Kopf für die Europawahl hin: Peter Scholl-Latour, Johannes B. Kerner, Ottfried Fischer, RTL-Moderator Oliver Geissen, die Sängerinnen Yvonne Catterfeld, Sabrina Setlur und Vanessa Petruo, TV-Moderatorin Collien Fernandes und Sportreporter Werner Hansch, auch Stimme des Ruhrpotts genannt (vgl. Abbildung 3). Regie bei allen TV-Spots – wie schon beim Film zur EU-Erweiterung – führte Sönke Wortmann („Das Wunder von Bern"). Einen Sonderauftritt hatte Hannelore Elsner als Testimonial in der bundesweiten Plakataktion im Mai.

Die TV-Spots spielten mit den Rollen oder Funktionen der Prominenten, um unvermittelt auf die Wahl hinzuweisen. Die Kernaussage der Spots war immer die Aufforderung, seine Stimme zu nutzen und an der Wahl zum Europäischen Parlament am 13. Juni teilzunehmen. Jeder Spot schloss mit dem Claim: „Europa – eine gute Wahl."

Die Kampagne richtete sich besonders an die Zielgruppe der Erstwähler. Denn bei Jugendlichen und jungen Erwachsenen waren starke Rückgänge in der Wahlbeteiligung zu verzeichnen. Deshalb wurden genau abgestimmte Spots vor allem im Umfeld von Jugendsendungen sowie auf Musiksendern ausgestrahlt. Wie durchschlagend der Europa-Konsens und das Europa-Engagement wirken können, lässt sich daran ablesen, dass nicht nur die Prominenten auf Honorar verzichteten, sondern auch diese 15 Sender eine kostenfreie Ausstrahlung ermöglichten: *ZDF, RTL, VOX, n-tv, ProSieben, Sat.1, N24, Kabel1, VIVA, MTV, RTL2, DSF, Super RTL, MTV2POP* und *VIVA Plus.*

Abbildung 3: TV-Spots zur EU-Wahl

Insgesamt wurden in den zwei Wochen vor der EU-Wahl mehr als 1.350 Spots von den Sendern ausgestrahlt. Und dies nicht nur auf klassischen Werbeplätzen; vielmehr integrierten die Sender die Spots auch in das laufende Programm. Sie liefen neben Programmtrailern, in politischen Sendungen oder im Rahmen der Berichterstattung zu den Wahlen. Zusätzlich gab es Features über die Produktion der Spots. Das Making-of zur Kampagne wurde in mehreren Formaten gezeigt. Auch die Platzierung auf besonders reichweiten Programmplätzen, etwa beim vorletzten Testspiel der deutschen Fußball-Nationalmannschaft vor der Europameisterschaft 2006 am 2. Juni, erhöhte die Sichtbarkeit der Kampagne enorm. Die Produktionskosten für die TV-Spots betrugen insgesamt 635.000 Euro, der Mediawert der Freischaltungen lag bei rund 2,85 Millionen Euro. Die Spots im Einzelnen:

- Johannes B. Kerner joggt und joggt und joggt. Er ist schon außer Atem. Schließlich erreicht er das Ziel seines Laufs, die Tür eines Wahllokals. Die versucht er im Lauf zu öffnen, rennt jedoch voll dagegen, da sie verschlossen ist. Irritiert steht er vor der Tür. Stimme aus dem Off: „Tja Herr Kerner, Europas Wahllokale öffnen erst am 13. Juni. Dann wählen gehen!"
- Stadionatmosphäre. Wir sehen Werner Hansch, wie er in einem Wahllokal seinen Wahlzettel zusammenfaltet und in eine oben runde, mit Eurosternen-

kreis bedruckte Wahlurne wirft. Applaus brandet auf. Hansch: „Ja, liebe Zuschauer, heute geht's mal andersrum, nicht das Runde muss ins Eckige, sondern das Eckige muss ins Runde." Stimme aus dem Off: „Anpfiff zur Europawahl 13. Juni, 8 Uhr. Nichts wie hin."

- Oliver Geissen in der Kleiderabteilung einer Boutique. Er sucht hektisch nach
einer freien Kabine, reißt zwei Türen von Kabinen auf, alle belegt. Endlich
findet er hinter der dritten Tür eine Wahlkabine. Glücklich tritt er ein – und
wählt. Stimme aus dem Off: „Am 13. Juni öffnet Europa die Wahlkabinen.
Wählen gehen!"

- Ottfried Fischer in einer bayrischen Wirtschaft, er studiert die Speisekarte.
Der Kellner kommt, um die Bestellung aufzunehmen, und fragt ihn auf baye-
risch: „Na Herr Fischer, schon gewählt?" Fischer reißt erschrocken die Augen
auf, fährt vom Sitz hoch, greift nach seinen Sachen und eilt aus dem Lokal.
Der Kellner schaut ihm verdutzt hinterher. Stimme aus dem Off: „Nicht ver-
gessen: Am 13. Juni ist Europawahl. Wählen gehen!"

- Nacht. Spannungsvolle Musik, Thriller. Collien Fernandes wirft sich im Halb-
dunkel in ihrem Bett hin und her, wie von wilden Träumen gequält. Die Musik steigert sich, die Spannung steigt. Plötzlich schreckt sie ruckartig auf,
greift hektisch nach ihrem Wecker und starrt panisch auf das Zifferblatt.
Stimme aus dem Off: „Keine Panik. Europawahl ist erst am 13. Juni. Dann
wählen gehen!"

- Yvonne Catterfeld in einer typischen Interview-Situation. Die Moderatorin
fragt sie ganz direkt: „Yvonne, mal ehrlich, kannst du dich eigentlich noch an
dein erstes Mal erinnern?" Yvonne ist überhaupt nicht irritiert, sondern ant-
wortet souverän: „Ach ja, das war vor fünf Jahren. Und ich freue mich auch
schon auf das zweite Mal." Stimme aus dem Off: „Wählen kann so schön
sein. Europawahl 13. Juni."

- Sabrina Setlur singt verträumt vor sich hin, nur mit sich und ihrem „Baby"
beschäftigt, genauer: der ersten Strophe ihrer Single „Baby": „Baby du bist
zauberhaft. Und Babe was du für Augen hast. Du leuchtest fast vor lauter
Pracht. Ich hoff', dass ich nie aus diesem wundervollen Traum erwach..." An
dieser Stelle bricht die Musik zur Überraschung von Setlur und des Zuschau-
ers abrupt ab. Sabrina Setlur erwacht aus ihrem gesungenen Traum. Stimme
aus dem Off: „Entschuldigung, wenn wir stören! 13. Juni Europawahl. Hinge-
hen."

- Wir sehen Archivbilder aus dem Leben von Peter Scholl-Latour – von seinen
Studienzeiten bis heute, von Europa über Afrika bis Asien. „Eine einmalige
Journalistenkarriere macht ihn zum Zeugen vieler Wirren der Zeitgeschichte,
Auslandsreisen führten ihn rund um die Welt, Peter Scholl-Latour, und heute
trifft er eine wirklich wichtige Entscheidung..." Scholl-Latour tritt aus einer
Wahlkabine und geht auf die Urne zu. Stimme aus dem Off: „Europawahl am
13. Juni. Entscheiden Sie mit!"

- Vanessa auf einer Probebühne. Ihre Band startet mit der Musik zu ihrem neu-
en Hit „Drama Queen". Vanessa bereitet ihren Einsatz vor, holt Luft und hebt
an zu singen. Doch die Technik spielt ihr einen Streich, ihre Stimme wird über

die Anlage nicht hörbar. Vanessa und die Band brechen den Song ab, um das technische Problem zu beheben. Stimme aus dem Off: „Deine Stimme wird gebraucht! 13. Juni Europawahl. Wählen gehen!"

Das waren die „Anreißer". Tiefer gehende Information lieferten die bereits erwähnten Broschüren – auch ein Flyer speziell für die zwei Millionen wahlberechtigten EU-Bürger, die in Deutschland leben – sowie die Internetseiten der Bundesregierung und des Europäischen Parlaments. Im Vorfeld der Wahl wurde das EUROPAPORTAL als zentraler Bestandteil der europapolitischen Öffentlichkeitsarbeit eröffnet (vgl. den Beitrag von C. Bieber in diesem Band). Die bereits unter *www.bundesregierung.de* vorhandene Themenseite „Europäische Union" wurde ausgebaut und in das neue Portal überführt. Der Europawahl wurde ein eigener Bereich gewidmet. Hierzu gehörte eine Übersicht über die Aufgaben des Europäischen Parlaments (EP), seine Kompetenzen, seine Zusammensetzung, seine Geschichte und das Wahlverfahren. Auch die TV-Spots zur Wahl waren abrufbar.

Die inhaltlichen Schwerpunkte der neuen Plattform waren/sind: Europawahl, EU-Erweiterung, Begleitung des Verfassungsprozesses, aktuelle Nachrichten und Meldungen zur Europapolitik, Deutschland in Europa: Themen von A bis Z, Kommunikation zu ressortspezifischen Themen der Europapolitik (themenorientierte Rubriken), interaktive Elemente (Einbindung der Nutzer durch Chats, Votings, Foren u.ä.), Basisinformationen zu Europa (Europalexikon, Institutionenkunde).

Darüber hinaus wurden das Europaparlament und Europawahl online in *e.public – Das Europamagazin*, es erscheint im 5-Wochen-Rhythmus, als Schwerpunktthema dargestellt und erläutert. Neben Informationen über das Wahlverfahren wurde anhand von Beispielen dargelegt, wie das Europäische Parlament das Leben der Bürger inzwischen beeinflusst. Dies wurde mit zwölf Gründen für die Wahl des Parlaments verdeutlicht, die der damalige EP-Präsident Pat Cox vorstellte. „e.public – Das Europamagazin" kann abonniert werden, ist aber auch über die Internetseite der Bundesregierung abrufbar.

6   Fazit

Viel Aufwand, viel Einsatz – und dann 43 Prozent Wahlbeteiligung. Die Frage muss sich aufdrängen: War also die Informationskampagne, die nichts anderes als die Mobilisierung der Wahlberechtigten zum Ziel hatte, vergebens? War sie falsch angelegt? Wie sonst hätte sie konzipiert werden sollen? Oder war sie gelungen und hatte eher dazu beigetragen, einen insgesamt negativen Trend beim Wahlverhalten weniger dramatisch ausfallen zu lassen? Eine gesicherte Antwort auf diese Fragen gibt es nicht. Was alleine feststeht, ist eine erstaunliche Diskrepanz: Das Interesse der EU-Bürger an ihrem Parlament in Straßburg schwindet in dem Maß, wie die Volksvertretung in den letzten zehn Jahren immer mehr an inhaltlicher Bedeutung gewinnt. Ein europäisches Paradoxon.

Trotz vielfältig ausgestreuter und repetierter Information scheint einfach die Tatsache nicht durchzudringen, dass die meisten nationalen Gesetze europäischen

Ursprungs sind und die meisten EU-Gesetze vom Europäischen Parlament mitbestimmt werden. Für viele Menschen sind „Brüssel" und „Straßburg" immer noch ferne Bürokratien, mit denen man nicht viel zu tun hat. Das ist eine Fehleinschätzung, aber sie ist wirksam.

Ein Zweites kommt hinzu: Eine ganze Reihe von EU-Mitgliedstaaten, darunter Deutschland, befinden sich in einem mühsamen, wenngleich unumgänglichen Reformprozess. Die Reformen besonders im Bereich der Sozialsysteme haben den Bürgern Opfer abverlangt und staatliche Leistungen reduziert, die nicht mehr zu finanzieren waren. Die Einsicht in die Notwendigkeit eines europaweiten Reformprogramms, das alle EU-Staats- und Regierungschef im Jahr 2000 in Lissabon beschlossen hatten, um Europa bis zum Jahr 2010 für den globalen Wettbewerb fit zu machen, gewinnt offensichtlich nur schwer an Boden. Der Unwille der Bürger äußerte sich offenkundig auch in Wahlabstinenz und in „Denkzetteln" für ihre nationalen Regierungen (vgl. den einleitenden Beitrag von J. Tenscher in diesem Band).

Auf der anderen Seite fehlte der Wahl die zugespitzte Personalisierung, die das kräftige Gewürz für eine Wählermobilisierung bildet. In Deutschland stellten lediglich die Grünen mit Rebecca Harms, Daniel Cohn-Bendit, Angelika Beer und Cem Özdemir eine Liste zur Wahl, deren Kandidaten über den politisch-publizistischen Komplex hinaus bekannt sind. Viele Kandidaten, meist engagierte Europäer und fähige Politiker, sind auf nationaler Ebene oft relativ unbekannt. Sie haben auch kaum die Möglichkeit zu einer ständigen und bürgernahen Präsenz wie ihre Kollegen aus den nationalen Parlamenten in ihren Wahlkreisen. Unter diesen Umständen sind weder die niedrige Wahlbeteiligung noch die Stimmverluste einzelner Regierungsparteien – quer durch Europa – erstaunlich. Bitter sind diese Ergebnisse aber für das Europäische Parlament, das doch Bannerträger der Demokratisierung der EU sein soll.

Noch – wie lange noch? – gelten die Schlussfolgerungen, die von Wahlforschern immer wieder gezogen werden: Europawahlen werden als „Nebenwahlen" empfunden, nicht als Hauptsache (vgl. die Beiträge von A. Wüst/D. Roth und D. Schneider/P. Rössler in diesem Band). Das ist so, aber das muss nicht entmutigen. Nach Max Weber ist Politik – also auch politische Öffentlichkeitsarbeit – „ein starkes langsames Bohren von harten Brettern mit Leidenschaft und Augenmaß zugleich." So werden BPA und IEP weiterbohren, auch gemeinsam, und nicht erst in fünf Jahren zur nächsten Europawahl. Das Thema „EU-Verfassung" steht an!

Nebensache Europa: Parteienspots zur Europawahl 2004 und ihre Wirkung. Ergebnisse einer Experimentalstudie

Michaela Maier/Jürgen Maier

1 Einleitung

Am Abend des 13. Juni 2004 zeigte sich einmal mehr, dass Europa in der Wahrnehmung der Bürger nur eine untergeordnete Rolle spielt. Noch nie in der 25-jährigen Geschichte der Direktwahlen zum Europaparlament machten so wenige Deutsche von ihrem Wahlrecht Gebrauch. Nur 43 Prozent fanden den Weg zur Wahlurne; damit blieb zum zweiten Mal nach 1999 die Mehrheit der Wahlberechtigten zu Hause.

Diejenigen, die sich an der Wahl beteiligten, nutzten – wie dies bei so genannten Nebenwahlen nicht unüblich ist (vgl. z.B. H. Schmitt/K. Reif 2003) – die Gelegenheit, über die Leistungen der Bundesregierung abzustimmen (vgl. den Beitrag von A. Wüst/D. Roth in diesem Band). Für die Sozialdemokraten um Bundeskanzler Gerhard Schröder geriet dieser Stimmungstest zum Debakel. Bei keiner vorangegangenen Wahl, bei der alle Deutschen zur Stimmabgabe aufgerufen waren, schnitt die *SPD* schlechter ab (21,5 Prozent). Die Unionsparteien konnten hingegen an die Erfolge der letzten Landtagswahlen anknüpfen und kamen auf 44,5 Prozent. *Bündnis 90/Die Grünen*, der kleinere Regierungspartner, konnte sich auf 11,9 Prozent verbessern und sich genauso wie die *FDP*, die mit 6,1 Prozent den Einzug ins neue, nun 25 Nationen umfassende Europaparlament schaffte, als Wahlsieger fühlen. Gleiches galt für die *PDS* (6,1 Prozent), die die nächsten fünf Jahre ebenfalls in Straßburg vertreten ist.

Europa war aber nicht nur für die Bürger kein Thema. Auch die Massenmedien berichteten wenig über die anstehende Europawahl (vgl. hierzu den Beitrag von F. Brettschneider/M. Rettich in diesem Band). Nur etwa sieben Prozent aller Beiträge in den überregionalen Tageszeitungen und in den Hauptnachrichtensendungen der öffentlich-rechtlichen und der wichtigsten privat-kommerziellen Sender beschäftigten sich anlässlich der Europawahl mit europapolitischen Themen. Damit war das Medieninteresse zwar höher als in „normalen Zeiten" – also den Phasen, in denen keine Europawahlen stattfinden oder wichtige Entscheidungen auf europäischer Ebene getroffen werden (vgl. hierzu auch C. Kolmer 2004; im Vergleich zum Umfang der Berichterstattung bei nationalen Wahlen war die Aufmerksamkeit der Medien im Rahmen von Europawahlen aber verschwindend gering.

Angesichts der geringen – und tendenziell auch eher negativen – Medienresonanz (vgl. die Beiträge von J. Wilke/C. Reinemann, F. Brettschneider/M. Rettich in diesem Band sowie C. Kolmer 2004) und dem offenkundigen Desinteresse der Bürger an europapolitischen Themen stellte sich für die politischen Parteien die Frage, wie es gelingen kann, die Wähler für die Europawahl 2004 zu interessieren, sie zur Wahlteilnahme zu mobilisieren und zu einer Stimmabgabe für sie zu bewegen. Eine zentrale Rolle bei der Mobilisierung von Wählern nimmt in jedem modernen Wahlkampf die Wahlwerbung ein, vor allem die im Fernsehen ausgestrahlten Wahlwerbespots, die als Werbemittel gelten, die – gerade auch unter politisch weniger Interessierten – ein besonders hohes Maß an Beachtung finden (vgl. C. Holtz-Bacha 2000: 82f.; R. Schmitt-Beck 2002). Glaubt man dem Credo der kommerziellen Werbewirtschaft, dass „bei Personen, die Fernsehwerbung sehen, die Kaufwahrscheinlichkeit um 36 Prozent höher [liegt], als bei Personen ohne TV-Spots" (Werben & Verkaufen News 1995: 44), könnte man angesichts der Tatsache, dass die Werbespots zur Europawahl 2004 bis zu 5,3 Millionen Zuschauer erreichten (vgl. M. Maier/J. Maier 2005b), hervorragende Wahlergebnisse für alle Parteien erwarten, die im Fernsehen für sich werben.[1] Allerdings werden auch Zweifel am Einfluss von Wahlwerbespots angemeldet. So mutmaßte Erik Bettermann, ehemals stellvertretender Geschäftsführer der *SPD* Nordrhein-Westfalen und heute Intendant der *Deutschen Welle*, dass von Wahlwerbespots kaum Effekte ausgehen dürften. Vielmehr entzögen sich Fernsehzuschauer systematisch der Rezeption derselben. Deshalb gelte: „Die Ausstrahlung der Parteienspots wird vor allem bei den Wasserwerken registriert" (zit. nach C. Holtz-Bacha 1990: 51; vgl. auch C.-M. Ridder 1994: 376).

Erstaunlicherweise finden sich – ganz im Gegensatz zu den Vereinigten Staaten (vgl. hierzu z.B. L. Kaid 2004) – für die Bundesrepublik Deutschland nur wenige Studien, die sich mit der *Wirkung* von im Fernsehen gezeigten Wahlwerbesendungen beschäftigen (eine Zusammenfassung des Forschungsstandes bietet C. Holtz-Bacha 2000: 86ff.). Dies gilt in besonderem Maße für Europawahlen, für die bislang nur die Studie von Christina Holtz-Bacha (1990) Einblicke in Wahrnehmung und Wirkung von Wahlwerbespots bietet. Dies ist ein erstaunlicher Sachverhalt, führt man sich angesichts der hier chronisch niedrigen Wahlbeteiligungsraten das im Vergleich zu Landtags- oder Bundestagswahlen riesige Potenzial an, zumindest theoretisch, mobilisierbaren und – aufgrund der in aller Regel geringen Vertrautheit mit dem politischen System Europas und der aus diesem Grund vermutlich weniger stabilen Überzeugungssysteme – beeinflussbaren Wähler vor Augen. So zeigt die Studie auf der Basis von repräsentativen Bevölkerungsumfragen für die Wahlen der Jahre 1984 und 1989, dass die Parteienspots – noch vor Wahlplakaten, Medienberichten, Zeitungsanzeigen sowie Werbeblättern der Par-

---

1 Damit lag die Reichweite der Europawahlwerbespots 2004 über der des Jahres 1999, als die Werbesendungen nach Angaben der AGF/GfK-Fernsehforschung maximal 4,6 Millionen Zuschauer erreichten (vgl. hierzu auch J. Maier 2003; Daten zur Europawahl 1994 bietet C.-M. Ridder 1994). Die Reichweite von Parteienspots zur Europawahl entspricht damit in etwa der Reichweite von Werbespots zur Bundestagswahl (vgl. C. Holtz-Bacha/L. Kaid 1993, 1996; C. Holtz-Bacha 1999; kritisch hierzu: C.-M. Ridder 1994: 376).

teien – die effektivste Informationsquelle für die Wähler darstellten. Weiterhin belegt die Untersuchung, dass sich die Einstellung zur EG-Mitgliedschaft, zur Geschwindigkeit der Europäischen Integration sowie zum Europäischen Parlament durch die Rezeption von Wahlwerbespots deutlich verbesserte. Vor diesem Hintergrund vermutet Christina Holtz-Bacha (1990: 53), dass sich durch die Rezeption von Wahlwerbespots und den damit verbundenen Veränderungen der europapolitischen Orientierungen auch die Bereitschaft vergrößert, an Europawahlen zu partizipieren.

Die vorliegende Analyse soll dazu beitragen, die vorhandene Forschungslücke auf dem Gebiet der Wirkung von Werbespots bei Europawahlen ein Stück weit zu schließen. Mit Daten aus einem Experiment zur Europawahl 2004 wird dabei wie folgt vorgegangen: Nach einer kurzen Beschreibung der Untersuchung und der zur Verfügung stehenden Daten folgt eine Deskription der Wahlwerbespots, die den Teilnehmern des Experiments gezeigt wurden und auf die sich die Wirkungsaussagen beziehen. Anschließend wird der Einfluss der Wahlwerbespots auf die politischen Orientierungen der Versuchspersonen untersucht: Ihre politische und kognitive Involvierung, ihre Wahrnehmung europapolitischer Themen, ihre Einstellungen zu Europa und zur Europäischen Integration sowie ihre Wahlabsicht.

2 Daten

Am 7. Juni 2004 – also in der Woche vor der Europawahl – wurden an der Universität Koblenz-Landau mehrere Experimente zur Bewertung und Wirkung der in den beiden öffentlich-rechtlichen Fernsehsendern *ARD* und *ZDF* ausgestrahlten Europawahlwerbespots von *CDU, SPD, FDP, Bündnis 90/Die Grünen* und der *PDS* durchgeführt. In einem der Experimente wurde der Einfluss dieser Wahlwerbsendungen auf die politischen Orientierungen und Verhaltensabsichten von 53 Bürgern aus Landau und Umgebung untersucht; diese Studie bildet die empirische Basis für den vorliegenden Beitrag.[2]

Die Untersuchung war so aufgebaut, dass die Probanden gebeten wurden, vor dem ersten Spot einen ausführlichen Fragebogen zu ihrer politischen Involvierung (u.a. ihrem politischen Interesse und dem Verfolgen des Wahlkampfes), ihrem politischen Wissen, ihren politische Einstellungen (zu Parteien, Themen und Europa), ihrem Wahlverhalten bei vergangenen Wahlen und ihrer Wahlabsicht für die anstehende Europawahl, ihrer Parteiidentifikation, ihrem Mediennutzungsverhalten und soziodemographischen Daten auszufüllen. Danach wurde ihnen der Europa-

---

2   Die Rekrutierung der Probanden erfolgte anhand eines vorab festgelegten Quotierungsschemas, das
    für die Merkmale Geschlecht, Alter und Bildung kontrollierte (vgl. hierzu ausführlicher M. Maier/J.
    Maier 2005a). Während Männer und Frauen unter den Teilnehmern nahezu gleich repräsentiert wa-
    ren (51 vs. 49 Prozent), gab es leichte Verzerrungen bezüglich des Alters (18-29 Jahre: 30 Prozent,
    30-44 Jahre: 30 Prozent, 45-59 Jahre: 11 Prozent, 60 Jahre und älter: 28 Prozent) sowie hinsichtlich
    der Bildung (Volks-/Hauptschulabschluss: 26 Prozent; Mittlere Reife: 30 Prozent; Fachhochschul-
    /Hochschulreife: 45 Prozent). Alle Probanden, die sich aufgrund von Anzeigen in der Tageszeitung
    „Die Rheinpfalz" sowie in einem an alle Haushalte in der Region kostenlos verteilten Wochenblatt
    meldeten, erhielten eine Aufwandsentschädigung von 15 Euro.

wahlspot der *SPD* gezeigt. Daran schlossen sich die Spots der *PDS*, der *FDP* und von *Bündnis 90/Die Grünen* an. Den Abschluss bildete der *CDU*-Spot. Nach jedem Wahlwerbespot wurde den Probanden ein kurzer Fragebogen vorgelegt, der neben der Frage, ob man die jeweilige Werbesendung schon einmal gesehen habe,[3] auch Fragen zur Bewertung und zum Verständnis des Spots sowie zur Bewertung der politischen Parteien enthielt. Der letzte Fragebogen zur Wahrnehmung und Bewertung des *CDU*-Spots wurde mit der Wiederholung einer Reihe von Fragen aus der Eingangsbefragung verknüpft. Im vorliegenden Beitrag werden nur die politischen Orientierungen und Verhaltensabsichten der Probanden, wie sie zu Beginn (d.h. *bevor* der *erste* Spot gezeigt wurde; „Pretest") und am Ende des Experiments (d.h. *nachdem* der *letzte* Spot gezeigt wurde; „Posttest") erfasst wurden, miteinander verglichen.

Zusätzlich wurden die Teilnehmer gebeten, ihre kurzfristigen Wahrnehmungen bereits *während* der Rezeption der Spots mit Hilfe eines computergestützten Real-Time-Response-(RTR)-Systems zu bewerten. Dabei sollten die Probanden ihre subjektiven Meinungen und Eindrücke zu den einzelnen Werbespots mit Hilfe siebenstufiger Drehregler dokumentieren, die die jeweilige Reglereinstellung kontinuierlich an einen zentralen Computer meldeten. Auf die Daten der RTR-Messung wird im Rahmen dieses Beitrags jedoch nicht zurückgegriffen (eine Dokumentation der Ergebnisse der RTR-Messung findet sich bei M. Maier/J. Maier 2005a).

3   Beschreibung der Spots[4]

Die *SPD* hatte ihren Europawahlkampf 2004 unter das Motto „Neue Stärke" gestellt. In einem schwarz-weißen Spot mit unauffälliger Hintergrundmusik warben zunächst sechs Bürger und Bürgerinnen verschiedener Altersgruppen in kurzen Statements für eine gerechte Altersversorgung, Chancen für die Jugend, internationale Wettbewerbsfähigkeit durch Bildung, Wirtschaftswachstum durch Innovationen, Vereinbarkeit von Familie und Beruf und Verantwortung für den Frieden. Ein längeres Statement von Gerhard Schröder zur Bedeutung Europas als Friedensmacht und für Gerechtigkeit in Europa sowie die Einblendung des *SPD*-Logos mit dem Claim „Neue Stärke", schlossen den Spot ab.

Mit einem, sowohl was die Schnitte als auch die Musik anbelangt, wesentlich dynamischeren und – bedingt durch die scharfe Kritik an der Bundesregierung –

---

3   Die Wahlwerbespots der fünf Parteien waren – obwohl schon seit drei Wochen in den Programmen *ARD* und *ZDF* sowie bei den privaten Vollprogrammen zu sehen – nur wenigen Teilnehmern der Studie bekannt: Den *CDU*-Spot hatten zuvor schon 23 Prozent der Befragten gesehen, den der *SPD* 43 Prozent, den der *FDP* 13 Prozent, den von *Bündnis 90/Die Grünen* acht Prozent und den der *PDS* elf Prozent. Die größere Bekanntheit der Spots von *CDU* und *SPD* ist damit zu erklären, dass diese einerseits in den öffentlich-rechtlichen Sendern mehr Sendeplätze zur Verfügung gestellt bekommen hatten als die kleineren Parteien und dass sie andererseits zusätzlich Sendezeit bei den privat-kommerziellen Sendern gekauft hatten.

4   Ein Transkription der Werbesendungen sowie eine Beschreibung der Bildsequenzen findet sich bei M. Maier/J. Maier (2005a).

aggressiveren Spot warb die *CDU* unter dem Motto: „Europa 2004: Deutschland kann mehr." Während Bilder von mehr als einem Dutzend Bürgern verschiedener Altersgruppen und unterschiedlicher Hautfarbe in schnellen Schnitten abwechselten bzw. montiert wurden, sprachen eine weibliche und eine männliche Stimme aus dem Off für die Bürger, die den Verlust ihrer Arbeitsplätze, Rentenbetrug, das Nichteinhalten von Versprechen und das Chaos der Regierung beklagten, und die sich eine Politik wünschten, „die es besser macht". Als konkrete Ziele genannt wurden die Sicherung von Arbeitsplätzen, eine einfache Besteuerung, gute Bildung, eine größere Bedeutung Deutschlands in Europa und der Aufbruch für Deutschland. Der Spot endete mit der Einblendung der Claims „Europa 2004: Deutschland kann mehr." und „Besser für die Menschen. CDU.".

Unter dem Motto „Für mehr Grün in ganz Europa." zeigte der Spot von *Bündnis 90/Die Grünen* in einer Mischung von Montage und Videoclip, welche Bedeutung die Farbe grün im Alltag hat oder haben könnte: Es wurden grüne bzw. grüngefärbte Landschaften, Mikrochips, Glasflaschen, Keimlinge, Straßenbahnen, verschiedene Lebensmittel und anderes gezeigt; dazwischen wurden Bilder der grünen Spitzenpolitiker Jürgen Trittin, Renate Künast und Joschka Fischer (dieser auf einem Wahlplakat) eingeblendet. Die Bilder wechselten schnell ab, und der Spot war mit einem schwungvollen Song unterlegt. Der Spot endete mit der Einblendung des Schriftzugs „Du entscheidest: Für mehr Grün in ganz Europa" und zeigte zunächst das Logo der grünen Parteien in Europa (*European Greens*) und dann das von *Bündnis 90/Die Grünen.*

Die *FDP* parodierte in ihrem Spot eine Szene in einem Arbeitsamt, in der ein Arbeitssuchender mit seinem Ansinnen, ein Restaurant oder einen Imbiss zu eröffnen oder zumindest Koch zu werden, von zwei scheinbar übermächtigen Sachbearbeitern schroff zurückgewiesen wird. In einem Schlussstatement warb die Spitzenkandidatin der Partei, Silvana Koch-Mehrin, für weniger Bürokratie, mehr Freiheit und mehr Chancen. Der Spot endete mit der Einblendung des Parteilogos und des Schriftzugs „Wir können Europa besser machen".

Die *PDS* lehnte ihren Spot an den Film „Lola rennt" an. Im ersten Teil des Spots liegt eine junge Frau im Bett und schaltet immer wieder einen Radiowecker ab, aus dem die Nachrichten von Sozialabbau, Beraterverträgen und der PISA-Studie berichten. Am 13. Juni – dem Tag der Europawahl 2004 – springt sie um 17:55 Uhr – also fünf Minuten vor der Schließung der Wahllokale – aus dem Bett, rennt zum Wahllokal und wählt „sozial – PDS". Im zweiten Teil des Spots erklärt die Spitzenkandidatin der *PDS*, Sylvia-Yvonne Kaufmann, der jungen Frau in einer Art „Bürgergespräch" das Wahlprogramm ihrer Partei: Ein soziales, demokratisches, ziviles Europa, ohne Lohndumping und ohne die Beteiligung an den Angriffskriegen der USA. Am Ende des Spots verlässt die junge Frau das Zimmer und schließt die Tür, an der ein Schild mit dem *PDS*-Logo hängt. Ein Sprecher aus dem Off sagt: „Am 13. Juni sozial wählen. PDS.".

4   Die Wirkung von Wahlwerbespots bei der Europawahl 2004

4.1 Politische und kognitive Involvierung

Die Teilnehmer des Experiments zeichneten sich vor der Rezeption des ersten Spots durch ein moderates bis starkes politisches Interesse aus (3,5 auf einer 5-Punkte-Skala; vgl. Tabelle 1). Dies ist nicht weiter verwunderlich, hält man sich vor Augen, dass sich die Probanden für die Studie selbst rekrutiert hatten und somit zu erwarten war, dass ein zentrales Motiv für die Teilnahme an der Untersuchung das Interesse an politischen Themen war. Deutlich geringer war hingegen das Interesse an der Europapolitik (3,0) und am Europawahlkampf 2004 (2,8). Während sich durch die Rezeption der Werbespots weder das Interesse an der Politik noch das Interesse am Wahlkampf veränderten, verringerte sich das Interesse an europäischen Themen signifikant (-0,2 Skalenpunkte). Von den Spots der Parteien ging also keine mobilisierende Wirkung aus. Dies galt auch, wenn man die Teilnehmer danach unterschied, ob sie über eine Parteiidentifikation verfügten oder nicht.[5] Vielmehr war zu beobachten, dass die Wahlwerbesendungen für parteipolitisch Ungebundene sogar durchweg demobilisierend wirkten (Veränderungen von bis zu -0,3 Skalenpunkten). Die gemessenen Veränderungen sind aufgrund der kleinen Fallzahlen in dieser Gruppe jedoch statistisch nicht signifikant.

Die Teilnehmer der Studie fühlten sich vor der Rezeption der Spots nicht besonders gut über die Europäische Union informiert (vgl. Tabelle 2). Ihr Informationsniveau schätzten sie im Mittel mit 2,5 auf einer 5-Punkte-Skala ein. Diese Wahrnehmung verbesserte sich durch die Rezeption der Wahlwerbespots nur geringfügig (+0,1 Skalenpunkte). Dieses Ergebnis überrascht nicht, hält man sich vor Augen, dass europapolitische Informationen Mangelware in den von den Parteien ausgestrahlten Spots waren (vgl. hierzu auch M. Maier/J. Maier 2005b). So fiel etwa im *CDU*-Spot bei einer Laufzeit von 90 Sekunden ganze zwei Mal das Wort „Europa", die Spots von *SPD* (Laufzeit: 70 Sekunden) und *PDS* (Laufzeit: 85 Sekunden) erwähnten Europa fünf Mal. Die *FDP* verzichtete in ihrem 53-Sekunden-Spot ebenso wie *Bündnis 90/Die Grünen* (56-Sekunden-Spot ohne gesprochenen Text) darauf, „Europa" zu erwähnen (vgl. auch M. Maier/J. Maier 2005a). Unter-

---

5   Dies war nicht unbedingt zu erwarten, ist doch für parteipolitisch festgelegte Wähler anzunehmen, dass sie sich grundsätzlich stärker mit Politik beschäftigen, ein höheres Maß an Wissen, stabilere Einstellungen und eine klar definierte Wahlabsicht aufweisen. Daraus lässt sich die Erwartung ableiten, dass Wahlwerbespots einen geringeren Einfluss auf Personen mit Parteibindung haben sollten. Die Verteilung der Parteiidentifikationen, die mit dem Standardinstrument „Viele Leute neigen in der Bundesrepublik längere Zeit einer bestimmten Partei zu, obwohl sie auch ab und zu eine andere Partei wählen. Wie ist das bei Ihnen: Neigen Sie – ganz allgemein gesprochen – einer bestimmten Partei zu? Wenn ja, welcher?" erhoben wurde, stellte sich unter den Teilnehmern der Studie wie folgt dar: *CDU/CSU* 17,0 Prozent, *SPD* 34,0 Prozent, *FDP* 5,7 Prozent, *Bündnis 90/Die Grünen* 26,4 Prozent, *PDS* 1,9 Prozent, sonstige Partei 1,9 Prozent, keine Parteiidentifikation 7,5 Prozent, keine Angabe 5,7 Prozent. Für die nachfolgenden Analysen wurde folgende Einteilung gewählt: alle Personen, die eine Parteibindung angaben, vs. alle andere Personen (d.h. Personen ohne Parteibindung sowie Personen, die die Antwort auf diese Frage verweigerten).

schiede in der Veränderung des Informationsniveaus nach der Parteiidentifikation
sind vor diesem Hintergrund nicht zu erwarten und werden auch nicht gemessen.

Tabelle 4: Interesse an Politik und am Europawahlkampf 2004

	Alle			mit PID	ohne PID
	Pretest	Posttest	Differenz	Differenz	Differenz
Politisches Interesse[a]	3,5	3,5	±0,0	±0,0	-0,1
Interesse Europapolitik[b]	3,0	2,8	-0,2*	-0,1	-0,2
Interesse Wahlkampf[c]	2,8	2,8	±0,0	+0,1	-0,3
N		53		46	7

Signifikanzniveaus: * p<0,1; ** p<0,05.
a: Fragestellung: „ Wie stark interessieren Sie sich für Politik?"; Antwortvorgabe: 5-Punkte-Skala von
    1 („überhaupt nicht") bis 5 („sehr stark").
b: Fragestellung: „Wie stark interessieren Sie sich für Europapolitik?"; Antwortvorgabe: 5-Punkte-
    Skala von 1 („überhaupt nicht") bis 5 („sehr stark").
c: Fragestellung: „ Wie stark interessieren Sie sich für den Europawahlkampf 2004?"; Antwortvorga-
    be: 5-Punkte-Skala von 1 („überhaupt nicht") bis 5 („sehr stark").

Tabelle 2: Politische Informiertheit und Kenntnis der Spitzenkandidaten

	Alle			mit PID	ohne PID
	Pretest	Posttest	Differenz	Differenz	Differenz
Politische Informiertheit[a]	2,5	2,6	+0,1	±0,0	+0,1
Kenntnis Spitzenkandidaten[b]					
M. Schulz (SPD)	28,3	24,5	-3,8	-4,4	±0,0
S. Koch-Mehrin (FDP)	28,3	32,1	+3,8	+4,4	±0,0
H.-G. Pöttering (CDU)	20,8	17,0	-3,8	-4,4	±0,0
R. Harms (B90/Grüne)	9,4	15,1	+5,7	+6,5	±0,0
S.-Y. Kaufmann (PDS)	7,6	26,4	+18,8**	+17,4*	+28,8
N		53		46	7

Signifikanzniveaus: * p<0,1; ** p<0,05.
a: Fragestellung: „Wie gut fühlen Sie sich über die Europäische Union informiert?"; Antwortvorgabe:
    5-Punkte-Skala von 1 („überhaupt nicht") bis 5 („sehr gut").
b: Fragestellung: „Für die Europawahl 2004 haben alle Parteien einen Spitzenkandidaten nominiert.
    Können Sie mir sagen, welcher der folgenden Kandidaten zu welcher Partei gehört?"; Antwortvor-
    gabe: „CDU/CSU", „SPD", „FDP", „Bündnis 90/Die Grünen", „PDS", „weiß nicht".

Auch das Wissen der Befragten über die Spitzenkandidaten der Parteien bei der
Europawahl war im Pretest gering. Am besten schnitten noch die Spitzenkandidaten von *SPD* und *FDP*, Martin Schulz und Silvana Koch-Mehrin, ab. Sie konnten
jeweils von 28 Prozent der Probanden der richtigen Partei zugeordnet werden.
Hans-Gert Pöttering (*CDU*) wurde von jedem fünften Teilnehmer des Experiments korrekt verortet. Rebecca Harms (*Bündnis 90/Die Grünen*) und Sylvia-
Yvonne Kaufmann (*PDS*) waren nur neun bzw. acht Prozent der Versuchspersonen
bekannt. Nach der Rezeption der Werbespots sank der Bekanntheitsgrad der Spitzenkandidaten von *CDU* und *SPD* um jeweils vier Prozentpunkte. Demgegenüber
erhöhte sich der Anteil der korrekten Zuordnungen von Koch-Mehrin (+3,8) und
Harms (+5,7) leicht. Der Bekanntheitsgrad der *PDS*-Spitzenkandidatin verbesserte

sich hingegen um 18,8 Prozentpunkte. Diese Veränderung ist statistisch signifikant. Noch stärker wuchs der Bekanntheitsgrad von Kaufmann unter parteipolitisch Ungebundenen (+28,8), wenngleich dieses Ergebnis aufgrund der nur kleinen Fallzahlen nicht signifikant ist.

Diese Befunde deuten darauf hin, dass die Präsentation des Spitzenkandidaten in den Werbespots zu Lerneffekten bei den Zuschauern führte: Koch-Mehrin kam am Ende des Werbespots für fünf Sekunden, Kaufmann sogar für 45 Sekunden zu Wort. Zusätzlich wurden ihre Namen eingeblendet (vgl. M. Maier/J. Maier 2005a). Das hier Gelernte führte – wie bereits diskutiert – allerdings nicht dazu, dass die Versuchspersonen sich nach den Spots als besser über Europa informiert einschätzten, als dies vor den Spots der Fall war. Dazu ist die gelernte Einzelinformation in der Wahrnehmung der Probanden offenbar zu unbedeutend. Dies dürfte einerseits etwas mit den Bestimmungen des deutschen Wahlsystems bei Europawahlen zu tun haben: Im Unterschied zu Bundestagswahlen hat der Wähler hier nur eine Stimme, die er für die Landesliste einer Partei vergeben kann. Die bei Bundestagswahlen verfügbare Erststimme, mit der ein Wahlkreiskandidat gewählt wird, gibt es bei Europawahlen hingegen nicht. Es macht also aus Sicht des Wählers wenig Sinn, sich mit dem von den Parteien aufgestellten Personal zu beschäftigen, nachdem er keine direkte Möglichkeit hat, sich zwischen Kandidaten zu entscheiden. Andererseits ist die Information über die Spitzenkandidaten auch belanglos, weil das politische System Europas völlig anders konzipiert ist als die institutionellen Strukturen auf der nationalstaatlichen Ebene. Denn während sich zumindest die Spitzenkandidaten der beiden Volksparteien bei Bundestagswahlen um die Position des Regierungschefs bewerben, wählt das Europäische Parlament bekanntermaßen keine Regierung. Wer also bei Europawahlen an der Spitze einer Partei steht, ist für die meisten Wähler irrelevant, da das Wahlergebnis diesbezüglich ohne Konsequenzen bleibt.

4.2 Wahrnehmung von politischen Problemen

Europa und die anstehende Europawahl spielten in der Problemwahrnehmung der Probanden keine Rolle (vgl. Tabelle 3). Die Analyse des wichtigsten Problems in Deutschland zeigt, dass vor der Rezeption der Wahlwerbespots Arbeitslosigkeit mit großem Abstand als das wichtigste Problem von den Probanden genannt wurde (62,3 Prozent). Auf den weiteren vier Plätzen folgten sozialpolitische Fragen (13,2 Prozent), allgemeine Probleme auf dem ökonomischen Sektor bzw. Steuer- und Finanzthemen (jeweils 5,7 Prozent) sowie Fragen des Asyl- und Ausländerrechts (3,8 Prozent). Die Rezeption der Spots sorgte für eine weitere Bedeutungszunahme des Themas „Arbeitslosigkeit" (+5,6 Prozentpunkte) sowie von Steuer- und Finanzfragen (+3,7), während die drei anderen „Top-5-Themen" an Bedeutung einbüßten. Insbesondere die Verstärkung des Themas „Arbeitslosigkeit" ist nicht weiter verwunderlich, rückten die Spots von *CDU* und *FDP* dieses doch in den Vordergrund. Auffällig ist aber, dass europapolitische Themen weder vor noch nach dem Konsum der Werbespots für die Befragten eine erwähnenswerte Rolle spielten. Den Werbesendungen ist es also offensichtlich nicht gelungen, Europa auf die Themenagenda der Bürger zu heben; allerdings ging es bei mindestens zwei der fünf gezeigten Spots (*CDU, FDP*) auch überhaupt nicht darum, europapolitische Positionen darzulegen.

Tabelle 3: Wichtigstes Problem in Deutschland[a]

	Pretest	Posttest	Differenz
Arbeitslosigkeit	62,3	67,9	+5,6
Sozial-, Renten-, Gesundheitspolitik	13,2	11,3	-1,9
Steuern, Finanzen	5,7	9,4	+3,7
Wirtschaft, allg.	5,7	1,9	-3,8
Asyl/Ausländer/Zuwanderung	3,8	-	-3,8
Umwelt	1,9	1,9	±0,0
Terrorismus	1,9	1,9	±0,0
Sonstiges	3,8	3,8	±0,0
Keine Angabe	1,9	1,9	±0,0
N		53	

Signifikanzniveaus: * p<0,1; ** p<0,05.
a: Frageformulierung: „Wenn Sie einmal an die Politik in Deutschland denken: Was sind Ihrer Meinung nach gegenwärtig die wichtigsten Probleme in Deutschland?"; ohne Antwortvorgabe.

Tabelle 4: Wichtigstes Problem in der Europäischen Union[a]

	Pretest	Posttest	Differenz
Osterweiterung/Aufn. neuer Länder	30,2	24,5	-5,7
Integration, allg.	17,0	15,1	-1,9
Steuern, Finanzen	9,4	5,7	+3,7
Wirtschaft, Arbeitslosigkeit	5,7	5,7	±0,0
EU-Verfassung	5,7	3,8	-1,9
Bürokratie	3,8	5,7	+1,9
Frieden	1,9	3,8	+1,9
Umwelt	1,9	1,9	±0,0
Sozialpolitik	1,9	1,9	±0,0
Asyl/Ausländer/Zuwanderung	-	3,8	+3,8
Kriminalität	-	1,9	+1,9
Terrorismus	-	1,9	+1,9
Sonstiges	3,8	3,8	+3,8
Keine Angabe	18,9	20,8	+1,9
N		53	

Signifikanzniveaus: * p<0,1; ** p<0,05.
a: Frageformulierung: „Was sind Ihrer Meinung nach gegenwärtig die wichtigsten Probleme der Europäischen Union?"; ohne Antwortvorgabe.

Fragte man die Versuchspersonen danach, was ihrer Meinung nach das wichtigste Problem der Europäischen Union sei, wurden vor der Rezeption der Werbespots mit großem Abstand Aspekte der Europäischen Integration genannt – entweder zugespitzt auf die erst wenige Wochen zuvor vorgenommene Osterweiterung bzw. mögliche Beitritte weiterer Staaten (30,2 Prozent) oder in allgemeiner Form (17,0

Prozent; vgl. Tabelle 4). Steuern und Finanzen (9,4), wirtschaftliche Fragen sowie die Diskussion um eine EU-Verfassung (jeweils 5,7) folgten auf den weiteren Plätzen. Die Rezeption der Werbespots sorgte für dreierlei: Erstens war zu beobachten, dass die Europäische Integration zwar immer noch das mit Abstand wichtigste Thema blieb – allerdings wurde dieser Aspekt nun deutlich seltener genannt als noch zu Beginn der Untersuchung (spezielle Integrationsprobleme: -5,7 Prozentpunkte; allgemeine Probleme der Europäischen Integration: -1,9). Zweitens wurden nun insgesamt mehr Themen als Probleme identifiziert. Die Spots (oder die Fragen, die im Rahmen der schriftlichen Befragung vor und nach den Werbesendungen zum Thema „Europa" gestellt wurden) riefen also ganz offenbar eine Reihe von Themen wieder in Erinnerung, die vorher nicht präsent waren – auch wenn die Werbesendungen nur selten auf die Europäische Integration zu sprechen kamen. Drittens stieg der Anteil derjenigen, die mit Europa kein Problem assoziierten, zwischen Pre- und Posttest leicht (+1,9).

Zusammenfassend lässt sich feststellen, dass nur eine Woche vor der Europawahl vornehmlich innen- und nicht europapolitische Themen in den Köpfen der Probanden präsent waren. Dies hat sich durch den Konsum der Wahlwerbespots nicht geändert.

4.3 Einstellungen zu Europa

Insgesamt standen die Teilnehmer des Experiments der Europäischen Union vor der Rezeption der Werbespots sehr aufgeschlossen gegenüber (vgl. Tabelle 5). So wurde die Mitgliedschaft in der Europäischen Union überwiegend begrüßt (4,0 auf einer 5-Punkte-Skala). Eine Mehrheit war der Meinung, dass die Europäische Union den Deutschen mehr Vor- als Nachteile bringe (3,3). Gleichzeitig wurde die Bedeutung des Europäischen Parlaments erstaunlich hoch eingeschätzt (3,5). Allerdings nahmen die Versuchspersonen ein deutliches Demokratiedefizit der Europäischen Union wahr und waren mit der Demokratie, so wie sie in der Europäischen Union funktioniert, überwiegend unzufrieden (2,8). Diese Einstellungen wurden durch die Wahrnehmung der Werbespots nicht systematisch verbessert. Vielmehr war zu beobachten, dass sich die Einstellung der Mitgliedschaft zur Europäischen Union signifikant verschlechterte (-0,2 Skalenpunkte). Besonders deutlich fiel dieser Trend bei parteipolitisch gebundenen Personen aus (-0,3). Die Rezeption der Wahlwerbespots führte also nicht, wie etwa die Studie von C. Holtz-Bacha (1990) nahelegt, zu einer Verbesserung der grundsätzlichen Einstellungen zur Europäischen Integration und zu den politischen Strukturen und Prozessen der Europäischen Union.

Der europäische Integrationsprozess hat für die Teilnehmer der Studie eine mittlere persönliche Wichtigkeit (3,4 auf einer 5-Punkte-Skala; vgl. Tabelle 6). Diese Einschätzung verschlechterte sich durch die Rezeption der Wahlwerbespots leicht, aber nicht signifikant (-0,1 Skalenpunkte). Auch die Differenzierung nach der parteipolitischen Bindung ergab keine wesentlichen Veränderungen. Den

Wahlwerbespots gelang es also nicht, Zuschauern die persönliche Wichtigkeit des Themas „Europäische Integration" zu vermitteln.

Tabelle 5: Europapolitische Einstellungen

		Alle		Mit PID	ohne PID
	Pretest	Posttest	Differenz	Differenz	Differenz
Bewertung EU-Mitglied.[a]	4,0	3,8	-0,2**	-0,3**	+0,1
Nutzen EU-Mitgliedschaft[b]	3,3	3,3	±0,0	±0,0	-0,2
Bedeutung EU-Parlament[c]	3,5	3,5	±0,0	±0,0	±0,0
Demokratiezufriedenht. EU[d]	2,8	2,9	+0,1	+0,2	±0,0
N		53		46	7

Signifikanzniveaus: * p<0,1; ** p<0,05.
a: Fragestellung: „Wie beurteilen Sie im Großen und Ganzen die Mitgliedschaft Deutschlands in der Europäischen Union?"; Antwortvorgabe: 5-Punkte-Skala von 1 („sehr negativ") bis 5 („sehr positiv").
b: Fragestellung: „Glauben Sie, dass die Mitgliedschaft in der Europäischen Union – alles in allem gesehen – der deutschen Bevölkerung eher Vor- oder eher Nachteile bringt?"; Antwortvorgabe: 5-Punkte-Skala von 1 („ausschließlich Nachteile") bis 5 („ausschließlich Vorteile").
c: Fragestellung: „Wie wichtig sind für Sie die Entscheidungen des Europaparlaments?"; 5-Punkte-Skala von 1 („völlig unwichtig") bis 5 („sehr wichtig").
d: Fragestellung: „Und wie zufrieden sind Sie mit der Art und Weise, wie die Demokratie in der Europäischen Union funktioniert?"; Antwortvorgabe: 5-Punkte-Skala von 1 („sehr unzufrieden") bis 5 („sehr zufrieden").

Tabelle 6: Eigene und wahrgenommene Positionen der politischen Parteien zu Wichtigkeit und Geschwindigkeit der Europäischen Integration

		Alle		mit PID	ohne PID
	Pretest	Posttest	Differenz	Differenz	Differenz
Wichtigkeit Integration[a]	3,4	3,3	-0,1	-0,1	+0,1
Eigene Position[b]	5,0	5,1	+0,1	+0,1	+0,3
CDU/CSU[b]	4,1	4,4	+0,3	+0,2	+0,5
SPD[b]	5,7	6,0	+0,3*	+0,3*	+0,3
FDP[b]	4,8	4,6	-0,2	-0,3	+0,2
Bündnis 90/Die Grünen[b]	5,5	5,6	+0,1	+0,1	+0,5
PDS[b]	3,7	3,9	+0,2	+0,2	+0,2
N		53		46	7

Signifikanzniveaus: * p<0,1; ** p<0,05.
a: Fragestellung: „Und wie wichtig ist für Sie persönlich dieses Thema?"; Antwortvorgabe: 5-Punkte-Skala von 1 („völlig unwichtig") bis 5 („sehr wichtig").
b: Fragestellung: „Man hört manchmal, die Europäische Einigung sollte weiter vorangetrieben werden. Andere sagen, dass die Integration schon viel zu weit fortgeschritten ist. Wie schätzen Sie hierzu die Haltung der folgenden politischen Parteien ein?"; Antwortvorgabe: 7-Punkte-Skala von 1 („schon viel zu weit fortgeschritten ist") bis 7 („weiter vorantreiben").

Wenngleich sich die persönliche Bedeutung der europäischen Einigung in engen Grenzen hielt, standen die meisten Probanden dem Integrationsprozess positiv gegenüber und plädierten dafür, diesen weiter voranzutreiben (5,0 auf einer 7-Punkte-Skala). Diese Haltung wurde durch die Verfolgung der Werbespots weiter

– aber nicht statistisch signifikant – verbessert (+0,1 Skalenpunkte). Die Wirkung der Werbespots fiel unter parteipolitisch Ungebundenen größer aus als unter Personen mit Parteibindung (+0,3 vs. +0,1).

Die *SPD* wurde im Vorfeld des Experiments als integrationsfreudigste Partei eingeschätzt (5,7), gefolgt von *Bündnis 90/Die Grünen* (5,5), der *FDP* (4,8) und der *CDU/CSU* (4,1). Die *PDS* wurde hingegen als einzige Partei als eher integrationsskeptisch eingestuft (3,7). Mit Ausnahme der *FDP*, die nach den Werbespots als weniger integrationsbereit gesehen wurde als vorher (-0,2 Skalenpunkte), ist für alle anderen Parteien zu erkennen, dass sie nach dem Experiment integrationsfreundlicher beurteilt wurden als vorher. Bei der *SPD* (+0,3) war der Einfluss der Werbesendungen sogar statistisch signifikant. Interessant ist, dass sich die perzipierten Parteipositionen bei Personen ohne Parteibindung unter dem Eindruck der Werbespots tendenziell stärker veränderten (bis zu maximal einem halben Skalenpunkt) als bei parteipolitisch Gebundenen (maximale Verbesserung: +0,3). Insgesamt ist also festzuhalten, dass die Parteienspots zwar nicht die persönliche Wichtigkeit des Integrationsprozesses verbesserten, aber die eigene Haltung sowie die wahrgenommene Position der Parteien zur Geschwindigkeit des Integrationsprozesses beeinflussten.

4.4 Wahlabsicht

Die Teilnehmer des Experiments dokumentierten eingangs der Untersuchung eine hohe Bereitschaft, sich an der anstehenden Europawahl zu beteiligen (84,3 Prozent; vgl. Tabelle 7). Dies ist einerseits ein Resultat der weiter oben diskutierten Selbstselektion der Studienteilnehmer, die im Vergleich zur Bevölkerung eine stärkere Involvierung in politische Fragen und demzufolge eine höhere Partizipationsbereitschaft aufwiesen. Andererseits kommt hier sicherlich auch die in Umfragen immer wieder zu beobachtende Wirkung der Wahlnorm (vgl. hierzu H. Rattinger/J. Krämer 1995) zum Tragen, die sich in der Vorgabe von Partizipationsbereitschaft niederschlug, obwohl man sich eigentlich darüber im Klaren war, dass man sich an Wahlen nicht beteiligen möchte. Die Wahrscheinlichkeit der Wahlbeteiligung erhöhte sich trotz dieses hohen Startwerts durch die Rezeption der Werbespots geringfügig (+0,9 Prozentpunkte). Parteipolitisch Ungebundene wurden dabei durch die Wahlwerbesendungen deutlich stärker aktiviert als Personen mit Parteibindung (+5,0 vs. +0,3).

Unter denjenigen Probanden, die eine Wahlbeteiligung nicht kategorisch ausschlossen (also eine Wahlbeteiligungswahrscheinlichkeit ungleich Null angaben), waren *Bündnis 90/Die Grünen* im Vorfeld des Experiments die populärste Partei (36,7 Prozent), gefolgt von der *SPD* (30,6). Unter den Versuchspersonen waren die Anhänger der Regierungsparteien – insbesondere der *Grünen* – gegenüber der Gesamtbevölkerung also deutlich überrepräsentiert. *CDU/CSU* kamen bei den Teilnehmern der Studie auf 18,4 Prozent, die *FDP* auf 4,1 Prozent und die *PDS* auf 2,0 Prozent. Diese Präferenzverteilung änderte sich im Zuge der Rezeption der Wahlwerbespots nur leicht, aber für keine Parteien signifikant. Verbessern konnten sich dabei die Unionsparteien (+2,0) und die *SPD* (+4,1), während *Bündnis 90/Die Grünen* Verluste hinnehmen mussten (-4,1). Die Bereitschaft, *FDP* und *PDS* zu wählen, änderte sich durch die Parteienspots hingegen nicht. Die Veränderungen waren ausschließlich unter parteipolitisch Gebundenen zu erkennen. Personen ohne Parteibindung änderten ihre Wahlabsicht hingegen nicht.

Tabelle 7: Wahlbeteiligungsabsicht, Wahlabsicht und Sicherheit der Wahlabsicht

	Alle			mit PID	ohne PID
	Pretest	Posttest	Differenz	Differenz	Differenz
Wahlbeteiligung[a]	84,3	85,3	+0,9	+0,3	+5,0
Wahlabsicht CDU/CSU[b]	18,4	20,4	+2,0	+2,4	±0,0
Wahlabsicht SPD[b]	30,6	34,7	+4,1	+4,8	±0,0
Wahlabsicht FDP[b]	4,1	4,1	±0,0	±0,0	±0,0
Wahlabsicht B90/Grüne[b]	36,7	32,7	-4,1	-4,8	±0,0
Wahlabsicht PDS[b]	2,0	2,0	±0,0	±0,0	±0,0
Sicherheit Wahlentscheidg.[c]	86,8	87,0	+0,2	-0,4	+4,3
N		53		46	7

Signifikanzniveaus: * $p<0,1$; ** $p<0,05$.

a: Fragestellung: „Werden Sie bei der Europawahl am 13. Juni zur Wahl gehen? Sagen Sie es mir bitte, indem Sie eine Zahl zwischen 0 und 100 vergeben. Der Wert 0 bedeutet, dass Sie bestimmt nicht zur Wahl gehen werden. Der Wert 100 bedeutet, dass Sie ganz bestimmt an der Wahl teilnehmen werden. Mit den Werten dazwischen können Sie die Wahrscheinlichkeit Ihrer Wahlbeteiligung abstufen."

b: Fragestellung: „Welcher Partei werden Sie dann Ihre Stimme geben?; Antwortvorgabe: „CDU/ CSU", „SPD", „FDP", „Bündnis 90/Die Grünen", „PDS", „sonstige Partei". Nicht berücksichtigt wurden Personen, die auf die Frage nach der Wahrscheinlichkeit ihrer Wahlabsicht den Wert „0" vergeben haben.

c: Fragestellung: „Wie sicher sind Sie sich, dass Sie die genannte Partei tatsächlich am 13. Juni wählen werden? Sagen Sie es mir bitte, indem Sie eine Zahl zwischen 0 und 100 vergeben. Der Wert 0 bedeutet, dass Sie sehr unsicher sind, ob Sie diese Partei wählen werden. Der Wert 100 bedeutet, dass Sie ganz sicher für diese Partei stimmen werden. Mit den Werten dazwischen können Sie die Sicherheit Ihrer Wahlabsicht abstufen."

Kaum beeinflusst wurde die Sicherheit der Wahlabsicht. So veränderte sich die relativ hohe Sicherheit, mit der die Probanden ihre Wahlentscheidung einschätzten (86,8 Prozent), durch die Wahlwerbespots nur marginal (+0,2 Prozentpunkte). Für Probanden ohne Parteibindung ist jedoch eine verstärkende Wirkung der Werbespots zu erkennen, während die Sicherheit der Wahlabsicht bei parteipolitisch Gebundene leicht abnimmt (+4,3 vs. -0,4).

Als wichtigsten Grund für ihre Wahlentscheidung gaben die Teilnehmer des Experiments im Pretest die Programme der politischen Parteien an (4,3 auf einer 5-Punkte-Skala; vgl. Tabelle 8). Europapolitische Themen belegten mit einigem Abstand den zweiten Rang (3,9), gefolgt von innenpolitischen Fragen sowie die grundsätzliche Parteibindung der Probanden (jeweils 3,7). Dies ist angesichts der fehlenden gedanklichen Präsenz europapolitischer Themen (vgl. Tabelle 3) ein bemerkenswerter Befund. Deutlich seltener wollten die Befragten hingegen ihre Wahlentscheidung von den Spitzenkandidaten der Parteien abhängig machen (3,0). Der Wahlkampf der Parteien (2,2) spielte ebenso eine untergeordnete Rolle wie die mögliche Protestwahl gegen die Bundesregierung (2,3). Diese Reihenfolge blieb auch nach der Rezeption der Werbespots weitgehend erhalten; europapolitische Themen (-0,2 Skalenpunkte) rangierten – da sie ebenso wie die Programme der politischen Parteien (statistisch signifikant um -0,3 Skalenpunkte), die Spitzenkandidaten und der Wahlkampf (jeweils -0,2) an Bedeutung für das Wahlverhalten eingebüßt hatten – aber nun knapp hinter Innenpolitik und der grundsätzlichen parteipolitischen Orientierung, die ihre Bedeutung leicht steigern konnten (jeweils +0,1). Erheblich stärkere, zum Teil sogar gegenläufige Trends waren zu beobachten, wenn die Probanden nach ihrer Parteibindung gruppiert wurden. Dabei zeigte sich für Personen mit Parteiidentifikation ein signifikanter Bedeutungsverlust der Aspekte „Parteiprogramme" (-0,5), „europapolitische Themen" (-0,3) und „Wahlkampf der Parteien" (-0,2). An Bedeutung gewannen in dieser Gruppe allein die innenpolitischen Fragen (+0,1). Demgegenüber wuchs bei parteipolitisch Ungebundenen die Bedeutung von Parteiprogrammen (+0,6), europapolitischen Themen (+0,4), innenpolitischen Themen (+0,3) und die Relevanz des Wahlkampfs der Parteien (+0,2). Einen deutlichen Bedeutungsverlust mussten hingegen die Spitzenkandidaten der Parteien hinnehmen (-0,3).

Tabelle 8: Gründe für die Wahlentscheidung[a]

	Alle			mit PID	ohne PID
	Pretest	Posttest	Differenz	Differenz	Differenz
Parteiprogramme	4,3	4,0	-0,3**	-0,5**	+0,6
Europapolitische Themen	3,9	3,7	-0,2	-0,3*	+0,4
Innenpolitische Themen	3,7	3,8	+0,1	+0,1	+0,3
Parteiidentifikation	3,7	3,8	+0,1	±0,0	+0,1
Spitzenkandidaten	3,0	2,8	-0,2	-0,2	-0,3
Protest gegen Regierung	2,3	2,3	±0,0	±0,0	-0,1
Wahlkampf der Parteien	2,2	2,0	-0,2	-0,2*	+0,2
N		53		46	7

Signifikanzniveaus: * p<0,1; ** p<0,05.
a: Frageformulierung: „Welchen Einfluss haben die folgenden Aspekte für Ihre Wahlentscheidung bei der Europawahl"; Antwortvorgabe: 5-Punkte-Skala von 1 („völlig unwichtig") bis 5 („sehr wichtig").

Insgesamt zeigt sich, dass die Werbespots nur bedingt Einfluss auf Verhaltensabsichten nahmen. Demgegenüber sind deutliche Effekte auf die Begründung der Wahlentscheidung zu erkennen. Europapolitische Themen verloren dabei an Bedeutung – allerdings nur in der Gruppe der parteipolitisch Gebundenen. Unter Ungebundenen nahm ihre Bedeutung wie auch die Bedeutung anderer Sachthemen zu.

5   Zusammenfassung und Schlussfolgerungen

Hervorragende Wahlergebnisse für alle Parteien, die im Fernsehen für sich werben, oder Effekte vor allem „bei den Wasserwerken"? Das waren die beiden eingangs skizzierten Extrempositionen, mit denen das mögliche Wirkungspotenzial von Werbesendungen zur Europawahl 2004 umrissen wurde. Die Antwort lautet: weder noch. Die den Probanden des vorliegenden Experiments gezeigten Wahlwerbespots hatten keinen massiven Einfluss auf politische Kognitionen, politische Einstellungen und politische Verhaltensabsichten. Dazu waren die beobachteten Veränderungen zu gering. Allerdings wäre es auch verfehlt davon zu reden, dass die Parteienspots keine Wirkungen hinterlassen haben. Dazu lagen zu viele Veränderungen vor, die trotz der kleinen Zahl der Untersuchungsteilnehmer hin und wieder sogar statistische Signifikanz erreichten.

Festzuhalten ist, dass – gemessen an den hier verwendeten Indikatoren – von den gezeigten Wahlwerbespots keine mobilisierende Wirkung ausging. Vielmehr ist tendenziell zu erkennen, dass das Interesse an Politik im Allgemeinen und an Europa im Besonderen sowie das Interesse am Wahlkampf gerade bei der wahlstrategisch so wichtigen Gruppe der parteipolitisch Ungebundenen durch die Rezeption der Werbesendungen nachließ. Die Wahlwerbespots trugen hingegen sehr wohl dazu bei, Faktenwissen – im vorliegenden Fall über die Spitzenkandidaten der Parteien – zu vermitteln. Dass die erzielten Lerneffekte nicht zu einer Verbesserung der subjektiven Informiertheit führten, ist vermutlich eine Konsequenz wahlrechtlicher und institutioneller Besonderheiten von Europawahlen.

Die gezeigten Parteienspots waren nicht in der Lage, europäische Themen im Bewusstsein der Probanden zu verankern. Innen- und wirtschaftspolitische Themen, die zu Beginn des Experiments ohnehin schon sehr präsent waren, wurden durch die Rezeption der Werbespots noch häufiger als wichtigstes Problem genannt, mit dem Deutschland gegenwärtig konfrontiert sei. Dies ist bemerkenswert, denn die Teilnehmer der Studie standen der Europäischen Union und dem europäischen Integrationsprozess durchaus aufgeschlossen gegenüber, so dass spätestens nach dem Konsum der Werbesendungen eine Sensibilisierung für europäische Themen zu erwarten gewesen wäre. Dass dieser Effekt nicht eingetreten ist, dürfte auch mit dem Inhalt der Parteienspots zusammenhängen. Zwei der fünf Spots (*FDP, Bündnis 90/Die Grünen*) verzichteten ganz darauf, das gezeigte Bildmaterial durch verbale Aussagen zu Europa zu ergänzen. Der Spot der *CDU* nannte zwar den Begriff „Europa", konzentrierte sich aber eindeutig auf die innen- und wirtschaftspolitische Auseinandersetzung mit der Bundesregierung. Einzig den Werbesendungen von *SPD* und *PDS* kann man bescheinigen, dass sie sich inhaltlich mit der anstehenden Europawahl beschäftigten.

Vor diesem Hintergrund ist auch der Einfluss der Wahlspots auf die Unterstützung der Europäischen Union zu bewerten. Bei drei der vier gemessenen Einstellungen konnte kein Effekt der Werbesendungen gemessen werden. Angesichts der wenigen Aussagen, die in den Werbesendungen zu Europa getätigt wurden, erscheint dieser Nicht-Effekt plausibel. Auf den zweiten Blick wird aber deutlich, dass in denjenigen Spots, die sich mit Europa beschäftigten, die Europäische Union als unvollkommen und damit tendenziell negativ dargestellt wurde. So ging es im *CDU*-Spot zwar einerseits darum, Europa als Maßstab für die Lebensverhältnisse in Deutschland heranzuziehen („Er wünscht sich, dass Deutschland in Europa wieder oben mitspielt."). Andererseits wurde aber suggeriert, dass die Europäische

Union gegenwärtig durch perspektivlose Politik auffalle („Die Menschen wollen Politik mit Zukunft. In Deutschland und in Europa.“). Der *SPD*-Spot stellte Europa als Zukunftsprojekt dar, das noch eine deutliche Weiterentwicklung benötige („Wir haben die historische Chance, unser Europa zu einem Ort dauerhaften Friedens und dauerhaften Wohlergehens seiner Menschen zu machen. Und wir werden dafür sorgen, dass Europa eine Friedensmacht wird. Das Europa der Zukunft kann nur ein gerechtes Europa sein.“). Der *PDS*-Spot fokussierte ebenfalls auf gegenwärtige Defizite des europäischen Integrationsprozesses („[...] Europa, das ist ein wichtiges Zukunftsprojekt. Schließlich geht es darum, wie 25 Staaten, wie 450 Millionen Menschen künftig zusammenleben. Wir wollen eine gemeinsame Perspektive für Europa, aber es muss sich etwas ändern, damit Europa sozial, demokratisch und zivil ist.“). Zwei Konsequenzen ergaben sich aus den europapolitischen Aussagen in den Werbespots: Erstens sank die Akzeptanz der Mitgliedschaft im Zuge der Rezeption der Parteienspots in signifikantem Maße. Möglicherweise wirkte hier die Botschaft der Werbespots, die die Europäische Union als mit zahlreichen Mängeln behaftetes politisches System darstellten. Zweitens wurden nahezu alle Parteien nach der Rezeption der Spots als integrationsfreundlicher eingestuft als vorher – im Fall der *SPD* hatte sich das Image sogar signifikant verbessert. Vermutlich zeigte hier die Botschaft der Parteien Wirkung, die sich trotz der in den Spots festgestellten Mängel Europas als grundsätzlich integrationswillig präsentierten. Die Probanden animierten die Werbesendungen, sich ebenfalls eine geringfügig größere Integrationsgeschwindigkeit zu wünschen, während die persönliche Bedeutung dieser Frage etwas sank.

Die Absicht, sich an der kommenden Europawahl zu beteiligen, die Frage, welche Partei im Falle einer Wahlbeteiligung die Stimme erhalten soll, sowie die Sicherheit, mit der diese Entscheidung getroffen wird, waren Aspekte, die von den Wahlwerbespots nur schwach beeinflusst wurden. Deutlich stärker war hingegen die Wirkung der Werbesendungen auf die Gründe der angekündigten Wahlentscheidung. Erstaunlicherweise spielten europapolitische Themen für die Probanden eine wichtige Rolle – sie waren beispielsweise wichtiger als innenpolitische Themen, der Wunsch, die „eigene“ Partei zu unterstützen oder (wie im Vorfeld der Europawahl häufig behauptet) der Regierung einen Denkzettel zu verpassen. Die von den Probanden wahrgenommene Gewichtung dieser Faktoren änderte sich durch die Rezeption der Werbespots deutlich. Ein Verlierer waren dabei europapolitische Themen – allerdings nur bei der Gruppe der parteipolitisch Gebundenen. Parteipolitisch Ungebundene behaupteten nach dem Konsum der Werbespots hingegen, sich bei ihrer Wahlentscheidung mehr auf Sachfragen zu stützen – und in diesem Zusammenhang auch auf Themen der Europapolitik.

Insgesamt zeigte sich also, dass Europawahlwerbespots durchaus auf individuelle politische Orientierungen wirken können. Die hier gemessenen Effekte sind jedoch in aller Regel nicht besonders groß. Dieses Ergebnis zu verallgemeinern, wäre allerdings vorschnell. Denn zum einen basieren die hier berichteten Befunde auf einem Experiment mit der für ein solches Forschungsdesign üblichen geringen Fallzahl. Die Rezeptionssituation in Laborsituationen hat nicht viel mit der natürlichen Rezeptionssituation zu tun. Effekte können also einerseits überschätzt werden, denn es ist unwahrscheinlich, dass die Probanden Parteienspots vor dem heimischen Fernseher so viel Aufmerksamkeit zukommen lassen wie im Rahmen einer experimentellen Untersuchung. Andererseits spricht auch einiges dafür, dass die gemessenen Wirkungen der Werbespots eher eine Unterschätzung ihres tatsächlichen Wirkungspotenzials sind. Denn einerseits waren sich die Teilnehmer unserer Studie selbstverständlich bewusst, Forschungsobjekte zu sein. Nachdem bei Menschen in aller Regel die Meinung vorherrscht, dass andere durchaus von Massenmedien beeinflusst werden können, man selbst jedoch nicht („Third-Person-Effekt"; vgl. z.B. W.P. Davison 1983, 1996), dürften die Probanden versucht haben, ihrem Selbstbild zu entsprechen und möglichst geringe Effekte zu produzieren. Andererseits ist erneut auf die Studie von Christina Holtz-Bacha (1990) zu verweisen, die in Bevölkerungsbefragungen deutliche Wirkungen für den Konsum von Werbesendungen auf politische Einstellungen nachweisen kann. Schließlich eignen sich die gezeigten Parteienspots nicht optimal zur Wirkungsmessung, denn sie enthielten nur wenige Aussagen zu Europa. Dadurch erscheint es schwierig, Veränderungen bei europabezogenen Kognitionen, Einstellungen und Verhaltsabsichten zu induzieren. Schenkt man den Ergebnissen der amerikanischen Forschung über die Wirkung von Wahlwerbespots ebenso wie der kommerziellen Werbewirkungsforschung Glauben, die – alles in allem – von systematischen Einflüssen von Werbespots auf Zuschauer ausgehen, verfügen Wahlwerbesendungen zur Europawahl über ein erhebliches, noch nicht ausgeschöpftes Wirkungspotenzial. Damit die politischen Parteien dieses auch nutzen können, müssen sie aber eine Voraussetzung zwingend erfüllen: Sie müssen Europa in ihren Spots auch thematisieren.

6 Literatur

Davison, W. Phillips (1983): The Third-Person Effect in Communication. In: Public Opinion Quarterly. 47. 1-15.

Davison, W. Phillips (1996): The Third-Person Effect Revisited. In: International Journal of Public Opinion Research. 8. 113-119.

Holtz-Bacha, Christina (1990): Nur bei den Wasserwerken Effekte? Eine Studie zur parteipolitischen Spot-Werbung vor Europa-Wahlen. In: Medium. 20. 50-53.

Holtz-Bacha, Christina (1999): Wir sind bereit: Wählen Sie Weltklasse für Deutschland – Fernsehwerbung der Parteien im Bundestagswahlkampf 1998. In: Holtz-Bacha (1999): 69-85.

Holtz-Bacha, Christina (Hrsg.) (2000): Wahlwerbung als politische Kultur. Parteienspots im Fernsehen 1957-1998. Wiesbaden: Westdeutscher Verlag.

Holtz-Bacha, Christina (Hrsg.) (1999): Wahlkampf in den Medien – Wahlkampf mit den Medien: Ein Reader zum Wahljahr 1998. Opladen: Westdeutscher Verlag.

Holtz-Bacha, Christina/Kaid, Lynda Lee (1993): Wahlspots im Fernsehen. Eine Analyse der Parteienwerbung zur Bundestagswahl 1990. In: Holtz-Bacha/Kaid (1993): 46-71.

Holtz-Bacha, Christina/Kaid, Lynda Lee (1996): „Simply the Best". Parteienspots im Bundestagswahlkampf 1994. Inhalt und Rezeption. In: Holtz-Bacha/Kaid (1996): 177-207.

Holtz-Bacha, Christina/Kaid, Lynda Lee (Hrsg.) (1993): Die Massenmedien im Wahlkampf. Untersuchungen aus dem Wahljahr 1990. Opladen: Westdeutscher Verlag.

Holtz-Bacha, Christina/Kaid, Lynda Lee (Hrsg.) (1996): Wahlen und Wahlkämpfe in den Medien. Untersuchungen aus dem Wahljahr 1994. Opladen: Westdeutscher Verlag.

Kaid, Lynda Lee (2004): Political Advertising. In: Kaid (2004): 155-202.

Kaid, Lynda Lee (Hrsg.) (2004): Handbook of Political Communication Research. Mahwah, NJ: Erlbaum.

Kolmer, Christian (2004): Vernichtung eines Ideals – Fallstudie: Das Medienbild der EU 01/2003-06/2004. In: Medien Tenor Forschungsbericht. 147. 10-13.

Machnig, Matthias (Hrsg.) (2002): Politik – Medien – Wähler. Wahlkampf im Medienzeitalter. Leverkusen: Leske + Budrich.

Maier, Jürgen (2003): Mass Media Coverage of the 1999 European Election in Germany. Bamberg (unveröffentlichtes Manuskript).

Maier, Michaela/Maier, Jürgen (2005a): Inhalt und Wahrnehmung der Wahlwerbesendungen zur Europawahl 2004 der im Bundestag vertretenen Parteien – eine Dokumentation. Kaiserslautern: Technische Universität Kaiserslautern.

Maier, Michaela/Maier, Jürgen (2005b): Let Us Entertain You! Perception and Evaluation of the European Election Campaign Spots 2004 in Germany. In: Maier/Tenscher (2005): i.V.

Maier, Michaela/Tenscher, Jens (Hrsg.) (2005): Campaigning in Europe – Campaigning for Europe. Parties, Campaigns, Mass Media and the European Parliamentary Elections 2004. Münster: LIT.

Rattinger, Hans/Krämer, Jürgen (1995): Wahlbeteiligung und Wahlnorm in der Bundesrepublik Deutschland. Eine Kausalanalyse. In: Politische Vierteljahresschrift. 36. 267-285.

Ridder, Christa-Maria (1994): Wahlwerbung der Parteien zur Europawahl 1994. In: Media Perspektiven. 7/1994. 374-377.

Schmitt, Hermann/Reif, Karlheinz (2003): Der Hauptwahlzyklus und die Ergebnisse von Nebenwahlen. Konzeptuelle und empirische Rekonstruktionen am Beispiel der Europawahlen im Wahlzyklus der Bundesrepublik. In: Wüst (2003): 239-256.

Schmitt-Beck, Rüdiger (2002): Das Nadelöhr am Ende. Die Aufmerksamkeit der Wähler für die Wahlkampfkommunikation als Voraussetzung wirksamer Kampagnen. In: Machnig (2002): 21-48.

Werben & Verkaufen News (1995): Werbespots je nach Sportart. In: Werben & Verkaufen. 46. 42.

Wüst, Andreas (Hrsg.) (2003): Politbarometer. Opladen: Leske + Budrich.

Europa – (k)ein Thema für die Medien

Frank Brettschneider/Markus Rettich

1 Parteien, Institutionen, Medien und Bürger – auf der Suche nach den Gründen für das Desinteresse an Europa

43,0 Prozent: Noch nie seit der ersten Direktwahl zum Europäischen Parlament im Jahr 1979 war die Beteiligung an einer Europawahl in Deutschland so gering wie am 13. Juni 2004. Das Desinteresse der Bürger an Fragen der Europäischen Integration, das in der niedrigen Wahlbeteiligung zum Ausdruck komme, sei beklagenswert – darin waren sich Journalisten und Kommentatoren rasch einig. Die anschließende Diskussion über die Gründe für das Desinteresse glich hingegen einem Schwarzer-Peter-Spiel. Da wurde die Verantwortung munter zwischen Parteien, Institutionen, Medien und Bürgern hin und her geschoben (vgl. Abbildung 1).

Abbildung 1: Europäische Öffentlichkeit

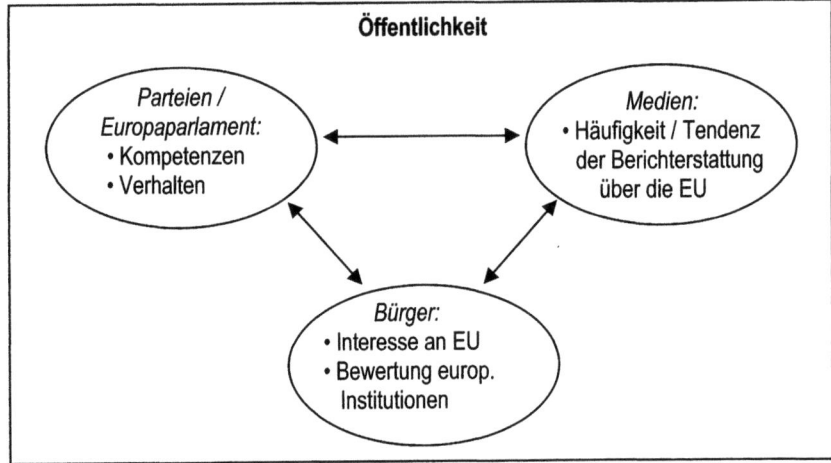

Für einige Beobachter sind die politischen Institutionen der Europäischen Gemeinschaft an dem Desinteresse der Wähler schuld. Das Europäische Parlament sei eine vergleichsweise unwichtige Einrichtung mit wenigen Kompetenzen. Dementsprechend handele es sich bei der Europawahl um eine „Nebenwahl" bzw. eine Second-Order Election (vgl. K. Reif/H. Schmitt 1980; vgl. auch den Beitrag von A. Wüst/D. Roth in diesem Band). Bei Europawahlen gehe es um zu wenig. Auch seien die politischen Entscheidungsprozesse in der EU zu intransparent. So erarbeite die Europäische Kommission ihre Vorschläge oft unter Ausschluss der Öffentlichkeit. Europäische Entscheidungsprozesse seien stärker als auf nationaler Ebene durch Verwaltungshandeln geprägt (vgl. J. Gerhards 1993: 12). Zudem trügen die Parteien eine Mitschuld. Sie würden weitgehend unbekannte Spitzenkandidaten für das Europaparlament aufstellen. Diese könnten nicht die Aufmerksamkeit der Bürger auf sich lenken. „Charismatische Figuren" seien rar in der Europa-Politik. „Weil Straßburg und Brüssel nie den Nährboden für spektakuläre Karrieren boten, kaprizieren sich die politischen Selbstinszenierer lieber aufs Inland, wo die nächste Kamera nie weit ist" (vgl. W. Seemann/U. Froitzheim 2004: 22). Weil lange Zeit vor allem solche Politiker für Europa zuständig waren, die in der nationalen Politik keine Rolle (mehr) spielten, wurde den Parteien vorgeworfen, bei der Auswahl ihrer Europaparlamentarier nach dem Motto zu verfahren, „Hast Du einen Opa, schick ihn nach Europa!". Das hat sich allerdings teilweise geändert, wie man u.a. an den Kandidaturen von Daniel Cohn-Bendit für die *Grünen* oder von Silvana Koch-Mehrin für die *FDP* sieht (vgl. den Beitrag von J. Tenscher in diesem Band). Aber es gibt noch einen weiteren Vorwurf an die Adresse der Parteien: Bundes- und Landespolitiker würden Europawahlen zu innenpolitischen Zwecken instrumentalisieren. So würden beispielsweise „die in Brüssel" für unliebsame Entscheidungen innerhalb des eigenen Landes verantwortlich gemacht. Auch dies könne das Interesse an und das Vertrauen in das Europaparlament nicht steigern (vgl. u.a. R. Koopmans 2003; D. Kevin 2003: 87).

Andere legen den Schwerpunkt der Argumentation auf die Bürger selbst. Sie würden sich mehr und mehr von der Politik abwenden – erst recht, wenn diese scheinbar weit von ihrem Leben entfernt ist. Politik stehe nun einmal für sie nicht im Mittelpunkt des Alltags. Wenn sie wollten, könnten sich die Bürger aus zahlreichen Quellen über den Stand und die Entwicklung der Europäischen Integration sowie über die zentralen Akteure informieren. Wenn sie dies nicht täten, so trügen sie selbst dafür die Verantwortung. Das Gleiche gilt für die Motive bei der Wahlentscheidung. Wenn die Bürger ihre Stimme bei der Europawahl anhand innenpolitischer Erwägungen abgeben – etwa, um der amtierenden nationalen Regierung einen „Denkzettel" zu verpassen –, dann habe dies eben nichts mit Europapolitik zu tun. Die EU sei für die meisten Bürger nun einmal eine abstrakte Größe (vgl. u.a. die Beiträge in F. Brettschneider et al. 2003).

Vor allem Journalisten sehen eine Kombination aus Desinteresse der Bürger einerseits sowie mangelnder Attraktivität des Europaparlaments und fehlerhaftem Verhalten der Parteien und Politiker andererseits als Grund für die Wahlabstinenz. Über ihren eigenen Beitrag zu diesem Desinteresse schweigen sie meist. Oder sie streiten ihn ab, wie z.B. einer der Chefredakteure einer niederländischen Fernsehstation nach der Europawahl 1999:

„The low voter turnout at recent elections is not our responsibility. An increase in the number of people choosing not to vote is a statement that we must respond to. If the lack of interest is evident, we will also make a deliberate choice not to give the election too much attention" (zit. nach H. Semetko et al. 2000: 127f.; vgl. auch C. Kolmer 2004: 10).

Dabei liegt es durchaus nahe, auch in der Medienberichterstattung über die Europäische Integration und die zentralen europäischen Akteure eine Ursache für das Europabild der Bürger zu sehen. Aus der Agenda-Setting-Forschung ist bekannt, dass Menschen vor allem jenen politischen Themen Beachtung schenken, die in der Medienberichterstattung häufig aufgegriffen und in den Mittelpunkt gerückt werden. Dies gilt vor allem für Themen, die von den Bürgern nur selten unmittelbar wahrgenommen werden können – also auch für die Europäische Integration (vgl. u.a. H. Semetko et al. 2000: 136). Wird also nicht über die Europäische Union berichtet, so dürfte sie von den Bürgern auch nicht als wichtig wahrgenommen werden – ungeachtet ihrer tatsächlichen Bedeutung. Darüber hinaus kommt es durch die Medienberichterstattung zu einem *Framing*: Aus welcher Perspektive die Europäische Integration von den Bürgern wahrgenommen wird, hängt demnach stark davon ab, aus welcher Perspektive sie von den Massenmedien dargestellt wird – eher aus einem europäischen oder eher aus einem nationalen Blickwinkel (vgl. u.a. R. Berganza 2000). Aber nicht nur die Berichterstattung unmittelbar vor Europawahlen ist hier relevant, sondern die kontinuierliche Europa-Darstellung auch zwischen den Wahlen. Wie über Europa in „Normalzeiten" berichtet wird, prägt die Wahrnehmung in Wahlzeiten. Und schließlich hängt auch die Bewertung des Integrationsprozesses sowie der zentralen Akteure durch die Bürger davon ab, wie diese von den Massenmedien dargestellt werden – vor allem wenn die Medien einheitlich berichten und somit den Bürgern Selektionsmöglichkeiten fehlen. Ist die Berichterstattung konsonant positiv, so verbessern sich die Einstellungen gegenüber der EU (auch bei EU-Skeptikern). Ist die Berichterstattung konsonant negativ, so verschlechtern sich die Einstellungen gegenüber der EU, und dies auch bei EU-Befürwortern (vgl. J. Peter 2003).

Aber während das Verhalten der Parteien – etwa ihre Wahlkampfaktivitäten oder ihre Europawahlprogramme – relativ gut untersucht sind, und während auch die Einstellungen der Bürger in den Mitgliedstaaten der EU gut dokumentiert sind, wurde die Europaberichterstattung der Massenmedien bislang in der Wissenschaft vernachlässigt (vgl. J. Peter 2004: 146). Meist konzentrieren sich die wenigen Inhaltsanalysen auf die Berichterstattung zu den Europawahlen (vgl. u.a. J. Peter 2003; D. Kevin 2003; E. Lauf/J. Peter 2004 sowie den Beitrag von J. Wilke/C. Reinemann in diesem Band) oder auf einzelne herausragende Ereignisse wie die Einführung des EURO als alleiniges Bar-Zahlungsmittel (vgl. u.a. F. Brettschneider et al. 2003; H. Semetko et al. 2000) oder den Maastricht-Gipfel (vgl. B. Silcock 1996). „Unklar ist aber, wie die aktuelle tägliche, eher routinehafte Berichterstattung über die EU aussieht" (J. Peter 2004: 146). Zudem werden meist nur kurze Zeiträume, relativ kleine Stichproben oder lediglich einzelne Medien (Fernsehen oder Qualitätszeitungen) untersucht. Nur wenige Arbeiten nehmen die EU-Berichterstattung umfassender in den Blick (vgl. J. Peter 2004; D. Kevin 2003).

Vor diesem Hintergrund beschäftigt sich der vorliegende Beitrag mit dem Europabild in der Berichterstattung deutscher Massenmedien. Folgende Fragen stehen im Mittelpunkt:

- *Häufigkeit:* Welchen Stellenwert hat Europa in der politischen Berichterstattung der meinungsbildenden deutschen Massenmedien? Berichten die einzelnen Medien unterschiedlich häufig über die EU? Welche Gründe kommen für den Umfang der Europaberichterstattung in Betracht?
- *Akteure:* Welchen Stellenwert haben einzelne zentrale europäische Institutionen – das Europaparlament, der Rat und die Europäische Kommission – innerhalb der Europaberichterstattung?
- *Bewertung:* Wie werden die zentralen europäischen Institutionen in der Berichterstattung bewertet?

Die Berichterstattung wird für den Zeitraum von 1998 bis 2004 untersucht. Sie bildet die Grundlage für die auf einzelne Europawahlen bezogene Berichterstattung, die anschließend analysiert wird:

- *Häufigkeit:* Wie häufig berichteten die Massenmedien 1999 und 2004 über das Thema „Europawahl"?
- *Akteure:* Welche Akteure kamen in der deutschen Europawahlberichterstattung zu Wort?
- *Bewertung:* Wie wurden diese Akteure in den Medien bewertet?

2 Datengrundlage

Der vorliegende Beitrag beugt den oben geschilderten Defiziten der bisherigen Forschung in unterschiedlicher Weise vor:

- Es wird nicht nur die Wahlberichterstattung untersucht, sondern auch die Europaberichterstattung in „Normalzeiten".
- Es wird nicht nur einer kurzer Zeitraum untersucht, sondern der gesamte Zeitraum vom Januar 1998 bis zum Wahltag im Juni 2004 – Tag für Tag.
- Statt weniger Medien werden sowohl die Fernsehnachrichten als auch die überregionalen Tageszeitungen analysiert: *Die Welt, Frankfurter Allgemeine Zeitung (FAZ), Frankfurter Rundschau (FR), Süddeutsche Zeitung (SZ), BILD, ARD Tagesschau (20 Uhr)* und *Tagesthemen, ZDF heute (19 Uhr)* und *heute journal, RTL aktuell, SAT.1 News, ProSieben Nachrichten.*
- Um das Bild der EU in Beziehung zur nationalen Berichterstattung zu setzen, wurden sämtliche 721.408 Beiträge aus den Ressorts „Politik/Nachrichten" und „Wirtschaft" untersucht, die sich entweder hauptsächlich auf Deutschland oder auf die EU bezogen. Für jeden Beitrag wurde festgehalten, um welches Thema es überwiegend ging und welche Ebene des politischen Systems darin hauptsächlich angesprochen wurde. Hier sind die Artikel bzw. Beiträge von

Interesse, in denen es entweder um die EU bzw. ihre Institutionen ging, oder
die von Europapolitik aus deutscher Sicht handelten. Die Darstellung der EU
und ihrer Organe wurde auf Beitragsebene erfasst. Dabei wurde die Beschreibung jeder Institution einzeln erfasst, die in mehr als fünf Zeilen (Zeitungen)
oder Sekunden (Fernsehnachrichten) angesprochen war. Insgesamt wurden
die Europäische Union oder ihre Organe in 87.156 solcher Passagen dargestellt, 45.456 davon entfielen auf das Europäische Parlament, die Europäische
Kommission oder den EU-Ministerrat. Für sie wurde festgehalten, wie die Institutionen jeweils bewertet wurden. Darüber hinaus wurden für die Europawahlberichterstattung auch Bewertungen von deutschen Europa-, Bundes- o-
der Landespolitikern auf Aussagenebene erfasst.

Die Codierung und Datenaufbereitung wurde vom internationalen Forschungsinsti-
tut Medien Tenor (vgl. www.medien-tenor.de) durchgeführt.

3   Europa in den Medien

3.1   Europa – eine quantité négligeable

Über die EU wird in den deutschen Massenmedien nur sehr selten berichtet. Offenbar ist die Europäische Integration in den Redaktionsstuben noch nicht wirklich
angekommen. Zu keinem Zeitpunkt seit 1998 betrug die Berichterstattung über die
Europäische Union mehr als neun Prozent der gesamten Berichterstattung in den
untersuchten Hauptnachrichtensendungen und den überregionalen Tageszeitungen.

Abbildung 2:   Präsenz der Europäischen Union in der Medienberichterstattung,
1998-2004

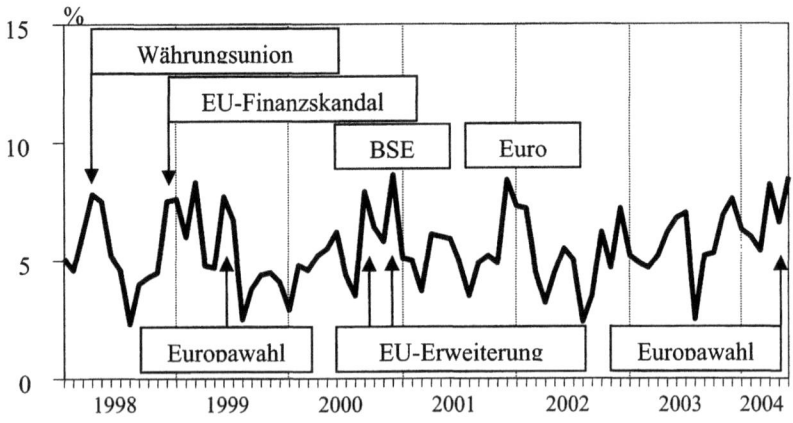

Anteil aller Beiträge, in denen die Themen EU/Europapolitik dominieren, an sämtlichen 721.408 Beiträgen in *Welt, FAZ, FR, Süddeutsche Zeitung, BILD, ARD Tagesschau, Tagesthemen, ZDF heute, heute
journal, RTL aktuell, SAT.1 News, ProSieben Nachrichten.*

Über den gesamten Untersuchungszeitraum hinweg waren es durchschnittlich sogar nur 5,5 Prozent (vgl. Abbildung 2). Bei 4,4 Prozent handelt es sich um Berichte, in denen die EU oder ihre Institutionen im Mittelpunkt standen – dabei überwog aber meist die deutsche Perspektive. Bei 1,1 Prozent handelt es sich um Berichte, in denen deutsche Politik dominierte – allerdings mit einem Bezug zur Europäischen Integration. Zum Vergleich: Auf die Berichterstattung über den Bundeshaushalt oder die Steuerpolitik der Bundesregierung entfallen in der Regel etwa jeweils vier bis fünf Prozent der Berichterstattung, auf das Thema „Arbeitsmarkt in Deutschland" etwa fünf bis sieben Prozent.

Eine erhöhte Aufmerksamkeit für europäische Themen fand sich lediglich punktuell und für kurze Dauer im Umfeld herausragender Ereignisse: 1998, als die Europäische Währungsunion beschlossen wurde, 1999 bei der Aufdeckung des EU-Finanzskandals, Ende 2000 im Zusammenhang mit den Beschlüssen über die EU-Osterweiterung, die allerdings weniger Aufmerksamkeit fanden als BSE wenige Monate später, Ende 2001 mit der bevorstehenden Einführung des EURO als alleinigem Bargeld sowie 1999 und 2004 mit den Wahlen zum Europäischen Parlament. Eine solche event- oder ereignisbezogene Berichterstattung hatte auch schon Gerhards (1993) für das Jahr 1992 ermittelt. Damals lenkten der Maastrichter Beschluss zur politischen Union, das dänische „Nein" zu ebendiesem Vertrag und das knappe „Ja" bei der entsprechenden Volksabstimmung in Frankreich die massenmediale Aufmerksamkeit für kurze Zeit auf europäische Themen. So gilt generell: „Throughout routine periods (…) coverage of European affairs remained ephemeral" (H. Semetko et al. 2000: 130).

Wer sich über die Europäische Integration informieren will, der wird noch am ehesten in der *FAZ* fündig. Die *Süddeutsche Zeitung* hat in den letzten Jahren den Anteil der Europapolitik an ihrer gesamten Berichterstattung ausgebaut und berichtet jetzt ebenfalls in nennenswertem Umfang. In der *Frankfurter Rundschau* und in der *Welt* spielt Europa hingegen eine geringere Rolle. Der Anteil der Europapolitik an der gesamten Berichterstattung ist dort etwa so groß wie bei *ARD* und *ZDF*. Die Boulevardmedien – *BILD* und die Nachrichtensendungen der privat-kommerziellen Sender – ignorieren die EU fast vollständig. Dort liegt der Anteil der Europaberichterstattung teilweise deutlich unter vier Prozent (vgl. Abbildung 3 sowie für das Jahr 2000 auch J. Peter 2004: 152).

Die überregionalen Qualitätszeitungen berichten aber nicht nur häufiger, sondern auch hintergründiger über Europa als die Fernsehnachrichten. Vor allem in der *FAZ* werden Europathemen in einen umfassenderen Kontext eingeordnet, während die Nachrichtensendungen lediglich Einzelereignisse aufgreifen. Oft handelt es sich dabei um Routineberichterstattung vor, während und nach EU-Gipfeln, wie z.B. das Shakehands der Gipfelteilnehmer oder die Veröffentlichung von Abschlusskommuniques. Hintergrundberichterstattung findet bei den privat-kommerziellen Sendern kaum statt und bei den öffentlich-rechtlichen Sendern ist sie in die Magazine ausgelagert (vgl. C. Kolmer 2004). Dies deckt sich mit Analysen der niederländischen Medienberichterstattung, wonach das Fernsehen in seiner Berichterstattung eher „episodische Frames" verwendet, also isoliert über Einzelereignisse berichtet, während die Qualitätszeitungen eher „thematische Frames" verwenden, also auch über Hintergründe berichten (vgl. H. Semetko/P. Valkenburg 2000).

Abbildung 3:   Präsenz der Europäischen Union in verschiedenen Medien, 1998-2004

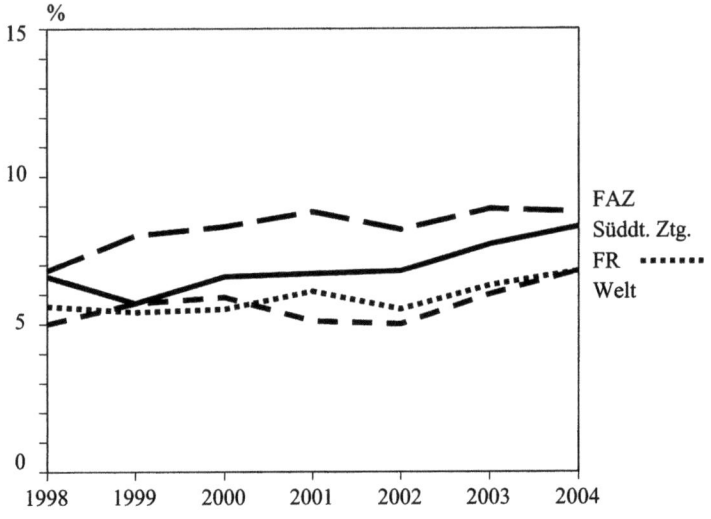

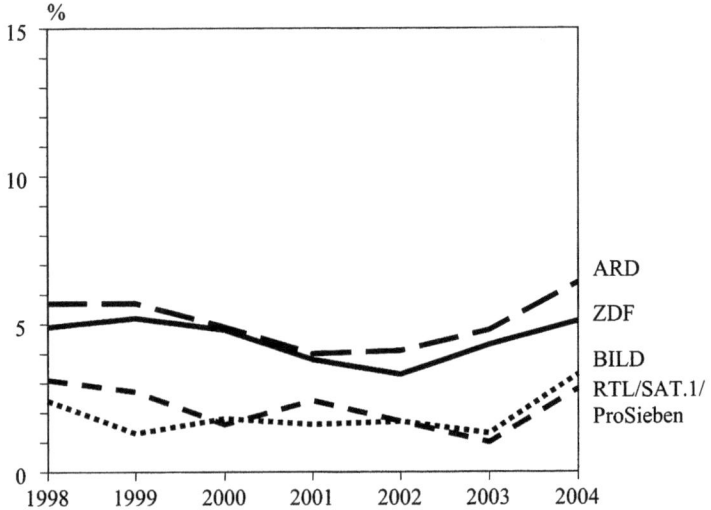

Anteil aller Beiträge, in denen die Themen EU/Europapolitik dominieren, an sämtlichen Beiträgen.

Die Präsenz von Europathemen in der Berichterstattung der einzelnen deutschen Medien spiegelt zu einem gewissen Grad die Personalausstattung der Redaktionen vor Ort wider. Von den knapp 1.000 Journalisten, die bei der EU als Korrespondenten akkreditiert sind, stammen rund 140 aus Deutschland. Viele Zeitungen unterhalten in Brüssel oder Straßburg keine eigenen Korrespondenten. Die *Süddeutsche Zeitung* hat in Brüssel drei Korrespondenten – gegenüber 15 Redakteuren im Berliner Hauptstadtbüro. Die *FAZ* leistet sich immerhin fünf Korrespondenten in Brüssel, genau soviel wie das TV-Team der *ARD* (vgl. W. Seemann/U. Froitzheim 2004). Die mangelnde Personalausstattung gilt als ein Grund für den geringen Umfang und den oftmals fehlenden Tiefgang der Europaberichterstattung. Für die einzelnen Korrespondenten ist es einfach nicht möglich, sich über sämtliche relevanten europäischen Vorhaben zu informieren, geschweige denn, darüber zu berichten. So empfiehlt der von der International Federation of Journalists (2003: 29) mit Unterstützung der Europäischen Kommission herausgegebene Journalisten-Ratgeber „Brüssel für Insider": „Neu in Brüssel angekommene Journalisten haben oftmals den Eindruck, von Information überwältigt zu werden. Unser Rat ist es, sich keine Sorgen zu machen. Wählen Sie Ihr Thema und bleiben Sie dabei. Versuchen Sie nicht, alle Ereignisse zu verfolgen, denn dies verurteilt Sie nur zum Scheitern. Suchen Sie (…) die Kerninformation heraus und vertrauen Sie auch auf Ihr eigenes Gespür". Nun mag „Gespür" ein wichtiges journalistisches Handwerkzeug sein, gründliche Recherche, umfassende Kenntnisse über einen Sachverhalt und wertvolle Kontakte zu Insidern kann es freilich nicht ersetzen.

Aber die mangelnde Personalausstattung der Europa-Büros ist nicht der einzige Grund für den geringen Umfang der Europaberichterstattung. So diskutierten auf dem DJV-Kongress „Kommunikation ohne Grenzen im neuen Europa", der am 1. Oktober 2004 in Berlin stattfand, zahlreiche Journalisten über ihre Probleme beim Platzieren europäischer Themen in der Heimatredaktion. Dabei „zeigte sich die Zuständigkeit in den Redaktionen als eine der Hürden für Europathemen. Oftmals in den Auslandsressorts angesiedelt, gehören sie doch eigentlich eher ins Inland" (A. Witt-Barthel 2004: 27). In den Auslandsressorts konkurrieren sie aber mit Nachrichten aus New York, Moskau, Peking und dem Rest der Welt (vgl. auch J. Gerhards 1993: 16f., P. Glotz 1995: 20). Darüber hinaus gelten EU-Themen in den Redaktionen nach wie vor eher als spröde (vgl. u.a. K. Schönbach 1995). „Chefredakteure, die auf Auflage und Quote schielen, haben mit den meist grauwertigen Europa-Themen ihre Probleme. Differenzierte Hintergrundberichterstattung verkauft sich nicht (…) Wenn doch, so geht es meist um die üblichen Aufreger-Themen: Faule, lebensferne, überbezahlte Beamte verprassen unsere Milliarden, leben wie die Maden im Speck und begünstigen die Agrarmafia" (vgl. W. Seemann/U. Froitzheim 2004: 23; D. Kevin 2003: 175). Oder die EU wird in die Glossen abgeschoben (vgl. J. Gerhards 1993), wo man sich dann trefflich über Auswüchse der Brüsseler Bürokratie lustig machen kann – wie die Festlegung des maximalen Krümmungsgrads der Euro-Banane, den Umfang von Norm-Mandeln, die Maße einer Euro-Gurke oder der Europa-genormte Traktorensitz.

Damit über sie berichtet wird, müssen Europa-Themen zudem gewisse Nachrichtenfaktoren erfüllen, die sie aber nur selten zu bieten hätten: Prominenz, Konflikt, Dramatik. Auch müsse stets der nationale Bezug erkennbar sein. „Die interviewten Korrespondenten und Pressesprecher berichten einhellig, dass sowohl bei der Auswahl der Themen als auch bei der Interpretation und Meinungsbildung zu den Themen die Perspektive der jeweiligen nationalstaatlichen Interesses das dominante Interpretationsmuster sei" (J. Gerhards 1993: 18).

3.2 Das Europaparlament – selten und negativ präsent

Es wird also selten, primär ereignisbezogen, wenig hintergründig und in der Regel aus einer nationalen Perspektive über Europa berichtet. Aber wer kommt in dieser Berichterstattung eigentlich zu Wort? Welche europäische Institution wird besonders häufig dargestellt und gilt somit auch aus der Sicht der Bevölkerung als der zentrale Akteur in der Europapolitik? Um es vorweg zu nehmen: das Europäische Parlament ist es nicht. Stattdessen findet sich in der Europaberichterstattung ein ähnliches Muster wie in der Berichterstattung über die nationale Politik: eine stark ausgeprägte Dominanz der Exekutive. Während das Europäische Parlament in der Regel lediglich in fünf Prozent der Berichte über die EU eine zentrale Rolle spielt, steht die Kommission in 35 bis 45 Prozent der Berichte im Mittelpunkt. Selbst über den Ministerrat wird – mit ca. 15 Prozent der gesamten EU-Berichterstattung – häufiger berichtet als über das Parlament (vgl. Abbildung 4).

Abbildung 4:   Präsenz europäischer Akteure in der Medienberichterstattung
1998-2004

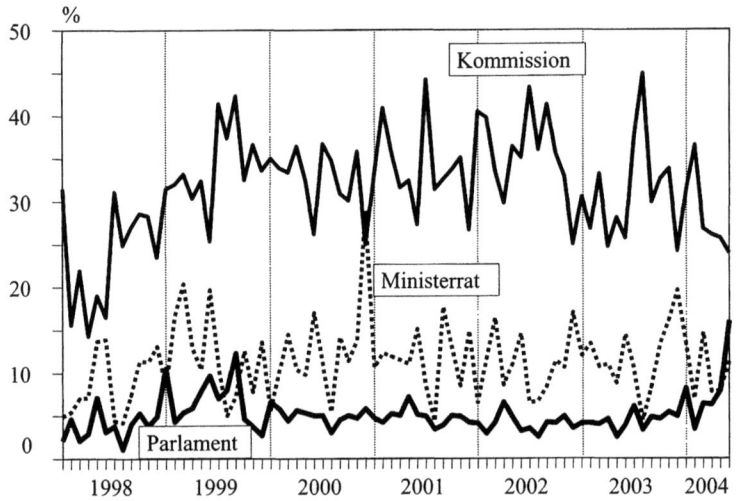

Anteil der einzelnen europäischen Institutionen an allen 87.156 Beschreibungen der Europäischen Union oder ihrer Organe in *Welt, FAZ, FR, Süddeutsche Zeitung, BILD, ARD Tagesschau/Tagesthemen, ZDF heute/heute journal, RTL aktuell, SAT.1 News, ProSieben Nachrichten.*

Lediglich in den Wahlmonaten steigt das mediale Interesse am Europäischen Parlament, das aber selbst dann nicht an die Prominenz der Europäischen Kommission heranreicht. Die mangelnde Präsenz des Europäischen Parlaments in der Medienberichterstattung bleibt nicht ohne Folgen. Aus Sicht der Bürger handelt es sich bei Europawahlen dann tatsächlich nur um „Second-Order Elections" (vgl. den Beitrag von A. Wüst/D. Roth in diesem Band). Schulz und Blumler (1994: 216) wiesen auf der Basis von Umfragedaten nach, dass allein der bloße Kontakt der Bürger mit Medienberichten über das Europäische Parlament zu einer höheren Wahlbeteiligung führte. Gleiches galt bei der Europawahl 2004, wie eine Untersuchung des Medien Tenor (2004) für alle 25 EU-Mitgliedstaaten zeigt: „Wherever there was a significant amount of coverage in daily newspapers and on TV news broadcasts, voter turnout was greater than in those countries where coverage of the election of the biggest multinational parliament of the world was beneath the awareness threshold."

Nun könnte man einwenden, dass das Europäische Parlament tatsächlich unbedeutender sei als die Europäische Kommission oder der Ministerrat. Zumindest wurde die Machtlosigkeit des Parlaments lange Zeit als Grund für die geringe Präsenz des Europäischen Parlaments in den Medien angeführt. Dies mag für die ersten Wahlen zum Europäischen Parlament 1979 und 1984 auch noch gegolten haben. Aber seitdem erfährt das Europäische Parlament einen kontinuierlichen Bedeutungsgewinn, der sich vor allem in einem Zuwachs an Kompetenzen mit dem Inkrafttreten der Einheitlichen Europäischen Akte im Jahr 1987 ausdrückt. Heute bedarf ein Großteil der europäischen Gesetze und Verordnungen der Zustimmung des Europaparlaments. Auch die Europäische Kommission kann ohne Zustimmung des Europaparlaments nicht ernannt werden. So hat sich das Parlament Ende 2004 prestigeträchtig im Machtkampf um einzelne Kommissare der Barroso-Kommission durchgesetzt.

„Die Entwicklung einer europäischen Öffentlichkeit hinkt diesem Prozess des Transfers von Kompetenzen, Kontrollen und Ressourcen von den nationalstaatlichen Entscheidungszentren auf das supranationale Gebilde EG weit hinterher und dies in zweierlei Hinsicht. Erstens ist der Fokus der Aufmerksamkeit der massenmedialen Öffentlichkeit weiterhin dominant auf das nationalstaatliche Geschehen gerichtet; die Medien berichten in erster Linie von den nationalen Arenen aus Bonn, London, Paris, Rom etc. und nicht von der supranationalen Arena aus Brüssel. Berichten sie aus Brüssel, dann geschieht dies zweitens aus der Perspektive des jeweiligen nationalstaatlichen Interesses ohne oder mit nur geringem Bezug auf ein gesamteuropäisches Interesse" (J. Gerhards 1993: 6). Und das Europäische Parlament sitzt dabei allenfalls am medialen Katzentisch.

In der Ignoranz gegenüber dem Europäischen Parlament unterscheiden sich die Medien übrigens – anders als beim Umfang der gesamten Berichterstattung über die Europäische Union – nicht wesentlich voneinander. Das Europäische Parlament wird in allen Medien marginalisiert. In den Zeitungen entfallen nur etwa fünf Prozent der gesamten Europaberichterstattung auf das Europäische Parlament.

Abbildung 5:   Anteil des Europäischen Parlaments an der gesamten EU-
Berichterstattung einzelner Medien, 1998-2004

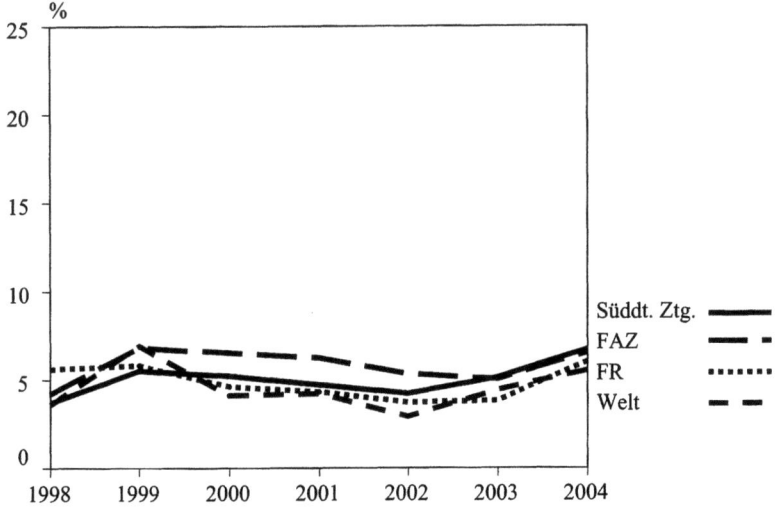

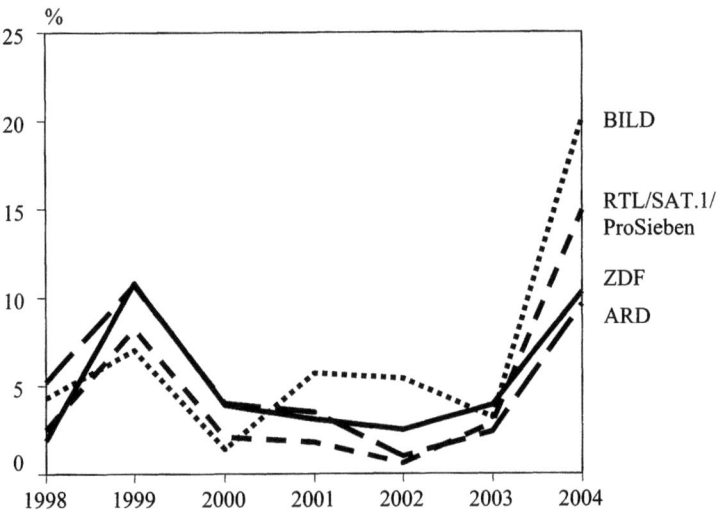

Anteil der einzelnen europäischen Institutionen an allen Beschreibungen der Europäischen Union oder
ihrer Organe.

Ähnlich stellt sich die Situation in den Fernsehnachrichten dar, allerdings mit deutlicheren Schwankungen. Während das Europäische Parlament in den Wahljahren 1999 und 2004 innerhalb der Europaberichterstattung sichtbarer ist, spielt es in den Nicht-Wahljahren praktisch gar keine Rolle (vgl. Abbildung 5). Die im Jahr 2004 gestiegene Berichterstattung der Privatsender und der *BILD*-Zeitung ist übrigens nicht damit zu erklären, dass sich deren Redaktionen verstärkt mit der politischen Arbeit des Parlaments beschäftigt hätten. Die Parlamentarier gerieten vor allem wegen ihrer Diäten in die Schlagzeilen. Im Frühjahr 2004 stand das Parlament so deutlich in der Kritik wie nie zuvor in den untersuchten sechseinhalb Jahren (vgl. Abbildung 6).

Abbildung 6:   Bewertung der europäischen Institutionen in der
Medienberichterstattung, 1998-2004

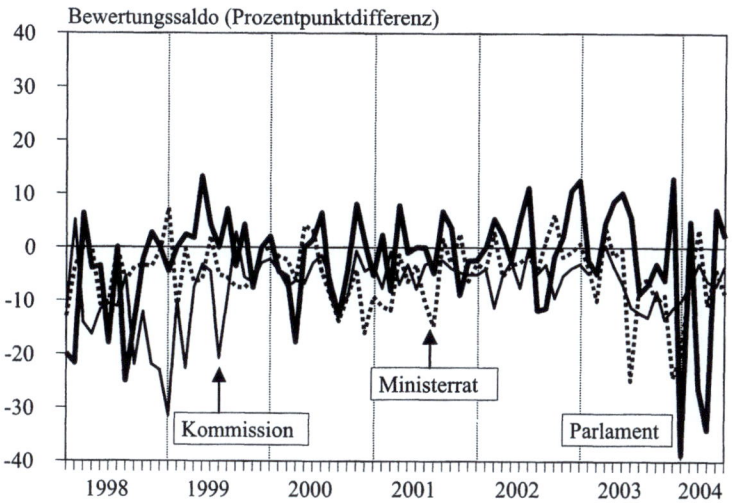

Anteil positiver Bewertungen - Anteil negativer Bewertungen.
Basis: Insgesamt 45.456 Beschreibungen von EU-Parlament, -Kommission und -Ministerrat in *Welt*, *FAZ, FR, Süddeutsche Zeitung, BILD, ARD Tagesschau/Tagesthemen, ZDF heute/heute journal, RTL aktuell, SAT.1 News, ProSieben Nachrichten.*

Nie überwog die Kritik am Europaparlament so stark wie im Januar 2004: Der Anteil negativer Wertungen war in diesem Monat knapp 40 Prozentpunkte größer als der Anteil (praktisch nicht vorhandener) positiver Bewertungen. Im Schnitt standen zehn bis 15 Prozent negativen Wertungen fünf bis sieben Prozent positive Urteile gegenüber. Mit anderen Worten: In der Regel sahen die Medien zum Beginn des Jahres 2004 nur selten Anlass für eine positive Schilderung der Arbeit der EU-Parlamentarier. Dieses „Schicksal" teilte das Europäische Parlament mit dem Ministerrat und mit der Europäischen Kommission. Wie in der nationalen Bericht-

erstattung schlug sich hier vor allem das Nachrichtenauswahlkriterium „Negati-
vismus" nieder: „Bad news are news. Good news are no news." Lediglich „an
‚Feiertagen' – z.B. bei der Osterweiterung – bestimmen positive Äußerungen über
die EU die Schlagzeilen; an ‚Werktagen' ergibt sich ein anderes Bild" (C. Kolmer
2004: 10).

Allerdings ist die wertende Darstellung beispielsweise in der *FAZ* differen-
zierter als in der *BILD*-Zeitung. Die Hauptnachrichtensendungen von *ARD* und
ZDF hielten sich mit Bewertungen der europäischen Institutionen eher zurück.
Dafür hatten öffentlich-rechtliche Magazine – von *Fakt* (*MDR*) bis zu Kontraste
(*SFB*) – „praktisch nichts Positives über die EU zu berichten. Lediglich in ZDF
WISO stießen die Verbraucherschutzaktivitäten Brüssels auf eine positive Bericht-
erstattung. Das Fernsehen der Deutschen Welle hingegen machte seinen Anspruch,
aus dem ‚Herz von Europa' zu berichten, Ehre" (C. Kolmer 2004: 12).

4   Europawahlen in den Medien

4.1   *Europawahlen – unwichtiger als die Fußballeuropameisterschaft*

Wenn also zu „Normalzeiten" nur selten über die Europäische Union berichtet
wird, so sollte man annehmen, dass wenigstens Europawahlen zu einem Medien-
thema werden. Insbesondere vor Wahlen sollte man von den Medien – zumindest
von den öffentlich-rechtlichen Fernsehsendern – erwarten dürfen, dass sie a) über
die Themen informieren, die für die Europawahl relevant sind, und so das Interesse
an der Wahl wecken und Alternativen kenntlich machen, dass sie b) den demokratischen Prozess kontrollieren und dass sie c) den verschiedenen Vorstellungen der
Akteure über den Fortgang der Europäischen Integration Platz bzw. Sendezeit
einräumen (vgl. auch D. Kevin 2003: 168; W. Schulz 1983: 358; E. Lauf/ J. Peter
2004: 162). Kurz: Sie sollten für die Bürger ihre Informations-, Artikulations-,
Öffentlichkeits- und Kontrollfunktion erfüllen.

Dieser Erwartung wird die Berichterstattung nicht gerecht. Zwar steigt in den
Wahljahren die Berichterstattung über die Europäische Integration an – Europawahlen haben also durchaus eine Katalysatorfunktion für die öffentliche Wahrnehmung des Themas „Europa". Über die Europawahlen selbst wird jedoch kaum
berichtet (vgl. Abbildung 7). Lediglich in den letzten 14 Tagen vor dem Urnengang
entfiel mehr als ein Prozent der gesamten Berichterstattung in den Nachrichtensendungen bzw. in den Zeitungen auf die Europawahl. Vor der Europawahl 2004
erschienen selbst in den öffentlich-rechtlichen Fernsehnachrichten mehr als drei-
mal so viele Beiträge über die Fußball-Europameisterschaft wie über die Wahl zum
Europäischen Parlament – und das, obwohl die Fußball-EM erst am 12. Juni begann (vgl. M. Schlipper/W. Stock 2004: 10). Im April und im Mai existierte die
Wahl für die Medien noch gar nicht. Zudem erschienen Fernsehbeiträge zum Europawahlkampf selten in Top-Positionen, so gut wie nie waren sie Aufmacher einer
Sendung (vgl. J. Peter 2004: 148).

Abbildung 7: Präsenz der Europawahlen 1999 und 2004 in der Medienberichterstattung

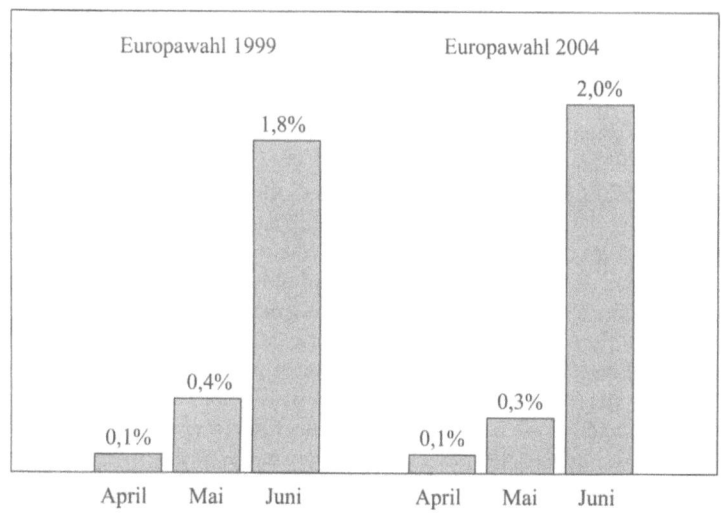

Anteil aller Beiträge zur Europawahl an sämtlichen 721.408 Beiträgen in , *FAZ, FR, Süddeutsche Zeitung, BILD, ARD Tagesschau, Tagesthemen, ZDF heute, heute journal, RTL aktuell, SAT.1 News, ProSieben Nachrichten.*

Dass dies nicht zwangsläufig so sein muss, zeigt ein Blick auf die erste Direktwahl zum Europäischen Parlament im Jahr 1979. Damals steigerten die „ARD Tagesschau" und „ZDF heute" in den letzten sechs Wochen vor der Wahl die Zahl ihrer Wahlberichte von zehn auf 90 pro Woche. Und „in keinem anderen Land hat das Fernsehen damals die europäische Einigung so oft als positive Vision beschrieben. (...) Schon 1984 jedoch – bei der zweiten Europawahl – war es mit der Begeisterung von Journalisten und Medien vorbei: Die Zahl der Europawahlberichte vermehrte sich im Wahlkampf nur noch von kläglichen drei auf 30 pro Woche" (K. Schönbach 1995: 34). Dabei wirkte sich die Berichterstattung 1979 – wenn auch nur vorübergehend – europafreundlich auf die Mediennutzer aus: Die Kenntnisse über die Europawahl nahmen zu, die Wahlkampfthemen wurden den Bürgern vertrauter und das Europäische Parlament wurde zunehmend als wichtig eingestuft (vgl. K. Schönbach 1995: 35f.; W. Schulz/K. Schönbach 1980). Auch in der Folgezeit stand gerade in Deutschland „die Wahrnehmung der Wahl im Fernsehen (...) mit dem Europa-Engagement der Wähler in einem ausgeprägten Zusammenhang" (W. Schulz/J. Blumler 1994: 216): Je häufiger Berichte zu Europawahlen im Fernsehen gesehen wurden, desto größer war die Wahlbeteiligung.

Auch im internationalen Vergleich schneidet das deutsche Fernsehen schlecht ab. Während in den beiden Wochen vor der Europawahl 1999 kaum über die Europawahl berichtet wurde, nahm die Europawahl beispielsweise im französischen, österreichischen und griechischen Fernsehen einen deutlich breiteren Raum ein. So drehte sich in Griechenland ein Viertel der gesamten politischen Berichterstattung in den Hauptnachrichtensendungen um die Wahl zum Europäischen Parlament (vgl. E. Lauf/J. Peter 2004: 175).

4.2 Europaparlamentarier – unfähige Statisten?

Über die Europawahl wird also selten berichtet. Aber berichten die Medien dann wenigstens über die zur Wahl stehenden Kandidaten für das Europaparlament? Bieten sie somit den Bürgern die Möglichkeit, die Kandidaten und ihre Positionen kennen zu lernen, Alternativen wahrzunehmen und eine begründete Europawahlentscheidung zu treffen – statt eine nationale? Wieder lautet die Antwort „Nein".

Diejenigen, um die es bei der Europawahl geht – nämlich die Kandidaten für einen Sitz im Europäischen Parlament –, kommen in der Medienberichterstattung kaum vor. Von den 5.871 EU-bezogenen Aussagen in der Medienberichterstattung vor der Europawahl 2004 beschäftigten sich noch nicht einmal 1.000 (16,6 Prozent) mit den Kandidaten für das Europaparlament. Gegenüber der Bundesregierung (30,6 Prozent) und gegenüber den Bundes- und Landespolitikern (52,8 Prozent) blieb den deutschen EU-Politikern nur eine Statistenrolle. Egal, welche Partei man sich anschaut: Immer kamen Bundes- und Landespolitiker häufiger zur Europawahl zu Wort als die kandidierenden Europapolitiker (vgl. auch den Beitrag von J. Wilke/C. Reinemann in diesem Band).

Die Europawahl wird also nicht als ein übernationales, europäisches Ereignis dargestellt, sondern sie dient den Medien lediglich als Kulisse für Bundes- und Landespolitiker. Besonders deutlich wird dies bei der Berichterstattung über CDU und CSU. Den Unions-Abgeordneten aus Straßburg verliehen die Medien kaum eine Stimme, den Bundes- und Landespolitikern (v.a. Edmund Stoiber und Angela Merkel) verschafften sie hingegen vor allem bei den Themen „europäische Verfassung" und „EU-Beitritt der Türkei" deutlich Gehör (vgl. Abbildung 8). Oder anders formuliert: Europäische Themen haben nur dann eine Chance auf die massenmediale Agenda zu gelangen, wenn sich nationale Politiker dazu äußern oder wenn sie direkte Auswirkungen auf die nationale politische Diskussion haben. Ansonsten gehen sie unter – und mit ihnen die Europapolitiker aus Straßburg.

In diesem Punkt unterscheidet sich die Berichterstattung 2004 nicht von der Berichterstattung zur Europawahl 1979. Schon damals stellte Schulz (1983: 362) eine Dominanz der politischen Akteure fest, die sich nicht um einen Sitz im Europäischen Parlament bemühten. Dabei handelte es sich nicht um eine deutsche Besonderheit.

Abbildung 8: Präsenz und Bewertung von Akteuren in der
Medienberichterstattung vor der Europawahl 2004 (April-Juni)

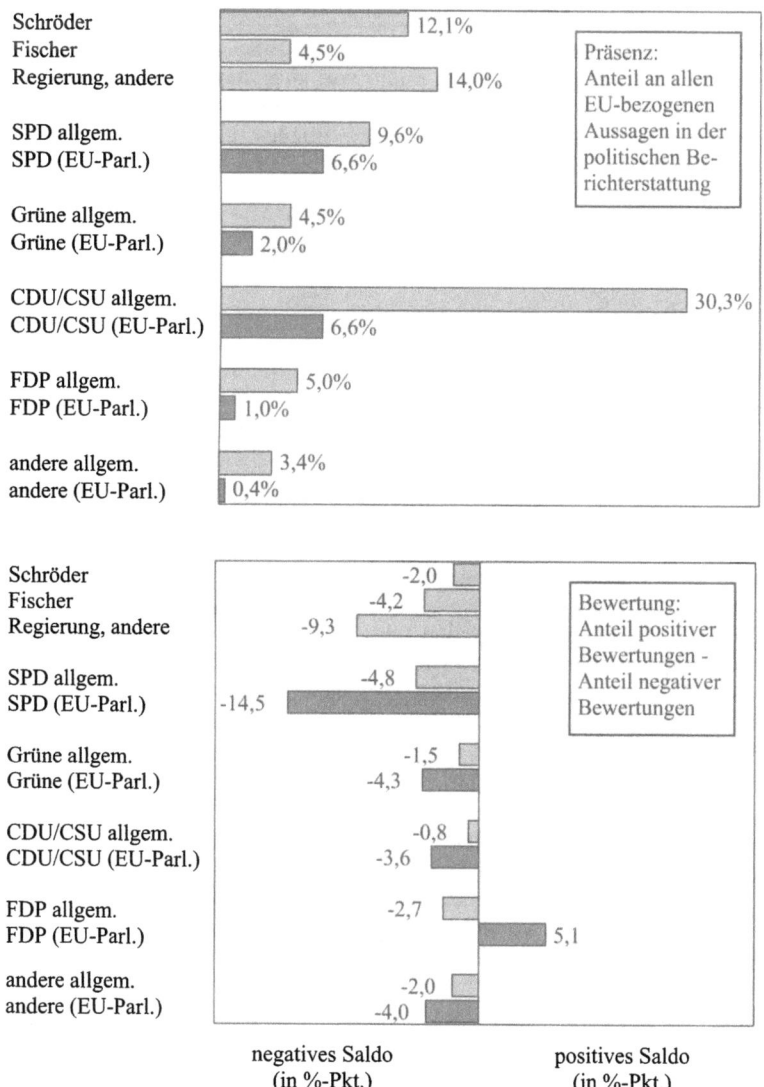

negatives Saldo   positives Saldo
(in %-Pkt.)   (in %-Pkt.)

Basis: 5.871 EU-bezogene Aussagen über Bundes- und Landesregierungen, Parteien und Politiker in
*Welt, FAZ, FR, Süddeutsche Zeitung, BILD, ARD Tagesschau/Tagesthemen, ZDF heute/heute journal,
RTL aktuell, SAT.1 News, ProSieben Nachrichten.*

Über die Kandidaten für das Europaparlament wird aber nicht nur selten, sondern auch negativ berichtet. Die Statisten spielen vor allem Loser-Rollen. Bis auf eine Ausnahme wurden die Europapolitiker einer Partei in den Medien immer negativer dargestellt als die Bundes- oder Landespolitiker der gleichen Partei, wenn sie sich zur Europawahl äußerten. Besonders schlecht kamen dabei die Straßburger Sozialdemokraten weg. Lediglich bei der *FDP* war dies anders: Über die *FDP*-Spitzenkandidatin Silvana Koch-Mehrin wurde als einzige überwiegend positiv berichtet – und deutlich positiver als über die Bundes- und Landespolitiker der *FDP* (vgl. Abbildung 8).

5   Die Europäisierung der nationalen Öffentlichkeit

Bei einer Umfrage unter deutschen Journalisten gaben Anfang der 1990er Jahre 47 Prozent der befragten Redakteure an, es sei nicht ihre Aufgabe, die Entstehung eines europäischen Gemeinschaftsgefühls zu fördern (vgl. K. Schönbach 1995: 27). Diese Auffassung ist normativ nicht anzugreifen, denn schließlich sind Journalisten weder die Volkshochschullehrer der Nation, noch sollten sie Missionare sein – auch nicht in europäischen Angelegenheiten. Aber eines sollte man von den Massenmedien erwarten können: dass sie über Relevantes berichten; dass sie den Menschen eine Chance geben, etwas über das Weltgeschehen zu erfahren und sich darüber eine Meinung zu bilden; dass sie ihrer Öffentlichkeits-, Informations-, Artikulations- und Kontrollfunktion gerecht werden. In punkto Europa tun sie dies summa summarum nicht.

Über die Europäische Integration und die zentralen europäischen Akteure wird nur selten berichtet. Brüssel und Straßburg bleiben ein politischer Nebenschauplatz. Wenn über die EU berichtet wird, dann liegt der Schwerpunkt auf der Exekutive. Das Parlament tritt kaum in Erscheinung. Europaparlamentarier spielen nur eine Statistenrolle und werden auch noch negativer bewertet als Bundes- oder Landespolitiker, die sich zu Europa äußern. Das massenmediale Interesse der Redaktionen an der EU insgesamt ist gering und wird vor allem durch Skandale oder Problemfälle geweckt. Die Berichterstattung vermittelt das altbekannte Bild des „Molochs EU": regelwütig, skandalträchtig, geldgierig. Es darf bezweifelt werden, dass diese Berichterstattung die politischen Zusammenhänge in Brüssel und Straßburg adäquat spiegelt. Und selbst wenn dieses Bild der EU den Tatsachen entspräche, dann müsste nicht weniger, sondern mehr darüber berichtet werden – so lange, bis dieser Sumpf trockengelegt wäre. Zudem sehen die Medien Europapolitik vor allem durch die nationale Brille. Von einer europäisierten nationalen Öffentlichkeit kann jedenfalls in Deutschland nicht die Rede sein.

Gerhards (1993: 7) zufolge ist dem Legitimations- und dem Demokratiedefizit der EU ein Öffentlichkeitsdefizit vorgelagert. Mehr noch: Das Öffentlichkeitsdefizit sei sogar eine Ursache für das Legitimations- und Demokratiedefizit. „Erst wenn über Europa berichtet wird und wenn dies aus einer die nationalstaatliche Perspektive transzendierenden Perspektive geschieht, könnte ein Europa der Bürger entstehen" (J. Gerhards 1993: 7). Auch Graf Kielmansegg setzt auf einen „von den Massenmedien getragenen politischen Diskurs, der Politik erst zu einer Sache der Allgemeinheit und damit Demokratie erst zur Demokratie macht" (zit. nach F. Neidhardt et al. 2000: 263).

Demzufolge fehlt es der Europäischen Integration an einer Öffentlichkeit, verstanden als ein Kommunikationsforum mit Akteuren (Institutionen, Politikern, Parteien, Interessenverbänden etc.), Medien und Publikum (Bevölkerung) (vgl. F. Neidhardt et al. 2000: 264). Gerhards (2003: 7) sieht zwei Möglichkeiten für eine „Europäisierung der massenmedialen politischen Öffentlichkeit": erstens eine eigenständige europäische Öffentlichkeit, die die nationalen Öffentlichkeiten überlagert, d.h. EU-Politiker und -Institutionen kommunizieren in europäischen Medien vor einem europäischen Publikum. Eine solchermaßen verstandene europäische Öffentlichkeit sei jedoch an zahlreiche Voraussetzungen gebunden und in absehbarer Zeit eher unwahrscheinlich. Realistischer wäre – zweitens – eine Europäisierung der nationalen Öffentlichkeiten: „die Thematisierung europäischer Themen in den jeweiligen nationalen Medien" und „die Bewertung dieser Themen unter einer europäischen, nicht nationalstaatlichen Perspektive" (J. Gerhards 1993: 12).

In Deutschland ist weder das eine noch das andere zu erkennen. Dabei wäre eine umfangreiche und „europäische" Berichterstattung über Europa notwendig, denn politische Entscheidungen verlagern sich zunehmend von der nationalen auf die EU-Ebene. Die Gesetzgebung des Deutschen Bundestages ist längst „europäisiert" (vgl. A. Töller 2004). Zahlreiche wirtschaftspolitische Entscheidungen werden nicht mehr in erster Linie im Deutschen Bundestag oder in den nationalen Parlamenten Italiens, Spaniens oder Griechenlands getroffen. Was von der Europäischen Kommission und vom Europaparlament entschieden wird, schlägt sich meist unmittelbar in den nationalen Politiken nieder – und damit im Leben aller Bürger. Das alleine sollte bereits Grund genug sein, dass sich die Medien stärker mit europapolitischen Fragen beschäftigen. Europapolitik ist national relevante Politik. Mehr noch: Europa wächst zu einem supranationalen, staatenähnlichen Gebilde heran. Die Nationalstaaten haben bereits einen Teil ihrer Souveränität an Europa abgetreten. Europäisches Recht bricht nationales Recht. Der Europäische Gerichtshof kann Nationalstaaten beim Verstoß gegen EU-Recht mit Sanktionen belegen. Und die EU verfügt über eigene Einnahmen (vgl. u.a. A. Ernst 1999). Somit wächst auch die Bedeutung – und damit die Verantwortung – der Massenmedien für die Politikvermittlung.

Der Verweis darauf, die Menschen würden sich eben nicht für Europapolitik interessieren, greift zu kurz. Einer Anfang 2004 durchgeführten repräsentativen Umfrage zufolge, meinten 42 Prozent der Deutschen, die Medien würden zu wenig über Europa berichten. Das Informationsbedürfnis zu europäischen Themen ist bei Jüngeren etwas größer als bei Älteren. Unter den Informationsquellen rangiert das Fernsehen deutlich vor der Tageszeitung, dem Radio, den Zeitschriften sowie Gesprächen mit Freunden, Verwandten und Kollegen. Das Internet, Bücher, Broschüren und Info-Blätter, Info-Veranstaltungen und EU-Informationsbüros spielen hingegen nur eine untergeordnete Rolle (vgl. European Commission 2004c). Was für die allgemeine Berichterstattung über die EU gilt, trifft auch auf besondere Themen zu. So fühlten sich im Juli 2004 lediglich 30 Prozent der befragten Deutschen von den Medien ausreichend über die Europäische Verfassung informiert (vgl. European Commission 2004a). Und nach der Europawahl 2004 gaben 38 Prozent an, sie hätten aus den Massenmedien nicht genügend Informationen für ihre Wahlentscheidung erhalten (vgl. European Commission 2004b: 26).

Das geringe massenmediale Interesse am Alltag des Europäischen Parlaments ist nicht der einzige Grund für das Desinteresse weiter Teile der Bevölkerung – dies zu behaupten wäre zu billig und gegenüber den Journalisten nicht fair. Aber die Berichterstattung ist noch weit davon entfernt, der gewachsenen Bedeutung des Europäischen Parlaments gerecht zu werden. Und zu starr ist der Blick nach wie vor auf die nationale Politik gerichtet.

Dabei gäbe es Möglichkeiten für eine realitätsgerechtere EU-Berichterstattung (vgl. auch C. Kolmer 2004: 13): Ein internationaler Personaltausch zwischen den Redaktionen könnte einen Perspektivwechsel mit sich bringen. Warum soll nicht einmal ein Jahr lang ein Franzose den deutschen Lesern die Europäische Integration schildern, während dies sein deutscher Kollege bei den Franzosen tut? Häufigere gemeinsame Produktionen von Redaktionen aus unterschiedlichen Ländern könnten zu einer Perspektivenvielfalt führen. Warum sollen die begrenzten Personalressourcen nicht genutzt werden, um länderübergreifend europäische Themen zu recherchieren? Perspektivenvielfalt kann auch durch Gastkommentare von Journalisten oder Europapolitikern aus anderen Ländern hergestellt werden. Vor allem aber sollte die Zuordnung des Themas „Europa" zum Außenressort aufgegeben werden. Entweder, die EU-Berichterstattung wird durch die Schaffung von EU-Ressorts institutionalisiert, oder aber – anspruchsvoller – die EU-Perspektive wird in die einzelnen Ressorts integriert. Dann wäre europäische Politik auch in den Redaktionen nicht mehr etwas Entferntes, sondern – der Realität entsprechend – Bestandteil unseres Alltags. Möglicherweise könnten die Medien so einen Beitrag dazu leisten, eine europäisierte nationale Öffentlichkeit herzustellen. Damit es bei der nächsten Europawahl nicht wieder heißt: Europa? Kein Thema für die Medien!

6   Literatur

Berganza, Rosa (2000): Looking Forward For a European Public Sphere. Media Framing of European Elections 1999. Paper presented at the Annual Meeting of the World Association for Public Opinion Research: Portland, Mai 2000.

Brettschneider, Frank/Maier, Jürgen/Maier, Michaela (2003): Medienberichterstattung, Mediennutzung und die Bevölkerungseinstellungen zum Euro in Ost- und Westdeutschland. In: Brettschneider/van Deth/Roller (2003): 213-233.

Brettschneider, Frank/van Deth, Jan/Roller, Edeltraud (Hrsg.) (2003): Europäische Integration in der öffentlichen Meinung. Opladen: Leske + Budrich.

Ellwein, Thomas (Hrsg.) (1980): Politikfeld-Analysen 1979. Wissenschaftlicher Kongreß der DVPW, 1.-5. Oktober 1979 in der Universität Augsburg. Tagungsbericht. Opladen: Westdeutscher Verlag.

Erbring, Lutz (Hrsg.) (1995): Kommunikationsraum Europa. Konstanz: Universitätsverlag Konstanz/Ölschläger.

Ernst, Andreas (1999): Europäische Öffentlichkeit: Historische Voraussetzungen und aktuelle Folgen eines unvollendeten Projekts. In: Imhof/Jarren/Blum (1999): 25-34.

European Commission (2004a): The Future European Constitution (Wave 2). Flash Eurobarometer 159/2. Brüssel: European Commission. In: http://europa.eu.int/comm/public_opinion/flash/fl159_2en.pdf.

European Commission (2004b): Post European elections 2004 survey. Flash Eurobarometer 162. Brüssel: European Commission. In: http://europa.eu.int/comm/public_opinion/flash/FL162en.pdf.

European Commission (2004c): Eurobarometer 61.0. Public Opinion in the European Union. Spring 2004. Brüssel: European Commission. In: http://europa.eu.int/comm/public_opinion/archives/eb/eb61/nat_germany.pdf.

Gerhards, Jürgen (1993): Westeuropäische Integration und die Schwierigkeiten der Entstehung einer europäischen Öffentlichkeit. FS III 92-101. Berlin: Wissenschaftszentrum Berlin.

Glotz, Peter (1995): Integration und Eigensinn: Kommunikationsraum Europa – eine Chimäre? In: Erbring (1995): 17-26.

Hagen, Lutz M. (Hrsg.) (2004): Europäische Union und mediale Öffentlichkeit. Theoretische Perspektiven und empirische Befunde zur Rolle der Medien im europäischen Einigungsprozess. Köln: Halem.

Imhof, Kurt/Jarren, Otfried/Blum, Roger (Hrsg.) (1999): Steuerungs- und Regelungsprobleme in der Informationsgesellschaft. Opladen/Wiesbaden: Westdeutscher Verlag.

International Federation of Journalists (Hrsg.) (2003): Brüssel für Insider. Der Journalistenführer für die Hauptstadt Europas. Brüssel: Journalists @ Your Service. In: http://www.brusselsreporter.org/guide/insidegerman.pdf.

Kevin, Deirdre (2003): Europe in the Media. A Comparison of Reporting, Representation, and Rhetoric in National Media Systems in Europe. Mahwah/London: Lawrence Erlbaum.

Klein, Ansgar/Koopmans, Ruud/Trenz, Hans-Jörg/Klein, Ludger/Lahusen, Christian/Rucht, Dieter (Hrsg.) (2003): Bürgerschaft, Öffentlichkeit und Demokratie in Europa. Opladen: Leske + Budrich.

Klingemann, Hans-Dieter/Neidhardt, Friedhelm (Hrsg.) (2000): Zur Zukunft der Demokratie. Herausforderungen im Zeitalter der Globalisierung. Berlin: Edition Sigma.

Kolmer, Christian (2004): Vernichtung eines Ideals. Fallstudie: Das Medienbild der EU 01/2003 – 06/2004. In: Medien Tenor. 147. 10-13.

Koopmans, Ruud (2003): „Brüssel" als Schwarzer Peter. Massenmedien und europäische Integration. In: WZB-Mitteilungen. 102. 33-36.

Lauf, Edmund/Peter, Jochen (2004): EU-Repräsentanten in Fernsehnachrichten. Eine Analyse ihrer Präsenz in 13 EU-Mitgliedsstaaten vor der Europawahl 1999. In: Hagen (2004): 162-177.

Medien Tenor (2004): First Pan-European Election Analysis by Media Tenor: Media Coverage of Europe and Union's Parliament Before June 13 Insufficient and Largely Negative in Tone. In: www.mediatenor.com/EUproj.html.

Neidhardt, Friedhelm/Koopmanns, Ruud/Pfetsch, Barbara (2000): Konstitutionsbedingungen politischer Öffentlichkeit: Der Fall Europa. In: Klingemann/Neidhardt (2000): 263-293.

Niedermayer, Oskar/Schmitt, Hermann (Hrsg.) (1994): Wahlen und Europäische Einigung. Opladen: Westdeutscher Verlag.

Paletz, David L. (Hrsg.) (1996): Political Communication in Action. States, Institutions, Movements, Audiences. Cresskill: Hampton Press.

Peter, Jochen (2003): Konsonanz 30 Jahre später. Eine international vergleichende Studie zum Einfluss konsonanter Berichterstattung auf Meinungen zur europäischen Integration. In: Publizistik. 48. 2. 190-208.

Peter, Jochen (2004): Kaum vorhanden, thematisch homogen und eher negativ. Die alltägliche Fernsehberichterstattung über die Europäische Union im internationalen Vergleich. In: Hagen (2004): 146-161.

Reif, Karlheinz/Schmitt, Hermann (1980): Nine Second-Order National Elections. A Conceptual Framework for the Analysis of European Election Results. In: European Journal of Political Research. 8. 3-44.

Schlipper, Michael/Stock, Wolfgang (2004): Grundversorgung: Aus in der Vorrunde. In: Medien Tenor. 146. 10-12.

Schönbach, Klaus (1995): Der Beitrag der Medien zu Europa. Rezeption und Wirkung. In: Erbring (1995): 27-38.

Schulz, Winfried (1983): Der Medienwahlkampf für das Europäische Parlament. Ein Vergleich der Kampagnen (1979) in den neun EG-Ländern. In: Schulz/Schönbach (1980): 357-373.

Schulz, Winfried/Blumler, Jay G. (1994): Die Bedeutung der Kampagnen für das Europa-Engagement der Bürger. Eine Mehr-Ebenen-Analyse. In: Niedermayer/Schmitt (1994): 199-223.

Schulz, Winfried/Schönbach, Klaus (1980): Die Rolle des Fernsehens bei der ersten Direktwahl zum Europäischen Parlament im Juni 1979. Vorbericht über eine international vergleichende Studie in den neun Ländern der Europäischen Gemeinschaft. In: Ellwein (1980): 153-162.

Schulz, Winfried/Schönbach, Klaus (Hrsg.) (1983): Massenmedien und Wahlen. Mass Media and Elections: International Research Perspectives. München: Ölschläger.

Seemann, Wolfgang M./Froitzheim, Ulf J. (2004): Herausforderung Europa. Warum sich die Medien mit der Europäischen Union so schwer tun. In: BJVreport. 2. 20-23.

Semetko, Holli/de Vreese, Claes H./Peter, Jochen (2000): Europeanised Politics – Europeanised Media? European Integration and Political Communication. In: West European Politics. 23. 121-141.

Semetko, Holli A./Valkenburg, Patti M. (2000): Framing European Politics: A Content Analysis of Press and Television News. In: Journal of Communication. 50. 93-109.

Silcock, B. William (1996): Television News Coverage of the Maastricht Summit. In: Paletz (1996): 119-139.

Töller, Annette Elisabeth (2004): Dimensionen der Europäisierung. Das Beispiel des Deutschen Bundestages. In: Zeitschrift für Parlamentsfragen. 35. 25-50.

Witt-Barthel, Annegret (2004): Europa eine Seele geben. In: Journalist. 11. 26-28.

Zwischen Defiziten und Fortschritten. Die Berichterstattung deutscher Tageszeitungen zu den Europawahlen 1979-2004

Jürgen Wilke/Carsten Reinemann

1 Einleitung

Vom 10. bis 13. Juni 2004 konnten die Bürger der Mitgliedsländer der Europäischen Union zum sechsten Mal direkt ein Europäisches Parlament wählen. Die erste gemeinsame Europawahl, die vom 7. bis 10. Juni 1979 stattfand, lag jetzt bereits ein Vierteljahrhundert zurück. Damals war ein Versprechen erfüllt worden, das schon die Römischen Verträge zur Schaffung der Europäischen Gemeinschaft 1957 enthalten hatten, nämlich dass die Abgeordneten des Europaparlaments von den EG-Bürgern in allgemeinen und unmittelbaren Wahlen gewählt werden sollten. Die schon zu diesem Zeitpunkt bestehende „Parlamentarische Versammlung" der Europäischen Gemeinschaft für Kohle und Stahl (EGKS) und der Europäischen Atomgemeinschaft (Euratom) wurde noch von den nationalen Parlamenten bestimmt und besaß folglich keine unmittelbare Legitimation durch die nationalen Souveräne. Daran änderte sich auch nichts aufgrund der 1958 vollzogenen Umbenennung in „Europäisches Parlament" (EP). Bestätigt wurde selbige ohnehin erst durch die am 1. Juli 1987 in Kraft getretene Einheitliche Europäische Akte. Trotz wiederholten Drängens der Parlamentarier selbst, die Direktwahl einzuführen (wobei selbst eine Klage angedroht wurde), dauerte es bis 1976, bis der Ministerrat ein Gesetz über die allgemeine und unmittelbare Wahl des Europaparlaments erließ. Der erste Wahltermin wurde zugleich auf Anfang Juni 1979 festgelegt.

Die Einführung der Direktwahl zum Europäischen Parlament hatte zum Ziel, die institutionellen Mechanismen der EG zu demokratisieren. Man versprach sich davon eine Schubwirkung für die europäische Integration. Die allenthalben feststellbare Distanz zu den Institutionen der EG und ihren oft schwer durchschaubaren Entscheidungen sollte verringert, der Einfluss der Bürger durch direkte Partizipation gestärkt werden. Diese Absicht schien in gewissem Maße zumindest insoweit aufzugehen, als bei der ersten Europawahl immerhin 63 Prozent der EU-Bürger zur Wahl gingen, wobei die Streuung allerdings groß war, zwischen 91,6 Prozent in Belgien (wo Wahlpflicht besteht) und 31,6 Prozent im Vereinigten Königreich. Eine gleich hohe Wahlbeteiligung wurde seitdem nicht mehr erzielt, und die Diskussion um das Demokratiedefizit der EU hält bis heute an (vgl. u.a. R. Rohrschneider 2002; D. Fuchs 2003).

In den 25 Jahren seit der ersten Europawahl haben sich die EU und ihre Institutionen, darunter insbesondere das Europäische Parlament, beträchtlich verändert.

So hat sich die Anzahl der Mitgliedsländer mehrfach erhöht. Waren es 1979 neun, in denen diese Wahl durchgeführt wurde, so durch den Beitritt Griechenlands 1984 zehn. 1989 waren auch Spanien und Portugal dabei, 1999 ferner Österreich, Schweden und Finnland (also insgesamt 15). In Österreich war die erste Europawahl bereits vorzeitig 1996 nach der Aufnahme in die EU veranstaltet worden. Im Jahr 2004 wurde schließlich in 25 Ländern gewählt, nachdem wenige Wochen zuvor zehn weitere Länder in die EU aufgenommen worden waren: Estland, Lettland, Litaüen, Malta, Polen, Slowakei, Slowenien, die Tschechische Republik, Ungarn und Zypern. Bedingt durch die Erweiterung hat auch die Größe des EPs zugenommen. Hatte die einstige „Parlamentarische Versammlung" nur über 198 Sitze verfügt, so waren 1979 410 Mandate zu vergeben. 2004 waren es dann 732.

Überdies sind die EU-Länder beispielsweise durch den gemeinsamen Binnenmarkt und die Einführung des Euro immer enger zusammengewachsen, wobei der Einfluss der EU-Ebene auf die nationale Gesetzgebung stetig ausgeweitet wurde. Von besonderer Bedeutung war in diesem Zusammenhang der Vertrag von Maastricht, in dem die Mitgliedstaaten erhebliche Kompetenzen an die EU-Ebene abgaben (vgl. u.a. D. Fuchs 2003). Diese Veränderungen zeigen sich etwa in der steigenden Zahl von EU-Richtlinien, die die Mitgliedsländer in nationales Recht umsetzen müssen. Die Steigerung ihrer Zahl hat dazu geführt, dass die EU heute mehr Regeln in das nationale Recht der Mitgliedsländer einführt als diese selbst. Nach Expertenschätzungen kann nur noch ein Viertel der nationalen Gesetze und Verordnungen ohne die Zustimmung der europäischen Ebene beschlossen werden (vgl. u.a. J. Richardson 2001).

Schließlich haben sich in den 25 Jahren die Aufgaben des Europäischen Parlaments gewandelt. Auch hier brachte der Vertrag von Maastricht 1993 deutliche Veränderungen, die sich in erster Linie in einer Ausweitung der Kompetenzen des EPs zeigen. Diese erstrecken sich im Wesentlichen auf drei Bereiche: (1) Schon 1975 waren dem EP zusätzliche Haushaltsbefugnisse zugestanden worden, die inzwischen noch erweitert wurden. In letzter Instanz muss das EP heute dem Haushalt der EU zustimmen. (2) Das EP wirkt an der Gesetzgebung mit. Es hat zwar kein Initiativrecht, kann aber Änderungsvorschläge machen und Rechtsakte letztlich ablehnen. (3) Das EP übt eine demokratische Kontrolle über die Kommission aus. Es hat der Bestellung der Mitglieder der Europäischen Kommission zuzustimmen und kann gegen sie einen Misstrauensantrag einbringen. Politisch ist damit die Funktion, ja die Macht des Europäischen Parlaments gestärkt worden. Einen schlagenden Beweis dafür gab es indessen erst nach der jüngsten Europawahl, als der neue Kommissionspräsident Barroso die Zusammensetzung seiner Kommission ändern musste, weil deren Ablehnung durch das EP drohte.

Aufgrund der skizzierten Entwicklungen könnte man annehmen, dass auch die Wahl des EP in den Augen der Bevölkerung der EU-Länder an Bedeutung gewonnen habe. Zumindest die Wahlbeteiligung bestätigt das jedoch nicht. Sie betrug im Durchschnitt aller EU-Länder 1984 61 Prozent, 1989 58,5 Prozent, 1994 56,7 Prozent, 1999 54,6 Prozent und 2004 45,3 Prozent (vgl. den einführenden Beitrag von J. Tenscher in diesem Band). Im Kontrast zur ersten Direktwahl 1979 machten 2004 die Bürger in jenen Ländern, in denen die Europawahl zum ersten Mal stattfand, nur wenig Gebrauch von ihrem Wahlrecht, in Polen beispielsweise (20 Prozent) und der Slowakei (17 Prozent). Aber auch in der Bundesrepublik Deutschland sank die Wahlbeteiligung zwischen 1979 und 2004 fast kontinuierlich von 65,7 auf 43 Prozent. Der größte Einbruch der Wahlbeteiligung war dabei von 1994 (60 Prozent) auf 1999 (45,2 Prozent) zu verzeichnen.

2 Die Europawahlen als Forschungsgegenstand

Mit der Einführung des Europäischen Parlaments wurde dieses auch zu einem Gegenstand größeren publizistischen und wissenschaftlichen Interesses. Zum einen betraf dies seine Organfunktion (vgl. u.a. K. Pöhle 1979; O. Schmuck/W. Wessels 1989), aber auch sein Zustandekommen durch allgemeine Wahlen (vgl. K. Reif 1984; O. Niedermayer 1989; O. Niedermayer/H. Schmitt 1994). In der Politikwissenschaft etablierte sich sogleich das Etikett von den „Nebenwahlen" („Second-Order National Elections"), das auf die nachrangige Bedeutung der Europawahlen im Vergleich zu nationalen Parlamentswahlen abhob, ablesbar schon an der erwähnten geringeren Wahlbeteiligung (vgl. K. Reif 1984: 343, 1997).

Seit der ersten Europawahl sind auch kommunikationswissenschaftliche Studien angestellt worden, und zwar durchaus bereits im internationalen Vergleich (vgl. W. Schulz 1982; J. Blumler 1983; N. Sonntag 1983). Winfried Schulz konstatierte danach, dass Befunde aus der nationalen Wahlforschung nur z.T. auf das „europäische" Wahlverhalten übertragen werden können. „In allen Ländern", so befand er, „gab es sehr ähnliche Schwierigkeiten, eine hinreichend bedeutsame, einigermaßen schwungvolle und die Wähler mobilisierende Kampagne in Gang zu bringen" (1983: 371). Auch zu den nachfolgenden Europawahlen wurden Untersuchungen angefertigt, wenn auch mit wechselnder Intensität (vgl. u.a. R. Cayrol 1991; P. Leroy/K. Siune 1994; D. Kevin 2001). Dabei konzentrierte sich die deutsche Kommunikationswissenschaft eher auf die Erforschung der Wahrnehmung und der Effekte der Wahlkämpfe (vgl. u.a. W. Schulz/J. Blumler 1994; H. Scherer 1995). Doch befasste sich Reiser (1994) auch mit den Parteienkampagnen und den Thematisierungsstrategien im Europawahlkampf von 1989. Den Europawahlkampf 1999 im Fernsehen hat Jochen Peter (2003) analysiert und mit der Berichterstattung in „Routine-Phasen" konfrontiert. In einer weiteren Studie konzentrierten sich Edmund Lauf und Jochen Peter auf die Präsenz von EU-Repräsentanten im Vorfeld der Europawahl 1999 (vgl. E. Lauf/J. Peter 2004). Denn selbstverständlich ist das EP-Wahlkampfthema eingebettet in die allgemeine Europa-Berichterstattung der Massenmedien, die in Deutschland regelmäßig durch den Medien-Tenor dokumentiert wird und deren Charakteristika in letzter Zeit verstärkt analysiert werden (vgl. u.a. C. Eilders/K. Voltmer 2003; D. Kevin 2001). Daneben findet seit längerem eine wissenschaftliche Diskussion über die Entstehung einer eigenen europäischen Öffentlichkeit statt (vgl. u.a. P. Schlesinger 1999; J. Gerhards 2000).

Woran es bisher in der Forschung fehlt, das ist eine längerfristige Perspektive: Wie hat sich die Berichterstattung deutscher Medien zu den Europawahlen seit 1979 entwickelt, wie hat sie sich verändert? Schlagen sich in dieser Berichtstattung die Erweiterung der EU und die gewachsene Bedeutung des EP nieder? Durch welche Themen waren die Wahlkampagnen jeweils bestimmt und wie verhielten sich darin „europäische" und „nationale" Themen zueinander? Wie wurde die Bedeutung dieser Wahlen eingeschätzt und welche Prognosen wurden gestellt? Womöglich können die hierzu gemachten Befunde etwas zur Erklärung der Wahlbeteiligung und der Wahlergebnisse beitragen. Denn die Medien stellen für die Bürger der EU die wichtigste Informationsquelle über das Handeln der europäischen Institutionen dar und spielen daher eine wesentliche Rolle für die Einstellungen der Bürger zur EU, zu EU-bezogenen Themen und auch zum europäischen Integrationsprozess (vgl. u.a. Semetko al. 2000; J. Peter 2003).

3   Ziel und Anlage der Untersuchung

Um Antworten auf die vorgenannten Fragen zu geben, werden im Folgenden mittels einer Inhaltsanalyse alle bisherigen sechs Europawahlen vergleichend untersucht. Dabei wird dem Modell einer früheren Studie gefolgt, in der die Wahlkampfberichterstattung aller vierzehn Bundestagswahlen von 1949 bis 1998 inhaltsanalytisch untersucht wurde (vgl. J. Wilke/C. Reinemann 2000) und an die sich eine Fortführung für die Bundestagswahl 2002 anschloss (vgl. J. Wilke/C. Reinemann 2003). Durch die Parallelisierung der Untersuchungsanlage sollten zudem Vergleiche zwischen Europawahlen und Bundestagswahlen ermöglicht werden. Lediglich aus Platzgründen beschränkt sich der vorliegende Beitrag auf den Langzeit-Vergleich der Berichterstattung über die Europawahlen.

Analysiert wurden die für solche Untersuchungen üblicherweise herangezogenen vier überregional verbreiteten Qualitätszeitungen, die *Frankfurter Rundschau* (*FR*), die *Süddeutsche Zeitung* (*SZ*), die *Frankfurter Allgemeine Zeitung* (*FAZ*) und *Die Welt* (*DW*). Für diese Organe der Tagespresse sprechen vor allem zwei Gründe: Sie besitzen eine Leitfunktion (zumal auch in Kreisen der Journalisten, vgl. C. Reinemann 2003) und repräsentieren darüber hinaus das politische Spektrum zwischen „links" und „rechts". Auf das Fernsehen wurde wie schon in der Modellstudie verzichtet. Dies scheitert in der Regel schon an der fehlenden Greifbarkeit des Untersuchungsmaterials. Zu verschmerzen ist dieser Verzicht vielleicht auch deshalb, weil das Fernsehen nicht unbedingt einen größeren Effekt auf Wahlentscheidungen hat als die Presse, zumindest in Europa (vgl. R. Schmitt-Beck 1998; K. Schönbach/E. Lauf 2002). Nicht zu bestreiten ist allerdings, dass die vier Qualitätszeitungen vermutlich eine umfangreichere Berichterstattung bringen als die regionalen Abonnementzeitungen oder Boulevardzeitungen. Auch auf deren Analyse wurde verzichtet. Dafür sprach, dass sie in der Vorgängerstudie nicht enthalten waren und teilweise auch nicht für den gesamten Untersuchungszeitraum zur Verfügung standen.

Die Inhaltsanalyse erstreckt sich jeweils auf die Berichterstattung in den letzten vier Wochen vor dem Tag der Europawahl. Bei diesem Zeitraum handelt es sich gewissermaßen um die „heiße" Phase des Wahlkampfs, in der dieser seinen Höhepunkt erreicht und in der die Kampagnenführung der Parteien kuliminiert. Im

Einzelnen handelt es sich infolgedessen um folgende Untersuchungszeiträume: 14.5. bis 9.6.1979, 21.5. bis 16.6.1984, 22.5. bis 17.6.1989, 16.5. bis 11.6.1994, 17.5. bis 12.6.1999 und 17.5. bis 12.6.2004.

Für die Untersuchung herangezogen wurden die Artikel im politischen Teil der vier genannten Tageszeitungen. In einem ersten Schritt wurden alle Artikel ermittelt, die sich mit der Europäischen Union oder ihren Institutionen (wie der Europäischen Kommission oder dem Europäischen Parlament) beschäftigten. Dadurch sollte festgestellt werden, welchen Anteil an der EU-Berichterstattung diejenige zu den Europawahlen ausmachte. Denn selbstverständlich ist die letztere ein Teil der ersteren. Insgesamt wurden 1.919 Beiträge mit EU-Bezug in den sechs Untersuchungszeiträumen gezählt. In einem zweiten Schritt wurden diejenigen Artikel eingehender verschlüsselt, in denen die Europawahlen oder die Kandidaten für das EP in der Schlagzeile oder im ersten Abschnitt erwähnt wurden. Das waren 1.064. Dies ist die Basis, die als EP-Wahlkampfberichterstattung definiert ist. In einem dritten Schritt wurden einzelne Kategorien lediglich hinsichtlich der Europawahlen in Deutschland verwendet. Dabei handelt es sich um insgesamt 670 Artikel. Um das Untersuchungsmaterial nicht weiter zu verringern, wurden alle diese Artikel verschlüsselt (in der Modellstudie war es nur jeder zweite gewesen).

4 Ergebnisse

4.1 Umfang und Aufmerksamkeitswert der Berichterstattung

Der Umfang der Wahlkampfberichterstattung ist ein erstes, grundlegendes Indiz für die Bedeutung, welche die Massenmedien einer Wahl zumessen. Deshalb wird zunächst betrachtet, wie viele Beiträge in den untersuchten Zeiträumen vor den Europawahlen platziert wurden (vgl. Abbildung 1).

1979, bei der ersten Europawahl, haben die vier Zeitungen 266 Artikel mit Themenbezug zur EU veröffentlicht, deren überwiegender Teil (n=197) sich mit der Wahl beschäftigte. Nur ein Viertel hatte damit nichts zu tun. 2004 dagegen gab es mehr Beiträge zur EU generell (n=197) als zur Europawahl selbst (n=167). Seit 1994 übertreffen die sonstigen Beiträge zur EU diejenigen mit Bezug zur EP-Wahl. Nimmt man alle Artikel zusammen, so gab es – von 1984 abgesehen – bis 1999 fast eine kontinuierliche Zunahme. Nach diesem Anstieg mag es erstaunlich sein, dass bei der jüngsten Europawahl der Umfang der Berichterstattung deutlich geringer war, und zwar konträr zu dem realiter eingetretenen „Machtgewinn" des Parlaments. Nimmt man die Zeilenzahl als Basis, so zeigt sich ein Rückgang um fast ein Drittel, von 43.858 (1999) auf 31.461 Zeilen (2004). Betrachtet man allein die Beiträge, die sich mit der Europawahl selbst beschäftigten, so schwankte deren Zahl im Untersuchungszeitraum deutlich zwischen 197 (1979) und 133 (1984) Beiträgen. Ein einheitlicher Auf- oder Abwärtstrend lässt sich nicht erkennen. Darüber hinaus kann man feststellen, dass über die Europawahlen erheblich weniger berichtet wurde als über die Bundestagswahlen, die während des Untersuchungszeitraumes stattfanden. Zieht man die Zahl der Beiträge als Indikator heran,

so erreichte diese im Vorfeld der Europawahlen gerade einmal 28 Prozent des
Wertes der Bundestagswahlen (vgl. J. Wilke/C. Reinemann 2003: 31f.).

Abbildung 1:   Umfang der Berichterstattung über die EU und die Europawahlen
im Vorfeld der Europawahlen 1979-2004

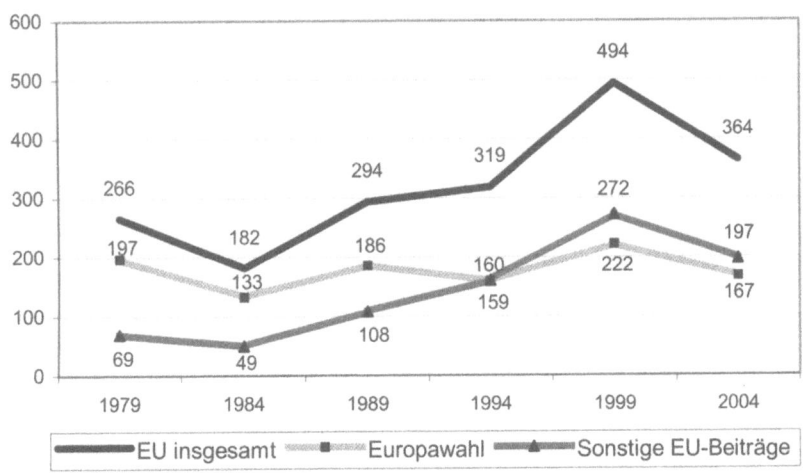

Basis: 1919 Beiträge über die EU und die Europawahlen.

Zur Erklärung für die Veränderungen des Umfangs der Berichterstattung müssen
sicher auch Außenfaktoren in Betracht gezogen werden. Gerade die großen deutschen Tageszeitungen leiden seit einigen Jahren unter einer ökonomischen Krise,
in deren Folge der Seitenumfang reduziert worden ist, auch im politischen Ressort.
So steht dort heute generell weniger Platz für die Berichterstattung zur Verfügung.
Dies dürfte sich 2004 auch bei dem hier interessierenden Thema ausgewirkt haben.
Noch in einem weiteren Fall ist auf externe Faktoren hinzuweisen. 1984 wurde die
Frankfurter Rundschau während der Zeit des Europawahlkampfs bestreikt. So
brachte die Zeitung in diesem Jahr nur 27 einschlägige Artikel, deutlich weniger
als in den anderen Wahljahren. Dies schlägt sich auch in der (niedrigeren) Gesamt-
zahl für das Jahr 1984 nieder.

Insgesamt brachte die *FAZ* für alle sechs Wahljahre zusammengenommen die
meisten Beiträge mit EU-Bezug (28 Prozent), gefolgt von der *SZ* (27 Prozent), der
Welt und der *Frankfurter Rundschau* (je 23 Prozent). Die *SZ* brachte 1979, 1984,
1989 und 2004 die meisten Beiträge, die *FAZ* 1994 und 1999. Während die *FAZ*
und *Die Welt* ihre Beiträge 2004 gegenüber 1999 stark verringerten (von 156 auf
93 bzw. von 128 auf 77), stiegen sie bei der *SZ* sogar noch leicht an (von 97 auf
103).

Ein zum Teil etwas anderes Bild zeigt sich, wenn man die Länge der Beiträge
anhand der Zeilen berücksichtigt. Hiernach weist die *FAZ* so gut wie durchweg die

umfangreichste Berichterstattung zur Europawahl auf, mit durchschnittlich 100 Zeilen pro Artikel; danach kommt die *Frankfurter Rundschau* mit 85 Zeilen, die *Welt* mit 72 Zeilen und die *Süddeutsche Zeitung* mit 69 Zeilen. Abbildung 2 zeigt den Verlauf der Berichterstattung für die einzelnen Zeitungen. Sehr auffällig sind die Rückgänge bei *FAZ*, *FR* und *Welt* im Jahr 2004, während in der *SZ* eine geringe, aber stetige Zunahme festzustellen ist.

Abbildung 2: Umfang der Berichterstattung über die EU und die Europawahlen nach Zeitungen (in Zeilen)

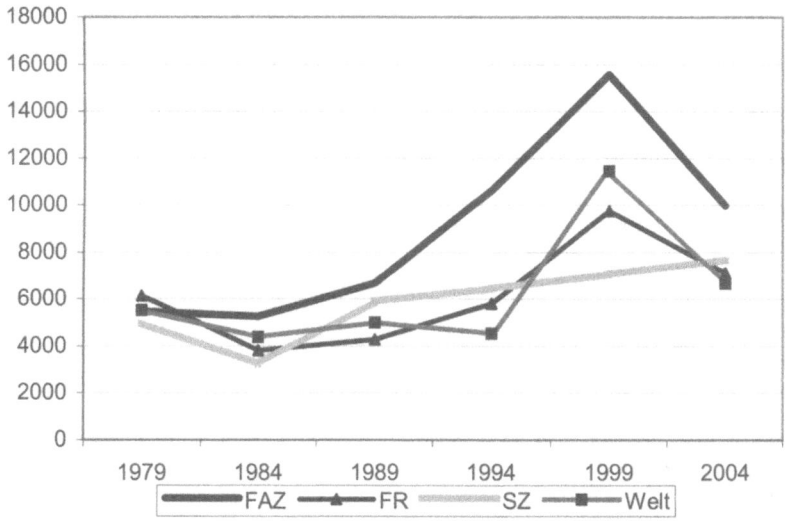

Basis: 1919 Beiträge über die EU und die Europawahlen

Europa und die Europawahl bilden nur selten Themen mit höchstem Aufmerksamkeitswert. In lediglich 2,7 Prozent der Artikel handelte es sich um einen Aufmacher oder einen Kommentar auf der Titelseite der Zeitungen. Knapp zwei Drittel der Beiträge befanden sich in weniger prominenter, nachrangiger Platzierung (auf anderen Zeitungsseiten). Im Gesamtdurchschnitt erlangten durch die Platzierung die Europawahlen 1994 und 2004 im Vergleich von allen sechs den geringsten Aufmerksamkeitswert. In früheren Jahren wurden die Beiträge zu Europa und zur Europawahl auch mehr in Form von Serien geschaltet. 2004 war das nur bei 2,5 Prozent der Beiträge der Fall, 1994 galt dies immerhin für 13,8 Prozent der Beiträge.

4.2 Themen

In Wahlkampagnen sind Parteien und ihre Kandidaten darauf aus, die Wähler davon zu überzeugen, dass sie die besseren Lösungen für die drängenden Probleme der Gesellschaft haben. Deshalb versuchen sie, jene Themen in den Vordergrund zu rücken, derentwegen sie vorteilhaft beurteilt werden. Obwohl die Kommunikationsforschung gezeigt hat, dass Themen in Wahlkämpfen (zugunsten der Spitzenkandidaten)˙ an Bedeutung verloren haben (vgl. M. Wattenberg 1992), bilden sie immer noch den Kern der politischen Auseinandersetzung, zumal in vermutlich weniger personalisierten Wahlen.

Wahlkämpfe zum Europäischen Parlament besitzen hinsichtlich ihrer Thematik zwei Seiten. Einerseits geht es darin, wie man annehmen sollte, um europäische Themen, also um politische Sachverhalte, die Europa, die Europäische Union und ihre Belange betreffen. Dabei zeigen Analysen der Medienberichterstattung, dass auch über europäische Vorgänge häufig aus einer nationalen Perspektive berichtet wird (vgl. u.a. C. Eilders/K. Voltmer 2003).

Abbildung 3:   Themen der EU-Wahlkampfberichterstattung (in Prozent)

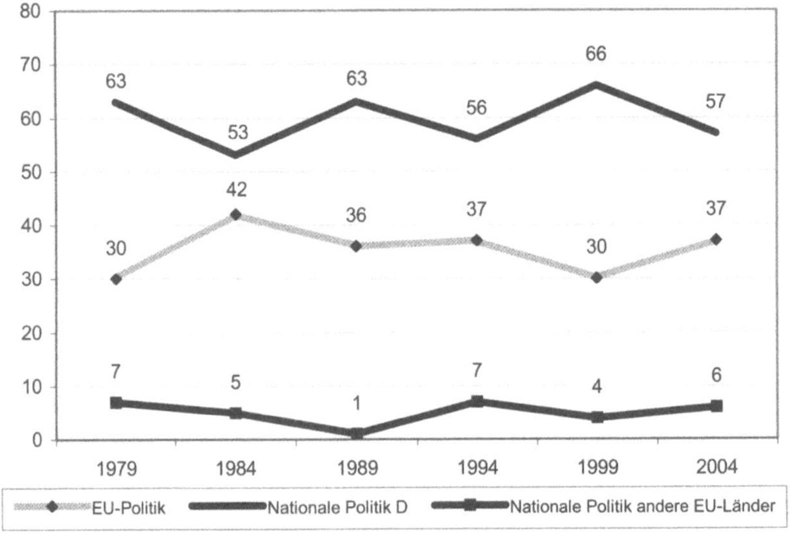

Basis: 1524 Themen in 1064 Beiträgen mit Bezug zu den Europawahlen.

Aber worauf liegt jeweils das Übergewicht der Berichterstattung? Sind die Europawahlen tatsächlich „europäisch" oder sind sie getarnte nationale Wahlen? Eine Antwort hierauf verspricht ein Blick auf die Themen der Wahlkampfberichterstattung. Basis für die Befunde sind die maximal drei Themen, die pro Beitrag zur

Europawahl in der Inhaltsanalyse verschlüsselt wurden. Grundlage der Codierung war ein Schlüsselplan mit 90 Einzelthemen, die in 17 Themengruppen und drei großen Themenfeldern zusammengefasst waren. Insgesamt wurden in der Europawahlberichterstattung 1.524 Themen verschlüsselt.

In allen sechs Europawahlen berichteten die vier Tageszeitungen mehr über die nationale deutsche Politik als über die EU und die Europapolitik (vgl. Abbildung 3). Zwar schwankt das Verhältnis der beiden Themengruppen zueinander von Wahljahr zu Wahljahr, ihre Relation zueinander bleibt aber aufs Ganze gesehen recht konstant. Deutlich geringer fällt daneben die Berichterstattung über die nationale Politik in anderen Ländern aus, in denen die Europawahl stattfand. Sie haben bisher nie auch nur ein Zehntel der Themen ausgemacht. Offen bleibt, ob es die Journalisten sind, die die nationale Politik „hochspielen" oder nicht doch die Politiker (vorzugsweise der jeweiligen Oppositionsparteien), die die Europawahl in eine nationale Testwahl zu verwandeln suchen (vgl. den Beitrag von J. Tenscher in diesem Band).

Tabelle 1: Themen der Europawahlkampfberichterstattung im Zeitverlauf

	1979 (n=284) %	1984 (n=179) %	1989 (n=267) %	1994 (n=240) %	1999 (n=349) %	2004 (n=231) %
Europäische Union						
EU allgemein	-	0,6	1	0,8	0,3	1
Europäische Institutionen	1	1	2	3	9	3
Europäisches Parlament	15	8	13	12	5	18
Fraktionen des EP	2	3	2	2	2	-
EU-Verträge/-Verfassung	9	15	7	14	5	10
Politikfelder	4	15	11	5	9	6
Summe	30	42	36	37	30	37
Deutschland						
Politik allgemein	-	-	-	-	0,3	0,4
Europawahl	39	34	35	40	34	39
Institutionen/Parteien	15	10	20	10	22	11
Politikfelder	6	7	6	0,8	6	4
Andere Wahlen	3	2	2	4	4	2
Summe	63	53	63	56	66	57
Andere EU-Länder						
Politik allgemein	-	-	-	-	-	-
Europawahl	7	2	0,7	7	3	5
Institutionen/Parteien	-	-	0,4	-	0,3	-
Politikfelder	-	2	-	0,4	0,6	0,9
Andere Wahlen	-	-	-	-	-	-
Summe	7	5	1	7	4	6
Sonstiges	0,4	0,6	-	0,4	-	0,4
Gesamtsumme	100	100	100	100	100	100

Basis: 1524 Themen in 1064 Beiträgen mit Bezug zu den Europawahlen.

Unter den nationalen Themen war stets die Europawahl selbst das wichtigste, an zweiter Stelle ging es um Institutionen und Parteien (vgl. Tabelle 1). So weit sich die Wahlkampfberichterstattung auf die Europäische Union bezog, ging es zumeist primär um das Europäische Parlament. Zweitwichtigstes Thema waren hier (zumindest 1984, 1994 und 2004) EU-Verträge und die EU-Verfassung. Einzelne Politikfelder spielten nur eine nachgeordnete Rolle. Manche Themen besaßen in einzelnen Jahren überdurchschnittliche Bedeutung, so die EU-Erweiterung und die EU-Verfassung im Jahr 2004, die seinerzeit abgelöste, in einen Skandal verwickelte Kommission 1999, Wahlkampfstrategien und Energiepolitik 1989, die Wirtschafts- und Handelspolitik 1984. Die Wahlbeteiligung war ein relativ wichtiges Thema schon 1979 bei der ersten Europawahl (6 Prozent) und danach wieder 2004 (4,8 Prozent). 2004 gab es auch die häufigste Thematisierung von Umfrageergebnissen zur Europawahl (4,3 Prozent). Die in der EU immer wieder umstrittene Agrarpolitik kam in der Berichterstattung zu den Europawahlen dagegen nur selten vor.

4.3 Die Mitgliedsländer der EU

Die meisten Zeitungsberichte zur Europawahl bezogen sich, wie skizziert, auf die nationale deutsche Politik. Gleichwohl begegnet man in den Tageszeitungen auch Artikeln zum Wahlkampf in anderen Mitgliedsländern der EU. Das liegt bei der Wahl zu einer gemeinsamen europäischen Volksvertretung nahe. In welchem Umfang über welche Länder in diesem Zusammenhang berichtet wurde, zeigt Tabelle 2.

In der Berichterstattung zu den Europawahlen gab es seit 1979 stets mehr Artikel über die anderen großen EU-Mitgliedsländer als über die kleinen, und zwar mit Frankreich und dem Vereinigten Königreich an der Spitze, gefolgt von Italien und den anderen Ländern. Länder wie Belgien, Dänemark, Luxemburg usw. fanden nur vereinzelt Beachtung. Das gilt auch für 2004, bei denen manche der neuen EU-Staaten in der Wahlkampfberichterstattung überhaupt nicht eigens vorkamen (so Estland, Litauen, Malta, Slovakei, Zypern). Andererseits gibt es Indizien für eine zunehmende „Vergemeinschaftung" dieser Berichterstattung, ablesbar etwa an dem leichten Anstieg von Beiträgen, die sich auf den Wahlkampf in der Europäischen Union als ganzer bezogen. Ihr Anteil stieg von 15 Prozent 1979 auf 24 Prozent 2004. Dies mag für das Bemühen der Zeitungen sprechen, irgendwie der wachsenden Mitgliederzahl der EU zumindest auf diese Weise Rechnung zu tragen. Aber es besteht doch eine große Kluft zwischen Deutschland und den anderen großen EU-Ländern wie auch zwischen diesen und den kleinen. Offenkundig reflektiert die Rangordnung auch in diesem Fall den generellen Nachrichtenwert, den Ereignisse aus verschiedenen europäischen Ländern in den deutschen Nachrichten besitzen (vgl. J. Wilke 1997; M. Kalantzi 2004). Wenn die Medien weiter an dieser Rangordnung festhalten, werden sie das Wissen über die politische und kulturelle Vielfalt der Mitgliedsländer kaum vermehren können.

Tabelle 2: In der Europawahlberichterstattung erwähnte EU-Mitgliedsländer
(Prozent)

	1979 (n=271) %	1984 (n=185) %	1989 (n=228) %	1994 (n=236) %	1999 (n=301) %	2004 (n=241) %
EU-Länder allgemein	15	20	19	17	21	24
Erstteilnahme 1979						
Deutschland	42	48	50	46	49	40
Frankreich	14	11	5	10	5	5
Großbritannien	7	8	6	6	5	6
Italien	7	7	3	5	4	3
Niederlande	5	2	2	4	2	4
Dänemark	4	1	3	3	2	1
Belgien	2	1	2	0,4	1	0,4
Irland	2	0,5	3	1	1	2
Luxemburg	2	0,5	1	1	1	1
Erstteilnahme 1984						
Griechenland	-	2	1	1	1	0,4
Erstteilnahme 1989						
Spanien	-	-	4	3	3	2
Portugal	-	-	1	1	1	1
Erstteilnahme 1999						
Österreich	-	-	-	-	2	2
Schweden	-	-	-	-	2	1
Finnland	-	-	-	-	1	-
Erstteilnahme 2004						
Polen	-	-	-	-	-	3
Tschechien	-	-	-	-	-	2
Slovenien	-	-	-	-	-	1
Litauen	-	-	-	-	-	0,4
Slovakei	-	-	-	-	-	-
Ungarn	-	-	-	-	-	0,4
Zypern	-	-	-	-	-	-
Estland	-	-	-	-	-	-
Lettland	-	-	-	-	-	-
Malta	-	-	-	-	-	-
Summe	100	100	100	100	100	100

Basis: 1462 Länder in 1064 Beiträgen mit Bezug zur Europawahl.
Anmerkung. Die Werte geben den Prozentanteil der einzelnen EU-Mitgliedsländer an allen genannten Ländern an. Alle genannten EU-Mitgliedsländer wurden erfasst.

4.4 Personalisierung

Ein Grund dafür, dass Europawahlen als „Second-Order National Elections" gelten ist der Umstand, dass es in der Regel nicht die nationalen Spitzenpolitiker sind, die bei den Wahlen antreten. Gerade in Deutschland sind die meisten Kandidaten den Wählern eher unbekannt (vgl. u.a. F. Brettschneider et al. 2003: 17). Dies liegt

sicher auch daran, dass die meisten Parteien ihren Wahlkampf nicht auf die eigentlichen Kandidaten für das EP konzentrieren, sondern bei Veranstaltungen oder gar
auf Plakaten mit Bundes- und Landespolitikern werben. Dies hängt einerseits mit
der Bekanntheit dieser Politiker zusammen, andererseits mit der Tatsache, dass die
Europawahlen von den Parteien als nationale Testwahlen angesehen und die Kampagnen entsprechend konzipiert werden (vgl. den Beitrag von J. Tenscher in diesem Band). Dieser fehlende Fokus auf die Europawahlkandidaten – der sich vermutlich auch in der Europawahlberichterstattung fortsetzt – wird von manchen
Beobachtern als ein Grund für die zurückgehende Wahlbeteiligung betrachtet (vgl.
z.B. K. Reif/H. Schmitt 1980; *FAZ.net* 2004). Um zu überprüfen, wie sich die
Personalisierung in der deutschen Europawahlberichterstattung entwickelt hat,
wurde für jeden Beitrag ermittelt, ob darin deutsche Kandidaten für das Europaparlament oder deutsche Spitzenpolitiker genannt wurden, die nicht für einen Sitz im
europäischen Parlament kandidierten (Parteivorsitzende oder Mitglieder des Bun-
deskabinetts).

Abbildung 4:   Präsenz von Europawahlkandidaten und Spitzenpolitikern in der
               Europawahlberichterstattung über Deutschland (Prozent)

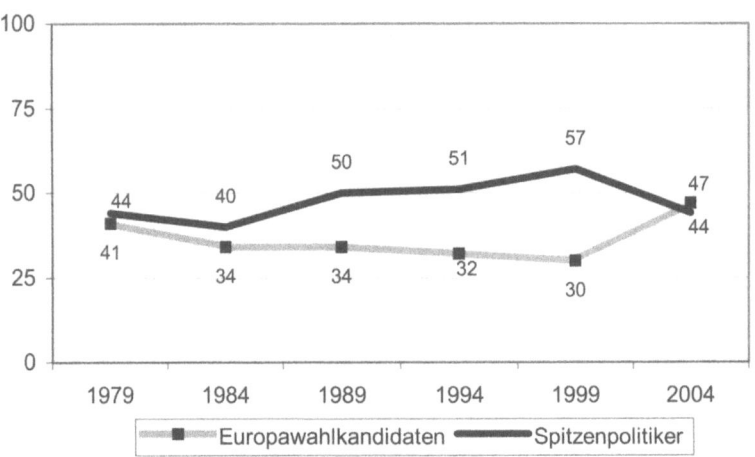

Basis: 670 Beiträge mit Bezug zur Europawahl in Deutschland.

Abbildung 4 zeigt, dass die relativ wenigen Spitzenpolitiker der deutschen Parteien
in der Regel stärker in der Europawahlberichterstattung präsent waren als alle
Europawahlkandidaten zusammen: Im Durchschnitt aller Wahlen fand sich in 36
Prozent der Europawahlberichte mindestens ein deutscher Europawahlkandidat,
während deutsche Spitzenpolitiker in 48 Prozent der Beiträge genannt wurden.
Dabei variierte der Vorsprung der Spitzenpolitiker zwischen drei (1979) und 27
Prozentpunkten (1999). Allerdings gab es auch eine Ausnahme: Im Vorfeld der
Europawahl 2004 war die Präsenz der Europawahlkandidaten erstmals etwas höher

als die Präsenz der Spitzenpolitiker (47 Prozent vs. 44 Prozent). Der Anteil der Europawahlbeiträge mit Bezug zu mindestens einem Kandidaten nahm also von 1999 auf 2004 um 14 Prozentpunkte zu.

Zusätzlich zur höheren Bedeutung, die die untersuchten Zeitungen den Europawahlkandidaten in ihren Texten beimaßen, veröffentlichten sie auch zunehmend mehr Fotos von ihnen. Nachdem in den vier Wochen vor der ersten Wahl 1979 noch zehn Fotos erschienen waren, die einen der Kandidaten zeigten, wurden 1984 und 1989 nur vier bzw. ein Foto publiziert. Diese Zahl stieg dann bei den folgenden Wahlen auf 16 (1994) bzw. 15 Fotos (1999) und erreichte schließlich 2004 mit 24 Abbildungen den bislang höchsten Stand. Zwar ist dieser Trend zu einer stärkeren Visualisierung der Wahlkampfberichterstattung kein spezifisches Merkmal der Europawahlberichterstattung (vgl. J. Wilke 2002), doch ist die skizzierte Entwicklung aufgrund der geringen Bekanntheit der Europawahlkandidaten vielleicht besonders bedeutsam.

Zunächst liegt die Vermutung nahe, dass die stärkere Beachtung der Europa-Kandidaten vor der Europawahl 2004 auf eine stärkere Personalisierung der Kampagnen zurückzuführen sein könnte. Insbesondere *Bündnis90/Die Grünen* und die *FDP* hatten sich in ihren Kampagnen bemüht, attraktive Spitzenkandidaten für das Europaparlament ins Rennen zu schicken und sie stellten diese so stark in den Mittelpunkt ihrer Kampagnen wie nie zuvor bei einer Europawahl (vgl. den Beitrag von J. Tenscher in diesem Band). Betrachtet man jedoch genauer, die Kandidaten welcher Parteien in der Europawahlberichterstattung vorkommen, dann kann man diese Annahme nicht bestätigen (vgl. Tabelle 3).

Tabelle 3: Präsenz der Europawahlkandidaten nach Parteien: Anteil der Beträge, in denen Europawahlkandidaten erwähnt wurden (Prozent)

	1979 (n=113) %	1984 (n=88) %	1989 (n=115) %	1994 (n=109) %	1999 (n=148) %	2004 (n=97) %	Gesamt (n=670)
CDU	20	11	16	14	6	23	15
SPD	14	11	13	16	12	24	14
FDP	10	13	7	6	5	9	8
B90/Die Grünen	4	5	5	10	8	13	8
CSU	11	8	4	6	5	5	7
PDS	-	-	-	2	3	2	1
Andere Parteien	-	1	3	6	-	-	2
Gesamt	*41*	*34*	*34*	*32*	*30*	*47*	*36*

Basis: 670 Beiträge mit Bezug zur Europawahl in Deutschland.
Anmerkung: Die Werte in der Zeile „Gesamt" sind keine Spaltensummen, da die Kandidaten mehrerer Parteien in einem Beitrag vorkommen können.

Zwar ergibt sich auch bei *FDP* (1999: 5 Prozent vs. 2004: 9 Prozent) und *Bündnis90/Grünen* (8 Prozent vs. 13 Prozent) eine höhere Präsenz der Kandidaten. Die größten Sprünge machten jedoch die Kandidaten von *SPD* (12 Prozent vs. 24 Prozent) und *CDU* (6 Prozent vs. 23 Prozent). Dabei tauchten die Kandidaten nicht etwa nur im Gefolge der Parteigrößen auf. Vielmehr stieg für alle genannten Parteien in erster Linie der Anteil der Artikel, in denen über die Europawahlkandidaten, nicht aber über Spitzenpolitiker ihrer Partei berichtet wurde. Da die beiden großen Parteien ihre Kandidaten nicht stärker in den Vordergrund stellten als bei vorherigen Europawahlen, kann man davon also ausgehen, dass es in diesem Fall die Medien selbst waren, die die Personalisierung der Europawahl befördert haben. Obwohl also die stärkere Personalisierung der Europawahlberichterstattung 2004 nicht zu einem Anstieg der Wahlkampfberichterstattung insgesamt führte, trug die stärkere Präsenz der Kandidaten in Wort und Bild vermutlich dennoch dazu bei, dass Europa ein Gesicht – oder besser: deutsche Gesichter – bekam.

4.5 Urteile über das Europäische Parlament und die Europawahl

Nachdem bislang formale Merkmale der Berichterstattung sowie das Vorkommen von Themen, EU-Mitgliedsländern und Europawahlkandidaten analysiert wurden, rückt nunmehr der Bewertungsaspekt die Frage in den Fokus der Betrachtung: Wie wurden einige im Zusammenhang mit der Europawahl zentrale Aspekte in den untersuchten Zeitungen *beurteilt?* Bei diesen Aspekten handelt es sich um die politische Relevanz des Europäischen Parlaments, die Einstufung der Europawahl als nationale Test- oder Denkzettelwahl und Prognosen über die jeweils zu erwartende Wahlbeteiligung. Unabhängig davon, ob die in der Medienberichterstattung vorkommenden Urteile zutreffend sind oder nicht, kann vermutet werden, dass die Beurteilung dieser Aspekte sich auch auf die Ansichten der Rezipienten über die Europawahlen auswirken.

Denkt man an mögliche Auswirkungen auf die Wahlbeteiligung, so dürfte die Beteiligung an einer Wahl zu einer politisch als unbedeutend eingestuften Institution weniger attraktiv sein als bei Wahlen zu einem sehr wichtigen Parlament (vgl. K. Reif/H. Schmitt 1980). Die Charakterisierung als Test- oder Denkzettelwahl könnte sich dagegen zumindest kurzfristig positiv auf die Wahlbeteiligung auswirken. Prognosen einer niedrigen Wahlbeteiligung schließlich könnten dazu beitragen, dass die Wahlbeteiligung tatsächlich niedrig ausfällt – wobei jedoch mobilisierende Effekte nicht völlig auszuschließen sind. Zwar werden Wirkungen der Veröffentlichung von Umfrageergebnissen auf Wahlbeteiligung und Wahlverhalten im Allgemeinen eher skeptisch beurteilt, doch beziehen sich entsprechende Studien auf publizierte demoskopische Ergebnisse für die Stimmenanteile einzelner Parteien und nicht auf publizierte Prognosen über die Wahlbeteiligung selbst (vgl. F. Brettschneider 2000).

Wie skizziert, scheinen der Umfang der Berichterstattung über die Europawahl die gestiegene Bedeutung der EU, die gewachsene Zahl der Mitgliedsländer und den zunehmenden Einfluss des europäischen Parlaments auf die Entscheidungsprozesse der EU nicht angemessen widerzuspiegeln. Dies bedeutet, dass die Leser der Zeitungen allein aufgrund des Umfangs der Berichterstattung kaum den Eindruck haben konnten, dass die Europawahlen seit 1979 wesentlich wichtiger geworden sein könnten. Allerdings kann ein solcher Eindruck natürlich auch durch explizite Urteile über den politischen Einfluss des Europäischen Parlaments hervorgerufen werden. Daher wird in einem weiteren Schritt für jeden der Wahlkampfbeiträge festgehalten, ob der Einfluss des Europäischen Parlaments in expliziten Urteilen als (eher) groß oder (eher) klein beschrieben wurde bzw. ob der Einfluss des Europäischen Parlaments nicht angesprochen wurde.

Wie aus Tabelle 4 hervorgeht, geben die expliziten Urteile in der Presseberichterstattung die tatsächliche Entwicklung der politischen Relevanz des Europäischen Parlaments besser wieder als der Umfang der Berichterstattung: Der Anteil der Beiträge, die den Einfluss des Europäischen Parlaments als eher schwach beschrieben, fiel zwischen 1979 und 2004 von 9 auf 4 Prozent. Im Gegensatz dazu stieg der Anteil der Beiträge, die den Einfluss als eher groß beschrieben im gleichen Zeitraum von 2 auf 13 Prozent. Die vier untersuchten Zeitungen zeichneten also ein durchaus treffendes Bild der realen Entwicklung.

Tabelle 4: Urteile über das Europäische Parlament und die Europawahl in der Europawahlberichterstattung (in Prozent)

	1979 (n=113) %	1984 (n=88) %	1989 (n=115) %	1994 (n=109) %	1999 (n=148) %	2004 (n=97) %
Politische Bedeutung des EP						
(Eher) stark	2	2	5	6	9	13
(Eher) schwach	9	12	7	9	3	4
Nicht angesprochen	89	86	87	85	88	83
Summe	100	100	100	100	100	100
Europawahl als Testwahl						
Nationale Testwahl	6	8	15	15	14	10
Sowohl als auch	-	1	2	1	1	2
Europäisch dominiert	2	1	1	-	1	-
Nicht angesprochen	92	90	83	84	85	88
Summe	100	100	101	100	101	100
Prognose der Wahlbeteiligung						
Niedrig/niedriger	5	7	10	6	8	19
Ähnlich anderen Wahlen	-	2	1	2	1	1
Hoch/höher	1	-	-	4	1	-
Nicht angesprochen	95	91	89	89	91	80
Summe	101	100	100	101	101	100

Basis: 670 Beiträge mit Bezug zu den Europawahlen in Deutschland.

Ob die Europawahlen von Politikern und Parteien in erster Linie als nationale Test- oder Denkzettelwahlen angesehen werden, diese Einschätzung hat sich zwischen 1979 und 2004 nur unwesentlich verändert (vgl. Tabelle 4). In den Beiträgen, in denen diese Frage ausdrücklich angesprochen wurde, herrschte fast einhellig die Meinung, dass Politiker und Parteien die Europawahlen vor allem als nationale Test- und Denkzettelwahlen betrachten. 1989 und 1994 waren es sogar 15 Prozent *aller* Beiträge zu den Europawahlen in Deutschland, in denen entsprechende Urteile abgegeben wurden. Obwohl diese Darstellungen vermutlich zutreffend waren, haben sie sicherlich nicht dazu beitragen, dass die Europawahlen um ihrer selbst Willen für bedeutsam gehalten wurden. Allerdings kann man dies kaum den berichtenden Journalisten anlasten, sondern eher den Verantwortlichen der Parteien. Ebenfalls gewandelt hat sich die Häufigkeit, mit der Prognosen über die zu erwartende Wahlbeteiligung veröffentlicht wurden (vgl. Tabelle 4). Der Anteil der Beiträge, die eine solche Prognose enthielten, stieg zwischen 1979 und 2004 von fünf auf 19 Prozent. Dabei sagten fast alle publizierten Prognosen eine niedrige Beteiligung bzw. eine niedrigere Beteiligung als bei anderen Wahlen voraus. Die einzige Ausnahme bildet die Europawahl 1994, was möglicherweise damit zusammenhängt, dass dieser Wahl aufgrund der bevorstehenden Bundestagswahl eine besondere Aufmerksamkeit als Stimmungsbarometer beigemessen wurde. Betrachtet man die Häufigkeit der Prognosen, so zeigt sich eine sprunghafte Zunahme um das Doppelte von der Wahl 1999 auf die Wahl 2004. Möglicherweise ist dieser Anstieg eine Reaktion auf die im Vergleich zu den davor liegenden Europawahlen außerordentlich niedrige Beteiligung im Jahr 1999. Sie ließ wohl auch vier Jahre später eine niedrige Beteiligung erwarten und machte entsprechende Befürchtungen zu einem wesentlichen Aspekt der Europawahlberichterstattung. Inwieweit sich dies positiv oder negativ auf die Wahlbeteiligung ausgewirkt hat, kann hier nicht geklärt werden. Es kann jedoch vermutet werden, dass die Wahrnehmung der Europawahl als Nebenwahl durch solche Prognosen eher noch gefördert wurde.

5   Zusammenfassung

Vor dem Hintergrund der gestiegenen Relevanz der EU und des Europäischen Parlaments sowie der zentralen Bedeutung, die die Medien für die Wahrnehmung der Legitimität der europäischen Institutionen und im Rahmen der Wahlkampfkommunikation besitzen, untersuchte die vorliegende Studie die Entwicklung der Presseberichterstattung über die Europawahlen zwischen 1979 und 2004. Die Befunde können folgendermaßen zusammengefasst werden:

- Im Gegensatz zur gestiegenen Bedeutung des Europäischen Parlaments gab es seit 1979 keinen konstanten Anstieg des Umfangs der Europawahlberichterstattung. Vielmehr variierte die Zahl der Beiträge, was möglicherweise durch konkurrierende Ereignisse oder äußere Umstände verursacht sein könnte, wie etwa die Intensität der Wahlkampfaktivitäten der Parteien.
- Die Europawahlen wurden während des gesamten Untersuchungszeitraums vor allem aus der nationalen, deutschen Perspektive betrachtet. Dies zeigt sich in der überwältigenden Zahl nationaler Themen und dem deutlichen Schwerpunkt, den die Zeitungen auf den deutschen Teil der Europawahl legten.
- Wahlen zum Europäischen Parlament finden immer gleichzeitig in allen Mitgliedsländern der Europäischen Union statt. Obwohl sich die deutschen Tageszeitungen primär mit dem Wahlkampf im eigenen Land beschäftigten, wurde seit 1979 doch auch stets über die Wahlkämpfe in anderen europäi-

schen Ländern berichtet. Dies geschah allerdings in deutlich geringerem Ausmaß und für die kleinen EU-Länder noch weniger als für die großen Kernländer. Zwar wuchs die Zahl der Mitgliedsländer der EU, aber bis 1999 blieb der Anteil der deutschen Europawahlberichterstattung ziemlich konstant. Die Einbeziehung der jeweils „neuen" Länder ging eher auf Kosten der anderen Länder. Dass im Jahr 2004 zeitgleich in 25 Ländern das Europäische Parlament gewählt wurde, hatte zwei Konsequenzen: (1) Der Anteil der deutschen Berichterstattung lag so niedrig wie nie zuvor. (2) Es gab dieses Mal eine Reihe von (kleinen) Ländern, über deren Europawahlkampf die Leser der Tageszeitungen nichts erfuhren.

- Die deutschen Kandidaten für das Europäische Parlament waren in der Europawahlberichterstattung in geringerem Maße präsent als die Spitzenrepräsentanten ihrer Parteien. Die einzige Ausnahme von diesem generellen Befund stellt die jüngste Wahl 2004 dar, zu der auch so viele Fotos von den Kandidaten wie nie zuvor erschienen. Erstmals wurde über die Europawahlkandidaten in mehr Beiträgen berichtet als über die Spitzenpolitiker. Im Gegensatz zu dem, was man erwarten konnte, waren für diesen Befund vor allem Berichte verantwortlich, in denen über Kandidaten von *CDU* und *SPD* berichtet wurde.

- Im Hinblick auf die Wahrnehmung der Bedeutung der Europawahl durch die Rezipienten ist von Bedeutung, dass die expliziten Urteile in den Zeitungen einen durchaus zutreffenden Eindruck von der Entwicklung des politischen Einflusses des Europäischen Parlaments vermittelten: Der Anteil der Beiträge, die diesen Einfluss als groß beschrieben, ist seit 1979 deutlich gestiegen. Dabei wurde die Europawahl – ebenfalls zutreffend – eher als nationale Testwahl charakterisiert und in einer steigenden Zahl von Prognosen fast immer eine niedrige Wahlbeteiligung vorhergesagt.

Zusammenfassend kann festgehalten werden, dass die Europawahlen seit 1979 in der Berichterstattung der untersuchten Zeitungen eher den Charakter nationaler „Second-Order Elections" behalten haben. Sowohl der Umfang der Wahlkampfberichterstattung als auch deren Personalisierung waren deutlich schwächer als im Vorfeld von Bundestagswahlen (vgl. J. Wilke/C. Reinemann 2003). Da es sich bei den untersuchten Blättern um die wichtigsten deutschen Qualitätszeitungen handelt, kann davon ausgegangen werden, dass der Umfang der Berichterstattung in der insgesamt weitaus auflagenstärkeren Regionalpresse noch deutlich geringer ausgefallen sein dürfte. Die deutsche Presse hat also durchaus noch die Möglichkeit, den Informationsstand und das Bewusstsein für die Relevanz des Europäischen Parlaments besser zu fördern, als sie dies bislang im Vorfeld der Europawahl getan hat.

6 Literatur

Blumler, Jay G. (Hrsg.) (1983): Communicating to Voters. Television in the First European Parliamentary Elections. London: Sage.

Brettschneider, Frank (2000): Demoskopie im Wahlkampf. Leitstern oder Irrlicht? In: Klein et al. (2000): 477-505.

Brettschneider, Frank/Deth, Jan van/Roller, Edeltraud (Hrsg.) (2003): Europäische Integration in der öffentlichen Meinung. Opladen: Leske + Budrich.

Brettschneider, Frank/Deth, Jan van/Roller, Edeltraud (2003): Europäische Integration in der öffentlichen Meinung. Forschungsstand und Forschungsperspektiven. In: dies. (2003): 9-26.

Cayrol, Roland (1991): European Elections and the Pre-Electoral Period. Media Use and Campaign Evaluations. In: European Journal of Political Research. 19. 17-29.

Eilders, Christiane/Voltmer, Katrin (Hrsg.) (2003): Bringing Europe in? The Marginalization and Domestication of Europe on the German Media Agenda. Unveröffentlichtes Manuskript.

Erbring, Lutz (Hrsg.) (1995): Kommunikationsraum Europa. Konstanz: Ölschläger.

FAZ.net (2004): Fehlende Personalisierung führt zu Desinteresse [http://www.faz.net (letzter Abruf 1.10.2004)].

Fuchs, Dieter (2003): Das Demokratiedefizit der Europäischen Union und die politische Integration Europas. Eine Analyse der Einstellungen der Bürger Westeuropas. In: Brettschneider et al. (2003): 29-56.

Gerhards, Jürgen (2000): Europäisierung von Ökonomie und Politik und die Trägheit der Entstehung einer europäischen Öffentlichkeit. In: Kölner Zeitschrift für Soziologie und Sozialpsychologie. 52. 277-305.

Hagen, Lutz M. (Hrsg.) (2004): Europäische Union und mediale Öffentlichkeit. Theoretische und empirische Befunde zur Rolle der Medien im europäischen Einigungsprozess. Köln: von Halem.

Holtz-Bacha, Christina (Hrsg.) (2003): Die Massenmedien im Wahlkampf. Die Bundestagswahl 2002. Wiesbaden: Westdeutscher Verlag.

Kaase, Max/Klingemann, Hans-Dieter (Hrsg.) (1998): Wahlen und Wähler. Analysen aus Anlaß der Bundestagswahl 1994. Opladen: Westdeutscher Verlag.

Kalantzi, Martha (2004): Europa in der Tagespresse Deutschlands und Griechenlands. Ergebnisse einer empirischen Untersuchung. In: Hagen (2004): 178-194.

Kevin, Deirdre (2001): Coverage of the European Parliament Elections of 1999: National Public Spheres and European Debates. In: Javnost – The Public 8. 21-38.

Klein, Markus/Jagodzinski, Wolfgang/Mochmann, Ekkehard/Ohr, Dieter (Hrsg.) (2000): 50 Jahre empirische Wahlforschung in Deutschland. Entwicklung, Befunde, Perspektiven, Daten. Wiesbaden: Westdeutscher Verlag.

Knieper, Thomas/Müller, Marion (Hrsg.) (2003): Visuelle Wahlkampfkommunikation. Köln: von Halem.

Lauf, Edmund/Peter, Jochen (2004): EU-Repräsentanten in Fernsehnachrichten. Eine Analyse ihrer Präsenz in 13 EU-Mitgliedsländern. In: Hagen (2004): 162-177.

Leroy, Pascale/Siune, Karen (1994): The Role of Television in European Elections. The Cases of Belgium and Denmark. In: European Journal of Communication 9. 47-69.

Fuchs, Dieter (2003): Das Demokratiedefizit der Europäischen Union und die politische Integration Eropas. Eine Analyse der Einstellungen der Bürger Westeuropas. In Brettschneider et al. (2003): 29-56.

Niedermayer, Oskar (1989): Die Europawahlen 1989. Eine international vergleichende Analyse. In: Zeitschrift für Parlamentsfragen. 20. 469-487.

Niedermayer, Oskar/Schmitt, Hermann (Hrsg.) (1994): Wahlen und Europäische Einigung. Opladen: Westdeutscher Verlag.

Peter, Jochen (2003): Why European TV News Matters. A Cross-Nationally Comparative Analysis of TV News about European Union and its Effect. Doctoral Dissertation. University of Amsterdam.

Pöhle, Klaus (1979): Neues Parlament mit altem Umfeld. Zur Situation und Zukunft des direkt gewählten Europäischen Parlaments. In: Zeitschrift für Parlamentsfragen 4. 525-538.

Reif, Karlheinz/Schmitt, Hermann (1980): Nine Second-order Elections: A Conceptual Framework for the Analysis of European Election Results. In: European Journal of Political Research 8. 3-44.

Reif, Karlheinz (1984): Nationale Regierungsparteien verlieren die Wahl zum Europäischen Parlament. In: Zeitschrift für Parlamentsfragen 3. 341-352.

Reif, Karlheinz (1997): European Elections as Member State Second-Order Elections Revisited. In: European Journal of Political Research 31. 115-124.

Reinemann, Carsten (2003): Medienmacher als Mediennutzer. Kommunikations- und Einflussstrukturen im politischen Journalismus der Gegenwart. Köln/Weimar/Wien: Böhlau.

Reiser, Stefan (1994): Parteienkampagne und Medienberichterstattung im Europawahlkampf 1989. Eine Untersuchung zu Dependenz und Autonomieverlust im Verhältnis von Massenmedien und Politik. Konstanz: Ölschläger.

Richardson, Jeremy (Hrsg.) (2001[2]): European Union. Power and Policy-Making. London und New York: Routledge.

Rohrschneider, Robert (2002): The Democracy Deficit and Mass Support for a EU–Wide Government. In: American Journal of Political Science 46. 463-475.

Schatz, Heribert/Lange, Klaus (Hrsg.) (1982): Massenkommunikation und Politik. Aktuelle Probleme und Entwicklungen im Massenkommunikationssystem der Bundesrepublik Deutschland. Frankfurt/Main: Haag & Herchen.

Scherer, Helmut (1995): Kommunikationskanäle in der Europawahl 1989. Eine international vergleichende Studie. In: Erbring (1995): 203-221.

Schlesinger, Philip (1999): Changing Spaces of Political Communication. The Case of the European Union. In: Political Communication 16. 263-279.

Schmitt-Beck, Rüdiger (1998): Medieneinflüsse auf Kandidatenbewertungen. Eine vergleichende Analyse deutscher und spanischer Wähler. In Kaase/Klingemann (1998): 599-622.

Schmuck, Otto/Wessels, Wolfgang (1989): Das Europäische Parlament im dynamischen Integrationsprozeß. Auf der Suche nach einem zeitgemäßen Leitbild. Bonn: Europa-Union-Verlag.

Schönbach, Klaus/Quarles, Rebecca C. (1983): Kognitive Harmonisierung im Wahlkampf. In: Rundfunk und Fernsehen 31. 101-110.

Schönbach, Klaus/Lauf, Edmund (2002): The „Trap" Effect of Television and its Competitors. In: Communication Research 29. 564-583.

Schulz, Winfried (1982): Themen des Europawahlkampfes 1979 im Fernsehen der neun EG-Länder. Analyse der symbolischen Topographie Europas. In: Schatz/Lange (1982): 140-160.

Schulz, Winfried (1983): Der Medienwahlkampf für das Europäische Parlament. Ein Vergleich der Kampagnen (1979) in den neun EU-Ländern. In: Schulz/Schönbach (1983): 357-373.

Schulz, Winfried/Blumler, Jay G. (1994): Die Bedeutung der Kampagnen für das Europa-Engagement der Bürger. Eine Mehr-Ebenen-Analyse. In: Niedermayer/Schmitt (1994): 199-223.

Schulz, Winfried/Schönbach, Klaus (Hrsg.) (1983): Massenmedien und Wahlen. Mass Media and Elections. International Research Perspectives. München: Ölschläger.

Semetko, Holli A./de Vreese, Claes/Peter, Jochen (2000): Europeanized Politics, Europeanized Media? European Integration and Political Communication. In: Western European Politics 23. 121-142.

Sonntag, Niels (1983): Media Coverage of the European parliament: A Comparative Study. In: European Journal of Political Research 11. 215-222.

Wattenberg, Martin P. (1994): The Decline of American Political Parties 1952-1992. Cambridge: Harvard University Press.

Wilke, Jürgen (Hrsg.) (1997): Nachrichtenagenturen im Wettbewerb. Ursachen – Faktoren – Perspektiven. Konstanz: UVK.

Wilke, Jürgen (2003): Die Visualisierung der Wahlkampfberichterstattung in Tageszeitungen 1949-2002. In: Knieper/Müller (2003): 210-230.

Wilke, Jürgen/Reinemann, Carsten (2001): Do the Candidates Matter? Long-Term Trends of Campaign Coverage – A Study of the German Press since 1949. In: European Journal of Communication 16. 291-314.

Wilke, Jürgen/Reinemann, Carsten (2003): Die Bundestagswahl 2002: Ein Sonderfall? Die Berichterstattung über die Kanzlerkandidaten im Langzeit-Vergleich. In: Holtz-Bacha (2003): 29-56.

„Europa" in politischen Fernsehgesprächssendungen. Eine exemplarische Betrachtung von „Sabine Christiansen" und „Berlin Mitte"

Christian Schicha

1 Einleitung und Fragestellung

Das Interesse der breiten Öffentlichkeit an der Europawahl hielt sich in engen Grenzen. Die Spitzenkandidaten waren weitgehend unbekannt. Die Parteien verzichteten im Wahlkampf z.T. ganz darauf, mit den Gesichtern der Brüsseler Kandidaten zu werben und setzten eher auf die Plakatierung von bekannten Bundespolitikern oder allgemeinen Slogans (vgl. den Beitrag von J. Tenscher in diesem Band). Die Abläufe im europäischen Parlament sind nach wie vor für den überwiegenden Teil der breiten Bevölkerung wenig transparent gewesen und „Europa" gehörte auch im Rahmen der Fernsehberichterstattung nicht gerade zu den zentralen Themen (vgl. den Beitrag von F. Brettschneider/M. Rettich in diesem Band). Gleiches gilt auch für die politischen Talkrunden des Fernsehens: Im gesamten Jahr 2004 widmeten sich lediglich drei Ausgaben von „Berlin Mitte" (*ZDF*) und zwei Ausgaben von „Sabine Christiansen" (*ARD*) explizit EU-spezifischen Aspekten. Zwei dieser Sendungen kurz vor der Wahl werden im Folgenden einer exemplarischen Analyse unterzogen.[1]

Dabei wird der Frage nachgegangen, in welcher Form „Europa" in den beiden populärsten politischen Fernsehtalkshows im öffentlich-rechtlichen Fernsehen erörtert wurde. Insbesondere wird zu untersuchen sein, ob die Politikerdiskussionen als aktive Möglichkeit genutzt wurden, um politische Inhalte zu transportieren oder ob eher der parteipolitische Schlagabtausch im Vordergrund der beteiligten Gesprächspartner stand (vgl. R. Burkhart 1983) Schließlich haben gerade die öffentlich-rechtlichen Formate u.a. den Programmauftrag, ihrer Kritik-, Kontroll- und Informationsfunktion in angemessenem Maße nachzukommen (vgl. T. Meyer et al. 2000). Folgende Fragen stehen im Mittelpunkt der vorliegenden Untersuchung:

---

1   „Berlin Mitte" nahm bereits am 22. und 29. April 2004, kurz vor dem Beitritt von zehn neuen EU-Mitgliedsländern europaspezifische Themen auf die Agenda. Am Abend der Europawahl wurde bei „Sabine Christiansen" zum Thema „Super-Wahltag: Denkzettel für die Politik?" diskutiert. Nicht zuletzt aus Gründen der unterschiedlichen Ausstrahlungsdaten und der damit verbundenen inhaltlichen Divergenz dieser Sendungen, konzentriert sich die folgende Analyse auf die Sendungen vom 3. Juni 2004 („Berlin Mitte") bzw. 6. Juni 2004 („Sabine Christiansen").

- Nach welchen Kriterien wurden die Gäste ausgewählt?
- Wie haben sich die Diskussionsteilnehmer in der Runde positioniert und welche Rolle haben sie dabei eingenommen?
- Ging es den Debattierenden eher um argumentative Verständigung oder um wahlkampfzentrierte Konfrontation?
- Wie war das Diskursniveau in Bezug auf Informativität und Sachlichkeit ausgeprägt?
- Was lässt sich über die Qualität der Gesprächsleitung sagen?
- Inwiefern kamen unterhaltende Elemente in den Fernsehdebatten zum Zuge?
- Kamen die Gäste gleichberechtigt zu Wort?
- Welche konkreten Informationen und Inhalte wurden über die Europapolitik vermittelt?
- Wurden neben dem Europaschwerpunkt weitere Themenfelder erörtert?

Zunächst werden nach grundlegenden Bemerkungen zum Genre der politischen Talkshow die gewählten Formate in einen allgemeinen Rahmen gestellt, um einige Spezifika der jeweiligen Sendetypen sowie Charakteristika im Moderationsstil der Gesprächsleiterinnen aufzuzeigen. Daran anschließend werden die Kernaussagen der Diskussionsrunden aus den beiden untersuchten Sendungen – im Sinne „dichter Beschreibungen" (Geertz) – skizziert, damit ein Überblick über die Argumente der Gesprächspartner gewonnen werden kann.[2] Dabei wird nicht der Debattenverlauf in seiner konkreten Reihenfolge wiedergegeben, sondern die relevanten Argumente und Kernthesen der Diskutanten sowie ihr Verhalten in der Debatte zusammengefasst und in Ausschnitten zitiert.[3] In einem abschließenden Fazit werden die beschriebenen Aussagen der Diskutanten und Moderatorinnen unter Rekurs auf die skizzierten Fragen bewertet und verglichen.

2   Merkmale politischer Talkshows

Politische Talkshows sind angehalten, einerseits über politische Zusammenhänge zu informieren, dies aber andererseits auch in einer unterhaltsamen Form zu bewerkstelligen, um die Aufmerksamkeit möglichst vieler Rezipienten zu erreichen. Die Reduktion komplexer politischer Zusammenhänge durch die Wortbeiträge der an der Debatte beteiligten Protagonisten in einem begrenzten Zeitrahmen gehört zu den zentralen Aufgaben der Diskussionsteilnehmer. Gleichwohl wird von ihnen

---

2 Mein Dank gilt dem Redaktionsleiter von „Sabine Christiansen", Wolfgang Klein, sowie Sabine Orner aus der Redaktion von „Berlin Mitte", die mir die Videobänder zu den untersuchten Sendungen kostenlos zur Verfügung stellten.

3 Die Konzentration der Auswertung wird dabei nur auf die inhaltlichen Aussagen der Sendungen gerichtet. Weder die Körpersprache, noch die Kameraführung, die bei der Wirkung auf die Rezipienten eine wichtige Rolle einnehmen, können berücksichtigt werden (vgl. S. Christiansen/R. Eser 1999; L. Weinrich 1992). Die Fragetechniken der Moderatorinnen werden auch nur am Rande thematisiert. Sie fließen jedoch in die allgemeine Bewertung ein, die in der Sekundärliteratur bereits unabhängig von der konkreten Auswertung der beiden Sendungen berücksichtigt worden sind.

Schlagfertigkeit und Durchsetzungsvermögen gegenüber den Mitdiskutanten erwartet. Die normativen Ansprüche an politische Diskussionssendungen liegen darin, möglichst viele Informationen über die angesprochene Thematik zu vermitteln. Unterschiedliche Meinungen und kontroverse Standpunkte sollen argumentativ ausgetragen werden, um politische Alternativen sichtbar werden zu lassen sowie Lösungen durch Verständigung und Kompromisse zu erreichen (vgl. Y. Petter-Zimmer 1990). Diese idealtypischen Anforderungen sind jedoch von der empirischen Praxis weit entfernt. Faktisch geht es in den Sendungen in erster Linie um eine optimale Selbstdarstellung der Beteiligten. Als Adressat der Argumente fungiert weniger der Mitdiskutant als vielmehr der Fernsehzuschauer.

> „An sie richten sich die Botschaften und die Selbstpräsentationen der PolitikerInnen und JournalistInnen. Sie sind sozusagen das goldene Kalb, um dessen Gunst man für potentielle Wahlen oder Einschaltquoten wirbt, um sich legitimieren zu lassen" (B. Schaffar 2002: 148).

Es geht also weniger um erkenntnisleitende Verständigung, sondern darum, beim potenziellen Wähler zu punkten. Dabei dokumentiert die politische Talkshow auch einen Wettkampf um die „Inszenierungsdominanz" (vgl. R. Kurt 1998) gegenüber der Moderation und den Mitdiskutanten. Es wird erwartet, dass die an der Diskussion beteiligten Akteure die Regeln und Techniken der öffentlichen Selbstpräsentation beherrschen und „gut rüberkommen". Neben der Vermittlung politischer Argumente sind Entertainmentqualitäten der beteiligten Protagonisten gefragt. Da nur wenige politische Vertreter über diese Fähigkeit verfügen, tauchen immer dieselben medientauglichen Diskutanten als „Talkshow-Meister" (J. Tenscher 2002: 65) in den Debatten auf, die über hohe Selbstdarstellungs- und Unterhaltungskompetenzen verfügen. Ansonsten wird bei der Auswahl der Gesprächsteilnehmer großen Wert auf die Prominenz gelegt. „Nicht Inhalte und Lösungsorientierung, sondern einschaltquotentaugliche Köpfe [stehen] im Vordergrund" (B. Schaffar 2002: 145).[4]

Die Qualität einer politischen Diskussionsrunde hängt zentral von der Moderation ab. Sie strukturiert den Gesprächsablauf, erteilt und entzieht das Wort. Neben inhaltlicher und sachlicher Kompetenz wird von der Moderation zusätzlich erwartet, einen aufmerksamkeitsstimulierenden Spannungsbogen zu erhalten, um das Interesse der Zuschauer an der Diskussion zu erhalten. Darüber hinaus kommt die Sachkenntnis der Gesprächsleitung durch die entsprechenden Fragen zum Ausdruck, die das Niveau der Sendung maßgeblich mitbestimmen. Die Aufgabe besteht grundsätzlich darin, den Debattenverlauf so zu strukturieren, dass die Sendung zeitlich und thematisch im angestrebten Rahmen und ein angemessener Verlauf erhalten bleibt. Das Eingreifen der Diskussionsleitung ist dann erforderlich,

---

4 Ein Bundesminister oder ein Ministerpräsident hat immer große Chancen, in eine politische Talkshow eingeladen zu werden, da dadurch die Sendung durch den Nachrichtenfaktor „Prominenz" aufgewertet wird. Auch politische „Querdenker" oder Provokateure sorgen dafür, dass derartige Formate eine höhere Aufmerksamkeit gewinnen.

wenn vom ursprünglich festgelegten Thema zu stark abgewichen oder ein Detail zu dominierend diskutiert wird. Wiederholende Aussagen der Debattenteilnehmer sind ebenso zu unterbinden, wie der Versuch eines Gesprächsteilnehmers, die Diskussion „an sich zu reißen". Gleichzeitig ist die Moderation idealtypischerweise dazu angehalten, für eine ausgewogene und moderate Atmosphäre zu sorgen, um die Kontrolle über den Diskussionsverlauf zu gewährleisten. Beim politischen Streitgespräch kommt es zudem darauf an, für das angemessene Verhältnis zwischen Anspannung und Entspannung, Konfrontation und Kooperationsbereitschaft zu sorgen. Die Moderationstechnik stellt demzufolge ein zentrales Kriterium für den Informationsgehalt und das Diskursniveau politischer Gesprächssendungen dar. Das Niveau der Sendung bemisst sich zudem an der erfolgten Vorbereitung durch Recherche auf Seiten der Moderation sowie ihrer Durchsetzungsfähigkeit, Fairness und Sachlichkeit im Umgang mit den Diskussionsteilnehmern (vgl. C. Schicha 2002).

Die konventionelle Variante der – hier untersuchten – politischen Talkshows lässt sich als gemäßigtes Streitgespräch klassifizieren. Der erste Schritt zu einer gelungenen Sendung ist die Auswahl der Teilnehmer, die möglichst aus konkurrierenden politischen Parteien oder Interessensverbänden stammen. Es wird ebenfalls Wert darauf gelegt, dass die Zusammensetzung der Diskussionsrunde konträre Positionen enthält. Dabei versuchen die beteiligten Diskutanten, sich in ihrer jeweiligen Rolle zu profilieren und damit die Imagewerbung der eigenen Person und Partei voranzutreiben. Dies ist in der Regel nicht ganz so einfach wie in kooperativen Gesprächsrunden wie die „Johannes B. Kerner Show" (*ZDF*) oder „Beckmann" (*ARD*), in denen sich die „Politikvermittlung in Unterhaltungsformaten" (C. Schicha/C. Brosda 2002) dadurch auszeichnet, dass kritische Fragen zu politischen Themen eher ausgespart bleiben und primär die Privatperson und weniger das politische Statement im Mittelpunkt steht.

Als prominenteste Beispiele des gemäßigten Streitgespräches gelten die Sendungen „Berlin Mitte" (*ZDF*) und „Sabine Christiansen" (*ARD*). Dort sind rhetorisch geschulte Gesprächspartner gefordert, die die Ebenenwechsel zwischen politischer Information und schlagfertiger Antwort bewältigen (vgl. C. Schicha 2002).

3   „Sabine Christiansen" (ARD)

3.1 Format und Hintergrund

„Nicht die zwanglose Rationalität des besseren Arguments, sondern die strategisch formulierten Statements von PR-Profis beherrschen den Diskurs. Nicht Experten oder sachkundige Laien kommen hier hauptsächlich zu Wort, sondern ‚Repräsentanten' und ‚Advokaten', deren Beitragsstil meist im Bereich der Verlautbarungs- und Agitationskommunikation verbleibt – nur dass sie für ihre Stellungnahmen hier nur etwas mehr Zeit haben als bei den sonst üblichen ‚Soundbites' am Interviewmikrophon (...). Die Moderatorin Christiansen vermag sich (...) gegenüber den zugeladenen PR-Profis oft nicht zu behaupten" (A. Dörner 2001: 139).

Trotz anfänglicher Startschwierigkeiten gilt „Sabine Christiansen" inzwischen als die wichtigste politische Gesprächssendung im deutschen Fernsehen, in der jeden Sonntag ab 21.45 Uhr in der *ARD* die deutschen Spitzenpolitiker aufeinander treffen (vgl. weiterführend J. Tenscher 1999; C. Schicha 2002; M. Völkel 2003). Spitzenpolitiker aller im Bundestag vertretenen Parteien, Wirtschaftsbosse und Gewerkschaftsvertreter nutzen gerne und regelmäßig die Performance zu einer „Gesellschaftsdiagnose" (T. Schultz 2004: 299). Der Einfluss von „Sabine Christiansen" auf die politische Meinungs- und Willensbildung ist groß. Wer dort auftritt, gehört zu den wichtigen Protagonisten im politischen oder ökonomischen Geschehen.

Gesendet wird live und vor Publikum aus einem Kugelbau in unmittelbarer Nähe der Gedächtniskirche in Berlin. Die Diskutanten befinden sich in einem weit geöffneten Halbkreis, der vor den Zuschauerrängen aufgebaut ist. Nach einer Anmoderation an einem Stehpult und einem kurzen Filmbericht, „der in lockerer Weise in das Thema einführt und sich der Stilelemente des Infotainment bedient (Musik, Karikatur, spezielle Schnitte, Zuspitzungen)" (T. Schultz 2004: 299) nimmt die Moderatorin in der Mitte ihrer Gäste Platz und leitet die Diskussion. In der Regel sind dort sechs Gäste vertreten. Die Ausnahme bieten Einzelgespräche mit besonders prominenten Politikern. Seit 2001 existiert auch ein „Expertenchat", bei dem sich (mindestens) ein Gast nach dem Ende der Sendung den Fragen der Internetnutzer stellt.

Die Titel der Sendung wirken oftmals „wie Schlagzeilen der Skandalpresse. Es sind provozierende Fragen oder Forderungen, die oft schon selbst ihre Antworten geben" (B. Schaffar 2002: 65). Walter van Rossum kritisiert zudem die wiederkehrenden Sprachrituale der Gäste. Dabei handelt es sich um die immer gleichen Minister, Ministerpräsidenten, Parteivorsitzenden, Wirtschaftsrepräsentanten und Vertreter aus dem Arbeitgeber- und Arbeitnehmerbereich.[5] Das Ritual der Politikvermittlung wird dadurch zu einer „geschlossenen Runde von Gleichgesinnten" (W. van Rossum 2004: 40). Der Schlagabtausch ist in der Regel plakativ und wenig argumentativ. Die beteiligten Politiker diskutieren weniger miteinander, als dass sie vor dem Publikum ihre Positionen demonstrieren und an ihrem Image feilen.

Zweifelsohne hat sich die Sendung mittlerweile als quoten- und imageträchtiges Markenzeichen der *ARD* etabliert – wobei hier der Sendeplatz nach dem „Tatort" am Sonntag sicherlich eine zentrale Rolle spielt.[6] Sie wirkt als Faktor und Motor auf aktuelle politische und gesellschaftliche Diskurse ein und suggeriert zugleich Seriosität und ein hohes Maß an Gesprächskultur. Dessen ungeachtet fehlt es mitunter an Hintergrundanalysen sowie an der Vermittlung von Detailinformati-

---

5   Politische „Hinterbänkler", die ggf. zum konkreten Thema eine kompetentere und fundiertere Auskunft geben könnten, weil sie in das entsprechende Fachgebiet besser eingearbeitet sind als z.B. Fraktionsvorsitzende, werden in der Regel aufgrund ihrer fehlenden Bekanntheit nicht eingeladen.

6   Die Moderatorin verfügt inzwischen über einen guten Ruf, wie der Chef der Werbeagentur *McCann-Erickson*, Helmut Sendlmeyer, anmerkt: „Christiansen gehört zu den ganz wenigen Menschen, die ihre wesentlichen Kriterien für einen Markenpersönlichkeit erfüllen. Stabilität, Konstanz, Verlässlichkeit – und der weitgehende Verzicht auf modische Trends." (zit. nach o.V. 2003b: 46)

onen und Zusammenhängen. So wird bisweilen bemängelt, dass der politische Diskurs stark der Dominanz der Präsentationsebene untergeordnet ist (vgl. A. Dörner 2001; J.-U. Nieland/J. Tenscher 2002; T. Meyer et al. 2001).

Nach den ersten Sendungen wurde bereits der weiche, nachgiebige Moderationsstil kritisiert. „Sabine Christiansen ist der ewige Trailer – und ganz sicher die erfolgreichste Journalisten-Darstellerin-Queen" (M. Matussek 1999: 144).

Die Gäste sind nur selten in Gefahr, durch Nachfragen von Christiansen in Verlegenheit gebracht zu werden. Sie wirkt bisweilen hektisch und unsicher. Mangelnde Empathie wurde bemängelt, die Gesprächsführung sei „zu verbissen" und „verkniffen".[7] Häufig verlöre die Moderatorin den roten Faden und hielte sich zu sehr während der Diskussion zurück. Schultz (2004: 299) fasst die wesentlichen Kritikpunkte wie folgt zusammen: Die Gastgeberin „stelle kaum kritische Fragen, schleudere Schlagworte um sich, sei unzureichend vorbereitet, inhaltlich wenig kompetent und fördere den Politikverdruss." Besonders auffällig ist, dass die „stolze, kühle, harte" (o.V. 2003b: 41) Moderatorin nicht versucht, bei offenen Fragen nachzuhaken, sondern weitergehende und grundsätzlichere Einlassungen der Diskutanten regelrecht verhindert, indem das Thema gewechselt wird (vgl. J. von Westphalen 1996; J. Tenscher 1999). Ein Eingreifen der Moderatorin findet oftmals erst dann statt, wenn mehrere Gesprächsteilnehmer parallel sprechen, sodass die Zuschauer nicht mehr in der Lage sind, dem Diskussionsverlauf zu folgen.

Ungeachtet der nicht enden wollenden publizistischen Kritik hat die Moderatorin zahlreiche TV-Auszeichnungen erhalten.[8] Dies hängt sicherlich damit zusammen, dass „Sabine Christiansen" die höchsten Einschaltquoten aller politischen Talkshows im Fernsehen besitzt und dass sie mit Abstand die prominentesten Gäste hat. Darüber hinaus wird auch das soziale Engagement der Moderatorin – etwa für UNICEF – gewürdigt.

3.2   Zur Sendung vom 6.6.2004 „Europa wählt – und keiner geht hin?"

Die im Folgenden untersuchte Sendung von „Sabine Christiansen" erreichte 3,86 Millionen Zuschauer (ab drei Jahren) und damit einen Marktanteil von 15,7 Prozent. Als Gäste waren der ehemalige Bundespräsident Richard von Weizsäcker (*CDU*), der *SPD*-Spitzenkandidat für die Europawahl, Martin Schulz, der *CDU*-Europaabgeordnete Elmar Brock, die *FDP*-Spitzenkandidatin, Silvana Koch-Mehrin, sowie Sahra Wagenknecht als *PDS*-Bewerberin für das Europaparlament

---

7   Nach einer repräsentativen Umfrage für die *ARD* gilt Sabine Christiansen zwar als die sympathischste Politik-Talkerin. In Bezug auf ihre Gesprächsführung werden ihr allerdings schlechtere Werte gegeben als anderen politischen Talkmastern. Jeder fünfte der Befragten bemängelt, dass sie die Diskutanten zu lange reden lasse, und fast ein Drittel meint, dass sie die Diskussion nicht „im Griff" habe (vgl. www.rhetorik.ch/Aktuell/Aktuell_Mai_10_20002.html, Abruf am 14.11.2002).

8   Dazu gehören neben dem „Adolf Grimme-Preis" die „Goldene Kamera", der „Bambi", der „Bayrische Fernsehpreis" und der „Courage-Preis" (vgl. www.rhetorik.ch/Aktuell/Aktuell_Mai_10_20002.html, Abruf am 14.11.2002).

eingeladen worden. In der Anmoderation wurde das Thema von *Sabine Christiansen* wie folgt angekündigt:

„An diesem Sonntag feiern die Staatsmänner der Welt in der Normandie die Befreiung Europas vom Hitler-Terror. Europa ist das große politische Projekt der Nachkriegszeit – gerade erweitert um zehn Länder, die noch vor wenigen Jahren Teil des Sowjet-Imperiums waren. Doch die Bürger nehmen das alles eher gleichgültig zur Kenntnis, oft auch mit Sorge und Skepsis. Die Wahlforscher prophezeien eine höchst geringe Beteiligung für die Europawahlen am 13. Juni. Warum? Immerhin werden inzwischen über 70 Prozent der Gesetze, die unseren Alltag betreffen, in Brüssel und Straßburg gemacht! Jeder weiß, dass Europa wichtig ist, immer wichtiger wird. Und doch wollen die Wähler wenig davon wissen. Woran liegt das? Versagen der Politik? Enttäuschung darüber, dass Brüssel als administrativer Moloch empfunden wird, nicht als kraftvolles Zentrum für unsere Zukunft? Oder ist das alles ganz einfach ein Symptom der weit verbreiteten Parteien- und Politikverdrossenheit? Wie gefährlich ist diese Verweigerungshaltung für die Demokratie?"

In einem sich anschließenden Filmbericht wird u.a. auf die zu erwartende geringe Wahlbeteiligung bei der Europawahl und die mangelnde Bekanntheit der Spitzenkandidaten hingewiesen. Über die damit vorgegebene inhaltliche Fokussierung hinaus dreht sich die Diskussion insbesondere um Fragen der EU-Osterweiterung, namentlich um einen möglichen EU-Beitritt der Türkei, sowie um die Verabschiedung einer EU-Verfassung. Zumindest andiskutiert werden überdies noch folgende EU-relevante Themen: Historische Rahmendaten, Gesetzgebungsverfahren, Volksabstimmung, Steuerpolitik, Wettbewerb, Außen- und Sicherheitspolitik, Europäisches Parlament, Europäischer Rat.

Sabine Christiansen verliert während der Debatte mehrfach die Kontrolle über die Diskussion. Zum Teil wird von ihr das Wort erteilt, ohne dass eine Frage gestellt wird, z.B. durch die Aussagen: „Frau Koch-Mehrin, Sie wollten etwas dazu sagen?". Sie lässt sich mehrfach von den Diskutanten unterbrechen. Insbesondere Söder, Özdemir und Wagenknecht reden in einer z.T. hitzigen Debatte mehrfach durcheinander. Eine klare Strukturierung der Wortbeiträge findet bisweilen nicht statt. Ihre Einwürfe wie: „Da gibt es ein Hin und Her in vielen Punkten", wirken nicht besonders klar strukturiert. Auch die tautologische Aussage: „Wahlkampf ist Wahlkampf, klar" sind nicht gerade überzeugend. Fragen wie: „Sehen wir keine Chance oder haben wir keine" führen auch weniger zur Klärung der anstehenden Punkte. Am Ende der Debatte sagt sie „Da machen wir eine Punkt! Da gehe ich jetzt rein!" Die Diskussionsrunde endet mit ihrem Aufruf: „Gehen Sie wählen".

Richard von Weizsäcker verkörpert in der Diskussionsrunde den „elder statesman", der parteiübergreifend akzeptiert wird. Mehrere Diskutanten nehmen in der Debatte Bezug auf die Äußerungen des ehemaligen Bundespräsidenten, um ihre eigene Position zu untermauern. Er beteiligt sich nicht an parteipolitischen Profilierungsübungen seiner Kollegen und greift nur Wagenknecht einmal mit den Worten an: „Wir reden über Europa und nicht über Punkte, die Sie bei jeder Veranstaltung vorstellen." Ansonsten hält er sich aus dem Streit der konkurrierenden Diskutanten weitgehend heraus. Er gilt als moralische und unabhängige Autorität, die auch den meisten Beifall aus dem Publikum erhält. Im Zusammenhang mit einer europäischen Verfassung fordert er einen konstruktiven Dialog und eine Verständigung, vor allem mit den ehemaligen Kriegsgegnern Polen und der Tschechischen Republik. Exemplarisch wird in diesem Kontext auf das gute Verhältnis von Deutschland zu Frankreich verwiesen. Weiterhin plädiert der Ex-Bundespräsident für den Aufbau einer gemeinsamen Außen- und Sicherheitspolitik unter Beteiligung von Großbritannien und Polen. Schließlich fordert er die Europäer im eigenen Interesse dazu auf, Verhandlungen über eine EU-Mitgliedschaft mit der Türkei zu führen.

Martin Schulz übernimmt in der Debatte die Rolle des *SPD*-Wahlkämpfers, der u.a. die Debatte um eine Nachfolge Edmund Stoibers als EU-Kommissionspräsident als „verspäteten Aprilscherz" abtut. Schulz formuliert einen allgemein gültigen Wertekanon als Ziel seiner Europapolitik. Dabei rekurriert er schlagwortartig auf Leitbilder wie „Frieden", „Umweltschutz" und „Menschenrechte". So setze sich die *SPD* im Europäischen Parlament vor allem dafür ein, Europa zu einer „Friedensmacht" auszubauen. Wie von Weizsäcker tritt der *SPD*-Kandidat für Beitrittsverhandlungen mit der Türkei ein.

Er differenziert weiterhin zwischen terroristischen Bedrohungen und sicherheitspolitischen Erfordernissen. Die Auseinandersetzungen mit seinem *CDU*-Konkurrenten werden überwiegend ruhig und sachlich geführt. Fachwissen dokumentiert Schulz, indem er Zusammenhänge der europäischen Steuerpolitik erläutert. Alles in allem geht es ihm weniger um Wahlkampfpolemik, sondern darum, seine europapolitische Kompetenz zu vermitteln.

Wie Schulz vermittelt auch *Elmar Brok* einen unaufgeregten Eindruck sowie Kompetenz und Fachwissen. Insbesondere hebt er die Bedeutung des EU-Parlaments hervor. Er räumt jedoch ein, dass mit einem Sitz im Europäischen Parlament für bundesdeutsche Parlamentarier kein hohes Prestige verbunden sei. Es gebe bei der Bewertung der Arbeit eine unzutreffende Abstufung von Europapolitikern gegenüber Politikern auf der Bundesebene. Zum Thema „EU-Beitritt der Türkei" nimmt Brok eine skeptische Haltung ein. Er ist zwar dafür, „dass die Türkei eine europäische Perspektive hat". Daraus müsse sich aber nicht zwingend eine „Vollmitgliedschaft" ergeben. Vor einem Verhandlungsbeginn müssen auch die Bedingungen erfüllt sein, die die Einhaltung von Menschenrechten ebenso beinhalteten wie Grundlagen der Rechtsstaatlichkeit und Demokratie. Ebenso wie alle anderen Diskutanten positioniert sich Brok gegen Wagenknecht etwa mit den Worten: „Dass sich die *PDS* als Friedensmacht aufspielt, ist verlogen."

Markus Söder schlüpft während der Debatte zunächst in die Rolle des „Regierungssprechers" von Edmund Stoiber, indem er dessen Unverzichtbarkeit für die deutsche Landes- und Bundespolitik hervorhebt und damit die EU-Absage des bayrischen Ministerpräsidenten begründet. Er tritt aggressiv und polemisch gegenüber der Politik der Bundesregierung auf. Seine Aussagen beschränken sich primär auf allgemeine – wenig aussagekräftige – Bemerkungen. Es wird deutlich, dass er kein ausgewiesener Europa-Kenner ist. Er zeigt weniger konkrete Zusammenhänge der Europapolitik auf, sondern beschränkt sich auf Angriffe gegen Rot-Grün und tritt vehement gegen einen EU-Beitritt der Türkei ein. Der *CSU*-Politiker hält die

Europawahl nicht nur für eine Abstimmung über Verfassungsfragen, sondern auch „über die Politik in Deutschland." Die Polemik gegenüber dem Bundeskanzler und seiner Regierung nimmt in Söders Äußerungen wie „Europa wird kaputtgemacht durch die rot-grüne Bundesregierung." einen breiten Raum ein.

Wie Söder fällt auch *Silvana Koch-Mehrin* durch ihre Unerfahrenheit in Fragen der Europapolitik auf. Sie beschränkt sich in ihren Statements in erster Linie darauf, die guten Umfrageergebnisse ihrer Partei und die europäischen Verdienste der *FDP* zu betonen. Als Vertreterin einer liberalen Politik tritt sie für Volksentscheide auch über die EU-Verfassung und einen „klaren Wettbewerb" zwischen den EU-Ländern ohne staatliche Reglementierung ein. Sie hält sich in der Debatte im Vergleich zu den anderen Diskutanten auffällig zurück und beschäftigt sich zunächst mit den Chancen ihrer Partei, wieder ins Europaparlament einziehen zu können. Die *FDP*-Politikerin räumt ein, dass die Kandidaten der bundesdeutschen Liberalen bisher keine politische Erfahrung als Abgeordnete, jedoch beruflich bereits mit Europa zu tun gehabt hätten. Die Liberalen verfügten schließlich auch über eine lange europäische Tradition.

Cem Özdemir hat in seiner Rolle als Wahlkämpfer erhebliche Probleme, sich mit seinen Wortbeiträgen gegenüber den Mitdiskutanten durchzusetzen, da er häufig unterbrochen wird. Er arbeitet in seinem Statement die Chancen der EU-Erweiterung auf den skizzierten Politikfeldern heraus. Er plädiert von allen Diskutanten am deutlichsten für eine Aufnahme der EU in die Türkei. Ebenso wie Schulz kann er sich einige ironische Bemerkungen zu den Gerüchten um die Tätigkeit von Stoiber als EU-Präsident nicht verkneifen. Er schlüpft in die Rolle des toleranten europäischen Weltbürgers und versucht, seine Partei als einzige ernsthafte Alternative für ein zusammenwachsendes Europa zu positionieren.

Noch stärker als der *Grünen*-Politiker ist die *PDS*-Abgeordnete *Sahra Wagenknecht* in der Diskussion isoliert. Sie grenzt sich bewusst von der Mehrheitsmeinung ab und vertritt konträre Standpunkte, mit denen sie die Mitdiskutanten provoziert. Durch den Gebrauch von Schlagworten übernimmt sie die Rolle der Anwältin der Unterprivilegierten und greift die Politikentwürfe aller Mitdiskutanten an. Sie geht kaum auf die Aussagen der anderen Gesprächsteilnehmer ein, sondern beschränkt sich auf die erwartbaren Statements gegen den Kapitalismus und den daraus resultierenden Folgen, aus dem sich zwangsläufig Ungerechtigkeiten für den ärmeren Teil der Bevölkerung ergeben würden. Sie meint, dass sich die Europapolitik von *SPD* und *CDU* kaum unterschieden. Mit Blick auf den Wahlkampf der *SPD* greift sie die Sozialdemokraten etwa wie folgt an: „Ich finde das wirklich schon richtig zynisch, Friedensmacht auf die Plakate zu schreiben und gleichzeitig eine europäische Verfassung zu betreiben, die die Militarisierung Europas festschreiben wird."

4   „Berlin Mitte" (ZDF)

4.1   *Format und Hintergrund*

„Besser als Maybrit Illner kann man eine Polit-Talkshow nicht moderieren" (M. Völkel 2003: 246).

„Berlin Mitte" unter der Gesprächsleitung von Maybrit Illner wird seit dem 14. Oktober 1999 jeden Donnerstag ab 22.15 Uhr live vor Publikum in der so genannten „Neuen Mitte" am Berliner Platz ausgestrahlt.die Moderatorin sitzt in der Mitte der Gesprächsteilnehmer, die dicht nebeneinander auf einem Podest platziert sind. Im Gegensatz zu „Sabine Christiansen" wird auf Filmeinspieler verzichtet. Ihrem eigenen Anspruch zufolge geht es Illner in der Sendung darum, Politik verständlich und humorvoll zu vermitteln.

Im Unterschied zu ihrer *ARD*-Kollegin bekommt die *ZDF*-Moderatorin für ihre Arbeit fast ausschließlich Lob und Anerkennung: „Maybrit Illner übt stärker als Sabine Christiansen die Rolle einer kritisch fragenden Journalistin aus" (T. Schultz 2004: 307).[9] Dies ist zusammenfassend ein Ergebnis einer Studie, in der die beiden politischen Talkformate neben anderen Gesprächssendungen in einer systematischen Inhalts- und Gesprächsanalyse vergleichend untersucht wurden. „‚Sabine Christiansen' fiel insgesamt durch eine vergleichsweise passive, mäßig kritische und wenig gehaltvolle Moderation auf" (T. Schultz 2004: 314). Aber auch in „Berlin Mitte", werden „vergleichsweise wenige Fragen" gestellt, „in denen konkrete Informationen, Zusammenhänge und Argumente ausgeführt werden" (T. Schultz 2004: 314). Die Aktivität, Kritik und der Gehalt der Fragen und Wortbeiträge ist bei Illner jedoch weit höher als bei Christiansen.

Die Kritiken zum Moderationsstil fallen extrem positiv aus: „Journalisten charakterisieren die gebürtige Berlinerin immer wieder als schlagfertig, burschikos und kompetent, als kess, souverän und charmant" (M. Völkel 2003: 246).[10] Und auch der *ZDF*-Chefredakteur Nikolaus Brender lobt seine Mitarbeiterin ohne Einschränkung: „Maybrit Illner ist es gelungen, dem Format politische Talkshow eine neue und spannende Note zu geben: Intelligent, scharfzüngig und rasant führt sie durch die wöchentliche Gesprächsrunde. ‚Berlin Mitte' hat sich als herausragendes und unverzichtbares Format im Rahmen des umfassenden und kompetenten ZDF-

---

9   Die „muntere" Illner wird auch in den Medien häufig mit dem „Eisengel" Sabine Christiansen verglichen (vgl. Voigt 2000: 55). Dazu Stuck (2000: 93): „Da, wo Christiansen in seriöser ‚Tagesthemen-Manier' mit leicht herabgezogenen Mundwinkeln das Thema der Woche präsentiert, schaut Illner aufrecht und mit festem Blick in die Kamera und formuliert ihre Fragen so, dass sich der Fernsehzuschauer zufrieden zurücklehnt und denkt: ‚Das wollte ich auch schon immer wissen.'"

10   Lob erhält Illner auch aus den Reihen der Politik. Dem Berliner Bürgermeister Wowereit zufolge habe sie in Deutschland eine neue Debattenkultur eingeführt: „streitbar, aber nicht dogmatisch, weltoffen und sehr charmant" (zit. nach M. Völkel 2003: 246). Sie arbeitet mit Strategien der „Lässigkeit" und „ironisch-spöttischen Spitzen", weist darauf hin, wenn Fragen nicht beantwortet worden sind und stellt Nachfragen wie „Erklären Sie mir's noch einmal", um dem Gesprächsteilnehmer mehr als die üblichen Statements zu entlocken.

Informationsprogramm etabliert."[11] Illners Fragetechnik wirkt Kritikern zufolge nicht „verkopft oder verbissen" (M. Völkel 2003: 246). Sie verfügt über eine unkonventionelle und ironische Art der Moderation, bemängelt ausweichende Antworten, die nichts oder nur wenig mit der Frage zu tun haben und kritisiert Allgemeinplätze und Wiederholungen. Ebenso wie Christiansen erhielt Illner zahlreiche Fernsehpreise, darunter den renommierten „Hanns-Joachim-Friedrich-Preis" und den „Hans-Klein-Medienpreis".

4.2 Zur Sendung vom 3. Juni 2004 „Europa startet durch. Bleibt Deutschland auf der Strecke?"

Als Gäste der Sendung vom 3. Juni mit einer Resonanz von 2.99 Millionen Zuschauern (Marktanteil: 15,7 Prozent) begrüßt Maybrit Illner den EU-Kommissar Günther Verheugen (*SPD*), den bayerischen Ministerpräsidenten Edmund Stoiber (*CSU*), Lothar Bisky als Vorsitzenden der *PDS* sowie Diether Klingenberg, den Präsidenten des Verbandes der Maschinen- und Anlagenbauer. Zudem sind die beiden ukrainischen Boxbrüder Wladimir und Vitali Klitschko zu Gast.

Die Sendung richtet ihren Fokus stärker auf die ökonomischen Konsequenzen der EU-Erweiterung und weniger auf die zehn Tage später anstehende Europawahl. Stichwortartig werden folgende Europathemen zumindest von mehreren Diskutanten in „Berlin Mitte" angesprochen: Friedenspolitik, Arbeitsplätze, Türkei, Steuerpolitik, Zuwanderung, Investitionen, Bildung, Ukraine, Strukturwandel, Subventionen.

In ihrer Anmoderation vertritt *Maybrit Illner* die Auffassung, dass es in Deutschland „kein Halten mehr" bei den „Großverdienern" – bezogen auf die großen Wirtschaftsunternehmen – gebe. So habe Siemens-Chef Pierer Abwanderungstendenzen seines Unternehmens nach Schanghai in Aussicht gestellt. Schrempp möchte angeblich den Mercedes „von Chinesen bauen lassen". Es stellt sich die Frage, wo Europa bleibe. Wie steht es mit „Schmackes und Initiative", fragt die Moderatorin in die Runde.

Im Verlauf der Debatte unterbricht sie die Diskutanten mehrfach, scheut sich nicht vor unbequemen Fragen, vermittelt Zahlen zu den Stundenlöhnen durch die Aussage, dass es in Deutschland rund zehn Millionen Menschen gebe, die weniger als zehn Euro verdienten. Es tauchen auch unkonventionelle Begriffe bei ihren Fragen auf, wenn sie Stoiber gleich zu Beginn der Debatte die Frage stellt: „Warum ist Europa nicht sexy?"[12]

Edmund Stoiber baut seine Statements anhand von Zahlen, Daten und Fakten auf, um die aus seiner Perspektive bestehenden Defizite der rot-grünen Bundesregierung offen zu legen. Diese Strategie soll Kompetenz und Faktenwissen sugge-

---

11 Vgl. www.zdf.de/ZDFde/druckansicht/0,1986,1021731,00.html, Abruf vom 30.12.2004.

12 Die Sendung schließt hier einmal nicht mit Illners ritualisierten Abmoderation, mit der sie gewöhnlicherweise den Zuschauern „viel Freude bei der Vermehrung der gewonnenen Einsichten" wünscht. Vielmehr endet Illner mit einem Hinweis auf die anstehende Europawahl am 13. Juni und einem „Merci" an die Zuschauer und Gäste.

rieren. Er versucht, eine geschlossene Haltung der Union bei Grundsatzfragen wie der Ablehnung einer Mehrwertsteuererhöhung zu vermitteln, und sieht sich selber als Alternative zur Bundesregierung. Der *CSU*-Vorsitzende ist im Vergleich zu seinem Parteifreund Söder bei „Sabine Christiansen" wesentlich besser vorbereitet und in der Lage, Zahlen, Daten und Fakten zu präsentieren, auch wenn er im Rahmen seiner Argumentation immer wieder auf die bundesdeutsche Situation zurückkommt und sich daher von dem Europathema löst. So sei die Europawahl vor allem eine legitime Möglichkeit, „Unmut über die nationale Politik zu äußern". Der bayerische Ministerpräsident spricht sich in der Sendung auch strikt gegen einen EU-Beitritt der Türkei aus. Europa dürfe nicht an den Irak grenzen. In diesem Zusammenhang greift Stoiber auch mehrfach den politischen Gegner an und reagiert auf Nachfragen der Moderatorin bisweilen unwirsch mit Bemerkungen wie „Sie lenken ab!"

Günther Verheugen gerät einige Male im Streit mit Stoiber aneinander („Hören Sie mal, mein Lieber, was Sie sagen ist einfach falsch."). Ansonsten signalisiert er Expertentum und zeigt auch – zumindest verbal – emotionale Reaktionen. Als EU-Erweiterungskommissar vermittelt Verheugen in dieser Runde den kompetentesten Eindruck, speziell im Hinblick auf die Situation in anderen EU-Staaten. Nach Verheugen stießen die Erweiterungsmöglichkeiten der Europäischen Union an eine Grenze. „Die Türkei" sei weiterhin eine „große offene Frage". Er gibt zu bedenken: „Da können wir im Augenblick nichts sagen. Da wird am Ende des Jahres erst entschieden, ob sie die Voraussetzungen für die Aufnahme von Verhandlungen erfüllt", sagte Verheugen.[13] Auch die Ukraine, die einen „Platz in Europa" habe, werde zwar von der EU profitieren; eine baldige Aufnahme sei jedoch nicht abzusehen. In diesem Zusammenhang widmet sich Verheugen auch der Bürgerferne des Projekts „Europa". So könnten die Wähler aufgrund zahlreicher Missverständnisse nicht erkennen, „was sie mit ihrer Stimme in Europa eigentlich bewirken".

Lothar Bisky argumentiert im Vergleich zu seiner Parteikollegin Wagenknecht bei „Sabine Christiansen" wesentlich moderater. Seine Wortbeiträge sind eher auf Verständigung und weniger auf Konfrontation hin ausgerichtet. Über pauschale Forderungen an eine konstruktive Europapolitik gehen seine Statements jedoch vielfach nicht hinaus. Sogar seine Kritik am politischen Gegner ist verhältnismäßig zurückhaltend. Zudem betont er die konstruktive Rolle der Gewerkschaften und beklagt die schwierige Lage des Mittelstandes, der ja eigentlich nicht zur typischen Wählerklientel der *PDS* gehört.

Im Unterschied zu den Politikern positioniert sich der BDI-Vizepräsident *Diether Klingenberg* als praktischer Unternehmer und weniger als Interessensvertreter. Er argumentiert anhand konkreter Beispiele und vermittelt somit die Rolle eines kenntnisreichen Insiders, der sich mit der Situation im vereinigten Europa aus der Perspektive der Wirtschaft gut auskennt.

---

13 Der mittlerweile vorliegende Kommissionsbericht hat Verhandlungen mit der Türkei über eine EU-Aufnahme empfohlen.

Demgegenüber übernehmen die *Klitschko-Brüder* in der Debatte die Rolle der überzeugten Europäer, die erfolgreich ihrem Sport nachgehen, sich als Musterbeispiele für erfolgreiche Integration präsentieren und sich als UNESCO-Botschafter für andere einsetzen. Gleichwohl haben sie zum Thema „Europa" nur wenig zu sagen. Es gelingt der Moderatorin auch nicht, sie in die Debatte zu integrieren.

5 Vergleichende Betrachtung

Bei der Gästekonstellation von „Sabine Christiansen" in der exemplarisch ausgewählten Sendung fällt auf, dass entgegen der sonst üblichen Gepflogenheit nicht nur der Nachrichtenfaktor „Prominenz" gilt, sondern tatsächlich vorwiegend die Gäste ausgewählt wurden, die durch ihre Kandidatur für das Europaparlament einen unmittelbaren Bezug zum Gegenstand der Debatte versprachen. Davon ausgenommen sind von Weizsäcker, der als Bundespräsident über viele Jahre an der konkreten Europapolitik mitgewirkte, und Söder, der vermutlich aus Proporzgründen eingeladen wurde.

Das Thema „Türkei" nimmt in beiden Debatten einen überraschend breiten Raum ein. Obwohl ein EU-Beitritt in den nächsten Jahren nicht zu erwarten ist, scheinen hier nicht zuletzt die entsprechenden Thematisierungsbemühungen der *CSU* im Europa-Wahlkampf ihren Niederschlag gefunden zu haben (vgl. den Beitrag von J. Tenscher in diesem Band). Beim Thema „Türkei-Beitritt" werden die unterschiedlichen Positionen der Parteien und ihrer an der Debatte beteiligten Vertreter besonders deutlich. Daneben werden in den untersuchten Sendungen zahlreiche Themenfelder zumindest angerissen, ohne dass jedoch eine Vertiefung geleistet würde. So beschränken sich die politischen Diskutanten – mit Ausnahme von Weizsäckers – in weiten Teilen auf die Vermittlung normativer Leitvokabeln. Sie werden ihren Wahlkampfrollen beim Kampf um Wählerstimmen in weiten Teilen der Debatte gerecht. Wechselseitige Beschuldigungen und polemische Angriffe sind ein typisches Merkmal beider Sendungen. Dennoch werden vereinzelt auch politische Inhalte über Prozesse und Zusammenhänge im Kontext der Europapolitik vermittelt.

Im wahrsten Sinne des Wortes „diskutiert" wird in beiden Talkshows jedoch nur selten. Stattdessen versuchen die Teilnehmer, insbesondere bei „Sabine Christiansen", primär, ihre parteipolitische Botschaft pointiert rüberzubringen. Ein kontinuierlicher Debattenverlauf, in dem ein Themenschwerpunkt vertieft wird, ist hier nicht zu beobachten. Mehr als allgemeine Bekenntnisse um die zentrale Bedeutung des EU-Parlaments werden von den Diskutanten über weite Strecken des Gesprächs nicht abgegeben. Die Debatte um das europäische „Stellenangebot" für Stoiber hat eher einen unterhaltsamen Bezug und wenig substanzielle Relevanz. Hier wäre ein stärkeres Eingreifen der Gesprächsleitung wünschenswert gewesen, um eher zentrale Inhalte der Europapolitik zu reflektieren. Insgesamt zeigt Christiansen das gewohnte Muster einer zurückhaltenden Moderationstechnik. Sie lässt den Diskutanten weitgehend freien Lauf im Rahmen ihrer Auftritte und versäumt es über weite Strecken, den Gesprächsverlauf angemessen zu strukturieren. Auch sorgt sie nicht dafür, dass die Redeanteile gleichmäßig verteilt würden. Insofern scheint die bereits angesprochene Kritik an ihrem Moderationsstil auch am untersuchten Fallbeispiel berechtigt zu sein. Davon unbenommen bleibt die Debatte sachlich, wenn von einigen wechselseitigen Beschimpfungen beim Kampf um die Redeanteile einmal abgesehen wird. Der Zuschauer lernt zumindest einige Europaparlamentarier und ihre Kernpositionen kennen, die bis dato z.t. nur wenig öffentlich in Erscheinung traten.

Im Vergleich hierzu ist in der Sendung „Berlin Mitte" bereits durch die gewählte Gästekonstellation ein höherer Grad an Sachlichkeit gewährleistet. Wenn von einigen polemischen Wahlkampfäußerungen Stoibers einmal abgesehen wird, verläuft die Debatte auf einem verhältnismäßig hohen Niveau, das insbesondere durch die kenntnisreichen Beiträge Verheugens geprägt ist. Klingenberg liefert interessante Aspekte aus der unternehmerischen Praxis. Auch Bisky gibt sich moderat und dialogfähig und zeigt Verständnis für die spezifischen Probleme mittelständischer Unternehmen. Allerdings sind die beiden Profiboxer in dieser Sendung in mehrerer Hinsicht eine Fehlbesetzung. Zunächst stammen beide aus der Ukraine, obwohl die EU-Mitgliedschaft dieses Landes in den nächsten Jahren überhaupt nicht auf der politischen Agenda steht. Insofern haben die in der Sendung geführten Debatten über die Ukraine nichts mit dem eigentlichen Thema zu tun. Die beiden schlagkräftigen Brüder tragen verbal auch nur wenig zum Gelingen der Debatte bei. So dürfte ein Fernsehzuschauer, der eine Sendung zum Themenkomplex „Europa" einschaltet, nur wenig Interesse an dem Ergebnis einer Blutprobe eines Boxers haben. Ob der Faktor „Prominenz" die Sendungsmacher dazu motivierte, die beiden Klitschkos einzuladen, oder ob Maybrit Illner als ehemaliger Sportreporterin ein Herzenswunsch erfüllt werden sollte, ist nicht nachzuvollziehen. Vielleicht sollte einfach auch der Unterhaltungswert der Sendung durch die beiden populären Boxer gesteigert werden. Die übrigen Gäste erweisen sich jedoch als kompetente Gesprächspartner, auch wenn Edmund Stoiber weniger über Europa als über die allgemeine wirtschaftliche Lage in der Bundesrepublik referiert.

Weitestgehend dominieren die Beiträge von Stoiber und Verheugen die Debatte. Die beiden Boxer kommen kaum zu Wort, und auch Klingenberg und Bisky halten sich während der Diskussion auffallend zurück. Über lange Strecken ist ein Streitgespräch zwischen dem *CSU*-Vorsitzenden und dem *SPD*-Politiker zu beobachten, das von der Moderatorin jedoch gut kontrolliert wird. Gleichwohl sind auch hier die Redeanteile sehr unterschiedlich veranschlagt. Gelegentlich driftet die Diskussionsrunde zwar vom eigentlichen Thema ab. Dennoch werden durchaus Zusammenhänge und Prozesse der EU-Politik deutlich. Insgesamt fällt auf, dass die Moderatorin wesentlich lockerer agiert als Sabine Christiansen. Illners Sprache ist bissiger; sie verfügt oftmals über einen ironischen Unterton. Es entsteht auch der Eindruck, dass sie – im Gegensatz zu Christiansen – keinen großen Respekt vor der politischen und wirtschaftlichen Prominenz in ihrer Sendung hat. Sie ist durchsetzungsfähiger als ihre *ARD*-Kollegin. Pointiert formuliert: *Illner unterbricht ihre Gäste, Christiansen wird von ihren Gästen unterbrochen.*

Zusammenfassend lässt sich festhalten, dass beide Sendungen – zumindest phasenweise – politische Hintergründe, Zusammenhänge und Prozesse der europäischen Politik informativ vermitteln konnten, so dass der politisch interessierte Zuschauer eine Reihe von Hintergrundinformationen erhielt. Einige EU-relevante Themen wurden zumindest angerissen. Das Thema „EU-Wahlen" wurde jedoch in beiden Sendungen kaum diskutiert – und das wenige Tage vor der Abstimmung.

In Bezug auf die Diskutanten lässt sich sagen, dass die Gruppe bei „Sabine Christiansen" durch die Teilnahme der vier EU-Wahlkämpfer homogener war und zugleich die parteipolitische Auseinandersetzung forcierte. Von Weizsäcker konnte zur historischen Rahmung der Sendung konstruktiv beitragen. Er vermittelte ein fundiertes Erfahrungswissen und musste nicht auf parteipolitische Interessen Rücksicht nehmen. Demgegenüber erwies sich vor allen Dingen Söder als „typischer" *CSU*-Wahlkämpfer, der nur wenig zum Thema „Europa" beitragen konnte.

Auch bei „Berlin Mitte" wurde Wahlkampf geführt: jedoch, bedingt durch die Gästekonstellation und die Moderation, in deutlich gemäßigterem Maße, auf einem relativ sachlichen Niveau und weniger konfrontativ. Zwar ohne EU-Spitzenkandidaten, waren doch mit Verheugen und Stoiber zwei Politikprofis zu Gast, die – der eine mehr, der andere weniger – europapolitische Kompetenz ausstrahlten. Auch die Beispiele der EU-Erweiterung aus Unternehmersicht durch Klingenberg bereicherten die Debatte im Gegensatz zu den Profiboxern. Dies führte schließlich jedoch zu vielen „Teildebatten" auf verschiedenen Ebenen. Eine stärkere Themeneingrenzung wäre wünschenswert gewesen, um vertiefende Informationen zu erhalten.

Beim Vergleich der eingeladenen Gäste fällt auf, dass die aktiven Europapolitik, Verheugen, Schulz und Brok, am ehesten fachkundige Informationen zur Europapolitik beisteuerten. Die vermutlich aus Proporzgründen eingeladenen *CSU*-Politiker konnten hingegen in beiden Sendungen genauso wenig prägnante Akzente oder relevante Informationen liefern wie die Kandidaten der *Grünen*, der *PDS* und der *FDP*, die in den untersuchten Debatten einen weniger sachkundigen Eindruck machten und stärker auf ihre Selbstdarstellung konzentriert waren als auf eine inhaltliche Diskussion.

Gegebenenfalls wäre das Gespräch bei „Christiansen" im konkreten Fall ergiebiger gewesen, wenn ausschließlich die Spitzenkandidaten, die sich um einen Sitz im EU-Parlament bewarben, eingeladen worden wären. Durch eine geringere Zahl an Gesprächsteilnehmern, die sich in einer vergleichbaren politischen Situation im Wahlkampf befanden und sich auf das Thema spezialisierten, wäre voraussichtlich eine stärker auf die Europapolitik ausgerichtete Debatte zu erwarten gewesen. Alternativ sollten aber auch Expertenrunden zusammengestellt werden, bei denen es weniger um parteipolitische Wettkämpfe geht als um die Vermittlung von fundierter Sachkenntnis.

Die Debatte bei „Berlin Mitte" lieferte hier bereits einen guten Ansatz, der jedoch durch die Beteiligung populärer, politisch nicht kompetenter Boxer konterkariert wurde. Zwar mägen hierdurch der Unterhaltungsfaktor (und auch die Reichweite) gesteigert werden können – gleichwohl wird der Charakter einer *politischen*, themenzentrierten Diskussionsrunde verwässert.

6 Fazit

Es ist abschließend darauf hinzuweisen, dass die kurze Beschreibung der beiden Sendungen nur sehr begrenzt gültige Aussagen über den allgemeinen Argumentations- und Informationsgehalt politischer Talkshows erlaubt. So variiert z.b. das Moderatorenverhalten immer auch in Abhängigkeit von der Qualität und Provenienz der Gäste, der eigenen Vorbereitung und den Themen der Sendungen.[14] Dennoch wurden in der exemplarischen Fallanalyse einige Charakteristika deutlich, die im Rahmen weitergehender diskursorientierter Studien über einen längeren Zeitraum systematisiert und ausdifferenziert werden müssten.

Deutlich wurde die Schwierigkeit, dass Thema „Europa" in einer politischen Diskussionsrunde in angemessener Form zu vermitteln. Die komplexen politischen und wirtschaftlichen Zusammenhänge der EU-Erweiterung sind im Rahmen einer TV-Gesprächssendung scheinbar kaum angemessen zu verdeutlichen, selbst wenn (oder: gerade wenn) nur einige Aspekte thematisiert werden. Folgende Regeln könnten jedoch dazu beitragen, die Politikvermittlungsleistung politischer Talkshows nicht nur, aber auch beim Thema „Europa" zu verbessern:

- Die Gäste sollten nicht nur den Nachrichtenwert „Prominenz", sondern vor allem das Qualitätskriterium „Kompetenz" erfüllen.
- Eine klare Strukturierung des Gesprächsverlaufes durch die Moderation ist von entscheidender Bedeutung, um das eigentliche Thema der Debatte nicht aus den Augen zu verlieren.
- Diskussionsteilnehmer sollten von der Gesprächsleitung unterbrochen werden, wenn sie vom eigentlichen Kern der Debatte abweichen.
- Die Moderation sollte darauf achten, eine gerechte Verteilung der Redeanteile vorzunehmen.
- Die Worterteilung sollte in der Regel auch mit einer konkreten Frage verknüpft werden.
- Die von Diskussionsteilnehmern geäußerten nichtsagenden Floskeln und polemischen Angriffe auf den politischen Gegner sollten von der Moderation in der Debatte kritisch reflektiert und problematisiert werden.
- Es sollten konkrete Verständnisfragen zu politischen Prozessen, Verfahren und Zusammenhängen gestellt werden, die durchaus anhand konkreter Beispiele diskutiert werden können.
- Nicht beantwortete Fragen sollten auch als solche aufgezeigt und thematisiert werden.

Diese „Richtlinien" könnten ggf. einen konstruktiven Beitrag dazu leisten, dass sowohl das argumentative Diskursniveau politischer Gesprächssendungen steigen würde als auch, dass das Thema „Europa" zumindest bei den Zuschauern politi-

---

14 Dies unterstreichen systematische Untersuchungen von politischen Gesprächssendungen über einen Zeitraum von mehreren Wochen (vgl. T. Schultz 2004).

scher Gesprächssendungen – im doppelten Sinne des Wortes – wieder oder besser ankäme.

7 Literatur

Brosda, Carsten/Schicha, Christian (Hrsg.) (2002): Politikvermittlung im Unterhaltungskontext. Formen politischer Rituale und Ihrer Grenzen. In: Brosda/Schicha (2002): 152-168.

Brosda, Carsten/Schicha, Christian (Hrsg.) (2002): Politikvermittlung in Unterhaltungskontexten. Medieninszenierungen zwischen Popularität und Populismus. Münster: Lit.

Burkhart, Roland (Hrsg.) (1983): Politiker-Diskussionen im Fernsehen. Berlin: Literas.

Christiansen, Sabine/Eser, Ruprecht (1999): „Wenn die Hände sprechen". Interview von Nikolaus von Festenberg und Paul Lersch mit Sabine Christiansen und Ruprecht Eser. In: Der Spiegel. 42. 147-154.

Dörner, Andreas (Hrsg.) (2001): Politainment. Politik in der medialen Erlebnisgesellschaft. Frankfurt a.M.: Suhrkamp.

Kurt, Ronald (1998): Der Kampf um die Inszenierungsdominanz. Gerhard Schröder im ARD-Politikmagazin ZAK und Helmut Kohl im Boulevard Bio. In: Willems/Jurga (1998): 565-582.

Meyer, Thomas/Ontrup, Rüdiger/Schicha, Christian (Hrsg.) (2000): Die Inszenierung des Politischen. Zur Theatralität medialer Diskurse. Wiesbaden: Westdeutscher Verlag.

Meyer, Thomas/Schicha, Christian/Brosda, Carsten (Hrsg.) (2001): Diskurs-Inszenierungen. Zur Struktur politischer Vermittlungsprozesse am Beispiel der Debatte zur ökologischen Steuerreform. Wiesbaden: Westdeutscher Verlag.

Nieland, Jörg-Uwe/Tenscher, Jens (2002): Talkshowisierung des Wahlkampfes? Eine Analyse von Politikerauftritten im Fernsehen. In: Sarcinelli/Schatz (2002): 319-394.

o.V. (2003a): Sabine Christiansens Gesprächsführung [www.rhetorik.ch/Aktuell/Aktuell/_Mai_10_2002.html (letzter Abruf 17.5.2003)].

o.V. (2003b): Sabines Welt. In: Managermagazin. 11. 41-52.

Petter-Zimmer, Yvonne (Hrsg.) (1990): Politische Fernsehdiskussionen und ihre Adressaten. Tübingen: Gunter Narr.

Rossum, Walter van (Hrsg.) (2004): Meine Sonntage mit „Sabine Christiansen". Wie das Palaver uns regiert. Köln: Kiepenheuer & Witsch.

Roth, Jürgen/Bittermann, Klaus (Hrsg.) (2000): Das große Rhabarbern. 42 Fallstudien über die Talkshow. München: dtv.

Sarcinelli, Ulrich/Schatz, Heribert (Hrsg.) (2002): Mediendemokratie im Medienland. Inszenierungen und Themensetzungsstrategien im Spannungsfeld von Medien und Parteieliten am Beispiel der nordrhein-westfälischen Landtagswahl 2000. Opladen: Leske + Budrich.

Schaffar, Birgit (Hrsg.) (2002): „Aktuelle Themen, interessante Gäste, kontroverse Diskussionen"? Eine tiefenhermeneutische Inhaltsanalyse der Talkshow „Sabine Christiansen". Marburg: Tectum.

Schicha, Christian (1999): Politik auf der „Medienbühne". Zur Rhetorik politischer Informationsprogramme. In: Schicha/Ontrup (1999): 138-167.

Schicha, Christian (2000): Die Visualisierung des Politischen. Zur Relevanz der Bilder in der Politikvermittlung. In: Psychosozial. 4. 99-112.

Schicha, Christian (2001): Medienethische Kriterien der politischen Berichterstattung. Aspekte einer angemessenen Politikvermittlung im Spannungsfeld zwischen Theorie und Praxis. In: Medienimpulse. 4. 15-22.

Schicha, Christian (2002): Die Inszenierung politischer Diskurse. Beobachtungen zu Politikerauftritten in Fernsehtalkshows. In: Tenscher/Schicha (2002): 213-232.

Schicha, Christian (Hrsg.) (2003): Die Theatralität der politischen Kommunikation. Medieninszenierungen am Beispiel des Bundestagswahlkampfes 2002. Münster: Lit.

Schicha, Christian/Brosda, Carsten (Hrsg.) (2002): Politikvermittlung in Unterhaltungsformaten. Medieninszenierungen zwischen Popularität und Populismus. Münster: Lit.

Schicha, Christian/Ontrup, Rüdiger (Hrsg.) (1999): Medieninszenierungen im Wandel. Interdisziplinäre Zugänge. Münster: Lit.

Schultz, Tanjev (2004): Die Moderation politischer Gesprächsrunden im Fernsehen. Eine Inhaltsanalyse von „Sabine Christiansen", „Berlin Mitte", „Presseclub" und 19zehn". In: Publizistik. 49. 3. 292-318.

Stuck, Silke (2000): Hellwach und unerschrocken. Maybrit Illner mitten auf Berlins Polit-Punkt. In: Vivian. 42/2000. 93.

Tenscher, Jens (1999): „Sabine Christiansen" und „Talk im Turm". Eine Fallanalyse politischer Fernsehtalkshows. In: Publizistik. 44. 3. 317-333.

Tenscher, Jens (2002): Talkshowisierung als Element der modernen Politikvermittlung. In: Tenscher/Schicha (2002): 55-71.

Tenscher, Jens/Schicha, Christian (Hrsg.) (2002): Talk auf allen Kanälen Angebote, Akteure und Nutzer von Fernsehgesprächssendungen. Wiesbaden: Westdeutscher Verlag.

Völkel, Michael (2003): Das Lexikon der TV-Moderatoren. Anekdoten, Fakten und Sprüche aus 50 Jahren TV-Geschichte. Berlin: Schwarzkopf und Schwarzkopf.

Weinrich, Lotte (1992): Verbale und nonverbale Strategien in Fernsehgesprächen. Tübingen: Gunter Narr.

Westphalen, Joseph von (2000): Ein Abgrund namens Langeweile. Sabine Christiansen. In: Roth/Bittermann (2000): 44-46.

Willems, Herbert/Jurga, Martin (Hrsg.) (1998): Inszenierungsgesellschaft. Ein einführendes Handbuch. Opladen/Wiesbaden: Westdeutscher Verlag.

Europawahlkampf im Internet

Christoph Bieber

1 Ein europäisches Jahr

Das Jahr 2004 zeigt sich im Rückblick als ein wahrhaft europäisches, innerhalb dessen die Wahl zum Europaparlament mit mehreren anderen europäischen Groß-ereignissen um Aufmerksamkeit konkurrieren musste.[1] Während der Prozess der EU-Erweiterung (vgl. http://europa.eu.int/comm/enlargement) schon im Frühjahr das Interesse einer breiten Öffentlichkeit auf das Thema „Europa" lenkte, folgten ab dem Beitrittsdatum 1. Mai in schneller Folge weitere Verstärkungen. So fand am 15. Mai mit dem „Eurovision Song Contest" (vgl. www.eurovision.tv) das nächste Medienereignis auf europäischer Ebene statt – im Jahr der Diskussionen um die Aufnahme von Beitrittsverhandlungen mit der Türkei fand das als Ge-sangswettstreit getarnte kulturelle Kräftemessen passenderweise in Istanbul statt. Die vielleicht „europäischste" Phase des Jahres begann jedoch am 12. Juni mit der Eröffnung der Fußball-Europameisterschaft in Portugal – die Öffnungszeiten der Wahllokale zum europaweiten Urnengang vom 10. bis 13. Juni sorgten dabei für eine Überschneidung der Ereignisse, die bisweilen in direkte Konkurrenz um Sen-dezeit und Sichtbarkeit mündete: So erlebten die Zuschauer des *ZDF* den Augen-blick der ersten Hochrechnungen nach Schließung der Wahllokale in Deutschland nur in einem briefmarkengroßen Ausschnitt im rechten oberen Bildschirmeck – auf dem Rest des Fernsehschirms stritten die Nationalteams aus der Schweiz und Kroatien um das silbergraue Spielgerät (vgl. den Beitrag von J. Tenscher in diesem Band).[2]

Die Liste solcher „Europathemen" ließe sich auch über den Wahltermin hin-aus verlängern: So markierten die offizielle Verkündung der bevorstehenden Auf-nahme von Beitrittsverhandlungen mit der Türkei im Oktober oder das Kräftemes-sen zwischen der neuformierten EU-Kommission unter José Manuel Barroso und dem frisch gewählten Europaparlament in Straßburg zwei weitere Höhepunkte des

---

1 Der Text ist die ergänzte, überarbeitete Schriftfassung eines englischsprachigen Vortrags zum Symposium „Campaigning for Europe" vom 1.-3. Oktober 2004 an der Universität Landau.

2 Im Nachhinein fällt die stiefmütterliche Behandlung der Europawahl in den deutschsprachigen Massenmedien besonders auf – die Berichterstattung zu den US-amerikanischen Präsidentschafts-wahlen wurde mit wesentlich mehr Aufwand und Sendezeit bestritten. Die Fülle von Sondersen-dungen, Hintergrundberichten und Live-Schaltungen rund um den Wahltermin am 2. November dürfte von der Berichterstattung zur Europawahl bei Weitem nicht erreicht worden sein. Hierzu feh-len bislang vergleichende Einschätzungen oder auch eine systematische Gegenüberstellung der we-sentlichen Wahlfakten – schon eine flüchtige Betrachtung von Beschreibungsgrößen wie der Zahl der Wahlberechtigten, der Dauer der Stimmenauszählung oder deren Umwandlung in Wählerstim-men dürfte interessante Aspekte für einen Vergleich dieser beiden „Großwahlen" liefern.

europäischen Jahres 2004. Demnach setzte eine ganze Reihe von Ereignissen den Rahmen für einen komplexen „Wahlkampf um Europa", der sich selbstverständlich auch in die digitale, interaktive Medienumwelt des Internet ausgeweitet hat. Die kurze Erinnerung an einige zentrale europäische Ereignisse erscheint deshalb notwendig, weil sie durchaus strukturierend für die Organisation der Wahlkampagnen wirken konnten und in Teilen auch in das planerische Kalkül der vielen *Campaigner* integriert wurden.

Der nachfolgende Beitrag soll exemplarische Erscheinungsformen des Online-Wahlkampfs im Vorfeld der Europawahl vorstellen und in einen Bezug zu den bisherigen Online-Wahlkämpfen in Deutschland setzen. Dabei wird (1) zunächst ein Schwerpunkt auf die Bestimmung einzelner Kampagnenphasen gelegt und (2) die wesentlichen Akteure der digitalen Kampagne vorgestellt. Dabei erfolgt im Rahmen einer beispielorientierten Übersicht zugleich die Betrachtung und Diskussion ausgewählter Kampagnenformate (3). Abschließend sollen die Elemente des deutschen Online-Wahlkampfs zum Europaparlament entlang der Bereiche ‚Information', ‚Kommunikation' und ‚Partizipation' systematisiert werden (4).

2 Phasen der Online-Kampagne

Der Online-Wahlkampf zur Europawahl unterhalb der .de-Domain folgte im Wesentlichen einer im Rahmen bereits abgeschlossener Internet-Kampagnen „erlernten" Dramaturgie – seit dem Bundestagswahlkampf 1998 gehört das Internet zum festen Bestandteil moderner Wahlkampfführung und hat spezifische Modi politischer Kommunikation entwickelt (vgl. C. Bieber 1999, 2002). Diese nationale Kontextualisierung des Online-Wahlkampfs ist vor allem deshalb von Bedeutung, weil sich inzwischen ein einigermaßen konsistentes „Öffentlichkeitsgefüge" im Internet ausgebildet hat, das die wesentlichen Akteure des Online-Campaigning umfasst und integriert. Das so entstandene Gerüst wichtiger Mediendienstleister und politischer Arenen erzeugt dabei eine lebhafte digitale Medienumgebung, die das Führen einer Online-Kampagne für die Wahlkämpfer zur rationalen und effizienten Option werden lässt. Eine zusätzliche Erleichterung stellte das für Kampagnentreibende günstige Investitionsklima im Multimedia-Sektor dar – als Folgeerscheinung des weitreichenden Rückbaus der „New Economy" war eine Vielzahl von IT-Fachkräften verfügbar und Aufträge für aufwändige Online-Präsentationen konnten zu vergleichsweise moderaten Konditionen vergeben werden.

Die zeitliche Gliederung des Online-Wahlkampfs zur Europawahl wurde beinahe vollständig von den äußeren Rahmendaten des „europäischen Jahres" vorgegeben. Gekennzeichnet werden können im Wesentlichen drei Phasen mit unterschiedlicher Kampagnen-Aktivität: die Erweiterungsphase, die Vorwahlphase und die Nachwahlphase. Auch hier handelt es sich leicht vergröbert um eine übliche Schematisierung von Online-Kampagnen mit dem Wahltermin als Dreh- und Angelpunkt. In Abhängigkeit von Besonderheiten eines jeweiligen politischen Systems oder der je angewandten Wahlsystematik geben herausragende Wahlkampf-

ereignisse (etwa die Kandidatenauswahl, Nominierungsparteitage oder Fernsehduelle) Impulse für Einteilung und „Rhythmisierung" der Online-Kampagne.
Im Falle der Europawahl war die zeitlich nicht allzu weit vorgelagerte EU-Erweiterung zum 1. Mai 2004 ein derartiges Ereignis mit vorstrukturierender Wirkung für den weiteren Verlauf der Online-Kommunikation zur Wahl. Dabei dominierten nicht in erster Linie die eigentlichen Akteure der späteren Wahlkampfkommunikation die Netzöffentlichkeit, sondern bereiteten die großen Medienanbieter und Portalservices (für Deutschland insbesondere Medienanbieter wie *spiegel.de*, *zeit.de*, *faz.net*, Onlinedienste wie *freenet.de* und *t-online.de* oder das Fachmagazin *europa-digital.de*) mit umfangreichen Informationssammlungen über die neuen Mitgliedstaaten ein adäquates Umfeld für die nachfolgende Online-Kampagne. Ebenfalls starke Aktivitäten konnten auf den Erweiterungsseiten der Europäischen Union sowie anderer „offizieller" politischer Akteure (z.B. *bundestag.de*, *bundesregierung.de*) beobachtet werden, die mit eigenständigen Materialien den Erweiterungsprozess begleiteten (vgl. den Beitrag von H.-H. Langguth/K. Löffler in diesem Band). Neben den Basisinformationen zu den Beitrittsländern (geografische, wirtschaftliche, soziale und politische Eckdaten) wurde darüber hinaus dem zukünftigen Repräsentationsschlüssel innerhalb der erweiterten Europäischen Union größere Aufmerksamkeit beigemessen. Insbesondere als eine Art „Früh-Information" zum nicht gerade unterkomplexen Wahlverfahren auf EU-Ebene waren dies erste substanzielle Beiträge zu einer „europäischen politischen Bildung".

Die eigentliche Vorwahlphase ist grob auf den Zeitraum von Mitte Mai bis unmittelbar vor Beginn des europaweiten Wahlzeitraums am 10. Juni anzusetzen. Auffällig war dabei eine gewisse „Re-Nationalisierung" der Online-Kampagnen – Themen nationaler Politik dominierten über weite Strecken die Wahlkampfbemühungen der einzelnen Akteure, was sich auch in der formalen Organisation der Kampagnen durch nationale Agenturen ausdrückte (vgl. A. Hoppe 2004).[3] Neben der Behandlung nationaler Politikthemen stellte die vertiefte Behandlung wahlsystematischer und wahlpraktischer Fragen einen Schwerpunkt der Vorwahlphase dar. Im Mittelpunkt des Interesses standen nun auch die konkreten Rahmenbedingungen zur Stimmabgabe sowie allgemein der Stellenwert des Europäischen Parlaments im Institutionengefüge der EU. Als Hauptplattformen des Online-Wahlkampfs avancierten in dieser Phase typischerweise die virtuellen Parteizentralen sowie eigens zur Europawahl eingerichtete Spezialangebote (vgl. dazu Kapitel

---

3   Die solchermaßen „nationale" Organisation der Kampagnen führte daher beinahe zwangsläufig zu Online-Kampagnen, die stark innerhalb nationaler Öffentlichkeiten verankert waren, obwohl die technologische Notwendigkeit dazu nicht bestand. Mit Ausnahme der Grünen wurde kein grenzüberschreitendes „European Corporate Design" für die Gestaltung von Wahlkampf-Websites, grafischen Kampagnenelementen oder gar Slogans gewählt. Insofern kann kaum von einem genuin „europäischen Wahlkampf" gesprochen werden, sondern eher von einer Vielzahl zeitgleich statt findender national gerahmter Online-Kampagnen zur Europawahl. Dieser Beobachtung liegt zwar keine systematische Untersuchung der Kampagnentätigkeiten in anderen europäischen Ländern zugrunde, doch die Sichtung einschlägiger Presseberichte sowie insbesondere die Beiträge im Rahmen des internationalen Landauer Symposiums „Campaigning for Europe" vom Oktober 2004 stützen diesen Eindruck.

3.2). Auffällig ist dabei die relativ geringe Gewichtung der Informationen zu den Kandidaten für das Europaparlament. Sogar auf den eigenen Parteiseiten spielte die Vorstellung des politischen Personals eine eher untergeordnete Rolle, was in Teilen zur Entstehung selbstständiger „Kampagnen in eigener Sache" in Form so genannter „Weblogs" führte (vgl. dazu Kapitel 3.5).

Die für bisherige Online-Wahlkämpfe typische Nachwahlphase fand auf den nationalen Kampagnenseiten – zumindest in Deutschland – nur in äußerst schwachem Ausmaß statt, die virtuellen Parteizentralen gingen nahezu umgehend zur Tagesordnung und der nationalen Agenda über, nur in vereinzelten Fällen wurden die Europaseiten archiviert oder als Basisausstattung für eine eigene Rubrik auf den Parteiseiten verwendet (wie etwa unter *fdp-europawahl.de* oder im Bereich „Europäische Liste" von *pds-online.de*). Auch das eigens für die Europawahl errichtete Angebot *europakampa.de* der *SPD* wurde kurz nach der Wahl geschlossen und zeigt seitdem eine unspezifische Fehlermeldung. Dieser wenig pflegliche Umgang mit den Inhalten zur Europawahl und die nur gelegentlich saubere Aufbereitung der Wahlergebnisse unterstützten den Eindruck der Europawahl als „Second-Order Election" von vergleichsweise geringerer Bedeutung. Die sorgfältigste Begleitung der Wahlen nach dem Wahltermin erfolgte dagegen auf den offiziellen Seiten der Europäischen Union, das Wahlportal unter *www.elections2004.eu.int* hält die relevanten Daten zu Wahlbeteiligung und -ausgang sowie zur Zusammensetzung des Parlaments vor.

Ein „Neben-" oder „Folgethema" der Wahl hat sich dagegen zu einer Art Dauerbrenner auch in der „digitalen politischen Öffentlichkeit" entwickelt – die Bildung der neuen EU-Kommission unter José Manuel Barroso wurde auch nach der Wahl im Juni 2004 begleitet und vor allem in den digitalen Fachmagazinen breit diskutiert (vgl. Abschnitt 3.3). Der kontroverse Nominierungs-, Rekrutierungs- und Selektionsprozess eines neuen Führungsgremiums auf EU-Ebene ist eine Art „Ausläufer" der Wahlberichterstattung und damit als beachtenswerte Randerscheinung in einer knappen Rückschau zur Europawahl im Internet zu notieren.

3   Akteure und Formate im Online-Wahlkampf

Wie bereits zuvor angedeutet, war auch im Online-Wahlkampf zur Europawahl die „übliche" Arbeitsteilung zwischen offiziellen Kampagnenakteuren wie Parteien und einzelnen Politikern einerseits und begleitenden Medienanbietern andererseits zu beobachten. Eine etwas präzisere Systematisierung der Beteiligten soll zugleich einen Überblick über die wesentlichen Formate des Online-Wahlkampfs geben. Dabei zeigt sich, dass sich neben den bereits etablierten Formen der digitalen Informationsaufbereitung auch einige Innovationen behaupten konnten – allerdings kaum auf Seiten der großen „Player", sondern vielmehr durch Bürgerinitiativen, unabhängige Medienanbieter, Institutionen der politischen Bildung oder wenig bekannter Europa-Politiker.

3.1 Angebote auf EU-Ebene

Ähnlich wie bei nationalen Wahlen stellten auch bei der Europawahl die „offiziellen" Wahl-Organisatoren gewissermaßen den formalen Informationsrahmen bereit – liefert für die Bundestagswahl das Angebot *bundeswahlleiter.de* essenzielle Materialien zu Bestimmungen und Durchführung der Wahl, so waren derartige Informationen diesmal über die mehrsprachigen Spezialseiten der Europäischen Union verfügbar. Während die formalen Bestimmungen zur Wahl unter *elections2004. eu.int* einsehbar waren, ergänzten Angebote wie das „Eurobarometer" (*europa.eu .int/public/comm*) mit aktuellen Umfragedaten oder das „European Youth Portal" (*europa.eu.int./youth*) mit auf die Bedürfnisse von jugendlichen zugeschnittenen Informationen das Portfolio. Auch auf Ebene der Mitgliedstaaten widmeten sich die jeweiligen Gliederungen ihrem Informations- und Bildungsauftrag. So unterhielt etwa die deutsche Vertretung der EU-Kommission die Informationskampagne „Europa – eine gute Wahl" (vgl. den Beitrag von H.-H. Langguth/K. Löffler in diesem Band). Diese Angebote waren ausnahmslos im statischen „top-down"-Modus konstruiert, versammelten also eine Vielfalt feststehender Informationen zum Wählen in Europa, die nur gelegentlich aktualisiert wurden. Generell wurde damit einer grundsätzlichen Informationspflicht entsprochen, ein öffentlichkeitswirksamer Austausch mit den EU-Bürgern kam auf diese Weise nur in Ausnahmefällen zustande. Gelegentlich dienten die Online-Angebote der Ergänzung und Begleitung von Offline-Kampagnen (wie etwa der „Europa-Bus-Tour" von EU-Kommission, Europaparlament und der Bundesregierung), verblieben auch dabei jedoch in der Regel auf der Ebene der unidirektionalen Berichterstattung.

3.2 Angebote der politischen Parteien

Die politischen Parteien als wesentliche Träger der Wahlkampfaktivitäten investierten in die Gestaltung der Online-Kampagnen zum Europawahlkampf deutlich geringere Mittel als etwa während Bundestags- oder auch Landtagswahlen (vgl. A. Hoppe 2004; K. Kaul 2004; A. Mohl 2004 sowie die zahlreichen Überblicksbeiträge auf *politik-digital.de* und *europa-digital.de*). Die *SPD* versammelte die Kampagnenmaterialien unter der eigenständigen Domain *europakampa.de* und versuchte damit, an die zuletzt erfolgreiche Organisation und Vermarktung der Wahlkämpfe von 1998 und 2002 anzuknüpfen. Die Website *europakampa.de* diente als eine Art Themenportal mit Einstiegsmöglichkeiten sowohl zu programmatischen Texten und Positionen zu wesentlichen Themenfeldern der Europawahl wie auch als Navigationshilfe zum Auffinden von Informationen über die jeweiligen Kandidaten.

Ein ähnliches Modell wählten die Liberalen. Unter *fpd-europawahl.de* war ebenfalls eine Zweiteilung des Informationszugangs vorzufinden, neben dem Wahlprogramm standen auch hier die Kandidaten im Vordergrund. Dieses Muster findet sich auch bei *CDU* und *PDS* wieder, die den Informationsbereich jedoch direkt auf der eigenen Partei-Homepage ansiedelten und auf eine eigenständige

Plattform verzichteten. Ergänzt wurden Themen- und Personeninformationen in der Regel durch Hinweise zu aktuellen Veranstaltungen oder wichtigen Presse- und Fernsehauftritten des europäischen Führungspersonals.

Für die Abweichung von der Regel sorgten dagegen *Bündnis90/Die Grünen*, deren europaweit koordinierte Kampagne über die Online-Plattform *eurogreens. com* begleitet wurde. Im Zuge der wahltaktisch motivierten und im Frühjahr 2004 gut platzierten Gründung einer „echten" europäischen Parteiorganisation in Abgrenzung zu den losen Zusammenschlüssen der anderen europäischen „Parteiverbünde" korrespondierten hierbei Form und Inhalt der Online-Kampagne mit dem mehr als symbolischen Zusammenschluss der nationalen Parteiorganisationen. Nicht nur wurde die gesamte Kampagne europaweit organisiert, sondern es fand auch eine Harmonisierung des Kampagnen-Designs bis hin zu einem multilingual tauglichen Slogan („Du entscheidest", „You decide", „Tú decides" usf.) statt. Aus diesen Gründen unterschied sich die Kampagnen-Website der deutschen Abteilung der „Eurogreens" deutlich von den Angeboten ihrer nationalen Konkurrenten. Dabei wurden jedoch auch einige praktische Nachteile der konzeptionell schlüssigen Integration der Kampagne deutlich. Insbesondere wurden den Informationssuchenden größere Rechercheleistungen abgefordert, bis die gewünschten Daten vorlagen. Galt es zunächst, ein hartnäckiges Sprachwahl-Menü zu überwinden, mussten danach die national wählbaren Kandidaten herausgesucht werden. Prominent platziert wurde dagegen das „Green Dream Team" mit den europäischen Spitzenkandidaten um deren Sprecher Daniel Cohn-Bendit und Monica Frassoni. Geradezu musterhaft zeigten sich hier im Navigationsdetail die Schwierigkeiten einer genuin europäischen Wahlkampfführung. So sinnvoll die Zusammenführung der Kampagnenressourcen aus konzeptionellen und symbolischen Gründen auch sein mag, so schwierig ist die Informationsrecherche für potenzielle Wähler in einem über die Einzelstaaten zersplitterten Wahlverfahren. Holzschnittartig könnte hier zwischen einem ideellen, europäisch aufgeladenen Modell der *Grünen* und dem eher nüchtern-pragmatischen Herangehen der übrigen Parteien unterschieden werden. Auch ohne eine sorgfältige Nutzeranalyse[4] der Kampagnenangebote kann davon ausgegangen werden, dass die Methode der *Grünen* eine „europa-identifizierende" Wirkung innerhalb der Parteistrukturen haben wird, die vergleichsweise bürokratische Abwicklung der Kampagnenbegleitung der übrigen Parteien intern dagegen nicht zu einer Stärkung des europäischen Gedankens und erst recht nicht der Stellung der Europaabgeordneten führen wird.

Besonders in Relation zu den „regulären" Online-Wahlkämpfen auf nationaler Ebene bleibt festzuhalten, dass die Anstrengungen zur Digitalisierung des Europawahlkampfs seitens der Parteiorganisationen „mit angezogener Handbremse" vollzogen wurden. Über ein Minimalangebot zu wichtigen Themen und (Haupt-) Personen des Wahlkampfs reichten die Web-Angebote kaum hinaus, insbesondere

---

4   Im Falle von Online-Kampagnen sind derartige „Effizienz-Messungen" naturgemäß schwer durchzuführen. Der Umgang der Parteien mit den Inhalten zur Europawahl lässt abermals darauf schließen, dass die Kampagne des Frühjahrs 2004 lediglich einen Durch- oder Übergangscharakter hatte und nicht in besonderer Weise auf zukünftige Online-Wahlkämpfe – zumindest innerhalb der formal zuständigen Parteiapparate – einwirken wird.

die Behandlung der Mehrzahl der Kandidaten durch den offiziellen Marketingapparat muss als sehr zurückhaltend eingestuft werden.

3.3 Medieninformationen zur Europawahl

Die Bereitstellung von wahlbegleitenden Informationen zieht sich als roter Faden durch die Geschichte von Online-Wahlkämpfen (vgl. C. Bieber 1999) und macht auch im Europawahlkampf 2004 keine Ausnahme. Dabei nutzten alle etablierten Medienanbieter die günstige Dramaturgie des „europäischen Jahres" und stellten sukzessive Informationen zu EU-Erweiterung, neuen Mitgliedsstaaten, Wahlsystematik und -verfahren, parteipolitischen Standpunkten und schließlich den (Spitzen-)Kandidaten zur Verfügung.[5] Die Aufbereitung des Informationsmaterials zur Europawahl durch die etablierten Medienanbieter kam dabei einer Leistungsschau des Multimedia-Design gleich – grafisch avancierte Präsentationsformate mit übersichtlich gestalteten Infografiken, Animationsfilmen oder interaktiven Karten stellten eher die Regel als die Ausnahme dar und illustrierten den allgemeinen Trend zur Visualisierung komplexer Zusammenhänge auch im politischen Bereich.[6] Die meist sehr umfangreich und aktuell gehaltenen Materialien wirkten dabei in zwei unterschiedliche Richtungen – für interessierte Bürger boten sie eine Fülle grundlegender Informationen zur bevorstehenden Wahlentscheidung, für die wahlkampftreibenden Akteure stellten sie eine Konkurrenzsituation zu den eigenen Online-Angeboten zur Europawahl dar. Seit der Etablierung des Internets als zusätzliche Wahlkampf-Arena hat dieser Aspekt eine gewisse Eigendynamik entwickelt. So ist für politische Akteure mit dem Internet ein neuer Kommunikationskanal entstanden, der genutzt werden kann, um Verdichtungs- und Filterungsmechanismen des Mediensystems zu umgehen, und es ihnen erlaubt, als eigenständige Medienanbieter aufzutreten. Etablierte Mediendienstleister reagieren auf diese neue Form des Wettbewerbs um Informations- und Deutungshoheit vermehrt durch eine Quantitäts- und Qualitätssteigerung der (politischen) Berichterstattung im Internet und suchen dabei häufig auch die Kooperation mit politischen Akteuren.[7] Diese Entwicklung eines gleichzeitigen Konkurrenz- und Kooperationsverhaltens wird zukünftig näher zu untersuchen sein.

Hinsichtlich der medialen Begleitung des Europawahlkampfs im Internet muss auch der Blick auf einige „neue Akteure" der Berichterstattung gelenkt werden. Dabei erscheint insbesondere der Standort Brüssel als Schauplatz für einen

---

5   Eine detailliertere Auseinandersetzung mit einzelnen Angeboten kann an dieser Stelle nicht ausführlicher erfolgen, stattdessen soll lediglich die Funktion der „digitalen Medienumwelt" für die genuin politischen Kampagnenaktivitäten oder das für Online-Wahlkämpfe typische Aufbrechen der etablierten Informationslandschaft durch neue Akteure behandelt werden.

6   Vgl. dazu die Arbeiten im Rahmen des Gießener BiPolAr-Projekts, das sich mit der „Bildebene" von Politik auseinander setzt, dazu ein digitales Archiv konzipiert und entwickelt hat. Weiterführende Informationen finden sich unter *www.bipolar.uni-giessen.de.*

7   Im Umfeld von Wahlkämpfen häufen sich beispielsweise die Online-Interviews, z.B. in Form von Chat-Veranstaltungen oder „öffentlichen Wahlkampftagebüchern" von Politikern, die exklusiv auf den Websites von Medienakteuren publiziert werden.

„EU-orientierten Fachjournalismus" als ein interessantes Beobachtungsfeld. Für den deutschsprachigen Raum einschlägig ist dabei das Angebot von *europa-digital.de*, einem non-profit-Mediendienstleister, der sich seit mehreren Jahren mit den Belangen europäischer Politik auseinander setzt.[8] Hervorgegangen aus dem Online-Angebot von *politik-digital.de* (vgl. dazu Kapitel 3.4) entwickelt und betreut eine kleine Gruppe von Redaktionsmitgliedern unentgeltlich das vielschichtige Informationsangebot der Website. Als *single-issue*-Magazin widmet sich *europa-digital.de* sowohl den inhaltlichen Aspekten der europäischen Politikgestaltung als auch den Besonderheiten des Lebens und Arbeitens in Brüssel. Der journalistische Blickwinkel auf „Europa" erfolgt dabei aus der Perspektive eines „informierten underdog", der eine Vielzahl seiner Autoren aus dem hochaktiven europäischen Praktikumswesen bezieht. Die meisten Beiträge stammen von Studierenden, Nachwuchsjournalisten oder -wissenschaftlern und werden in der Regel nicht honoriert. Die Kosten für die redaktionelle Grundausstattung und den Betrieb der Website werden durch die Übernahme meist Internet-bezogener Dienstleistungen erwirtschaftet, zu einem geringen Teil sorgen Werbeeinnahmen aus der „Vermietung" der Website oder des an ca. 3.600 Abonnenten versendeten wöchentlichen Newsletters für den minimalen finanziellen Grundstock.

europa-digital.de konkurriert trotz dieser infrastrukturellen Nachteile mit den Großen der Medienbranche und hat sich dabei allen Umständen zum Trotz als wichtiges Element einer noch sehr jungen „europäischen Fachöffentlichkeit" in Brüssel etablieren können. Besonders beachtenswert erscheint dabei die Haltung, als „Vermittler" europäische Themen, Verfahren und Routinen in interessierte Bereiche einer „einheimischen" Öffentlichkeit hinein zu transportieren. Als eine Art „Journalismus von unten" hat sich *europa-digital.de* in den vergangenen Jahren eine hohe fachliche Kompetenz angeeignet und unterstützt inzwischen auch häufiger offizielle politische Akteure in Brüssel bei der Kontaktaufnahme mit ihrer bürgerschaftlichen Klientel in den Heimatwahlkreisen durch Chat-Veranstaltungen.[9] Auf organisationeller Ebene hat das Online-Angebot *europa-digital.de* eine interessante Offline-Ergänzung erhalten: Im Juni 2004 gründete sich in Köln der Verein *Europa einfach e.V.*, der sich als „Makler in der Europakommunikation" versteht und sich um die „Förderung von Bildung und Erziehung zum Themenkomplex Europa, die Europäische Union und ihre Verbindung zu ihren Bür-

---

8 Das Angebot von *euractiv.com* übernimmt eine ähnlich gelagerte Rolle als monothematisches Nachrichtenportal zu Fragen der Europäischen Union und deutet zumindest an, dass hier eine Nische für journalistische Spezialprodukte entstanden ist. Bezüglich ihrer formalen Organisation unterscheiden sich *euractiv.com* als klassisch kommerzieller Akteur und *europa-digital.de* als Non-Profit-Dienstleister enorm. Während *euractiv.com* als Beispiel für einen traditionellen Konkurrenten auf einem sich neu ordnenden Marktsegment gelten kann, stellt *europa-digital.de* mit der Genese eines neuen Medienakteurs den weitaus spannenderen Untersuchungsgegenstand dar.

9 Vor allem dieses Modell verbindet *europa-digital.de* auch nach der formalen Trennung noch immer mit der „Mutterseite" *politik-digital.de*. Die etablierte Plattform für den Diskurs um die Nutzung neuer Medien in der Politik hat mit der regelmäßigen Durchführung und sorgfältigen redaktionellen Begleitung das Format des „Politiker-Chat" in Deutschland salonfähig gemacht. Diese „virtuellen Bürgersprechstunden" gehören inzwischen zur Standardausstattung von Online-Wahlkämpfen, zumindest bei deutschen Landtags- oder Bundestagswahlen.

gern"[10] kümmert. Hier zeigt sich ein besonderes Potenzial der Internetnutzung – der journalistische Einsatz der neuen Kommunikationsumgebung mündet als „klassisches" bürgerschaftliches Engagement in der Formierung eines neuen, vereinsrechtlich verfassten Akteurs, der sich einem politischen Bildungsauftrag verpflichtet fühlt und das Angebotsspektrum im Bereich des „Europajournalismus" um eine neue Facette bereichert.

3.4 Politische Bildungsangebote zur Europawahl

Ein drittes Standardsegment machen in deutschsprachigen Online-Wahlkämpfen neben Partei- und Medienangeboten die vielfältigen Leistungen der staatlich verfassten Institutionen zur politischen Bildung aus. Auch im Europawahlkampf kommt diese Besonderheit einer Pädagogik-orientierten politischen Informations- und Kommunikationskultur in Deutschland zum Tragen. Zahlreiche Materialien und Lehrprogramme aus dem Repertoire der Bundeszentrale für politische Bildung, aber auch deren föderale Gegenstücke auf Länderebene, widmeten sich im Jahr 2004 den Themen „EU-Erweiterung" und „Europawahl". „Zugpferd" zur Europawahl war dabei die Plattform *europathemen.de* als bürgerorientiertes Diskussionsformat zu ausgewählten inhaltlichen Gegenstandsbereichen der Europawahl. Organisiert wurde das Angebot unter Federführung der Bundeszentrale für politische Bildung durch mehrere Beteiligte – Konzeption und Projektentwicklung leistete das *Zentrum für Medien und Interaktivität* der Universität Gießen, als Medienpartner fungierten *ARTE Multimedia* und *netzeitung.de*.[11]

Die Zusammenarbeit bezog sich dabei nicht nur auf die Erlangung einer breiten Medienpräsenz, sondern auch auf die inhaltliche Ebene. So wurden ausgewählte Beiträge von Experten aus Politik, Wirtschaft oder Wissenschaft auf den Partner-Websites präsentiert und dort mit anderen Inhalten verknüpft oder im Gegenzug bereits vorliegendes Bildmaterial und Infografiken gemeinsam genutzt. Durchgeführt wurden dabei auch mehrere Chat-Veranstaltungen wie beispielsweise mit Wolfgang Schäuble zum Thema ‚Integration' oder mit Herta Däubler-Gmelin zum Thema ‚Landwirtschaft und Verbraucherschutz'.

---

10 Vgl. dazu die Satzung des Vereins unter *www.europa-einfach.de/inside/satzung.shtml*.
11 Das Konzept führte die Idee der bürgerorientierten Diskussionsplattform fort, die erstmals in einer ähnlichen Konstellation zur Bundestagswahl 2002 eingesetzt wurde. Unter der Adresse *wahlthemen.de* hatten damals ein ähnliches Betreiberkollektiv ein journalistisch hochwertiges Angebot entwickelt, das mittels Diskussionsforen und Online-Chats systematisch einen kommunikativen Kontakt zwischen Bürgerschaft und Politik herstellen sollte. Auch für die US-Präsidentschaftswahl wurde ein ähnliches Format angeboten (*Die USA wählen*), hier jedoch nicht als eigenständige Website, sondern lediglich als redaktionelle Ergänzung und Erweiterung des Online-Angebots der Bundeszentrale für politische Bildung (www.bpb.de). Wiederum wurde ein deutsch-französisches Betreibermodell gewählt, was auf eine gewisse Festigung dieser Struktur als „digitale Nischenöffentlichkeit" schließen lässt. Modifzierte Neuauflagen zeigten sich bereits bei der vorgezogenen Bundestagswahl 2005 und im Zuge des Referenden über die EU-Verfassung in verschiedenen Mitgliedstaaten.

Die wichtigste Innovation lag jedoch in der Internationalisierung von Inhalten und Partnerstruktur. Die insgesamt 101 Beiträge wurden von Experten aus 15 Ländern verfasst, Politiker-Chats konnten aufgrund der Kooperation mit *ARTE* synchron in französischer und deutscher Sprache angeboten werden. So wurden Politiker aus einem anderen europäischen Staat in deren eigener Sprache befragt und die Antworten zurückübersetzt. Hierbei zeigt sich ein kleiner Beitrag auf dem Weg zur Bildung einer europäischen Öffentlichkeit. Während, wie oben beschrieben, die Kampagnen der Parteien in aller Regel auf nationale Themen und Öffentlichkeiten fokussierten, fand hier, wenn auch in geringem Maße, eine europäische Grenzüberschreitung statt. Zugleich ist dies ein Beleg dafür, dass politische Online-Kommunikation über formale, kulturelle und inhaltliche Barrieren hinweg funktionieren und in einem überschaubaren Rahmen realisiert werden kann.

Neben der informations- und kommunikationsorientierten Plattform *europathemen.de* gehören zwei weitere, etwas stärker auf Bürgeraktivierung zielende Projekte in den Katalog politischer Online-Bildung im Rahmen des Europawahlkampfs. So erfreute sich der ebenfalls unter der Trägerschaft der Bundeszentrale für politische Bildung entwickelte „Wahl-O-Mat" (*wahlomat.de*) großer Beliebtheit bei den Online-Nutzern. Dieses eher dem Bereich der politischen Online-Unterhaltung zuzuordnende Angebot wurde ebenfalls schon während der Bundestagswahl 2002 erprobt. In sorgfältiger redaktioneller Vorarbeit wurden dabei wesentliche Standpunkte der Bundestagsparteien auf knappe, einprägsame Statements kondensiert und in einer Art „Online-Fragebogen" präsentiert. Durch Zustimmung oder Ablehnung solcher Kernaussagen (z.B. „Die Türkei soll in die EU aufgenommen werden", „Soziale Mindeststandards wie Mindestlöhne sollten EU-weit eingeführt werden") ergab sich nach einer Testreihe von insgesamt 30 Thesen ein spezielles Profil, das zudem nach Schwerpunkten gewichtet werden konnte (durch Kennzeichnung besonders wichtiger Themenbereiche, etwa „Inneres und Justiz", „Wirtschaft und Finanzen" oder „Kultur und Gesellschaft"). Resultat dieses „Thesenvergleichs" war schließlich die Zuordnung der gesammelten und gewichteten Wählerpräferenzen zu einer der Parteien, inklusive der relativen „Übereinstimmungswerte" mit Aussagen aus den jeweiligen Parteiprogrammen. Verpackt in diese besondere Form der politischen Selbstbefragung findet sich eine vergleichsweise subtile Auseinandersetzung mit den Kernthemen und Hauptschauplätzen des Europawahlkampfs – zumindest insofern diese Themen rhetorischen Niederschlag in die Wahlprogramme fanden.

An dieser Stelle wird zugleich die Achillesferse des Wahl-O-Maten deutlich, denn die Verwaschung klar voneinander abgegrenzter thematischer Standpunkte erschwert die für die Projekt-Systematik nötige Präferenzbildung. Dennoch ist hier von einem erfolgreichen Angebot der Online-Wählerbildung zu sprechen. Nach dem „Abschalten" der digitalen Differenzmaschine hatten sich laut computerisierter Zählung insgesamt 843.420 einzelne Nutzer mit dem Wahl-O-Maten auseinander gesetzt. In jedem Falle erlaubt die kurzweilige Präsentation wesentlicher Wahlthemen den Einstieg in eine weiterführende Beschäftigung mit den Gegenständen der politischen Debatte. Gerade in Kombination mit der fundierten und inhaltsstärkeren Plattform *europathemen.de* dürften sich hier wertvolle Synergieeffekte ergeben haben.[12]

Als letztes Element politischer Online-Bildung soll schließlich kurz der so genannte „Kand-O-Mat" vorgestellt werden, den die Berliner Internet-Plattform *politik-digital.de* kurz vor der Wahl ins Rennen um die Aufmerksamkeit der politisch interessierten Onliner schickte. Allein verfügbar in den zwei letzten Wochen vor dem Wahltermin verzeichnete dieses „unterhaltungsorientierte Beteiligungsinstrument" knapp eine Million „Klicks" – die digitale Minimalinteraktion war hier gleichbedeutend mit der Betrachtung eines beliebigen Kandidaten zur Europawahl durch einen Nutzer. Orientiert an populären Ranking-Websites[13] hatte die Redaktion von *politik-digital.de* offizielle Kampagnenfotos von etwas mehr als einhundert Kandidaten unterschiedlicher Parteien zusammengetragen und unter dem Motto „charmant oder frappant?" zur Bewertung gestellt. Teilnehmende Nutzer sahen in dieser Foto-Show lediglich das Bild eines Bewerbers vor sich, jedoch keinerlei Angaben über Parteizugehörigkeit und Listenplatz, auch der Name blieb ungenannt. Allein auf der Basis des visuellen Eindrucks entstand somit ein Ranking des nach Straßburg wählbaren Personals, quer über die Parteigrenzen hinweg.[14] Erst nach Abgabe des „Votums" erhielten die Nutzer des Kand-O-Maten weiterführende Informationen zum jeweils bewerteten Portrait, neben Namen und Listenplatz wurde von dort auf persönliche Websites der Politiker oder die Wahlkampfseiten der Parteien verlinkt.

Gerade diese – wichtige – Einbettung des „politischen Klickspiels" in einen wahlbezogenen Kontext rechtfertigt die Aufnahme des Kand-O-Maten in den Überblickskatalog ausgewählter Projekte politischer Online-Bildung. In der Vernetzung der einzelnen Bildungsangebote liegt ohnehin die große Chance zur Steigerung der Wirksamkeit einer digitalen Wählerbildung. Moderne politische Bildung im Internet kann insofern sehr wohl einen unterhaltungsorientierten Einstieg in die oft zähe Materie von Wahlverfahren, -systematik und -themen wählen. Durch eine wohl überlegte Verknüpfung der vielfältigen Informationsangebote entsteht sukzessive ein fein gewebtes Netz wahlbezogener Inhalte, häufig kommentierend, ergänzend oder auch kontrastierend zu den Primärangeboten der digitalen Kampagnenführer.

---

12 Eine Verfolgung bzw. gemeinsame Analyse der Nutzungsdaten von *wahlomat.de* und *europathemen.de* ist aufgrund der komplett voneinander getrennten technischen wie formalen Organisation nicht durchgeführt worden.

13 Als Beispiele sind hier Angebote wie www.hotornot.de oder www.faceyourface.de zu nennen. Technisch äquivalente Features finden sich inzwischen meist auch auf großen Portalseiten als „Unterhaltungsangebot".

14 Die Ergebnisse dieses Online-Politainments bedürften einer eigenen Interpretation – besonders auffällig sind die insgesamt niedrigen Werte, die auf den optischen Eindruck hin vergeben wurden. Selbst der „Gesamtsieger" kam nicht über einen Punkteschnitt von 6,29 hinaus, im Parteiendurchschnitt pendelten die Werte sogar nur zwischen 3,40 und 5,07. Die Resultate sind unter *www.politik-digital.de/kand-o-mat* archiviert.

3.5 Kandidaten-Weblogs zur Europawahl

Den letzten Mosaikstein in der Beschreibung der wesentlichen Akteure und Formate des Online-Wahlkampfs zur Europawahl bilden die so genannten Kandidaten-
Weblogs, die die standardmäßig vorhandenen Kandidaten-Seiten erweiterten.[15]
Erstmals weithin sichtbar war dieses Phänomen im Rahmen der Vorwahlen im US-
Präsidentschaftswahlkampf im Frühjahr 2004. Der demokratische Aspirant Howard Dean hatte mit dem Angebot *blogforamerica.com* damals neue Maßstäbe in
der Wahlkampfkommunikation eines Einzelkandidaten gesetzt. Technisch gesehen
handelt es sich bei den Weblogs um eine besondere Form des digitalen Tagebuch-
schreibens: Auf einer derartigen Schreib- und Leseplattform gibt in der Regel ein
Autor den kommunikativen Takt vor und publiziert meist knappe Texte, die häufig
um einen thematischen Mittelpunkt kreisen. Durch ihre besondere technologische
Beschaffenheit ermöglichen Weblogs den Lesern eine automatisierte Mitwirkung
an der Entwicklung eines Textkörpers mit quasi-kollektiver Autorenschaft.[16] Da
sich Wahlkampagnen zuletzt immer mehr als „Countdown zum Wahltag" entwickelt haben und die Aktivität der Kandidaten von den Medien „von Tag zu Tag"
begleitet wird, können Weblogs tatsächlich als äußerst adäquate Werkzeuge zur
Bereitstellung von Kampagneninformation gelten. Wichtig für die Einordnung in
das Gefüge des Online-Wahlkampfs ist die starke Personalisierung von Weblogs;
in den meisten Fällen steht eine Einzelperson im Zentrum der Schreibtätigkeiten,
die mit ihren Berichten, Reportagen oder auch nur originellen Info-Fundstücken
eine Strukturierung der Kommunikation vornimmt. Zwar sind dauerhaft funktio-
nierende Weblogs auf die Mitwirkung der Leserschaft angewiesen, doch kommt
der Betreiberrolle zentrale Bedeutung für den Erfolg (oder Misserfolg) solcher
Angebote zu. Diese Struktur begünstigt demnach den Einsatz von Weblogs als
Kampagneninstrument für einzelne Kandidaten und weniger im Rahmen einer
übergreifenden Parteistrategie.[17]

Konsequenterweise bedienten sich gleich mehrere Kandidaten für das Straßburger Parlament dieses Mittels, entweder als eigenständige Anbieter oder im
Rahmen journalistischer „Sammel-Weblogs". So hatten beispielsweise die Online-
Plattformen *politikerscreen.de* und *europa-digital.de* parteiübergreifende Autoren-
teams gebildet, deren Erfahrungen aus dem Wahlkampf für einen begrenzten Zeitraum auf den Seiten der digitalen Mediendienstleister zusammengefasst wurden.[18]

---

15 Die Kandidaten für das Europaparlament waren nahezu ausnahmslos mit eigenständigen Websites
im Internet vertreten. Die „digitale Selbstdarstellung" erfolgte in der Regel unter „sprechenden"
Adressen, in der Regel zusammengesetzt aus Vorname und Name der Kandidaten. Vgl. dazu die
Ergebnisliste eines Vergleichstests des Online-Informationsdiensts *politikerscreen.de*: *www.politi-
kerscreen.de/direct.asp?page=/mdepwebtest2004/ergebnisse.asp.*
16 Eine einführende Darstellung von Funktionsweise, Nutzung und themengebundenem Einsatz von
Weblogs liefert die umfassende Studie von Möller (2004). Speziellere Anmerkungen zur Kommunikationskultur von Weblogs als „Mitschreibeprojekte" liefert auch Simanowski (2004).
17 Der Versuch der SPD, eine Art „Nachrichten-Weblog" einzurichten (*spd-newslog.de*), sorgte bei
vielen „Bloggern" für Kritik und Unverständnis.
18 Vgl. die online verfügbare Dokumentation des „EU-NotizBlog" von *europa-digital.de* unter *www.
europa-digital.de/blog/archives/cat_europawahl_hautnah.html.*

Diese „Hybrid-Form" nutzt zwar wesentliche konstituierende Elemente „echter" Weblogs (personale Färbung, thematische Eingrenzung, regulärer Publikationsrhythmus), sind im Gegensatz zu vollwertigen Weblogs aber lediglich als journalistische „Schwundform" zu bezeichnen. Als prominentestes „Einzel-Weblog" gilt zwar das Angebot von FDP-Frontfrau Silvana Koch-Mehrin (als Teilelement der Kandidaten-Website *silvana2004.de*), doch stellten echte „Weblog-Elemente" lediglich einen Unterbereich der Personality-Website dar. Neben den üblichen Informationen zu Person und Arbeitsschwerpunkten wurden in der heißen Wahlkampfphase regelmäßig „persönliche" Texte von Silvana Koch-Mehrin online gestellt, die teilweise mit Bildmaterial ergänzt wurden.[19] Dadurch wurde zwar die Aktualität der Kandidaten-Website enorm gesteigert, eine genuine Weblog-Kommunikationsstruktur als knapper, aber intensiver Diskussionsprozess entlang der durch einen zentralen Weblog-Autor gesetzten Schwerpunkte entstand hierbei jedoch nicht.

Zumindest technologisch einschlägiger als Weblog kann dagegen das Angebot des parteilosen, auf der *PDS*-Liste notierten Europapolitikers Tobias Pflüger (*http://tobiaspflueger.twoday.net/*) bezeichnet werden. Sämtliche Standard-Elemente zur Eigendarstellung wurden hier in Weblog-kompatible Informationsstücke „übersetzt" und ließen dadurch eine neue Form von Politiker-Präsentation entstehen. Im Gegensatz zu herkömmlichen Politiker-Websites erhielten grafische Elemente wie Bilder oder Animationen ein geringeres Gewicht und traten hinter die Text- und Kommunikationsebene zurück. Inwiefern diese Art von Website durch ihre besondere Form der „Technologisierung" weniger Weblog-affine Nutzerschichten ausschließt, muss sich erst noch zeigen. Grundsätzlich kann dabei jedoch eine neue, reduzierte „Ästhetik politischer Online-Kommunikation" entstehen. Dominiert auf den meisten Politiker- und Wahlkampf-Websites noch am Bildebene als Aktualisierung visueller Kommunikationsmittel wie Plakat, Flugblatt oder Werbespot, so leisten lese- und schreiborientierte Weblogs durchaus einer „neuen Schriftlichkeit" im politischen Teil des Internets Vorschub.

In einer nur vorläufigen Zusammenfassung können Kandidaten-Weblogs, ihrer in technologischer Hinsicht verkürzten Nutzung zum Trotz, als innovative Form der Bürgeradressierung verstanden werden. Ähnlich wie Politiker-Chats, die eine Direktansprache der Bürgerschaft vorbei an klassischen Mittlerstrukturen ermöglichen, stellen Weblogs einen neuen medialen „Vertriebsweg" für politische Akteure dar. Insbesondere zu Wahlkampfzeiten erscheint das personenbezogene Weblog, das den individuellen Verlauf der Kampagne nachzeichnet und dabei der Leserschaft Möglichkeiten zu einer Art „textueller Beteiligung" bietet, als zeitgemäßes Werkzeug zur Gestaltung von Wahlkampfkommunikation.

---

19 Technisch avanciert wurden dabei sogar in das Mobiltelefon der Wahlkämpferin getippte Textfragmenten direkt auf die Website „übertragen". In diesem Fall spricht man von so genannten „mobile blogs" oder „Moblogs".

4   Information, Kommunikation, Partizipation

Eine knappe Systematisierung der zuvor skizzierten Elemente des deutschen Online-Wahlkampfs zum Europaparlament kann neben der Unterscheidung von Anbieter- und Formatstrukturen zugleich entlang der Bereiche Information, Kommunikation und Partizipation erfolgen.

Auffällig ist hierbei, dass gerade etablierte Anbieter von Wahlkampfinformationen auf eher traditionelle Formen der Informationsvermittlung setzten. Meist wurde der vorherrschende Modus der Informationsdistribution an ein disperses Massenpublikum aus den „alten" Medienumgebungen (Presse, Hörfunk, Fernsehen) auf das Internet übertragen, was in modernisierten Varianten wahlkampfbezogener Bürgerinformation resultierte. Seitens der „Urheber" von Wahlkampfkommunikation dominierte die (Selbst-)Darstellung als handelnder Akteur im Kampagnengeschehen, der an einer Lenkung der Aufmerksamkeit auf personale und inhaltliche Besonderheiten eigener Wahlkampfbemühungen interessiert war. Im Gegensatz zu vorherigen Online-Wahlkämpfen auf Bundes- oder Länderebene schien auch der Innovationsdrang der Parteien im Europawahlkampf ein wenig zum Erliegen gekommen sein – mit Ausnahme der *europakampa*-Seiten der *SPD* und der gemeinschaftlichen Kampagne der europäischen *Grünen* brachte das „partei-gebundene" Internet im Europawahlkampf keine qualitativen Neuerungen hervor. Gleichwohl ist die „handwerkliche Qualität" der Online-Präsentationen abermals gestiegen, was hinsichtlich der allgemeinen Modernisierung und Professionalisierung politischer Kommunikation jedoch wenig überrascht.

Für eine Belebung auf dem „Informationsmarkt Wahlkampfkommunikation" sorgten dagegen die Vorstöße neuer Medienakteure, die durch die Entwicklung anspruchsvoller Informationsangebote und die gelegentliche Nutzung kommunikationsorientierter Elemente für eine allmähliche Verstärkung der Konkurrenz der Medienanbieter untereinander sorgen dürften. Vor allem Angebote wie das *single-issue*-Magazin *europa-digital.de*, der kommerzielle Dienst *euractiv.com* oder das spezialisierte Diskussionsforum *europathemen.de* können hier als produktive Ergänzungen in der Arena politischer Europakommunikation gelten. Weitere Formate mit Kommunikationsorientierung waren Chat-Veranstaltungen, die in seltenen Fällen sogar in einem „grenzüberschreitenden" Medienumfeld platziert waren. Gerade hier zeigte sich jedoch, dass es noch eines immensen Aufwandes bedarf, um eine multinationale Nutzerschaft überhaupt erreichen zu können.[20]

Auf eine Mischung von Kommunikation und Partizipation zielten die „Mitmach"-Angebote *Wahl-O-Mat* und *Kand-O-Mat*, die eine Verknüpfung von journalistischem Informationsangebot mit Beteiligungsmöglichkeiten für Online-Nutzer ermöglichten. Wenngleich sich innerhalb der konkreten Anwendungen die „Partizipationsmöglichkeiten" auf wenige Mausklicks beschränkten, so ist dennoch

---

20 Seit der Europawahl wurde diese Kommunikationsform im Rahmen des Projekts *Die USA wählen* (vgl. Fußnote 11) jedoch bereits erfolgreich weiterentwickelt: Durch eine verbesserte Kopplung an das Programmschema und eine *On Screen*-Bewerbung im Fernsehen konnte die Reichweite der zweisprachigen Chats deutlich gesteigert werden (vgl. die Online-Dokumentation unter www.arte-tv.com/de/geschichte-gesellschaft/wahl-USA/627630.html).

von einer grundsätzlichen Aktivierung des Publikums auszugehen. Ähnliches gilt auch für die im Wahlkampf angebotenen Weblogs, die sich zudem als eine Alternativstrategie zur Einzeldarstellung von Politikern auch entgegen einer groben Parteistrategie lesen lassen. Im Unterschied zu den journalistischen Angeboten und den Kampagnenseiten der Parteien verbleibt den Nutzern bei partizipationsorientierten Kampagnenelementen zumindest in geringem Maße die Möglichkeit zur Eigenbeteiligung und zum individuellen Umgang mit Informationsangeboten. Selbst diese nur minimale Einbindung der Nutzerschaft in die wahlkampfbezogene Informationswelt kann als Unterscheidungskriterium nutzbar gemacht werden – das weitgehende Fehlen solcher Rückkopplungsmechanismen in den „Standardbereichen" der digitalen Kampagne macht selbst einfache Feedback-Schleifen zur vergleichsweise wertvollen Neuerung. Dennoch gibt es aufgrund der wenigen Ausnahmen keinen Grund zu einer (wiederholten) Internet-Euphorie: Insgesamt konnte die Online-Kampagne zur Europawahl nur wenige Impulse für einen „interaktiven" Wahlkampf liefern.[21]

Im Gegenteil: Die starke Orientierung an den Distributivmedien Presse, Hörfunk und Fernsehen verstärkte den Trend zu einer „Nationalisierung" der Wahlkampfführung (vgl. den Beitrag von J. Tenscher in diesem Band). Gerade im Internet, wo die Querverbindung zu anderen europäischen Wahlkampfarenen nahezu problemlos vollzogen werden kann, blieb diese Form der „horizontalen Vernetzung" eine Seltenheit. Auch das weitgehende Fehlen diskussionsstarker Angebote verhinderte die verstärkte Auseinandersetzung mit länderübergreifenden, „europäischen" Wahlkampfthemen.[22] Insgesamt erzielte die Online-Wahlkampfkommunikation somit auch nur schwache Effekte auf die Entstehung einer „europäischen" Öffentlichkeit", obwohl strukturell kaum bessere technologische Bedingungen für die Etablierung grenzüberschreitender politischer Kommunikation denkbar sind.

---

21 Dies wirft die grundsätzliche Frage auf, ob klassische Kampagnenführung interaktive Elemente nicht per se ausschließt: die Vermittlung wahlkampfbezogener Inhalte gelingt augenscheinlich dann am besten, wenn in der Kampagnenzentrale ein Höchstmaß an Kontrolle über die Wahlkampfkommunikation gegeben ist. Beinahe jegliche Öffnung und „Interaktivierung" der Wahlkampfkommunikation kann einen „Kontrollverlust" nach sich ziehen, der die eigentlichen Kampagnenziele gefährden kann. Dieses Basisproblem von Zentralisierung und Dezentralisierung der Kampagnenführung im Internet wäre im Rahmen einer eigenständigen Untersuchung zu hinterfragen.

22 Eine fundierte Diskussion der Frage, ob mittels des Internets eine „europäische politische Öffentlichkeit" generiert werden kann, ist an dieser Stelle nicht möglich. Zur Einführung in aktuelle Auseinandersetzungen um die Frage nach einer europäischen Öffentlichkeit vgl. die Beiträge des entsprechenden Schwerpunkts der Zeitschrift Berliner Debatte Initial (2003, H. 5/6) sowie in Hagen 2004.

5 Literatur

Bieber, Christoph (Hrsg.) (1999): Politische Projekte im Internet. Online-Kommunikation und politische Öffentlichkeit. Frankfurt a.m./New York: Campus.

Bieber, Christoph (2002): Online-Wahlkampf 2002. Formate und Inhalte der digitalen Politikarena. In: Media Perspektiven. 6. 277-283.

Hagen, Lutz M. (Hrsg.) (2004): Europäische Union und mediale Öffentlichkeit. Theoretische Perspektiven und empirische Befunde zur Rolle der Medien im europäischen Einigungsprozess. Köln: Halem.

Bieber, Christoph/Leggewie, Claus (Hrsg.) (2004): Interaktivität. Ein transdisziplinärer Schlüsselbegriff. Frankfurt a.m./New York: Campus.

Hoppe, Antje (2004): Flyer im Abfall. In: Politik & Kommunikation. 4. 14-21.

Kaul, Kristina (2004): Wahlkampf im Netz [wahl.tagesschau.de/aktuell/meldungen/ 0,1185,OID3255074_TYP6_THE3270328_NAV3270328_REF23620_BAB,00.html (letzter Abruf 18.5.2004)].

Mohl, Ariane (2004): Parteien mobilisieren zur Europawahl. [www.politik-digital.de/ edemocracy/wahlkampf/eu_wahl.shtml (letzter Abruf 3.6.2004)].

Möller, Erik (Hrsg.) (2004): Die heimliche Medienrevolution. Wie Weblogs, Wikis und freie Software die Welt verändern. Hannover: Heise.

Simanowski, Roberto (2004): Der Autor ist tot, es lebe der Autor. Autorschaften im Internet. In: Bieber/Leggewie (2004): 190-215.

Zimprich, Stefan (2004): Wenn wir Simsen Seit an Seit [www.spiegel.de/netzwelt/ politik/0,1518,301467,00.html (letzter Abruf 27.5.2004)].

EUROPAWAHLKÄMPFE REGIONAL UND INTERNATIONAL

ANALYSEN AUS DEM IN- UND AUSLAND

Von Straßburg über Brüssel nach Erfurt – und zurück? Die Second-Order-Wahl zum Europaparlament in der Mehrfach-Wahlsituation in Thüringen

Daniel Schneider/Patrick Rössler

1 Einleitung

Europawahlen folgen eigenen Gesetzmäßigkeiten – schließlich wird ein Parlament gewählt, das nicht direkt die Zusammensetzung einer Regierung bestimmen kann (vgl. M. Franklin/C. van der Eijk 1996a: 4f.). Dies ändert den Verlauf der betreffenden Wahlkämpfe und reduziert den Einfluss, welcher der Wahl zugeschrieben wird (vgl. K. Reif/H. Schmidt 1980: 12; M. Marsh/M. Franklin 1996; T. Kousser 2004: 11). Außerdem scheint es nach wie vor an einer eigenen europäischen Öffentlichkeit für den politischen Diskurs zu mangeln, wie beispielsweise international vergleichende Untersuchungen von Nachrichtensendungen zeigen (vgl. P. Rössler 2003).

Wahlen, betrachtet im Kontext der klassischen Forschung zu Themenkarrieren, (‚issue-attention-cycle'; vgl. A. Downs 1972) stellen im Kontinuum der politischen Ereignisse zweifellos einen Höhepunkt dar: Der Wahlkampf steigert sich von Tag zu Tag und führt auf das eigentliche Ereignis hin, und auch die Zeit nach den Wahlen ist geprägt von einem interpretativen Diskurs über das Wahlergebnis. Europawahlen allerdings werden häufig als zweitrangige Wahlen, ‚Second-Order Elections', bezeichnet, weil sie im Vergleich zu nationalstaatlichen Wahlen eine aus Wählersicht oft untergeordnete politische Handlungsebene betreffen (vgl. K. Reif/H. Schmitt 1980 sowie den Beitrag von A. Wüst/D. Roth in diesem Band).

Diese keineswegs neuen Überlegungen besitzen verschiedene wichtige Konsequenzen hinsichtlich der Art, wie Wähler mit dem Phänomen ‚Europawahl' im Jahr 2004 umgingen. Insbesondere gilt dies für die Sondersituation im Bundesland Thüringen, wo zugleich eine Landtagswahl stattfand, womit die Relation zwischen beiden Wahlvorgängen ausnahmsweise im unmittelbaren Vergleich untersucht werden konnte. Aus unterschiedlichen theoretischen Perspektiven resultieren Forschungsfragen und Hypothesen, die im Folgenden anhand von Daten zur Europawahl 2004 beleuchtet werden. Grundlage der Analysen sind zum einen die amtlichen Wahlergebnisse und erste Resultate des Eurobarometers, zum anderen aber auch eine mehrwellige Panel-Befragung unter der Bevölkerung der Landeshauptstadt Erfurt. Ziel der Studie ist es, die Wechselwirkungen im Wahlverhalten auf beiden Ebenen zu erklären, und zwar insbesondere hinsichtlich der Bedeutung von politischer Kommunikation und Massenmedien.

2 Europawahlen im politischen Bewusstsein: Second-Order Elections, Wahlen als Signal und die Arenen der politischen Auseinandersetzung

Unmittelbar nach den Europawahlen 1979 haben Reif und Schmitt (1980) ihre Thesen zur Bedeutung der Europawahl als Second-Order Election vorgestellt. ,Second-Order' verortet die Europawahlen bezüglich der nationalen Wahlen (First-Order Elections) und beruht auf der Tatsache, dass zwar über ein anderes Parlament und eine andere politische Handlungsebene entschieden wird, aber grundsätzlich die gleichen Akteure (d.h. dieselben politischen Parteien) zur Wahl stehen, die auch bei den nationalstaatlichen Wahlen auf dem Wahlzettel zu finden sind. Die Autoren folgern, dass die Bürger also bei der Europawahl mit Blick auf nationalstaatliche Akteure abstimmen und damit nicht über die eigentliche Zusammensetzung des europäischen Parlamentes (vgl. M. Franklin et al. 1996b). Aufgrund ihrer Analyse der Wahlergebnisse in den verschiedenen Ländern formulierten Reif und Schmitt (1980: 9f.) mehrere Hypothesen über die Wahlergebnisse von Europawahlen; unter anderem vermuteten sie:

- eine niedrigere Wahlbeteiligung, da die Wahl als weniger wichtig wahrgenommen wird;
- einen höheren Anteil an ungültigen Stimmzetteln (als Form des Protestes);
- bessere Aussichten für kleinere Parteien (in Abhängigkeit von den jeweiligen institutionellen Rahmenbedingungen); und
- Verluste der nationalstaatlichen Regierungsparteien, und zwar besonders wenn die Europawahl in der Mitte der nationalstaatlichen Legislaturperiode stattfindet.

Die These von den Second-Order Elections ist von verschiedenen Autoren immer wieder aufgegriffen worden, da mit jeder neuen Europawahl neue Erfahrungen und Daten gesammelt werden konnten. Michael Marsh (1998) konnte so nach vier Europawahlen das vorgeschlagene Modell erneut testen. Auch er sieht weiterhin die grundsätzlichen Thesen bestätigt, insbesondere einen „anti government swing" (M. Marsh 1998: 606). Auch die erwarteten Zugewinne für kleinere Parteien stellten sich ein; Marsh betont aber auch die besondere Kontextualisierung der Europawahl, die bereits anklang: Die Ergebnisse der Europawahlen gehören in den jeweiligen politischen (nationalen) Kontext und sind entsprechend zu interpretieren – so lassen sich dann Unterschiede zwischen den einzelnen Ländern erklären.

Die Studie von van der Eijk et al. (1996a) beleuchtete eine weitere zentrale Komponente, nämlich die geringe Wahlbeteiligung. Auch diese Hypothese konnte zum damaligen Zeitpunkt bestätigt werden, ebenso wie die These von Reif und Schmitt (1980: 13), wonach andere gleichzeitig stattfindende Wahlen den Effekt der sinkenden Wahlbeteiligung ausgleichen können (vgl. van der C. van der Eijk et al. 1996a: 154) – jedenfalls bei nationalstaatlichen Wahlen. Wie dieses Verhältnis bei Landtagswahlen, also ebenfalls potenziellen Second-Order Elections (vgl. K. Reif/H. Schmitt 1980: 8; P. Norris 1997: 111; T. Kousser 2004: 4;), ausfällt, wird im Folgenden diskutiert werden.

T. Kousser (2004) erweitert die Argumentation hinsichtlich Second-Order E-
lections um eine Erklärung für das Wahlverhalten. Er kombiniert den Gedanken
des „retrospective voting" (M. Fiorina 1981) mit der Vermutung, dass retrospektiv
nicht über die Politik der Europaparlamentarier, sondern der jeweiligen nationalen
Regierungen (und Parlamente) abgestimmt wird. Die Europawahl wird so zu einem
Stimmungstest oder „Denkzettel" – die Second-Order Election hätte demnach
keine einseitige Beziehung zur nationalen Arena, sondern bietet den Wählern zusätzliche Rückkopplungsmöglichkeiten für die nationale Ebene (vgl. van der Eijk
et al. 1996a; E. Oppenhuis et al. 1996: 287 ff.).

Während sich diese Signalwirkung der Wahl bei Bundestagswahlen in der
Regel direkt auf die Bildung einer Regierung auswirkt, so stellen alle anderen
Wahlen (d.h. vor allem Landtagswahlen und eben die Europawahl) eine Möglichkeit für die Wähler dar, ein Signal an die Regierenden auszusenden, ohne dies mit
der Stimmabgabe direkt zu tun (vgl. van der Eijk et al. 1996a). Eine solche Signalwirkung der Europawahl kann nur aus einem Wechselspiel zwischen Medien,
Wählern und Politikern entstehen: Die Medien nehmen hier eine besondere Rolle
wahr, denn sie eröffnen durch die Bereitstellung eines entsprechenden Interpretati-
onsrahmens vor der Wahl erst die Möglichkeit, der Wahlentscheidung bestimmte
Konnotationen zu geben (zum Framing von Themen durch Massenmedien vgl. z.B.
S. Iyengar 1994; D. Scheufele 2000). Ein Beispiel hierfür war etwa die Landtagswahl in Niedersachsen 1998, die gleichzeitig zu einer Abstimmung über die Wahl
zwischen Lafontaine und Schröder als nächstem *SPD*-Kanzlerkandidaten hochstili-
siert wurde (vgl. The Political Consulting Group 2000: 65f.; C. Holz-Bacha 1999b:
20). Insbesondere nach der Wahl versuchen die Medien, durch ihre Verortung der
Wahlen in der politischen Landschaft und dem Kontinuum der politischen Ereignisse eine Signalwirkung und Interpretation herzustellen („Protestwahl" oder
„Denkzettelwahl" sind hier sicherlich die bekanntesten Schlagworte).

Wahlentscheidungen haben darüber hinaus auch strategische Komponenten,
insbesondere in einem Mehrparteiensystem mit Koalitionsbildung (vgl. M. Marsh/
M. Franklin 1996: 19 ff.). Da die Europawahl nicht zur Ernennung einer Regierung
beiträgt, ergibt sich hier die Frage, wie sich dies auf die Alternativen für eine strategische Wahlentscheidung auswirkt. Eine mögliche Konsequenz wurde bereits
angedeutet: Kleinere Parteien könnten zulegen, da diese bei anderen Wahlen häufig deshalb nicht gewählt werden, weil die Wähler nicht sicher sein können, dass
diese Parteien den Sprung ins Parlament schaffen oder an der Regierung beteiligt
werden. Die Stimmabgabe für eine dieser Partei wird dann als sinnlos oder vergeu-
det wahrgenommen. Dieses Problem ist bei großen Parteien seltener vorhanden
(vgl. K. Reif/H. Schmitt 1980: 9; T. Kousser 2004: 11).

Allerdings stellt sich die Frage, welche Zusammenhänge sich einstellen, wenn
eine andere als die nationale Wahlabstimmung als Referenzobjekt fungiert. Was
bewirkt die zeitliche Nähe von Europa- und Landtagswahl? Wenn die Bundestagswahl per Definition als First-Order Election gilt (weil sie eben die nationalstaatliche Arena repräsentiert) und die Europawahl eine Second-Order Election ist
(weil sie in der nationalstaatlichen Arena mit den nationalstaatlichen Akteuren
ausgetragen wird, ohne auf die Zusammensetzung der nationalstaatlichen Instituti-

onen einzuwirken), dann ist immer noch unklar, wie eigentlich die Landtagswahlen einzuordnen sind. Diese Einordnung ist weniger eindeutig als bei der Europawahl, weshalb die Vorwahlinterpretation der Medien eine besondere Rolle spielt: Betonen sie eine landespolitische Entscheidung auf der Basis landespolitischer Themen und Personen? Oder aber versuchen sie der Landtagswahl eine Bedeutung über der regionalen Ebene zuzuschreiben?[1] Und nicht nur, was die Medien berichten, ist relevant, sondern vor allem, was die Menschen dann über die Wahlen denken und auf der Basis welcher Bedeutungszuschreibung der Wahlen sie ihre Entscheidung treffen. Hieraus leitet sich die grundsätzliche Forschungsfrage dieser Studie ab:

Forschungsfrage 1:
Welche Wechselwirkungen ergeben sich zwischen der Second-Order Wahl zum Europaparlament 2004 und den Landtagswahlen in Thüringen am selben Tag?

Die meisten Studien, die aufgrund der Annahmen von Reif und Schmitt (1980) durchgeführt wurden, verwenden – einschließlich der Originalstudie selbst – als Vergleichswerte Daten aus zurückliegenden oder nachfolgenden nationalen Wahlen. In den meisten Studien wird (dem ursprünglichen Second-Order-Modell folgend) ein Bezug zur nationalen Ebene hergestellt. Dies spielt insbesondere mit Blick auf mögliche zyklische Effekte eine Rolle, sowohl hinsichtlich des zeitlichen Abstands zwischen Europawahlen und nationalen Wahlen sowie der Stärke des Second-Order-Phänomens (vgl. R. Dinkel 1978; C. van der Eijk et al. 1996a; H. Schmitt 1996; M. Marsh 1998; T. Kousser 2004 sowie den Beitrag von A. Wüst/D. Roth in diesem Band).

Mit der besonderen Rolle von Landtagswahlen hat sich beispielsweise Rentzsch (2002) beschäftigt.[2] Die spezielle Wahlsituation in Thüringen erlaubte allerdings ausnahmsweise, die Hypothesen anhand einer tatsächlich parallel abgehaltenen Wahl zu überprüfen. In Anlehnung an die Originalstudie (vgl. K. Reif/H. Schmitt 1980) wurden folgende Hypothesen formuliert:

Hypothese 1:
Die Europawahl erzielt eine niedrigere Wahlbeteiligung als die vorangegangene Bundestagswahl, da die Wahl als weniger wichtig wahrgenommen wird; die Verbindung mit der Landtagswahl in Thüringen erzeugt hier freilich eine höhere Europawahl-Beteiligung als in Bundesländern ohne paralleler Wahl.

Hypothese 2:
Kleinere Parteien erzielen ein besseres Ergebnis bei der Europawahl, und zwar sowohl verglichen mit den bundesweiten Anteilen als auch mit den Anteilen in der parallelen Landtagswahl.

---

1 Eine aktuelle und ausführliche Diskussion von Themensetzungsstrategien und entsprechenden Wechselwirkungen zwischen unterschiedlichen politischen Arenen findet sich im Sammelband von Sarcinelli und Schatz (2002) zur damaligen Landtagswahl in Nordrhein-Westfalen.

2 Auch Dinkel (1978) analysiert die Wechselwirkungen von Landtags- und Bundestagswahlen – dies aber vor der Einführung der Europawahl.

Hypothese 3:
Da die Europawahl 2004 inmitten der nationalstaatlichen Legislaturperiode statt-
findet, verzeichnen die nationalstaatlichen Regierungsparteien Verluste.

Aufgrund früherer kommunikationswissenschaftlicher Studien ist zu erwarten, dass insbesondere die Interpretationsmacht der Medienberichterstattung bedeutsam ist für die situative Interpretation der Wähler, wie sie mit der Second-Order-Election zum Europaparlament umgehen. Dementsprechend sollte eine ausgeprägte politische Mediennutzung besonders bei jenen Personen anzutreffen sein, die das Second-Order-Wahlmuster aufweisen, die also bei ihrer Stimmabgabe zwischen Europa- und Landtagswahl differenzieren (was voraussetzt, dass Wähler in der Regel keine europaspezifische Stimmabgabe durchführen; vgl. K. Reif/H. Schmitt 1980; K. Reif 1984; C. van der Eijk et al. 1996a; P. Norris 1997; M. Marsh 1998; T. Kousser 2004). Dies führt zur zweiten Forschungsfrage der vorliegenden Studie:

Forschungsfrage 2:
Weisen Personen, die bei Europa- und Landtagswahl unterschiedlich abstimmen,
spezifische Mediennutzungsmuster auf?

3   Wahlen 2004 in Thüringen: eine empirische Fallstudie

Erfurt ist die Landeshauptstadt Thüringens und hat rund 200.000 Einwohner. Europa-, Landtags- und Kommunalwahl fanden das letzte Mal auch in ein und demselben Jahr, nämlich 1999, statt. Im Landesparlament sind *CDU*, *SPD* und *PDS* vertreten (sowohl vor als auch nach der Landtagswahl 2004) und am kommunalen Stadtparlament waren vor der Kommunalwahl 2004 ebenfalls *CDU*, *SPD* und *PDS* beteiligt, danach sind *Bündnis90/Die Grünen* hinzugekommen. Der Oberbürgermeister – in Thüringen direkt gewählt – wird von der *CDU* gestellt. Die Ergebnisse der aktuellen, für diese Studie relevanten Wahlen in der Stadt Erfurt finden sich in Tabelle 1, inklusive der Ergebnisse aus dem Jahr 1999 und entsprechenden Differenzwerten zwischen den prozentualen Ergebnissen.

Tabelle 1: Wahlergebnisse in Erfurt (1999 und 2004)

	Europawahl in Erfurt			Landtagswahl Thüringen in Erfurt		
	1999	2004	Differenz	1999	2004	Differenz
CDU	38.85%	31.00%	-7.85%	48.68%	36.09%	-12.59%
PDS	25.94%	28.73%	2.79%	17.49%	31.20%	13.70%
SPD	23.78%	16.08%	-7.70%	25.13%	14.54%	-10.59%
Grüne	3.99%	9.87%	5.89%	3.22%	8.49%	5.28%
FDP	1.49%	3.99%	2.50%	0.82%	3.59%	2.78%
Sonstige	5.95%	10.33%	4.38%	4.33%	6.09%	1.76%

Quelle: Thüringer Landesamt für Statistik

Zusätzlich wird im Folgenden auch auf einige der ersten Ergebnisse der Euroba-
rometer-Befragungen 2004 eingegangen werden. Das Eurobarometer wird im Auftrag der Europäischen Kommission in allen Staaten der Europäischen Union als
dreiwellige Panel-Befragung erhoben. In Deutschland wurden dazu 1.000 Telefon-
Interviews durchgeführt.[3]

Zentral für die vorliegende Studie ist allerdings eine Panel-Befragung, in deren Rahmen Erfurter Bürger (wahlberechtigt mit Erstwohnsitz in Erfurt) zu drei
verschiedenen Zeitpunkten telefonisch befragt wurden. Die erste Befragungswelle
fand in der Zeit vom 24. Mai 2004 bis zum 5. Juni 2004 statt, die zweite Befragung
unmittelbar nach dem ersten Wahlwochenende, d.h. vom 14. Juni 2004 bis zum 16.
Juni 2004. Die letzte Befragungswelle wurde am 28. und 29. Juni 2004 durchgeführt.[4] Die engen Befragungszeiträume in der zweiten und dritten Welle waren
erforderlich, um die mediale Interpretation als Hintergrundvariable möglichst konstant zu halten. Den Aufbau der Studie verdeutlicht Abbildung 1.

Abbildung 1:   Zeitstrahl: Wahlen und Erhebungszeitpunkte

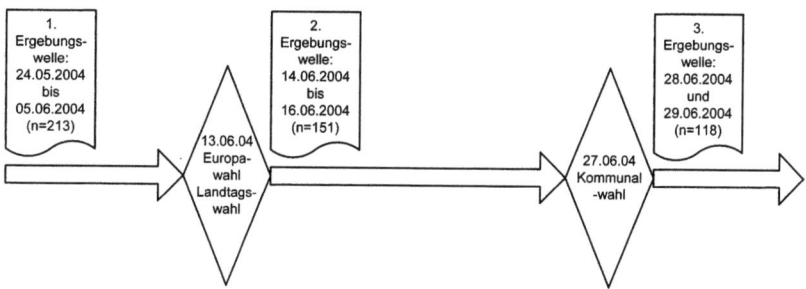

Insgesamt konnten in der ersten Welle 213 Befragte gewonnen werden, von denen
151 an der zweiten Welle teilnahmen und 118 auch zum dritten Erhebungszeitraum
erreicht werden konnten. Die Befragten der ersten Befragungswelle wurden durch
das Verfahren von S. Gabler/S. Häder (1998; vgl. auch Häder 2000) zur Generie-
rung von Zufallsstichproben bei Telefonbefragungen ausgewählt. Es sei erwähnt,
dass sich die Abweichungen durch Panel-Mortalität unserer Analyse zufolge auf
ein stärkeres politisches Interesse unter jenen Befragten beschränken, die an allen
drei Panel-Wellen teilgenommen haben – ein Problem, das bei einer Panel-

---

3   Die Ergebnisse stehen zum Zeitpunkt dieser Veröffentlichung unter http://www.europarl.eu.int/
    press/Eurobarometer/index_en.htm zur Verfügung.
4   Diese dritte Erhebungswelle fand direkt nach der Erfurter Kommunalwahl statt. Der vorliegende
    Beitrag wird sich auf die direkten Wechselwirkungen zwischen den parallelen Europa- und Land-
    tagswahlen beschränken. Die Ergebnisse zur Kommunalwahl bleiben demzufolge außen vor. Ein
    Grund hierfür ist auch das komplizierte Wahlverfahren bei den Thüringer Kommunalwahlen, das
    einen Vergleich erschwert. Auch in der dritten Erhebungswelle wurden aber ebenfalls Fragen zur
    Europa- bzw. Landtagswahl gestellt, die dann natürlich unter dem Eindruck des Nachwahldiskurses
    standen.

Befragung zu politischen Fragestellungen nicht unerwartet ist. Da aber in der vorliegenden Analyse die intertemporalen Effekte nicht im Vordergrund stehen, würde
eine weitergehende Diskussion an dieser Stelle zu weit führen (vgl. H. Scherer
2000). Die Begrenzung der vorliegenden Untersuchung auf die Region Erfurt gibt
die Möglichkeit, Europawahl und Landtagswahl gegenüberzustellen, die hier am
gleichen Tag stattfanden. Der Fragebogen umfasste – mit geringeren Anpassungen
zwischen den Panelwellen – jeweils mehrere Blöcke, u.a. zu Wahlverhalten, politischen Einstellungen, Mediennutzungsmustern und soziodemographischen Merk-
malen.

4   Wahlbeteiligung und Bedeutung der Landtags- und Europawahl

Wie steht es um die erste Hypothese, die angelehnt an Reif und Schmitt (1980) die
Wahlbeteiligung betrifft? Für Gesamtdeutschland gab es mit einer Wahlbeteiligung
von 43 Prozent und einem Rückgang von 2,2 Prozent im Vergleich zur Wahl von
1999 einen weiteren Tiefpunkt in der Wahlbeteiligung bei einer Europawahl. Insbesondere verglichen mit der Wahlbeteiligung der Bundestagswahl von 2002 (79,1
Prozent) ist dies ohne Zweifel ein Beleg dafür, dass die Europawahl nicht in der
Lage ist, unter den Wählerinnen und Wählern eine vergleichbare Bedeutung zu
erzielen (vgl. den Beitrag von J. Tenscher in diesem Band).

Im vorliegenden Fallbeispiel der Landeshauptstadt Erfurt fanden, wie erwähnt, am gleichen Tage die Landtagswahlen statt – konnte dadurch eine zusätzliche Motivation zum Wahlgang geschaffen werden? In Erfurt lag die Wahlbeteiligung bei den Europawahlen 2004 bei 51,5 Prozent und damit deutlich über dem
Bundesdurchschnitt; im Vergleich zu 1999 konnte sogar ein Anstieg um 2 Prozent
verzeichnet werden. Im Jahr 1999 fanden die Landtagswahlen nicht parallel zur
Europawahl statt, sondern drei Monate später. Am Tag der Europawahl fanden
seinerzeit die Kommunalwahlen statt. Die Landtagswahlen scheinen also einen
mobilisierenden Effekt zu entwickeln, sogar im Vergleich zu den Kommunalwahlen des Jahres 1999. Aber die Landtagswahl musste dennoch im Vergleich zu 1999
Einbußen in der Wahlbeteiligung hinnehmen: Waren es in 1999 noch 61,6 Prozent
der Wahlberechtigten, die zur Landtagswahl gingen, so waren 2004 nur 51,9 Prozent bereit, an der Wahl teilzunehmen – immer noch leicht über der Wahlbeteiligung der parallelen Europawahl. Die Beteiligung an der Europawahl 2004 in Thüringen (53,7 Prozent) wurde im Bundesvergleich nur von Rheinland-Pfalz (58,3
Prozent) und dem Saarland (57,2 Prozent) deutlich übertroffen, wo gleichzeitig
Kommunalwahlen stattfanden; auch dort könnte es also ähnliche Mobilisierungseffekte durch weitere Wahlen gegeben haben. Weder in Sachsen (46,1 Prozent),
Sachsen-Anhalt (42,0 Prozent) noch in Mecklenburg-Vorpommern (45,1 Prozent),
schienen die Kommunalwahlen vergleichbare Mobilisierungseffekte auszulösen,

wobei die Beteiligung in Sachsen-Anhalt sogar unter dem Bundesdurchschnitt (43,0 Prozent) lag.[5]

Mit Blick auf die erste Hypothese bleibt also schlicht festzuhalten: Es gibt offensichtliche Mobilisierungswirkungen von anderen Wahlen. Dies kann zum einen daran liegen, dass mehrere Wahlen an einem Tag die allgemeine Wichtigkeit des Wahlganges für die Menschen erhöhen. Es ist jedoch anzunehmen, dass sich die Landtagswahl hier besonders auswirkte, wie Vergleichswerte aus der Kommunalwahl 1999, aber auch die nachfolgende Analyse der Panel-Erhebung verdeutlichen. In der ersten und dritten Welle wurde dort erhoben, für wie wichtig die Befragten die jeweiligen Wahlen hielten, und zwar sowohl persönlich[6] als auch für die Öffentlichkeit im Allgemeinen.[7]

Abbildung 2: Persönliche und Allgemeine Wichtigkeit der Wahlen (1. und 3. Befragungswelle) – Prozent der Nennungen von 1 und 2 auf einer 5er Skala von Sehr wichtig bis überhaupt nicht wichtig

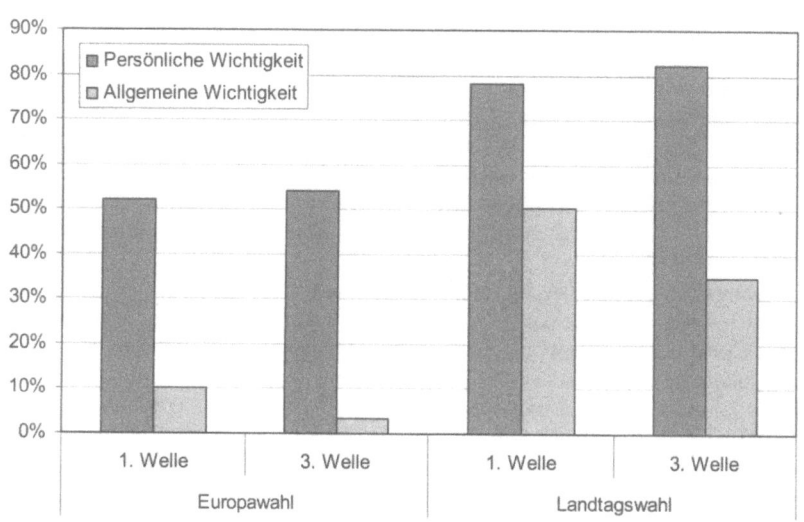

---

5 Alle Angaben zu den Wahlbeteiligungen der Europawahl sind den Angaben des Bundeswahlleiters unter http://www.bundeswahlleiter.de entnommen (03.01.2005).
6 Die Frage lautete: „Für wie wichtig halten Sie persönlich diese Europawahl?". Für die späteren Befragungswellen wurde jeweils um einen Erinnerungsstimulus mit Blick auf den Wahltag ergänzt: „Wenn Sie einmal über den gestrigen Wahltag kurz nachdenken – für wie wichtig halten Sie persönlich die Europawahl?"
7 Hier lautete die Frage: „Wie ist Ihre Einschätzung: Für wie wichtig halten die Bürgerinnen und Bürger allgemein die kommende Europawahl?". Auch hier wurde in der 3. Befragungswelle entsprechend ein Rückblick auf die Wahl ergänzt.

Für die vorliegende Fragestellung bedeutsam ist einerseits der große Unterschied in der wahrgenommenen Wichtigkeit zwischen der Landtagswahl und der Europawahl (vgl. Abbildung 2). Die Landtagswahl ist für den einzelnen relevanter, und ihr wird eine deutlich größere Bedeutung mit Blick auf die Allgemeinheit zugeschrieben. Zum anderen fällt auf, dass zu jedem Zeitpunkt die Differenz zwischen der persönlichen Bedeutung und der allgemeinen Einschätzung stark ausgeprägt ist. Dieser Unterschied ist in der dritten Welle sogar noch prägnanter und kann durch verschiedene Überlegungen erklärt werden. Einerseits spielt hier sicherlich soziale Erwünschtheit eine entscheidende Rolle – für den „guten" Bürger scheint es schlichtweg angemessen zu sein, die Wahlen generell für wichtig zu halten, gleichzeitig ist aber die Einschätzung der ‚Anderen' eher negativ. Dieses Muster erinnert an den aus der Kommunikationsforschung bekannten Third-Person-Effekt (vgl. P. Davison 1983), und lässt daher möglicherweise ähnliche sozialpsychologische Interpretationen zu – nur, dass es hier einen negativen Bias (‚Pluralistic Ignorance'; P. Davison 1983: 11 f.) gegenüber den Mitmenschen bzw. eine Überschätzung des eigenen Interesses gibt (vgl. die Diskussionen zum Third-Person-Effekt bei W. Eveland 1999; H.-B. Brosius/D. Engel 1996; R. Perloff 1989). Der negative Bias gegenüber den Mitmenschen könnte durch eine Medienberichterstattung entstehen, die entsprechende Demobilisierungstendenzen der Wähler präsentiert und die Wahlbeteiligung schon vor dem eigentlichen Wahlgang problematisiert. Entsprechend dieser Vermutung ließ sich in den Daten ein hochsignifikanter Zusammenhang zwischen der Stärke des wahrgenommenen Unterschiedes zwischen persönlicher Wichtigkeit und allgemeiner Wichtigkeit einerseits sowie den Angaben zur Nutzung von politischen Informationen in den Medien andererseits finden ($r=.241$; $p<0.01$).

Interessant ist, dass bei der Landtagswahl zudem in der zweiten Welle ein signifikant höherer Wert für die persönliche Wichtigkeit der Wahl gefunden wurde. Dieser Effekt lässt sich mit einer kognitiven Aktivierung erklären: Durch die eigene Wahlentscheidung und die mediale Diskussion der Wahl gewinnt das Ereignis ‚Wahl' im kognitiven Setting der Befragten an Bedeutung. Diese Aktivierung nimmt mit der Zeit schnell wieder ab und ist daher in der dritten Befragungswelle fast wieder auf das anfängliche Niveau abgesunken. Die Differenzen zwischen der zweiten Welle und der ersten bzw. dritten Welle sind für die Landtagswahl signifikant.[8] Wenn die Aktivierungsthese zutrifft, dann ist vor allem auffällig, dass diese Aktivierung für die Landtagswahl eingetreten ist, bei der Europawahl aber ausblieb. Dies spricht ebenfalls dafür, dass die Landtagswahl die entscheidende Antriebskraft für die Wahlbeteiligung war und damit eine entsprechende Ausstrahlungswirkung auf die eher schwache Europawahl entfalten konnte.

Zusammenfassend scheint sich erstens die These von der niedrigen Wahlbeteiligung bei Europawahlen generell zu bestätigen. Offensichtlich bewegt sich die Landtagswahl in dieser Frage eher in Richtung einer First-Order-Election – oder die Europawahl sinkt noch tiefer ab, gar auf das Niveau einer Third-Order Election (vgl. K. Schönbach/E. Lauf 2002, 2004). Die Landtagswahl konnte zudem auf eine

---

8   Bezogen auf die persönliche Wichtigkeit der Wahl; Wilcoxon-Rang-Test, $p<0.05$.

deutlich höhere Bedeutung vertrauen und damit die Wahlbeteiligung insgesamt stimulieren – sie schaffte es damit im Beispielfall Erfurt, die Wahlbeteiligung für die Europawahl deutlich über den Bundesschnitt zu heben und sie im Vergleich zu 1999 sogar gegen den Bundestrend zu steigern.

Hypothesen 2 und 3 beziehen sich auf das eigentliche Wahlergebnis. Wie schnitten die kleinen Parteien bei den Wahlen ab und wie verhielt es sich mit dem Wahlergebnis der Regierungsparteien auf nationaler Ebene? In welchem Verhältnis stand das Ergebnis zum Ergebnis der Landtagswahl? Für beide Wahlen lässt sich festhalten, dass vor allem die *PDS* in Erfurt hinzugewonnen konnte. Die *Grünen*, und teilweise auch die *FDP*, konnten ihre traditionelle Strukturschwäche in den ostdeutschen Bundesländern bei den hier dargestellten Wahlen leicht abbauen; den *Grünen* gelang bei der späteren Kommunalwahl sogar die Rückkehr in das Erfurter Stadtparlament. Bei der Landtagswahl hingegen schnitten beide kleineren Parteien zwar besser ab als zuvor, scheiterten landesweit aber an der 5-Prozent-Hürde. Dabei unterschieden sich weder die Wahlergebnisse noch die Zugewinne deutlich zwischen Europawahl und Landtagwahl – wenn auch *Bündnis90/Die Grünen* und *FDP* bei der Europawahl noch ein wenig besser abschnitten als bei der Landtagswahl. Dies mag an zweierlei gelegen haben: Einerseits könnte sich hier die allgemeine These von Reif und Schmitt (1980) bestätigen, die kleinere Parteien bei Europawahlen im Vorteil sehen. Gleichzeitig könnte dies aber auch an anderen Faktoren liegen: Während beide Parteien bei der Landtagswahl generell um den Einzug ins Parlament bangen mussten (und ihn schlussendlich verfehlten), waren die veröffentlichten Umfragen und die mediale Vorberichterstattung zur Europawahl so ausgerichtet, dass an einem Überspringen der 5-Prozent-Hürde bei der Europawahl in beiden Fällen kein echter Zweifel bestehen konnte.

Bevor die Hypothese zu den Regierungsparteien behandelt wird, noch eine Bemerkung zur Sondersituation der *PDS*, die die Interpretation erschwert. Zunächst einmal ist die *PDS* bei der gesamtdeutschen Europawahl (ebenso bei der Betrachtung von Bundestagswahlen) eine der kleinen Parteien – dies gilt aber nicht für Ostdeutschland (und damit auch nicht für den Beispielfall Erfurt). Auffallend ist, dass die *PDS* bei der Europawahl 1999 in Erfurt schon ein hohes Ergebnis erzielte (25,9 Prozent; vgl. Tabelle 1) und dieses nicht mehr viel weiter ausbauen konnte (28,7 Prozent; +2,8 Prozent). Hingegen konnte sie ihr niedrigeres Landtagswahlergebnis von 1999 steigern und damit auch das Europawahlergebnis deutlich überbieten (von 17,5 Prozent auf 31,2 Prozent; +13,7 Prozent). Es kann vermutet werden, dass sich darin ein Wandel der *PDS* in der Sicht der Wähler ausdrückt – bei der Europawahl 1999 war die *PDS* trotz ihres starken Stimmenanteils noch eher eine der kleinen Parteien, der man eine Stimme als Signal gab oder weil man andere strategische Überlegungen außen vor ließ. Deswegen hatte sie auch bei der Landtagswahl 1999 deutlich weniger Stimmen erhalten. Im Jahr 2004 veränderte sich diese Lage aber: Die *PDS* spielte, jedenfalls in Erfurt im Jahr 2004, im Konzert der ‚großen' Parteien mit, und schnitt bei den wichtigeren Landtagswahlen deutlich besser ab.

Wie steht es nun um den Vergleich zwischen Regierungsparteien und Opposition? Hier ist die These von Reif und Schmitt für Erfurt (und wohl auch bundesweit; vgl. den Beitrag von A. Wüst/D. Roth in diesem Band) eher zu verwerfen. Sowohl in Erfurt als auch bundesweit verloren *SPD* (die größte Regierungspartei) wie *CDU* (die größte Oppositionspartei) deutlich. Für wen die Verluste vernichtender waren, sei den politischen Kommentatoren überlassen – ein Unterschied lässt sich jedenfalls nicht wirklich ausmachen.

Auch mit Blick auf die Thüringer Landtagswahl (hier war und ist die *CDU* alleinige Regierungspartei) lassen sich kaum Differenzen feststellen. Die Oppositionspartei *PDS* konnte zwar zulegen, aber dieses Phänomen wurde bereits diskutiert. Sowohl *CDU* als auch *SPD* verloren im Land stark; bei der *SPD* ist dieses Ergebnis vor allem deshalb auffallend, weil sie bereits 1999 auf einem relativ niedrigen Niveau angelangt war. Auch in den Prozentwerten sind die Unterschiede zwischen Europa- und Landtagswahl weder für *CDU* noch für die *SPD* besonders ausgeprägt. Die kleineren Parteien (egal ob Regierungspartei oder nicht) legten ebenfalls zu (bei beiden Wahlen). Hier scheint die Trennlinie also eher zwischen der Größe der Partei zu verlaufen als zwischen der Zugehörigkeit zu einer nationalstaatlichen Regierung. Dies deutet eher auf die strategische Komponente der Second-Order Wahl hin als auf eine pauschale Abstrafung der Bundesregierung (vgl. M. Marsh/M. Franklin 1996: 19, 21).

Möglicherweise handelt es sich hier um eine interessante Konstellation: Es könnte sein, dass für die Erfurter Wähler zwar die Europawahl eine Second-Order Election war, diese sich aber auf zwei Arenen statt üblicherweise nur auf die nationalstaatliche Arena bezog: Dann hätte für die Europawahlentscheidung der Erfurter Bürger sowohl die bundespolitische Debatte eine wesentliche Rolle gespielt (hier wurde die *SPD* als Regierungspartei abgestraft) und gleichzeitig aber auch auf Landesebene die Verluste der *CDU* auf die Europawahl ausgestrahlt. So fielen die Verluste der *CDU* bei der bundesweiten Betrachtung der Europawahl deutlich geringer aus – nur 2,8 Prozent der Wählerstimmen gingen im Vergleich zur Wahl von 1999 verloren, in Erfurt waren es hingegen 7,9 Prozent, die die *CDU* als Regierungspartei im Land verlor. Auch dies würde zur These dieses Beitrags passen, dass die Landtagswahl das dominante Ereignis im politischen Horizont der Befragten war und entsprechende Aktivierungen vorgenommen wurden.

5   Unterschiede im Wahlverhalten: Split-Wähler und Gleich-Wähler

Die zweite Forschungsfrage bezog sich auf jene Wähler, die bei Europa- und Landtagswahlen unterschiedlich abstimmten und im Folgenden als *Split-Wähler* bezeichnet werden (im Gegensatz zu Gleich-Wählern, die in beiden Wahlen derselben Partei ihre Stimme gaben). Insgesamt 24 Prozent der Wähler der Panelbefragung gaben ihre Stimmen unterschiedlichen Parteien – was auch bedeutet, dass deutliche 76 Prozent bei ihrer Stimmabgabe keinen Unterschied zwischen den Wahlen machten. Dies heißt natürlich nicht, dass die Wahlen in der Wahrnehmung dieser 76 Prozent nicht unterschieden wurden, denn die Wähler können natürlich bei beiden Wahlvorgängen zur gleichen bewussten Entscheidung gekommen sein, sei es aus identischen (z.B. Parteipräferenz) oder unterschiedlichen Gründen (z.B. retrospektiv die Arbeit der jeweiligen Partei auf der jeweiligen Ebene). Wie aber steht es um die Split-Wähler, in welche Richtung hat sich ihre Wahlentscheidung zwischen den beiden Wahlen verändert? Wenn die Annahme zutrifft, wonach die Landtagswahl eine Wahl über Landesthemen war, und die Europawahl eine Wahl zur „Bestrafung" der Bundesregierung, so sollte man erwarten, dass insbesondere die beiden Regierungsparteien von der Landtagswahl zu den Europawahlen verloren (an den Oppositionsblock), während die Wähler der Opposition keinen Anreiz hatten, zum anderen Block zu wechseln, sondern vielmehr untereinander die Wähler tauschten – etwa von der großen zur kleineren Oppositionspartei, weil hier die strategischen Bedenken der Landtagswahl (wie Koalitionsbildung oder aber das mögliche Scheitern an der 5-Prozent-Hürde) wegfielen.

Tabelle 2: Wähler mit divergierenden Voten von der Landtagswahl zur Europawahl[9]

	Stimmen für andere Partei		Stimmen für anderen politischen Block	
	n	Prozent der Gesamtstimmenzahl	n	Prozent der Gesamtstimmenzahl
CDU	7	17.1%	6	14.6%
SPD	7	33.3%	2	9.5%
Grüne	2	20.0%	1	10.0%
FDP	0	0.0%	0	0.0%

Tabelle 2 stellt den Anteil der divergierenden Voten pro Partei und das Ziel des jeweiligen ‚Wechsels' dar. Die Tabelle geht dabei von der Landtagswahl aus und betrachtet die Veränderung zur Europawahl, wobei dies logisch natürlich keinen ‚Wechsel' im herkömmlichen Sinne darstellt, da beide Wahlvorgänge zur selben Zeit stattfanden. Obwohl es sich insgesamt um sehr kleine Fallzahlen innerhalb des Panels handelt, fällt zunächst auf, dass, der Erwartung entsprechend, die Wähler von *SPD* und *Grünen* anteilsmäßig häufiger divergierende Voten abgaben. Gleichzeitig wechselte aber nur jeder Dritte dieser Wähler zum anderen Block (*FDP, CDU* sowie als weitere Oppositionspartei *PDS*), d.h. der Großteil der Divergenzen bezieht sich auf die beiden Parteien *SPD* und *Grüne* (was erneut auf mögliche Veränderungen der strategischen Einschätzungen durch die Wähler hindeutet).

---

9   In dieser Übersicht und in der Diskussion wurde die *PDS* ausgenommen. Einerseits ist diese zwar ebenfalls auf der Bundesebene eine der Oppositionsparteien, zurzeit aber nur durch direkt gewählte Abgeordnete im Bundestag vertreten. Ihre bundesweiten Wahlergebnisse sind aber mit dem Wahlergebnis und ihrer Bedeutung in einem ostdeutschen Bundesland wie Thüringen nicht zu vergleichen. Teilt man außerdem die politischen Parteien in Lager ein, wie es hier gemacht wurde, dann ist die *PDS* nicht im gleichen Lager wie die *CDU* und die *FDP*, aber dennoch eben eine Oppositionspartei. Aus diesem Grund wurde ein Wähler, der für die Europawahl der *PDS* seine Stimme gab und im Land einer der übrigen Parteien, immer als ‚Wechsel des Lagers' gezählt. Die Vorgabe ‚Andere Parteien' wurde für die Auswertung ebenso vernachlässigt wie ‚keine Angabe'.

Von der Oppositionspartei *CDU* (im Bundestag, nicht im Thüringer Landtag) hingegen wechselte nur einer von sieben Wählern zur *FDP*, der Großteil entschied sich bei der Stimmabgabe zur Europawahl für die Regierungspartei *SPD*.

Die Unterscheidung in Blöcke scheint zwar für den politisch interessierten Beobachter sinnvoll, war sie aber auch aus Sicht der Wähler in diesem Kontext relevant? Hier zeigen sich die wohl interessantesten Unterschiede zwischen Split- und Gleich-Wählern: Während sich die Gruppen weder in ihrem allgemeinen Politikinteresse, Alter oder Geschlecht unterscheiden, gibt es eine deutliche Differenz bei der Bewertung der *SPD* und der Einstellung zur *SPD*.[10]

Tabelle 3:   Bewertungsunterschiede zwischen Split- und Gleichwählern
(Bewertungsskala von 1 = beste Note bis 5 = schlechteste Note)

| | Durchschnittliche Bewertung (1-5) | | | |
	Split-Wähler	Gleich-Wähler	Differenz	p[11]
Bewertung SPD	2.76 (s=0.723; n=25)	3.20 (s=0.911; n=79)	0.443	0.029
Bewertung Grüne	2.96 (s=0.790; n=25)	3.28 (s=0.986; n=79)	0.318	0.105
Bewertung Schröder	2.76 (s=0.779; n=25)	3.29 (s=0.922; n=79)	0.531	0.011
Bewertung Fischer	1.84 (s=0.746; n=25)	2.45 (s=1.015; n=78)	0.609	0.002

Wie Tabelle 3 zeigt, bewerteten Split-Wähler die Politik der *SPD* und die Person Gerhard Schröders (als *SPD*-Bundeskanzler) besser als die Gleich-Wähler. Dies gilt auch für Joschka Fischer und die ihm zugeordnete Partei *Bündnis90/Die Grünen* (letzteres nicht signifikant). Es konnten keine signifikanten Unterschiede für andere politische Ebenen (Landes- und Kommunalpolitik) gefunden werden – dort sind die entsprechenden Fallzahlen auch kleiner, da etliche Befragte die genannten Personen gar nicht oder nicht ausreichend kannten, um sie zu bewerten. Auch dies kann natürlich als weiteres Indiz dafür gesehen werden, dass die Wähler die bundespolitische Ebene als besonders relevant für ihre politische Wahrnehmung empfanden. Es kann also davon ausgegangen werden, dass diese Wähler der *SPD* eher nahe standen – dies spiegelt sich auch in der Selbstauskunft der Befragten wider: Es finden sich keine Anhänger der *CDU* oder *FDP* in der Gruppe der Split-Wähler

---

10 Für den Bildungsgrad ergibt sich ein leichter Unterschied hin zu einem höheren Bildungsgrad für die Wähler mit divergierenden Voten – dieser Unterschied ist aber statistisch aufgrund der für den Bildungsgrad eingesetzten Ordinalskala mit nur wenig Einträgen schwer zu beurteilen.

11 Die statistische Signifikanz der Mittelwertdifferenzen wurde hier mit einem t-Test geprüft. Die Bewertungsdaten sind zwar eher einer Ordinalskala zuzuordnen, entsprechende nonparametrische Tests sind aber in ihren Ergebnissen identisch. An dieser Stelle werden die Zahlen des t-Tests verwendet, um die Interpretation zu vereinfachen.

(80 Prozent – also ein Großteil – ordnet sich in der Selbstauskunft aber keiner politischen Gruppierung zu).

Es kann vermutet werden, dass die Split-Wähler eine strategische Wahlentscheidung getroffen haben, die aus ihrem Pessimismus gegenüber dem Ausgang der Europawahl für die Sozialdemokraten herrührte. So schätzten diese Befragten die Chancen auf einen *SPD*-Wahlerfolg bei der Landtagswahl signifikant höher ein als einen Wahlerfolg für die *SPD* bei der Europawahl (gepaarter t-Test; d=.52 auf einer Skala von 1 bis 5, s=.872; p=.006; n=25). Genau diese Einschätzung könnte zur strategischen Einschätzung geführt haben, zwischen den beiden Wahlen bewusst zu unterscheiden und der *SPD* zwar bei der Landtagswahl die Stimme zu geben, aber nicht bei der Europawahl. Wie aus dieser Argumentation zu erwarten, konnten für die *Grünen*, die andere Partei in einem Block mit der *SPD*, ebenfalls signifikante Unterschiede in der Bewertung der Erfolgsaussichten für die beiden Wahlen ermittelt werden, aber in umgekehrter Richtung: Die Aussichten der *Grünen* bei der Europawahl wurden höher eingeschätzt als bei der Landtagswahl (gepaarter t-Test; d=.36 auf einer Skala von 1 bis 5, s=.700; p=.017; n=25). Es ist aber offensichtlich, dass nicht die Einschätzung der Erfolgsaussichten der *Grünen* hier handlungsleitend war, sondern eben die Erwartungen an die Erfolgsaussichten der *SPD* – nicht nur, weil die *SPD* (und ihre Politiker) in den Bewertungen zwischen den beiden Gruppen unterschieden wurden, sondern auch aus einem weiteren Grund: In der Einschätzung der Erfolgsaussichten der *Grünen* waren beide Wählergruppen einer Meinung; auch die Gleich-Wähler hielten die Erfolgsaussichten der *Grünen* bei der Europawahl für signifikant besser, wenn auch auf einem leicht niedrigeren Gesamtniveau (gepaarter t-Test; d=.273 auf einer Skala von 1 bis 5, s=.821; p=.005; n=77). Diese Gruppe konnte für die *SPD* keine signifikanten Unterschiede in den Erfolgsaussichten zwischen den beiden Wahlen erkennen.

Eine der Ausgangsthesen war es, dass die Medienberichterstattung das Ereignis ‚Europawahl' in einen bestimmten Kontext (und damit einen Interpretationsrahmen) einbindet, der die Wahrnehmung der Wahl durch die Befragten prägt. Dies könnte unter anderem dann zu den divergierenden Voten führen, wenn die Befragten unterschiedliche Maßstäbe bezüglich ihrer Wahlentscheidung anlegen. Entgegen dieser Erwartung konnten in der Erhebung jedoch keine statistisch signifikanten Unterschiede in den Mediennutzungsmustern oder -motiven festgestellt werden. Es fällt also schwer, hier einen direkten Effekt der Medien nachzuweisen. Möglicherweise liegt der Unterschied zwischen den Wählern weniger in ihrer Mediennutzung und den aus den Medien gewonnen Informationen, als in der Bewertung der Informationen im Kontext mit ihren Prädispositionen und Wissen – dies würde einen aktiven Mediennutzer voraussetzen, der in einer Wechselwirkung mit den Medieninhalten und vorhandenen Konstrukten seine Meinung bildet (vgl. W. Früh 1991). Einen ersten Beleg für diese These könnte in der oben getroffenen Feststellung liegen, dass auch die Wähler mit einheitlichem Votum die Erfolgsaussichten der *Grünen* zwischen den beiden Wahlen unterschiedlich bewerteten, dies aber offensichtlich nicht in deren Wahlentscheidung einfloss – gleichzeitig schätzte diese Gruppe die Wahlchancen der *SPD* bei der Landtags- sowie Europawahl gleich schlecht ein. Da aber für beide ähnliche Mediennutzungsmuster festgestellt werden konnten, müssen diese Einschätzungen aus Interaktionen mit anderen Konstrukten, z.B. der Parteibindung, abgeleitet werden.

6   Themen und ihre Bedeutung für die Wahlentscheidung in der Europa- und Landtagswahl

Die abschließende Analyse widmet sich der Bedeutung von Sachfragen für die Wahlentscheidung: In der Befragungswelle vor den Wahlen wurde festgehalten, welche Themen für die persönliche Wahlentscheidung der Erfurter wichtig waren und was sie glaubten, welche Themen allgemein wahlentscheidend sein würden. Dabei stellte sich zunächst heraus, dass es deutliche Unterschiede darin gibt, ob die Menschen überhaupt eine Vorstellung davon haben, was wichtige Themen bei den beiden Wahlen sind (vgl. Abbildung 3). Zwei Dinge fallen auf: Die Befragten hatten eine klarere Vorstellung davon, was bei der Landtagswahl wichtige Themen sein würden – und zwar sowohl, wenn es um ihre eigene Wahlentscheidung ging, als auch hinsichtlich der Wahlentscheidung allgemein. Zum Zweiten gibt es auch hier eine deutliche Diskrepanz zwischen der eigenen Wahrnehmung und der Einschätzung der Allgemeinheit.

Abbildung 3:   Anteil der Befragten, die für die jeweilige Wahl ein für sie persönlich oder ein für die Allgemeinheit wahlentscheidendes Thema benennen können (nur Befragungsteilnehmer mit Wahlabsicht; n(EW)=172 / n(LW)=188)

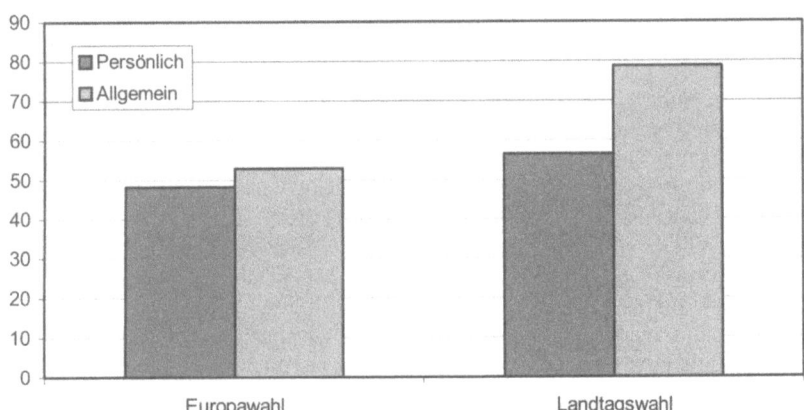

Diese Diskrepanz ist aus zwei Gründen interessant: Einerseits gibt es mehr Befragte, die annehmen, dass es allgemein Themen für die Wahlabsicht der Menschen gibt, ohne selbst persönlich bestimmte Themen für die eigene Wahlentscheidung nennen zu können. Andererseits ist auffallend, dass dies gerade bei den Landtagswahlen deutlich stärker ausgeprägt ist. Ein Erklärungsversuch muss auch hier auf die Interpretationsfunktion der Medien zurückgreifen: Die Medien diskutieren schon im Vorfeld der Wahlen mögliche wahlrelevante Themen und geben auf diese Weise Hinweise auf potenzielle Gründe für die Wahlentscheidung der Bevölkerung. Auf der individuellen Ebene müssen diese Gründe für den einzelnen nicht nachvollzogen werden, und dennoch schließt der Wähler aus der Berichterstattung auf die entscheidenden Themen für andere Wähler. Dies macht erneut deutlich, wie wichtig es in der Erforschung der Bedeutung von Themen für die Wahlentscheidung ist, zwischen der persönlichen Bedeutung und der angenommenen allgemeinen Bedeutung zu unterscheiden – nicht jedes Thema, das in der Bevölkerung als allgemein relevant wahrgenommen wird, ist auch gleichzeitig für die individuelle Entscheidung relevant. Entsprechende Fragen in Erhebungsmethoden müssen diesem Unterschied zwischen allgemeiner und persönlicher Themen-Agenda Rechnung tragen – eine in der frühen Agenda-Setting-Forschung bereits diskutierte Differenzierung (vgl. P. Rössler 1997: 88), die in der Folgezeit jedoch nur noch selten beachtet wurde.

Im Anschluss soll überprüft werden, welches Thema denn besonders wichtig für die eigene oder allgemeine Wahlentscheidung war. Diese Frage wurde offen gestellt und anschließend in Kategorien gebündelt.[12] Wie Tabelle 4 zeigt, spielt in beiden Wahlen das Themenfeld Arbeit und Wirtschaft die gewohnt herausragende Rolle (vgl. M. Fiorina 1981; H. Norpoth 2004).

Die Wähler waren durchaus in der Lage, zwischen den einzelnen Wahlen zu unterscheiden – jedenfalls in ihren Einschätzungen der Themenlage. Ob sich dies in ihren individuellen Wahlentscheidungen tatsächlich niederschlug, muss hier offen bleiben; und dennoch: Es fällt auf, dass bei der Europapolitik neben Arbeit und Wirtschaft auch klassische Themen der nationalstaatlichen Politik, wie die Außenpolitik oder die Haltung zum Irak-Krieg, eine herausragende Rolle spielten, obwohl diese bei der Landtagswahl als unwichtig angesehen wurden. So dominierten bei der Landtagswahl einige klar landespolitische Themen (Bildungspolitik, Verkehr und Infrastruktur, Abwasserpolitik), während für die Europawahl Themen wie die EU-Osterweiterung oder die europäische Einheit im Vordergrund standen. Auch bei der Osterweiterung ist unklar, ob es sich dabei wirklich um ein Thema der Europawahl handelte, das im Wahlkampf thematisiert wurde oder dazu eine politische Entscheidung anstand – vielmehr könnte hier ein Priming-Effekt ausgelöst worden sein (vgl. J. Peter 2002; D. Scheufele 2000; S. Iyengar/D. Kinder 1987): Mit dem Thema ‚Europa' wurde die am 1. Mai 2004 vollzogene EU-Osterweiterung verbunden, da dies das wohl herausragendste politische Ereignis mit europapolitischem Bezug in einem großen Zeitfenster vor der Europawahl war und gleichzeitig mit den wichtigen Themen ‚Wirtschaft' und ‚Arbeitslosigkeit' verbunden werden konnte.

---

12 Falls ein Befragter zwei oder drei Antworten gab, wurden seine Antworten entsprechend gewichtet und mit .5 oder .33 in die Berechnung einbezogen. Daher werden hier auch keine absoluten Zahlen angegeben, sondern nur Prozentangaben an der Gesamtanzahl der Antworten.

Tabelle 4: Europa- und Landtagswahl – Wahlentscheidende Themen
(1. Befragungswelle)

Thema wichtig	EUROPAWAHL		LANDTAGSWAHL		
	persönlich	allgemein	Rang	persönlich	allgemein
N	83	112		106	165
1 Arbeit, Wirtschaft	23.9%	32.3%	1	47.6%	54.4%
2 EU-Osterweiterung	17.4%	6.8%			
3 Europäische Einheit, Zusammenhalt, Verfassung	14.1%	7.7%			
4 Außenpolitik, Frieden, Irak-Politik	10.5%	17.9%	9	0.4%	0.0%
5 Soziales, Familie, Jugend, Rente, Gesundheit	9.4%	4.3%	3	18.5%	13.2%
6 Finanzen, Haushalt, Steuern	6.5%	1.7%	4	5.8%	6.6%
7 Zuwanderung	4.3%	3.4%	11	0.0%	0.7%
8 Globalisierung	4.3%	10.2%			
9 Umwelt, Ökologie	2.9%	6.5%	10	0.4%	0.0%
10 Interessen Deutschlands in Europa	2.2%	1.7%			
11 EU-Institutionen, Bürokratie, Skandale	2.2%	6.0%			
12 Sicherheit, Terrorismus	1.1%	1.4%			
13 Bildung	1.1%	0.0%	2	18.9%	11.0%
Verkehr, Infrastruktur			5	4.2%	2.9%
Nicht mehr CDU, Reformpolitik der SPD			6	1.7%	1.5%
Abwanderung			7	1.7%	2.9%
Abwasser			8	0.8%	6.6%

Ein kurzer Blick auf die ersten Ergebnisse des Eurobarometers bestätigt diese Ergebnisse zu den relevanten Themen der Europawahl. Auch dort wurde als Thema, mit dem sich der Wahlkampf beschäftigen solle, vor allem die Arbeitslosigkeit genannt.[13] Auffallend erscheint nur die Nennung des Themas ‚Umwelt(schutz)' an vierter Stelle (vor Verbrechen und Terrorismus), das von rund 30 Prozent der Befragten (in der dritten Untersuchungswelle ca. eine Woche vor den Wahlen) als wichtiges Thema genannt wurde, mit dem sich die Wahlkämpfe beschäftigen sollten. Dies kann nur mit der Art der Fragestellung erklärt werden, die anscheinend eine Liste von Themen vorgab und diese Themen dann mit Ja/Nein bewerten ließ. Umweltschutz schien also ein gemeinsamer Nenner von vielen Befragten gewesen zu sein – auf der Basis der eigens erhobenen Erfurter Paneldaten und auch der Erfahrungen aus vergangenen Wahlen (sowie deren mangelnden Bezug zur europäischen Politik) ist es jedoch fragwürdig, ob sich diese Wichtigkeit auch in den Wahlentscheidungen niederschlug.

---

13 Die hier vorgestellten ersten Ergebnisse des Eurobarometers zur Europawahl 2004 sind den Angaben des Europaparlaments unter http://www.europarl.eu.int/press/Eurobarometer/pdf/en/germany. pdf entnommen (03.01.2005).

Die bisher veröffentlichten Daten des Eurobarometers zeigen ebenfalls, dass die nationalstaatliche Politik wichtiger für die Wahlentscheidung war als die europäische Ebene (vgl. auch die Beiträge von J. Tenscher und A. Wüst/D. Roth in diesem Band). So sagten die Befragten der dritten Befragungswelle sowohl über die Kandidaten als auch über die Parteien, dass ihnen deren Positionen zu nationalen Themen wichtiger seien als die zu europäischen Themen – wenn der Unterschied auch nur schwach ausfällt: 64 Prozent vs. 62 Prozent hielten nationale Themen für wichtiger, wenn es um die Position der Kandidaten, und 71 Prozent vs. 68 Prozent, wenn es um die Position der Parteien ging. Auch hier mag die simple Ja/Nein-Fragestellung Unterschiede verwischt haben.

In der letzten Befragungswelle (zwei Wochen nach den Wahlen) gaben die Erfurter Bürger auch Erklärungen für den Wahlausgang. Generell glaubten 80 Prozent der Befragten, eine Ahnung über den Grund für den Ausgang der Europawahl zu haben, bei der Landtagswahl waren dies sogar 86 Prozent. Auffallend deutlich wurde auf strategische Wahlgründe (z.B. als Protestwahl oder als Denkzettel für die Bundesregierung) hingewiesen. Für die Landtagswahl stellte der Grund ,Gegen Bundesregierung, Protest, Denkzettel'[14] 53,5 Prozent der Antworten, bei der Europawahl war dieses Motiv erwartungsgemäß noch präsenter (62,5 Prozent).

7 Zusammenfassung und Ausblick

Zusammenfassend lässt sich sagen, dass die Landtagswahlen zumindest in der Bewertung durch die Erfurter Bürger eine deutlich wichtigere Rolle einnahmen als die Europawahlen – mit positiven wie negativen Begleitumständen. Positiv zu vermerken ist, dass durch die Zusammenlegung der Wahltermine die Wahlbeteiligung für die Europawahl vermutlich erhöht wurde. Ob allerdings die dann stattfindende Abstimmung einer Abstimmung über die Besetzung des Europaparlaments entsprach, ist zweifelhaft. Einiges spricht dafür, dass die Europawahl weiterhin eine Second-Order Election darstellt und deswegen eine andere Funktion erfüllt als vorgesehen (nämlich die Zusammensetzung eines Parlamentes demokratisch zu legitimieren). Eher scheint sie dazu gedient zu haben, ein demokratisch legitimiertes Signal der Wähler an die Regierenden in Berlin zu senden – mit Unterstützung der Medien, die dies in ihren Interpretationen aufgriffen.[15] Ob dabei die Medien diese Deutung vorgaben oder nur ein Signal aus der Wählerschaft aufnahmen und verstärkten, erscheint eine zwar alte, aber nach wie vor wichtige Frage mit Blick auf die Rolle der Medien im politischen Prozess. Sie kann anhand der vorliegenden Daten allerdings nicht geklärt werden.

Straßburg scheint für die Erfurter Bürger nicht nur geographisch weiter entfernt zu sein als Berlin. Ihre eigene Stadt – sei es als Kommune oder Landeshaupt-

---

14 Offene Frage, nachcodiert (siehe oben).
15 Vgl. etwa die Schlagzeile der *BILD-Zeitung* (Thüringen-.Ausgabe, Seite 2) vom 14.06.2004: „Kanzler Schröder ist der große Verlierer".

stadt – und vor allem das politische Geschehen in der Bundeshauptstadt bestimmten ihre politischen Entscheidungen auch bei der Europawahl. Diese Priorisierung lässt sich bereits in den klassischen Nachrichtenfaktoren wiederfinden: So führt die größere Nähe zu einer Beachtung durch die Medien und zugleich auch durch die Rezipienten (vgl. C. Eilders/W. Wirth 1999; C. Eilders 1997). Der Nachrichtenfaktor ‚regionale Nähe' wird hier offensichtlich nicht durch einen Faktor persönlicher Betroffenheit ausgeglichen, wie er auf die Europapolitik zutreffen könnte.

Sicherlich leidet die Bedeutung der Europawahl auch weiterhin darunter, dass nur wenige bekannte Persönlichkeiten in diesem Umfeld antreten – somit kann selbst ein Kriterium wie Prominenz nicht wirklich greifen, wenn auch die Parteien häufig versuchen, durch den Einsatz ihrer national populären Protagonisten Aufmerksamkeit für ihren Europawahlkampf zu generieren (vgl. den Beitrag von J. Tenscher in diesem Band). Insgesamt gewinnen für die Wähler nur wenige Themen eine europäische Kontur, um auf deren Basis eine spezifisch europapolitische Wahlentscheidung zu treffen. Und genau hierin besteht das große Dilemma: Um Entscheidungen bei Wahlen treffen zu können, braucht der Wähler Bewertungsobjekte, d.h. Personen oder Positionen, zu für ihn relevanten Themen. Wenn beide Formen von Objekten im europäischen Kontext nicht vorhanden sind, dann bleibt dem Wähler nichts anderes als der Rückgriff auf andere Arenen der politischen Auseinandersetzung, um seine Wahlentscheidung zu treffen – die dann aber nicht spezifisch europapolitisch sein kann, ganz im Gegenteil. Wenn das mediale Framing durch Hervorhebung oder Ignorieren von bestimmten Bereichen (Themen, persönliche Eigenschaften der Politiker, etc.) dies nicht leistet, so fehlt dem Wähler in modernen, mediatisierten Demokratien eine entsprechende Orientierung, auf deren Basis er seine Wahlentscheidung treffen kann (vgl. S. Iyengar/D. Kinder 1987: 63).

Daraus folgt eine abschließende Einschätzung: Wer von den Bürgern aus Sicht einer normativen Demokratietheorie erwartet, dass sie eine begründete Wahlentscheidung treffen, der muss auch eine entsprechende politische Arena mit eigenen Themen und politischen Akteuren bieten. Dies ist zunächst nur als Feststellung zu verstehen, denn es fällt schwer, den Adressaten für einen solchen Appell zu benennen: Keinesfalls kann der ‚Schwarze Peter' hier alleine den Bürgern zugeschoben werden, wenn diese aus ihrer Sicht nur versuchen, unter den Rahmenbedingungen von begrenzt zugänglicher Information, aber auch ihrem nur begrenzten Interesse an Politik und eingeschränkten Zeit- bzw. Aufmerksamkeitsbudget eine zumindest halbwegs rationale Wahlentscheidung zu treffen. Aus ihrer Sicht scheint es nur verständlich, auf andere, leichter zugängliche Arenen zurückzugreifen – vor allem, wenn in diesen (wie im vorliegenden Falle mit der Landtagswahl) so oder so eigene Entscheidungen anstehen.

Auch ein Vorwurf an Politiker scheint müßig, denn sie handeln als rationale Akteure im Umfeld von Wahlkampf und Wahlentscheidungen vorrangig nur mit einem Ziel: Dem Erreichen des Wahlsieges bzw. eines möglichst guten Abschneidens (vgl. A. Simon 2002: 47). Sie von diesem Ziel abbringen zu wollen, wäre nicht nur höchst illusorisch, sondern aus Perspektive eines offenen Wettbewerbs unter den politischen Akteuren auch bedenklich – selbst wenn es wünschenswert wäre, würden die Akteure ihren Wettbewerb in den für sie zentralen Arenen austragen und nicht auf andere ausweichen. Genau hier wird die Lage aber unübersichtlich, denn wer will schon beurteilen, ob die Wähler auf andere Arenen ausweichen, weil die politischen Akteure keine anderen Angebote machen, oder ob die Politiker den Wählern folgen, um diese von ihrer Politik zu überzeugen? Die Politiker betreiben schließlich eine – wenn auch scheinbar nachfragegesteuerte – aktive Handlung, wenn sie die Europawahlen durch die Betonung des nationalen politischen Wettbewerbes und seiner Themen zu Second-Order Elections degradieren (vgl. M. Marsh 1998: 607).

Wie aber ist es um die Medien bestellt? Aufgrund ihrer Vermittlerrolle zwischen den politischen Handelnden und der Wählerschaft sind sie gezwungen, in den Arenen zu agieren, die ‚von öffentlichem Interesse' sind. Oft erscheint aber die Klage über die Undurchsichtigkeit der europäischen Instanzen und die Bedeutungslosigkeit des europäischen Parlamentes unangebracht, denn genau die Reduktion dieser Komplexität und die publikumsgerechte Aufbereitung von Themen des Europäischen Parlamentes wäre die alltägliche Aufgabe der politischen Journalisten. Es ist offensichtlich, dass es ihnen selbst im Vorfeld der Europawahlen kaum gelingt, die europäische Dimension politischen Handelns zu betonen (vgl. den Beitrag von F. Brettschneider/M. Rettich in diesem Band). Wenn das Geschehen in der politischen Arena vorrangig auf der Bundesebene oder der Landesebene eingeordnet wird, dann wird dies zwangsläufig auch zu einer bestimmenden Dimension für die Europawahl.

8   Literatur

Bohrmann, Hans/Jarren, Otfried/Melischek, Gabriele/Seethaler, Josef (Hrsg.) (2000): Wahlen und Politikvermittlung durch Massenmedien. Wiesbaden: Westdeutscher Verlag.
Brosius, Hans-Bernd/Engel, Dirk (1996): The Causes of Third-Person Effects. Unrealistic Optimism, Impersonal Impact, or Generalized Negative Attitudes Towards Media Influence? In: International Journal of Public Opinion Research. 2. 142-162.
Davison, Phillips W. (1983): The Third-Person Effect in Communication. In: Public Opinion Quarterly. 1. 1-15.
Dinkel, Reiner (1978): The Relationship Between Federal and State Elections in West Germany. In: Kaase/von Beyme (1978): 53-65.
Downs, Anthony (1972): Up and Down with Ecology. The „Issue-Attention-Cycle". In: Public Interest 28. 38-50.
Eilders, Christiane (Hrsg.) (1997): Nachrichtenfaktoren und Rezeption. Eine empirische Analyse zur Auswahl und Verarbeitung politischer Information. Opladen: Westdeutscher Verlag.
Eilders, Christiane/Wirth, Werner (1999): Die Nachrichtenwertforschung auf dem Weg zum Publikum: Eine experimentelle Überprüfung des Einflusses von Nachrichtenfaktoren bei der Rezeption. In: Publizistik. 1. 35-57.
Esser, Frank/Pfetsch, Barbara (Hrsg.) (2003): Politische Kommunikation im internationalen Vergleich. Grundlagen, Anwendungen, Perspektiven. Opladen: Westdeutscher Verlag.

Eveland, William P., Jr. (1999): The Effect of Social Desirability on Perceived Media Impact. Implications for Third-Person Perceptions. In: International Journal of Public Opinion Research. 4. 315-333.

Fiorina, Morris P. (Hrsg.) (1981): Retrospective Voting in American National Elections. New Haven/London: Yale University Press.

Franklin, Mark/van der Eijk, Cees (1996a): The Problem. Representation and Democracy in the European Union. In: van der Eijk/Franklin (1996b): 3-10.

Franklin, Mark/van der Eijk, Cees/Marsh, Michael (1996b): Conclusions. The Electoral Connection and the Democratic Deficit. In: van der Eijk/Franklin (1996b): 366-388.

Früh, Werner (Hrsg.) (1991): Medienwirkungen: Das dynamisch-transaktionale Modell. Theorie und empirische Forschung. Opladen: Westdeutscher Verlag.

Holtz-Bacha, Christina (Hrsg.) (1999a): Wahlkampf in den Medien – Wahlkampf mit den Medien. Ein Reader zum Wahljahr 1998. Opladen/Wiesbaden: Westdeutscher Verlag.

Holtz-Bacha, Christina (1999b): Wahlkampf 1998. Modernisierung und Professionalisierung. In: Holtz-Bacha (1999a): 9-23.

Iyengar, Shanto (Hrsg.) (1994): Is Anyone Responsible? How Television Frames Political Issues. Chicago: University of Chicago Press.

Iyengar, Shanto/Kinder, Donald R. (Hrsg.) (1987): News That Matters: Television and American Opinion. Chicago: The University of Chicago Press.

Kasse, Max/von Beyme, Klaus (Hrsg.) (1978): Elections/Parties. London/Beverly Hills: Sage Publications.

Kousser, Thad (2004): Retrospective Voting and Strategic Behavior in European Parliament Elections. In: Electoral Studies. 1. 1-21.

Marsh, Michael (1998): Testing the Second-Order Election Model after Four European Elections. In: British Journal of Political Science. 28. 591-607.

Marsh, Michael/Franklin, Mark (1996): The Foundations: Unanswered Questions from the Study of European Elections, 1979-1994. In: van der Eijk/Franklin (1996b): 11-32.

Noelle-Neuman, Elisabeth (Hrsg.) (1980): Die Schweigespirale. Öffentliche Meinung – unsere soziale Haut. München/Zürich: R. Riper Co. Verlag.

Norpoth, Helmut (2004): Bush v. Gore: The Recount of the Economic Voting. In: Weisberg/Wilcox (2004): 49-64.

Norris, Pippa (1997): Second-Order Elections Revisited. In: European Journal of Political Research. 31. 109-124.

Oppenhuis, Eric/van der Eijk, Cees/Franklin, Mark (1996): The Party Context: Outcomes. In: van der Eijk/Franklin (1996b): 287-305.

Perloff, Richard M. (1989): Ego-Involvement and the Third Person Effect of Televised News Coverage. In: Communication Research. 2. 236-262.

Peter, Jochen (2002): Medien-Priming. Grundlagen, Befunde und Forschungstendenzen. In: Publizistik. 1. 21-44.

Pickel, Gert/Walz, Dieter/Brunner, Wolfram (Hrsg.) (2000): Deutschland nach den Wahlen. Befunde zur Bundestagswahl 1998 und zur Zukunft des deutschen Parteiensystems. Opladen: Leske + Budrich.

Reif, Karlheinz/Schmitt, Hermann (1980): Nine Second-Order National Elections. A Conceptual Framework for the Analysis of European Election Results. In: European Journal of Political Research. 8. 3-44.

Reif, Karlheinz (1984): National Electoral Cycles and European Elections 1979 and 1984. In: Electoral Studies. 3. 244-255.

Renzsch, Wolfgang (2002): Landtagswahlen 2002: Zum Verhältnis von Bundestags-, Europa- und Landtagswahlen in Sachsen-Anhalt. In: Roy (2002): 9-19.

Rössler, Patrick (Hrsg.) (1997): Agenda-Setting. Theoretische Annahmen und empirische Evidenzen einer Medienwirkungshypothese. Opladen: Westdeutscher Verlag.

Rössler, Patrick (2003): Botschaften politischer Kommunikation. Länder, Themen und Akteure internationaler Fernsehnachrichten. In: Esser/Pfetsch (2003): 305-336.

Roy, Klaus-Bernhard (Hrsg.) (2002): Wahlen 2002 in Sachsen-Anhalt. Ausgangsbedingungen, Handlungsrahmen, Entscheidungsalternativen. Opladen/Magdeburg: Leske + Budrich.

Sarcinelli, Ulrich/Schatz, Heribert (Hrsg.) (2002): Mediendemokratie im Medienland. Inszenierungen und Themensetzungsstrategien im Spannungsfeld von Medien und Parteieliten am Beispiel der nordrhein-westfälischen Landtagswahl 2000. Opladen: Leske + Budrich.

Scherer, Helmut (2000): Wählt das Panel anders. In: Bohrmann et al. (2000): 213–234.

Scheufele, Dietram (2000): Agenda Setting, Priming, and Framing Revisited: Another Look at Cognitive Effects of Political Communication. In: Mass Communication and Society. 3. 297-316.

Simon, Adam F. (Hrsg.) (2002): The Winning Message. Candidate Behavior, Campaign Discourse, and Democracy. Cambridge: Cambridge University Press.

Schmitt, Hermann (1996): Germany. A Bored Electorate. In: van der Eijk/Franklin (1996b): 137-156.

Schönbach, Klaus/Lauf, Edmund (2002): The 'Trap' Effect of Television and Its Competitors. In: Communication Research. 5. 564-584.

Schönbach, Klaus/Lauf, Edmund (2004): Another Look at the 'Trap' Effect of Television – and Beyond. In: International Journal of Public Opinion Research. 2. 169-182.

The Political Consulting Group (2000): Zwischen Wahnsinn und Methode. Einige Anmerkungen zum Wahlkampf von CDU und SPD bei der Bundestagswahl 1998. In: Pickel et al. (2000): 57-78.

van der Eijk, Cees/Franklin, Mark/Marsh, Michael (1996a): What Voters Teach Us About Europe-Wide Elections. What Europe-Wide Elections Teach Us About Voters. In: Electoral Studies. 2. 149-166.

van der Eijk, Cees/Franklin, Mark N. (Hrsg.) (1996b): Choosing Europe? The European Electorate and National Politics in the Face of Union. Ann Arbor: The University of Michigan Press.

Weisberg, Herbert F./Wilcox, Clyde (Hrsg.) (2004): Models of Voting in Presidential Elections. The 2000 U.S. Election. Stanford: Stanford University Press.

Europa-Wahlkampf in Österreich

Ruth Picker/Eva Zeglovits

1 Einleitung

Der Europa-Wahlkampf in Österreich fand 2004 unter besonderen Bedingungen statt, die sowohl die Wahlbeteiligung als auch den Wahlausgang beeinflussten. Neben einer niedrigeren Wahlbeteiligung (42,4 Prozent) als bei den letzten Europawahlen brachten das Jahr 2004 den überraschenden Erfolg einer neuen Liste und setzten zugleich die Verluste der *Freiheitlichen Partei Österreichs* (*FPÖ*) der vergangenen Parlamentswahlen fort. Der Wahlkampf selbst war verhältnismäßig kurz und schloss unmittelbar an die österreichischen Bundespräsidentenwahlen an. Der Europawahl vorgeschaltet war eine Reihe von regionalen und Kammerwahlen im ersten Halbjahr 2004. Dieser „Wahlmarathon", eine in der Bevölkerung weit verbreitete Tendenz zur EU-Skepsis, maßgebliche politische Diskurse, die diese nährten, die Destabilisierung der *FPÖ* im Lauf der letzten Jahre sowie die infrastrukturellen Rahmenbedingungen bildeten somit einen komplexen Hintergrund für den EU-Wahlkampf 2004, der im Mittelpunkt des vorliegenden Beitrags steht.

In den Strategien und Agenda-Building-Versuchen der konkurrierenden Parteien und Listen im EU-Wahlkampf spiegelten sich viele dieser Rahmenbedingungen wider. Gleichwohl verschoben sich im Laufe des Wahlkampfs die thematischen Prioritäten, neue und unerwartete Akzente gelangten auf die massenmediale und öffentliche Agenda. Das Wahlergebnis und die niedrige Wahlbeteiligung in Österreich müssen vor diesem Hintergrund betrachtet werden. Deren Analyse stützt sich im Folgenden auf Umfragen und Medienanalysen während des Wahlkampfes sowie auf eine Nachwahlstudie zu den Motiven für das Nichtwählen sowie Einstellungen zur Europäischen Union.

2 Kontext: Politische Rahmenbedingungen und österreichische Besonderheiten

2.1 EU-Skepsis

Österreich trat 1995 der Europäischen Union bei, mit einer Zustimmung von zwei Dritteln der gültigen Stimmen (Ergebnis der Volksabstimmung über den Beitritt zur Europäischen Union: 66,6 Prozent dafür bei 81,6 Prozent Beteiligung an der Abstimmung). Trotz der deutlichen Mehrheit für die EU-Mitgliedschaft gehört Österreich zu den EU-skeptischen Ländern: Ein Zeitreihenvergleich auf Basis der Eurobarometer-Daten zwischen Österreich und der EU gesamt zeigt, dass die Österreicher deutlich EU-skeptischer sind (vgl. Tabelle 1). Obgleich es im Lauf der Zeit Schwankungen in der Beurteilung gegeben hat (so zum Beispiel ein Hoch im November 2001: 44 Prozent beurteilten die österreichische Mitgliedschaft positiv), ist die Grundtendenz erhalten geblieben: Deutlich weniger Österreicher (Differenz zur EU gesamt bis zu 18 Prozent) denken, dass die EU-Mitgliedschaft „eine gute Sache" ist, mehr Personen als im EU-Schnitt beurteilen die Mitgliedschaft als schlecht (bis zu 12 Prozent mehr), und durchschnittlich ein Drittel kann keine Einschätzung treffen.

Tabelle 1: Beurteilung der EU-Mitgliedschaft im Vergleich
(Angaben in Spaltenprozent)

	Mai 1995		Mai 1999		März 2004	
	Österreich	EU	Österreich	EU	Österreich	EU
Mitgliedschaft ist gute Sache	39	56	36	48	30	48
Mitgliedschaft ist schlechte Sache	18	12	23	12	29	17
Weder gut noch schlecht	31	25	31	27	36	29
Weiß nicht	12	6	10	12	5	6

Quelle: EB43.0, EB51.0, EB61.0

Die Beurteilung der Mitgliedschaft fällt in der EU gesamt bei jedem Messzeitpunkt deutlich positiver aus und ist stabil auf einem höheren Niveau als in Österreich angesiedelt.

Vor dem Wahlkampf 2004 erreichte die österreichische EU-Skepsis einen Höchststand: Beinahe die Hälfte der Österreicher (47 Prozent) beurteilte die Mitgliedschaft insgesamt als Nachteil, nur 38 Prozent sahen sie noch als Vorteil. In der Analyse der aktuellen Eurobarometerdaten (EB61) zählt Österreich – gemeinsam mit Schweden, Großbritannien und Estland – zum Typ mit „stark unterdurchschnittlicher Zustimmung":

> „Das Globalurteil über die EU ist kritisch gefärbt – nur mehr Minderheiten sehen Vorteile für ihr Land oder die Mitgliedschaft als eine gute Sache, die Vertrauenswerte sind mäßig bis gering: konkrete politische Vorhaben finden (...) nur unterdurchschnittliche Befürwortung" (Eurobarometer 61, National Report Austria: 70).

An der Entstehung bzw. dem Erhalt der EU-Skepsis in Österreich erscheinen unter anderem folgende politische Diskussionen der letzten vier Jahre maßgeblich Anteil gehabt zu haben: Die von den EU-14 verhängten *Sanktionen* gegen die Regierungsbeteiligung der *FPÖ* (Februar 2000) lösten heftige und lang andauernde innenpolitische Diskussionen mit hohem emotionalem Gehalt aus. Sie hatten weitreichende Folgen:

„Unzweifelhaft haben die Ereignisse des Jahres 2000 das Image Österreichs in der europäischen Öffentlichkeit verschlechtert, zugleich aber auch Vorbehalte und Misstrauen in Österreich gegenüber der EU bestärkt" (F. Plasser/P. Ulram 2002: 178).

Wie die Zeitreihen der Eurobarometerdaten zeigen, hat sich die Einstellung der Österreicher zur EU seit den Sanktionen jedoch nicht durchgehend negativ entwickelt, sondern ist Schwankungen unterworfen. Die österreichische Diskussion um die Zwangsmaßnahmen seitens der EU hat vor allem innenpolitisch strategische Bedeutung angenommen. So wurden ‚die Sanktionen' in weiterer Folge mehrfach dazu instrumentalisiert, einen österreichischen Patriotismus und Zusammenhalt als Kontrapunkt zu ‚Angriffen und Einmischungen von außen' zu proklamieren[1] und Kritiker in Österreich zum Verstummen zu bringen – all dies kumulierte in der fortwährenden so genannten „Nestbeschmutzerdebatte".[2] Selbst im EU-Wahlkampf 2004 – vier Jahre nach diesem politischen Konflikt mit der EU – wurden die Sanktionen als strategisches Argument (Vorwurf des Landesverrats) von den Regierungsparteien *Österreichische Volkspartei (ÖVP)* und *FPÖ* erneut eingesetzt.

Einen zweiten maßgeblichen Konfliktherd stellt das ungelöste Problem des Transits dar. Es gelang Österreich nicht, den beim Beitritt mit der EU ausgehandelten Transitvertrag zu verlängern. Transit ist ein Thema, das viele Österreicher beschäftigt. Es dominiert seit Jahren immer wieder die Medien und stellt einen der am deutlichsten erkennbaren Konfliktpunkte mit der EU dar. In einer von SORA[3] im März 2004 durchgeführten Umfrage befanden 76 Prozent der befragten Österreicher das Thema ‚Transit' als „sehr wichtig".[4] Damit wurde die Transit-Frage zwar als weniger relevant eingeschätzt als die Bekämpfung der Arbeitslosigkeit (89 Prozent), aber relevanter als die Stärkung der europäischen Wirtschaft (69 Prozent) oder der Abbau von Privilegien der EU-Abgeordneten (61 Prozent).

Ein weiterer klar wahrnehmbarer Interessenkonflikt betrifft die politische Haltung zur Atomenergie. In Österreich gibt es – als Resultat einer historischen Volksabstimmung 1978 – keine *Atomkraftwerke*. Die grenznahen Atomkraftwerke in den Nachbarstaaten werden von den Österreichern als Sicherheitsrisiko wahrgenommen. Im Zuge der EU-Beitrittsverhandlungen mit den neuen Mitgliedstaaten wurde in Österreich der Wunsch nach einer Stilllegung unsicherer Atomkraftwerke in den Nachbarländern laut, der eine Diskussion über die EU-Fördergelder für

---

1 So z.B. Bundeskanzler Schüssels Aufruf zum „nationalen Schulterschluss" im Februar/März 2000.
2 Der Begriff „Nestbeschmutzer" dient als Bezeichnung für Personen (des öffentlichen Lebens), die sich kritisch zu österreichischen Verhältnissen äußern. Die Kritik wird damit zu einem schmutzigen Akt gegen das „österreichische Nest" gemünzt und die Kritiker als Feinde des Landes abgewertet. Die Diffamierung als Nestbeschmutzer taucht besonders in Zusammenhang mit Kritik auf, die sich auf die nationalsozialistische Vergangenheit Österreichs bzw. mit dem Umgang damit in der Gegenwart bezieht. Die Literaturnobelpreisträgerin Elfriede Jelinek wurde z.B. mehrfach als Nestbeschmutzerin bezeichnet.
3 SORA (Institute for Social Research and Analysis) ist das Institut, an dem die Autorinnen arbeiten.
4 Telefonische Umfrage unter n=1.000 wahlberechtigten Österreichern, März 2004; Fragestellung im Wortlaut: „Ich lese Ihnen nun einige Themen vor, für die sich die österreichischen Abgeordneten im Europaparlament einsetzen können. Finden Sie das folgende Thema sehr, ziemlich, wenig oder gar nicht wichtig? Ein neuer Transitvertrag mit der EU, der den Transit von LKW durch Österreich beschränkt.

diese Atomkraftwerke nach sich zog. Auch in dieser Frage konnte Österreich jedoch seine Interessen gegenüber der EU nicht durchsetzen. Die *FPÖ* hat als Regierungspartei des Öfteren mit einem Veto Österreichs gegen den EU-Beitritt gedroht und dieses Thema vor allem am tschechischen Atomkraftwerk Temelin festgemacht. Ein Volksbegehren der *FPÖ* dazu wurde im Jahr 2002 von knapp 900.000 Österreichern (rund 15 Prozent der Stimmberechtigten) unterzeichnet. Den europaweiten Ausstieg aus der Atomkraft beurteilten in einer SORA-Umfrage vom März 2004 72 Prozent der befragten Österreicher als „sehr wichtig".[5]

Das vierte Element, das im österreichischen Diskurs über die EU immer wiederkehrt, ist die Darstellung der *EU als Zentrum der Bürokratie und Geldverschwendung*: Auf die Frage, was die Europäische Union bedeute, nannten die Österreicher im März 2004 den Euro (53 Prozent), Geldverschwendung (42 Prozent), mehr Kriminalität (38 Prozent), Bürokratie (35 Prozent) und Arbeitslosigkeit (33 Prozent). Die einzige eindeutig positive Konnotation (Reise-, Studien- und Arbeitsfreiheit) wurde von 38 Prozent der Befragten genannt (vgl. EB61, National Report Austria: 14).

Diese und andere Themen haben in Österreich den Eindruck verstärkt, Österreich könne seine Interessen in der EU nicht durchsetzen: Die Hälfte der Österreicher (50 Prozent) haben nicht den Eindruck, dass ihre Interessen durch die Mitglieder des EU-Parlaments gut geschützt würden. Stellt man die Vertrauensfrage (Vertrauen in Institutionen auf nationaler und internationaler Ebene), so erreicht „die EU" den zweitniedrigsten Wert: 71 Prozent der Österreicher vertrauen der EU nicht, dies wird nur noch vom Misstrauen in die politischen Parteien übertroffen (vgl. EB61, National Report Austria: 58).

2.2 Der Wahlmarathon im ersten Halbjahr 2004

Eine weitere bedeutsame Rahmenbedingung für die Europawahlen 2004 stellte der Wahlmarathon des ersten Halbjahres 2004 dar. Zwischen Januar und Mai 2004 fanden in Österreich mehrere Wahlen statt: Anfang März wurden in Salzburg und Kärnten die *Landtage* gewählt, die wegen der überraschenden Ergebnisse – in Salzburg verlor die *ÖVP* erstmals den Landeshauptmann an die *Sozialdemokratische Partei Österreichs* (*SPÖ*), in Kärnten konnte Jörg Haider (*FPÖ*) entgegen allen Prognosen und Trends seinen Stimmenanteil von rund 42 Prozent halten – auch bundesweit viel Beachtung fanden. Zudem wurden in diesem Zeitraum in allen Bundesländern *Arbeiterkammerwahlen*[6] durchgeführt.

---

5   Telefonische Umfrage unter n=1.000 wahlberechtigten Österreichern, März 2004; Fragestellung im Wortlaut: „Ich lese Ihnen nun einige Themen vor, für die sich die österreichischen Abgeordneten im Europaparlament einsetzen können. Finden Sie das folgende Thema sehr, ziemlich, wenig oder gar nicht wichtig? europaweiter Ausstieg aus der Atomkraft"

6   „Die Bundeskammer für Arbeiter und Angestellte ist die gesetzliche Interessensvertretung von rund 2,7 Mio. Arbeitnehmerinnen und Arbeitnehmern. (…) Die grundsätzlichen Aufgaben und Tätigkeiten, die Zugehörigkeit und die Finanzierung sowie die Organisation der AK sind im Bundesgesetz über die Kammern für Arbeiter und Angestellte (Arbeiterkammergesetz-AKG) geregelt" (www.arbeiterkammer.at, Abruf vom 10.11.04).

Das zentralste Ereignis war jedoch die *Bundespräsidentenwahl*[7] am 25. April 2004, der ein intensiver Wahlkampf vorausging. Die beiden großen österreichischen Parteien[8] – *SPÖ* und *ÖVP* – stellten je eine Kandidatin bzw. einen Kandidaten. Obwohl der offizielle Wahlkampfauftakt erst im März stattfand, fokussierten de facto beide Parteien seit Januar ihre Ressourcen auf die Bundespräsidentenwahlen. Die mediale Aufmerksamkeit und auch die Energie von *SPÖ* und *ÖVP* galten bis sechs Wochen vor den Europawahlen dem Bundespräsidentenwahlkampf. Die Europawahlen selbst erlangten erst nach den Bundespräsidentenwahlen wirkliche Aufmerksamkeit.

Der eigentliche Europawahlkampf war also der letzte in einer Serie von Wahlkämpfen und dauerte nur sechs Wochen. Dennoch war bereits der Bundespräsidentenwahlkampf von zentraler Bedeutung für die Europawahlen, da vor allem die damals amtierende Außenministerin und Präsidentschaftskandidatin der *ÖVP*, Benita Ferrero-Waldner, das Thema ‚Europa' als eine ihrer Kernkompetenzen in den Wahlkampf einbrachte.

2.3 Krise in der FPÖ

Die *FPÖ* befand sich zur Zeit des EU-Wahlkampfes in einer schwierigen Phase: Sie hatte seit ihrem Eintritt in die Regierung Anfang 2000 bei Wahlen auf allen Ebenen Stimmen verloren. Seit den Nationalratswahlen 2002 nahmen diese Verluste enorme Ausmaße – zumeist zehn Prozentpunkte und mehr – an (vgl. R. Picker et al. 2004). Eine Fortsetzung der *FPÖ*-Verluste bei den Europawahlen zeichnete sich also ab.

Nach einer Reihe von Obmann-Wechseln und innerparteilichen Machtkämpfen (die als Begründung für die vorgezogenen Neuwahlen dienten und schließlich zur Marginalisierung der *FPÖ* führten) und nur kurzfristiger Stabilisierung der Lage schlitterte die *FPÖ* im Juni 2004 erneut in eine Krise. Ein Zerbrechen der Koalition von *ÖVP* und *FPÖ* wurde öffentlich diskutiert und mündete in eine neuerliche Regierungsumbildung.

---

7 Der Bundespräsident wird in Österreich alle sechs Jahre direkt vom Volk gewählt. Heinz Fischer (Kandidat der *SPÖ*) ging als Sieger aus diesem Wahlkampf hervor.

8 Bei den letzten Nationalratswahlen im November 2002 schrumpfte die *FPÖ* auf 10 Prozent der Stimmen; die Grünen erreichten 9,5 Prozent. D.h. die österreichische Parteienlandschaft ist erneut durch zwei Großparteien (*ÖVP* und *SPÖ*) geprägt, die gemeinsam mehr als drei Viertel der gültigen Stimmen binden.

2.4 Besonderheiten des österreichischen Wahl- und Parteiensystems

Folgende wahlwerbende Gruppen traten in Österreich zur Europaparlamentswahl an:

- *Österreichische Volkspartei (ÖVP)*
- *Sozialdemokratische Partei Österreichs (SPÖ)*
- *Freiheitliche Partei Österreichs (FPÖ)*
- *Die Grünen – Die Grüne Alternative (Grüne)*
- *Liste Dr. Hans-Peter Martin – Für echte Kontrolle in Brüssel (MARTIN)*
- *Opposition für ein solidarisches Europa – Europäische Linke, Kommunistische Partei Österreichs (KPÖ) und Unabhängige (Linke)*

Die ersten vier Parteien sind die im österreichischen Nationalrat und auch im bis dahin amtierenden Europaparlament vertretenen Parteien. Hans-Peter Martin war 1999 noch Spitzenkandidat der *SPÖ* gewesen, kandidierte aber nach langwierigen Streitereien 2004 als eigene Liste, zuerst als ‚One-Man-Show', später präsentierte er eine ehemalige Fernseh-Moderatorin als Nummer 2 seiner Liste. Die *Linke* kandidierte als breites Bündnis aus engagierten Einzelpersonen und Vertretern von linken politischen Verbänden mit dem Ziel eine „politisch glaubwürdige Alternative zum Europa der Konzerne und Generäle und deren politischen Schleppenträgern" zu bieten.[9]

Die Wahl zum Europaparlament ist neben der Nationalratswahl und der Bundespräsidentenwahl eine jener drei Wahlen, die auf bundesweiter Ebene durchgeführt wird. Für die Vergabe der Mandate zählt dabei das bundesweite Gesamtergebnis. Die Anzahl der in Österreich zu vergebenden Mandate für das Europaparlament wurde mit den Wahlen 2004 von 21 auf 18 reduziert. Für das Erreichen eines Mandates waren also rund 5,5 Prozent der gültigen Stimmen notwendig.[10]

Im Hinblick auf die niedrige Wahlbeteiligung in Österreich stellt sich auch die Frage nach dem Wahltermin: Der Donnerstag vor dem 13. Juni 2004 war in Österreich ein gesetzlicher Feiertag. Das hatte zwei Folgen: Erstens ist dies eine Konstellation, die üblicherweise dazu führt, dass viele Arbeitnehmer am Freitag einen Urlaubstag nehmen. Es kann daher davon ausgegangen werden, dass das besagte Wochenende vom 13. Juni eines war, das überdurchschnittlich viele Österreicher zum Kurzurlaub nutzten. Zweitens endeten dadurch die Wahlkämpfe der Parteien zum Teil schon am Mittwoch, den 9. Juni.

Das österreichische Recht sieht vor, dass die Wahlberechtigten die Stimme in je einem bestimmten Wahllokal abgeben, dem sie entsprechend ihres jeweiligen Hauptwohnsitzes zugeordnet sind. Es gibt aber auch die Möglichkeit, per Wahlkarte in einem anderen Wahllokal als dem eigenen oder mittels einer der ‚fliegenden

---

9   vgl. http://linke.cc/news/index.php?topic=euwahl2004. Abruf vom 10.11.2004
10 Dieser Prozentsatz ist abhängig davon, wie viel Stimmen an Listen fallen, die letztlich ohne Mandat bleiben.

Wahlkommissionen'[11] zu wählen. Die Wahlkarte muss innerhalb einer gewissen Frist vor den Wahlen angefordert werden (etwa persönlich beim Gemeindeamt, in größeren Städten ist dies zum Teil auch per Telefon oder Internet möglich). Für Urlauber oder Ausflügler war es also schon möglich, an den Wahlen teilzunehmen, sofern sie den Aufwand der Wahlkartenorganisation auf sich genommen hatten.

2.5 Die österreichische Medienlandschaft & Richtlinien zur Wahl- und Parteienwerbung

Die österreichische Medienlandschaft zeichnet sich durch eine sehr hohe Medienkonzentration mit einem marktbeherrschenden Player („*Neue Kronen Zeitung*") im Printmedienbereich aus, der den Boulevard-Medien hinzuzurechnen ist. Sie ist leicht zu überblicken, da es nur einige wenige überregionale Tagezeitungen und relativ wenig lokale Printmedien gibt. Die *Kronen Zeitung* verteidigt ihre marktbeherrschende Stellung seit Langem und wird im Allgemeinen als Medium betrachtet, das nicht nur informiert, sondern mit Vorliebe Politik ‚macht' bzw. politische Kampagnen ‚fährt'. Mit ihrer enormen Reichweite[12] von 43,8 Prozent muss sie als eines der meinungsbildenden Presseorgane in Österreich gelten.

Der Bereich Fernsehen wird vom *öffentlich-rechtlichen Rundfunk* (*ORF*) dominiert, der österreichweit auf zwei Kanälen sendet und sich in seiner Programmgestaltung in den letzten Jahren zunehmend den deutschen privaten Kanälen angenähert hat. Obgleich es mittlerweile privates österreichisches Fernsehen gibt, und auch einige private deutsche Kanäle via Kabelnetz österreichische Werbefenster und Nachrichtensendungen anbieten, ist die marktbeherrschende Stellung des *ORF* nach wie vor intakt. Dies hat eine starke Wirkung auf die Wahlwerbung der Parteien: Dem *ORF* – der neben den besagten zwei Fernsehkanälen auch Teletext, Onlinenachrichten und Radiokanäle betreibt – ist es gesetzlich verboten, politische Werbung zu senden (außer Online und Teletext).

Nicht-kommerzielle Werbung darf nur gesendet werden, sofern sie „Beiträge im Dienste der Allgemeinheit" (also für gemeinnützige und allgemeinwichtige Anliegen)[13] darstellt. Für diese nicht-kommerzielle Werbung gibt es eigene Tarife, die kostengünstiger als jene für kommerzielle Werbung sind. De facto handelt es sich hier um einen Graubereich, der – wie ein aktueller Streitfall beweist – zu diesem Zeitpunkt nicht ausjudiziert ist: In besagtem *ORF*-Gesetz fehlt die Definition von „gemeinnützig" und „allgemeinwichtig". In der Praxis wird die Entscheidung, was unter diese Definition fällt und daher vom *ORF* gesendet wird, von der Ge-

---

11 Aus der Europawahlordnung: „Ausübung des Wahlrechts durch bettlägerige oder in ihrer Freiheit beschränkte Wahlkartenwähler § 59. (1) Um Wahlberechtigten, die auf Grund eines Antrages gemäß § 26 Abs. 2 eine Wahlkarte besitzen, die Ausübung des Wahlrechts zu erleichtern, haben die Gemeindewahlbehörden, in Wien der Magistrat, spätestens am zweiten Tag vor dem Wahltag besondere Wahlbehörden einzurichten, die diese Personen während der festgesetzten Wahlzeit aufsuchen. Die §§ 39 bis 41 sind zu beachten."

12 vgl. Media-Analyse 2003; www.media-analyse.at. Abruf vom 6.11.2004

13 Telefonat mit Dr. Wolfgang Buchner, Administrationschef des *ORF*, 8.11.2004

schäftsführung bzw. den zuständigen Dienststellen von Einzelfall zu Einzelfall getroffen und entzieht sich damit objektiver Nachvollziehbarkeit.

Die Parteien als solche haben hiermit keine Möglichkeit, im österreichischen Fernsehen direkt Werbesendungen zu schalten. Politische Informationen können allerdings, sofern das Placet der *ORF*-Geschäftsführung gegeben ist, über den Umweg des „Dienstes der Allgemeinheit" gesendet werden. Wahl- und Parteienwerbung ist daher nur bei den privaten Betreibern möglich, deren Reichweite begrenzt und auf einige Zielgruppen (vorwiegend jüngere Seher) fokussiert ist[14]. Die politische Fernsehwerbung spielt damit zwar eine wachsende, aber vergleichsweise geringe Rolle.

Seit einigen Jahren sind im österreichischen Fernsehen vor wichtigen Wahlen jedoch „TV-Konfrontationen" in Mode gekommen. Auch vor der EU-Wahl hatten die Spitzenkandidaten der großen Parteien in einem eigenen Sendeformat des *ORF* die Gelegenheit, unter Anleitung eines Moderators strittige Themen miteinander zu diskutieren und zu versuchen, bei den Wählern zu punkten.

2.6 Österreichische Wahlbeteiligung an den EU-Wahlen 1996 bis 2004

Die österreichische Wahlbeteiligung bei den Europawahlen folgt dem bei nationalen Parlamentswahlen seit einigen Jahren zu beobachtenden dominanten Trend und sinkt kontinuierlich: 1996 – bei der ersten Wahl unmittelbar nach dem Beitritt Österreichs zur EU – war sie mit 67,7 Prozent relativ hoch (die durchschnittliche Wahlbeteiligung in der EU lag 1994 bei 56,8 Prozent). Drei Jahre später allerdings (EU-Wahlen 1999) sank die Wahlbeteiligung in Österreich bereits auf 49,4 Prozent, also auf einen Wert, der knapp unter dem damaligen EU-Durchschnitt von 49,8 Prozent lag.

Im Jahr 2004 sank die österreichische Wahlbeteiligung bei den EU-Wahlen abermals um einige Prozentpunkte auf 42,4 Prozent. Damit lag sie erneut etwas unter dem europäischen Mittel von 45,7 Prozent. Im Vergleich zur Wahlbeteiligung bei anderen österreichischen bundesweiten Wahlen war sie damit beträchtlich – um rund 30 Prozent – niedriger.[15]

3 Wahlkampfstrategien und -themen der Parteien

Die wahlwerbenden Listen gingen mit sehr unterschiedlichen strategischen Ansätzen und Issues in den Wahlkampf, wie sich in den Werbelinien und Plakatsujets widerspiegelte.

Die *SPÖ* mit ihrem Spitzenkandidaten Hannes Swoboda erklärte zu ihrem Wahlziel, die 1999 erreichten sieben Mandate zu halten. Dieses Ziel setzte tatsäch-

---

14 vgl. Media-Analyse 2003: http://www.media-analyse.at/frmdata2003.html. Abruf vom 6.11.2004
15 Die Wahlbeteiligung bei den vergangenen nationalen Wahlen zum Vergleich: Nationalratswahl 1999: 80,4 Prozent, Nationalratswahl 2002: 83,0 Prozent; Bundespräsidentenwahl 2004: 71,6 Prozent.

lich einen Stimmenzuwachs voraus, da die Anzahl der österreichischen EP-Abgeordneten, wie skizziert, im Zuge der EU-Erweiterung auf 25 Mitgliedstaaten (2004) von 21 auf 18 reduziert wurde. Die Grundlinie der *SPÖ* war eine ‚Denkzettelwahl' gegen die Regierung, mit einer Verknüpfung zu Kritik an neoliberaler Politik auf nationaler und auf EU-Ebene: Die *SPÖ* machte die gestiegene Arbeitslosigkeit ebenso zum Thema wie die gescheiterten Verhandlungen zu einem neuen Transitvertrag und die Liberalisierung von Leistungen der Daseinsvorsorge. Der Leitslogan ‚„Österreich muss wieder gehört werden" war als Kritik an der Regierung und ihrer mangelhaften Vertretung österreichischer Interessen in der EU konzipiert und appellierte an die österreichische Identität der Wähler. Dem Europa der neoliberalen Interessen sollte ein soziales Europa entgegengesetzt werden. Folglich wurde der Leitslogan „Österreich muss wieder gehört werden" unter anderem mit folgenden Themenplakaten kombiniert: „Unser Europa kämpft gemeinsam gegen Arbeitslosigkeit", „Unser Wasser darf nicht privatisiert werden", „Für ein Europa der Menschen, nicht der Konzerne."

Demgegenüber versuchte sich die *ÖVP* – in Übereinstimmung mit ihrer traditionell aufgeschlossenen Linie gegenüber der EU –, als Europa-Partei zu positionieren. Sie führte den EU-freundlichsten Wahlkampf, plakatierte ausschließlich positive Slogans mit deutlicher Aufforderung zur Wahlteilnahme und proklamierte „europäischen Zusammenhalt und Zukunftschancen" (W. Luef 2004). Nach einer Serie von Teasern mit Bezug auf das sprachliche Lokalkolorit Österreichs („Zukunft. Chancen. Powidl?"; „Sicherheit. Arbeit. Schmarrn?"; „Friede. Freiheit. Wurscht?") mündete die Plakatserie schließlich in der Endphase des Wahlkampfes in den Slogan: „Frieden sichern. Sicherheit geben. Arbeit schaffen. Österreich stark vertreten". Die Spitzenkandidatin der *ÖVP* war Ursula Stenzel, eine ehemalige Fernsehjournalistin, die – wie Hannes Swoboda – bereits Erfahrung als Europaparlamentarierin vorweisen konnte. Erklärtes Wahlziel der *ÖVP* war ebenfalls das Halten der 7 Mandate.

Die *FPÖ* war im Gegensatz zu 1999 nicht mehr die einzige Partei, die sich offen europaskeptisch zeigte. Dennoch setzten die Freiheitlichen, quasi „naturgemäß", auf diese Linie. Unter dem Motto „Für eine saubere Wahl" wurden Missstände in der EU, wie z.B. Geldverschwendung, angeprangert und in einen Mix aus unterschiedlichsten Themen eingebettet. Hierzu zählten u.a. der Irakkrieg, Atomausstieg und ein Stopp der EU-Erweiterung, die sich in den *FPÖ*-Slogans wiederfinden: „EU raus aus dem Irak! Stopp dem Irak-Wahnsinn", „Atomstrom statt sauberer Energie? Mit mir nicht!" (bezogen auf den Spitzenkandidaten), sowie „Türkei in die EU? Mit mir nicht!". Im Laufe des Wahlkampfes verschob sich der Fokus der *FPÖ* allerdings auf Angriffe gegenüber der *SPÖ* und ihres Spitzenkandidaten, dem sie Landesverrat während der Zeit der EU-Sanktionen vorwarf. Diese Vorwürfe wurden auch in Plakatform umgesetzt („Denkzettel für SPÖ-Swoboda! Österreich-Verrat darf sich nicht lohnen!").

Neben der allgemein misslichen Lage der *FPÖ* kam im Europawahlkampf noch ein interner Streit zwischen dem Spitzenkandidaten Hans Kronberger und dem auf der *FPÖ*-Liste Drittplatzierten Andreas Mölzer[16] hinzu, dem ein Richtungsstreit in der *FPÖ* zwischen den ‚gemäßigten Pragmatikern' (vertreten durch Kronberger) und der ‚rechten Basis' (vertreten durch Mölzer) zu Grunde liegt. Mithilfe eines Personenkomitees führte Mölzer erfolgreich eine Vorzugsstimmenkampagne[17] und es gelang ihm schließlich, den *FPÖ*-Spitzenkandidaten Kronberger zu verdrängen und das einzige verbleibende Mandat der *FPÖ* zu erringen.

Die Grünen setzten, neben der europaweiten gemeinsamen Linie der Europäischen *Grünen* (vgl. den Beitrag von J. Tenscher in diesem Band), in Österreich in den ersten Wahlkampfwochen ebenfalls auf Regierungskritik: Ihre Plakate stellten Karikaturen des Bundeskanzlers, des Finanzministers sowie des Kärntner Landeshauptmannes Jörg Haider (*FPÖ*) dar. Die inhaltlichen Angriffspunkte umfassten Neoliberalismus, Atompolitik und einen möglichen NATO-Beitritt:

- „Sie bestimmen: Neoliberalismus oder soziales Europa" (mit Finanzminister Karl-Heinz Grasser, früher *FPÖ*, jetzt „parteifreier" Minister für die *ÖVP*)
- „Sie bestimmen: Nationalismus oder europäische Demokratie" (mit Landeshauptmann Jörg Haider, *FPÖ*)
- „Sie bestimmen: NATO oder europäische Friedenspolitik" (mit Bundeskanzler Wolfgang Schüssel, *ÖVP*)
- „Sie bestimmen: Transit und Atom oder europäischer Umweltschutz"

Im Gegensatz zu den traditionellen Parteien setzte die *Liste Hans-Peter Martin* kaum auf Wahlwerbung mittels Plakaten und ähnlichen Produkten der *paid media*, sondern einzig auf Öffentlichkeitsarbeit. Die Stütze Martins im Wahlkampf war vor allem die *„Kronen Zeitung"*, die sein dominantes Thema – die Spesen der EU-Abgeordneten – durch ausführliche und regelmäßige Berichterstattung zu Kampagnenformat verhalf. Hans-Peter Martin machte mit seinem thematischen Fokus die Kritik an EU-Institutionen zum Thema – ein Thema, das in Österreich auf fruchtbaren Boden fiel.

Als Plattform ist die *Linke* zwar unabhängig, hatte aber ein nicht zu übersehendes Naheverhältnis zur *Kommunistischen Partei Österreichs*, die bei den Europawahlen selbst nicht kandidierte. Mit ihrem Spitzenkandidaten Leo Gabriel thematisierte die Liste in ihren Plakaten die Themen ‚Sozialabbau', ‚Privatisierung

---

16 Andreas Mölzer hat in Österreich eine Reputation als „rechter Denker" der *FPÖ* und wird im Handbuch des österreichischen Rechtsextremismus immer wieder in Zusammenhang mit dem Aula-Verlag genannt. „Der Aula-Verlag und vor allem die von ihm herausgegebene Zeitschrift Aula sind in den letzten Jahren in den Mittelpunkt des rechtsextremen Spektrums in Österreich gerückt (…). Mölzer sorgte nicht nur für die engere politische Verzahnung von *FPÖ* und Aula-Leserkreis, er profiliert sich auch als praktisch einziger Theoretiker des österreichischen Rechtsextremismus (…)" (Dokumentationsarchiv des österreichischen Widerstandes 1994: 465f.).

17 Durch das Erringen von Vorzugsstimmen kann ein Mandat innerhalb der Liste seiner Partei vorgereiht werden (vgl. Europawahlordnung §77 (7) „Die zu vergebenden Mandate werden zunächst der Reihe nach jenen Bewerbern zugewiesen, die im Bundesgebiet Vorzugsstimmen im Ausmaß von mindestens 7 Prozent der auf ihre Parteiliste entfallenen gültigen Stimmen erzielt haben.").

öffentlicher Dienstleistungen', ,Aufrüstung der EU' und ,Widerstand gegen Krieg'.

Am Rande sei erwähnt, dass die EU-Wahl in Österreich auch zu einer Wahlentscheidung zwischen (und über) Journalisten wurde: Hans-Peter Martin, Ursula Stenzel (*ÖVP*), Andreas Mölzer (*FPÖ*), Hans Kronberger (*FPÖ*) und Karin Resetarits (*Liste Hans-Peter Martin*) sind alle Journalisten. Hannes Swoboda und Johannes Voggenhuber waren somit die einzigen ,gelernten' Politiker unter den Spitzenkandidaten.

4   Mediale Agenda und Verlauf des österreichischen Wahlkampfes

Die Debatte im Wahlkampf verlief nicht anhand der vorbereiteten thematischen Linien der Parteien.[18] Vielmehr hieften die Medien die Frage der Spesen für EU-Abgeordnete, den möglichen EU-Beitritt der Türkei, das Verhalten der *SPÖ* und ihres Spitzenkandidaten während der Zeit der Sanktionen, die Energiepolitik in der EU (Atomkraftwerke) und den Wahlkampfstil in Österreich selbst auf die Agenda.

Hans-Peter Martin trieb, insbesondere in den ersten drei bis vier Wahlkampfwochen (bis etwa Ende Mai 2004), die anderen Parteien thematisch vor sich her. Da alle Parteien der einhelligen Meinung waren, dass die Spesenabrechnung neu geregelt werden müsse, und sich gegenseitig das korrekte Verhalten der eigenen Parlamentarier versicherten, gab es hier eigentlich keinen inhaltlichen Diskurs. Dennoch gab es kaum andere Wahlkampfthemen, die in dieser Phase nennenswertes mediales Echo hervorgerufen hätten. Eine Ausnahme bildet der von der *FPÖ* plakatierte und thematisierte EU-Beitritt der Türkei. Aber auch hier hielt sich der Diskurs in Grenzen: Nach einigen ausweichenden Stellungnahmen der *ÖVP* zu Beginn der Debatte waren sich kurz vor der Wahl alle Parteien einig, dass ein EU-Beitritt der Türkei derzeit nicht in Frage käme.

Ab Mitte Mai wurde die prognostizierte niedrige Wahlbeteiligung immer wieder medial diskutiert. Möglicherweise hat diese Diskussion dazu beigetragen, dass Nichtwählen bei der EU-Wahl salonfähig wurde.

Ende Mai verschob sich der Wahlkampf der Freiheitlichen zunehmend in Richtung Kritik an der *SPÖ*, ihres Spitzenkandidaten Hannes Swoboda und dessen Verhalten zur Zeit der EU-Sanktionen. Die *ÖVP* nutzte die Gelegenheit und schloss sich diesem *Negative Campaigning* an. Dieses Thema bestimmte den medialen Diskurs bis zur Wahl, begleitet von einer Debatte über den Wahlkampfstil. So plakatierte die *SPÖ* als Antwort auf die Angriffe gegen Hannes Swoboda eigene Plakate mit dem Slogan „Zeigen wir beschämendem Wahlkampfstil die rote Karte".

Eine Aussage des *SPÖ*-Abgeordneten Josef Broukal am 4. Juni hob den Streit zwischen *SPÖ*, *ÖVP* und *FPÖ* auf die nächste Ebene: Im Zuge einer hitzigen De-

---

18 Basis für diesen Befund ist eine Übersicht über die Themen in den österreichischen Printmedien sowie den Nachrichtensendungen im Fernsehen mit der größten Reichweite („*Zeit im Bild 1, 2 und 3*") und einer Radionachrichtensendung („*Morgenjournal*"), die während des Wahlkampfes (1. Mai bis 12. Juni) erstellt wurde.

batte über die Sanktionen im Nationalrat warf Broukal den Regierungsparteien vor, dem Nationalsozialismus nachzutrauern[19]. Damit wandte sich der EU-Wahlkampf in Österreich endgültig der Wahlkampfstrategie im Gewande der Vergangenheitsbewältigung zu: Die Regierungsparteien inszenierten Betroffenheit und Aufregung, Rücktrittsaufforderungen an Broukal waren die Folge. Der Vorsitzende der *SPÖ*, Alfred Gusenbauer, goss wenige Tage später durch das Verwenden des Ausdruckes „Pogrom-Stimmung" seinerseits noch Öl ins Feuer der Diskussion. Diese Diskussion, die eine lange Tradition in Österreich hat, drehte sich nur vordergründig um die Art der Auseinandersetzung Österreichs mit seiner nationalsozialistischen Vergangenheit, Landesverrat und Nestbeschmutzern. Tatsächlich stellte sie einen weiteren strategischen Teil der Wahlkampfkommunikation dar. Ob die Thematik der *FPÖ* nutzte, darf jedoch bezweifelt werden:

> „Einen besonderen Mobilisierungsschub gab es in den südlichen Bundesländern hervorgerufen durch den Eintritt des Kärntner Landeshauptmanns Jörg Haider in den Wahlkampf und seine Angriffe gegen Hannes Swoboda, den er als „Vaterlandsverräter" bezeichnete und einen Wahlrechtsentzug forderte. Die Mobilisierung dürfte aber den Sozialdemokraten zugute gekommen sein, da die *SPÖ* sowohl in Kärnten als auch in der Steiermark ihr Potential ausschöpfen konnte, ganz im Gegensatz zur *FPÖ* und *ÖVP*" (P. Filzmaier/P. Hajek 2004: 337).

Ein Störfall im tschechischen Atomkraftwerke Temelin nahe der österreichischen Grenze wenige Tage vor der Wahl gab schließlich auch dem Thema ‚Atomausstieg' noch einiges Gewicht.

Zusammenfassend kann gesagt werden, dass der thematische Diskurs im österreichischen EU-Wahlkampf von einigen wenigen, stark emotionalisierenden Themen beherrscht wurde. Die eigentlichen Inhalte, die teilweise von den Parteien in ihren Plakatserien angesprochen wurden, kamen kaum zum Ausdruck. Der Fokus des Wahlkampfes reichte so gut wie nie über den nationalstaatlichen Tellerrand hinaus, und europäische Themen wurden entweder durch die nationale Linse gebrochen (wie etwa die Spesendebatte) oder fanden kaum Beachtung (wie etwa die Europäische Verfassung). Zu einem ähnlichen Befund kommt auch Monika Mokre, die den Wahlkampf wie folgt zusammenfasst:

> „Thus, Austrian media debates on the occasion of the EP elections 2004 were embedded in a framework that was coined by exclusively national symbolic references" (M. Mokre 2004).

Vor dem Hintergrund der nationalen Einbettung des EU-Wahlkampfes verwundert es nicht, wie die Österreicher in den European Election Studies die Kampagne

---

19 „Aber ich sage Ihnen ganz ehrlich: Wenn ich an einem 5. Mai entscheiden muss, ob ich mit einer Bande Neonazis vor den Heldenplatz in Wien ziehe oder mit einem französischen Politiker für die endgültige Befreiung Europas vom Nationalsozialismus mit Champagner anstoße, dann sage ich Ihnen: Her mit dem Champagner-Glas! Es ist Ihnen unbenommen, den Nationalsozialisten nachzutrauern, aber es ist unser Privileg, die Befreiung Europas auch heute noch als denkwürdiges Ereignis zu feiern!"

beurteilten (vgl. Tabelle 2): Eine überwiegende Mehrheit (insgesamt 85 Prozent Zustimmung) der Österreicher war der Ansicht, dass es im Wahlkampf mehr um Parteitaktik als um Inhalte gegangen sei. Insgesamt 76 Prozent stimmten der Aussage zu, dass im Wahlkampf zu oberflächlich argumentiert wurde.

Tabelle 2: Beurteilung des EP-Wahlkampfes in Österreich
(Angaben in Zeilenprozent)

	Stimme sehr zu	Stimme ziemlich zu	Stimme wenig zu	Stimme gar nicht zu	keine Angabe
Die Kandidaten haben im Wahlkampf viel zu oberflächlich argumentiert	44	32	13	4	8
Im Wahlkampf ist es mehr um Parteipolitik als um Inhalte gegangen	62	23	7	3	6

Quelle: European Election Studies[20], Österreich

5 Wahlergebnis und Interpretation

Die EP-Wahlen 2004 brachten in Österreich leichte Zuwächse für *SPÖ* (+1,6 Prozent), *ÖVP* (+2,0 Prozent) und *Grüne* (+3,6 Prozent). Die auffälligsten Stimmenverschiebungen spielten sich allerdings bei der *FPÖ*, der *Liste Hans-Peter Martin* und im Segment der Nichtwähler ab (vgl. Tabelle 3): Die *FPÖ* musste einen weiteren heftigen Stimmeneinbruch hinnehmen – ihr Anteil an Wählerstimmen reduzierte sich um mehr als 17 Prozent (von 23,4 Prozent auf 6,3 Prozent).

Im Gegensatz dazu erreichte Hans-Peter Martin mit seiner neu gegründeten Liste einen überraschend großen Erfolg: Mit 14,0 Prozent der Wählerstimmen gelang es ihm auf Anhieb, die *Grünen* zu überholen. Die dritte große Bewegung vollzog sich zwischen Wählern und Nichtwählern: Die Zahl der Österreicher, die an den EU-Wahlen teilnahmen, sank erstmals deutlich unter die 50 Prozent Marke (57,6 Prozent Nichtwähler).[21]

Allerdings wäre der Schluss falsch, dass der Wahlerfolg der *Liste Martin* auf einer mehr oder weniger linearen Abwanderung ehemaliger *FPÖ*-Wähler beruht. Die Ergebnisse einer Wählerstromanalyse (vgl. SORA 2004) zeigen, dass *Hans-Peter Martin* Wähler von allen Parteien für sich gewinnen konnte, und nur in leicht erhöhtem Ausmaß von der *FPÖ* (102.000 von der *FPÖ*, 81.000 von der *SPÖ*, 54.000 von der *ÖVP*, 20.000 von den *Grünen*). Auch von den Nichtwählern der letzten Europawahl konnte er 65.000 Personen mobilisieren. Überdies zeigt die

---

20 Die österreichische Teilnahme an den *European Election Studies 2004* (www.ees-homepage.net) wurde durch das Institute for Social Research and Analysis (SORA) und die Österreichische Gesellschaft für Europapolitik (ÖGfE) initiiert. Die Durchführung der EES wurde durch Spendengelder ermöglicht; telefonische Umfrage, n=1.000, 17. bis 25. Juni 2004.

21 Die niedrige Wahlbeteiligung relativiert den Vergleich mit Wahlen auf anderen Ebenen, z.B. den Nationalratswahlen.

Analyse des EU-Wahlkampfes in Österreich dass die dominanten Issues die EU-Skepsis steigerten. Namentlich die Auseinandersetzungen um den Privilegienmissbrauch der Europa-Abgeordneten sowie um die EU-Sanktionen mögen negative Gefühle und Kognitionen gegenüber der EU geweckt haben.

Tabelle 3: Ergebnisse der Wahlen zum Europaparlament in Österreich (Angaben in Spaltenprozent)

	1996	1999	2004
SPÖ	29,2	31,7	33,3
ÖVP	29,7	30,7	32,7
FPÖ	27,5	23,4	6,3
Grüne	6,8	9,3	12,9
Liste Hans-Peter Martin	----	--	14,0
andere[22]	6,9	4,9	0,8
Wahlbeteiligung	67,7	49,4	42,4

Quelle: Bundesministerium für Inneres (BMI), gerundet auf eine Nachkommastelle

Die Kandidatur von Hans-Peter Martin hat die Kritik an den EU-Abgeordneten und am Europäischen Parlament zu einem zentralen Wahlkampfthema gemacht und damit ein Detail der Kritik an der EU ins Zentrum des Interesses gestellt. Einerseits könnte dies zu einer Erhöhung der Zahl der Nichtwähler beigetragen haben, andererseits bot Hans-Peter Martin einem Teil der EU-Skeptiker die Möglichkeit zur Artikulation ihrer Kritik. Die „Protestliste" Hans-Peter Martins hat das politische Angebot bei den EP-Wahlen in Österreich zweifelsohne um eine Facette erweitert und damit möglicherweise einige Unzufriedene mobilisiert, die sich sonst der Stimme enthalten hätten.[23] Allerdings zeigt Tabelle 4, dass der Beginn der Spesendebatte (Umfrage Ende April 2004) zwar zu einem Anstieg der Unentschlossenen bzw. zu einem Absinken der Teilnahmewahrscheinlichkeit geführt hat, die Kandidatur Hans-Peter Martins diesen Trend aber wieder umkehrte (Umfragezeitpunkt Mai 2004).

Eine Analyse der großen Gruppe der Nichtwähler (vgl. R. Picker/E. Zeglovits 2004) belegt als häufigstes Motiv für Nichtwählen *Desinteresse und Distanz.*[24] 40 Prozent der Nichtwähler nannten Gründe wie „hatte etwas Besseres vor", „habe andere Probleme" oder „ist nicht wichtig genug". Teil davon ist der Eindruck, dass

---

22 Andere Listen 2004: *Die Linke;* andere Listen 1999: *Liberales Forum, Christlich Soziale Allianz (Liste Karl Habsburg), Kommunistische Partei Österreichs (KPÖ);* andere Listen 1996: *Liberales Forum – Heide Schmidt; Die Neutralen – Bürgerinitiative; Forum Handicap; Kommunistische Partei Österreichs.*

23 vgl hierzu auch H. Schmitt und C. van der Eijk: „Je weniger Systemopposition einen Platz auf den Stimmzetteln findet, umso wahrscheinlicher ist es – ceteris paribus – dass die Wahlenthaltung Systemopposition zum Ausdruck bringt" (H. Schmitt/C. van der Eijk 2003: 281f.).

24 Quelle: European Election Studies; Auswertung einer offenen Fragestellung mittels Codierung; n=546 Nichtwähler bei den EP-Wahlen 2004.

die EU „zu weit weg" erscheint und wenig Relevanz für das tägliche Leben hat.[25] Auch die quantitativen Daten aus den European Election Studies bestätigen dies: 42 Prozent der Österreicher meinen, dass Entscheidungen des österreichischen Nationalrats starke Auswirkungen auf sie persönlich haben. Vom Europäischen Parlament glauben dies nur 31 Prozent. Auch die Unterschiede in der Demokratiezufriedenheit sprechen eine deutliche Sprache. 65 Prozent der Österreicher zeigen sich mit der Demokratie in Österreich zufrieden („sehr" und „ziemlich zufrieden" zusammen genommen), während die Demokratiezufriedenheit mit der EU nur bei insgesamt 33 Prozent angesiedelt ist.[26]

Tabelle 4: Parteipräferenz und Wahlwahrscheinlichkeit im Zeitverlauf
(Angaben in Prozent)

Status der Spesendebatte	März '04	Ende April '04	Mitte Mai '04
	Spesendebatte noch nicht medial präsent	Spesendebatte präsent, Kandidatur von Martin noch nicht fix	Kandidatur von Martin fix
Parteipräferenz			
deklariert für eine Partei	69	53	77
(davon: Martin)	--	--	(12)
nicht deklariert, unentschlossen	31	47	23
Summe	100	100	100
Teilnahmewahrscheinlichkeit			
Gehe sicher wählen	52	42	55
Stichprobengröße n =	1.000	500	1.000

Quelle: SORA/ IFES Umfragen vor und während des Wahlkampfes; österreichrepräsentative Zufallsstichproben, wahlberechtigte ÖsterreicherInnen ab 18 Jahren.

Weitere häufig genannte Motive für das Nichtwählen war Kritik am Wahlkampf selbst, d.h. an der Qualität und Stil des Wahlkampfes, am ‚Kandidaten-Angebot' und der Absenz von Themen im Wahlkampf, sowie Kritik an der EU und generelle Frustration gegenüber der Politik.

Der Vergleich der Wahlbeteiligung innerhalb Österreichs (zwischen Europawahl und der letzten Nationalratswahl) als auch zwischen Österreich und den EU-

---

25 Dieses Ergebnis untermauert die These, dass es die österreichischen Regierungsverantwortlichen seit dem EU-Beitritt versäumt haben, die Struktur und Wirkweise der europäischen Institutionen hinreichend zu thematisieren und transparent zu machen (vlg. S. Puntscher-Riekmann/R. Picker 2005).
26 Frage im Wortlaut: „Sind Sie mit der Art und Weise, wie die Demokratie in Österreich/in der Europäischen Union funktioniert, alles in allem gesehen sehr, ziemlich, wenig oder gar nicht zufrieden?"

15 zeigt, dass die oft diskutierte These von einem fortschreitenden, allgemeinen Sinken der Wahlteilnahme als generellem Zeichen für eine Krise der Demokratie nicht als hinreichende Erklärung gelten kann (vgl. Tabelle 5): Österreich hat einen höheren Anteil an Wählern, die zwar auf nationaler Ebene wählten, auf EU-Ebene den Wahlgang aber verweigerten (40 Prozent „voters mobilised nationally" im Vergleich zu 30 Prozent der EU-15). Hingegen ist der Anteil der „regular abstentionists", also von Wählern, die weder bei der letzten Nationalratswahl, noch bei den EU-Wahlen 2004 teilnahmen, mit 15 Prozent um 5 Prozent niedriger als bei den EU-15 (vgl. R. Picker/E. Zeglovits, 2004).[27]

Tabelle 5: Vergleich Wählertypen 2004 (EU-15, Österreich, Angaben in Spaltenprozent)

Wählertyp	EU-15	Neue Mitgliedstaaten	Österreich
Regelmäßige Wähler („regular voters")	44	23	42
Wähler nur auf nationaler Ebene („mobilised nationally")	30	33	40
Wähler nur auf europäischer Ebene („mobilised for Europe")	5	4	4
Regelmäßige Nichtwähler („regular abstentionists")	20	39	15

Quelle für EU-Vergleichsdaten: Flash EB 162; ohne Kategorie „not allocated"

Die niedrige Wahlbeteiligung auf EU-Ebene in Österreich lässt sich daher nicht mit einer allgemeinen „Krise der Demokratie" zufriedenstellend erklären. Da diese „Krise" auf nationaler Ebene deutlich kleiner ist, gibt es für die Verweigerung auf EU-Ebene Gründe, die speziell mit der EU zu tun haben.

6 Zusammenfassung

Die Europawahlen 2004 in Österreich zeichneten sich durch eine historisch niedrige Wahlbeteiligung sowie den Erfolg der neu gründeten Protestliste von Hans-Peter Martin aus. Sie erfüllten in Österreich einige Merkmale von *Second-Order-Elections:* So wurde (1) die Wahl seitens der Bevölkerung als vergleichsweise unwichtig wahrgenommen, (2) es beteiligten sich weniger als die Hälfte der Wahlberechtigten, (3) die Regierungsparteien schnitten relativ schlecht ab und (4) eine neue Protestpartei bzw. Liste war erfolgreich. Dennoch kann bei dieser Wahl nicht von einem Denkzettel für die Regierung gesprochen werden: Die Regierungspar-

---

27 Die Neuen Mitgliedstaaten sind hier vernachlässigt, da sie 2004 erstmals die Gelegenheit zur Teilnahme an den Europa-Wahlen hatten und dies den Vergleich vermutlich verzerrt.

teien *FPÖ* und *ÖVP* erhielten gemeinsam rund 39 Prozent der gültigen Stimmen (nur geringfügig weniger als die beiden Oppositionsparteien). Ein Denkzettel wurde höchstens der *FPÖ* verpasst, deren massive Verluste jedoch eine Serie von Wahlschlappen fortsetzten.

Das Ergebnis der Europawahlen in Österreich und die niedrige Wahlbeteiligung lassen sich auf mehrere Faktoren zurückführen: Zusätzlich zu einer gewissen grundlegenden (historisch verwurzelten) Skepsis gegenüber der EU gab bzw. gibt es einige reale politische Konflikte, die die Zweifel an der EU am Leben erhalten bzw. nähren. Diese Skepsis, sowohl in ihrer „traditionellen" Form als auch in der tagespolitischen, wurde im Wahlkampf, wie gezeigt, aktiviert.

Die strategische Nutzung der EU-Distanz der Österreicher führte zu einem von innerösterreichischen Auseinandersetzungen und Populismus geprägtem Wahlkampf, der wohl nicht dazu beigetragen hat, die Meinung der Österreicher über die EU zu verbessern bzw. den Stellenwert der Europawahlen zu steigern. Die Österreicher antworteten vielmehr mit der niedrigsten Wahlbeteiligung, die in Österreich je bei bundesweiten Wahlen zu verzeichnen war.

Der Europa-Bezug, der im Wahlkampf hergestellt wurde, erfolgte in den meisten Fällen in negativer bzw. abgrenzender Weise. So wurden vor allem EU-kritische Inhalte thematisiert bzw. konnten sich in der medialen Diskussion durchsetzen. Die ‚europäische Vision' eines vereinten, zusammenwachsenden Europas mit sich herausbildenden gemeinsamen Strukturen, die die Begrenzungen des nationalstaatlichen Denkens allmählich überwinden helfen, spielte im österreichischen Wahlkampf de facto keine Rolle.

Damit ist Österreich allerdings kein Einzelfall, und die Gründe dafür sind nicht nur in spezifisch österreichischen Gepflogenheiten zu finden (vgl. die Beiträge von J. Tenscher, P. Odmalm, K.-R. Tigasson und T. Moring in diesem Band). Vielmehr betreffen sie die Nichtexistenz eines europäischen Parteiensystems: Die Wahlkämpfe zu den Europawahlen bleiben wegen kaum vorhandener organisatorischer Infrastruktur, beträchtlichen ideologischen Differenzen trotz Zugehörigkeit zur selben Fraktion und fehlender eigenständiger Finanzierung eng an die nationalen Parteien angebunden und der nationalen Politik verhaftet (vgl. H. Schmitter/A. Trechsel 2004: 48). Es stellt sich daher die Frage, wie ‚europäisch' die Wahlkämpfe unter den herrschenden Bedingungen überhaupt sein können. Der Prozess der allmählichen europäischen Identitätsbildung auf der Ebene des Individuums scheint seine Entsprechung auf der Ebene der europäischen Parteienidentität und der Strukturbildung zu haben. Die politische Entstehung Europas benötigt demzufolge, wie der vergangene EU-Wahlkampf in Österreich nachdrücklich belegt, vor allem Zeit.

7   Literatur

Brettschneider, Frank/van Deth, Jan/Roller, Edeltraud (Hrsg.) (2003): Europäische Integration in der öffentlichen Meinung. Opladen: Leske + Budrich.

Déloye, Yves (Hrsg.) (2005): Dictionnaire des élections européennes. Paris: Editions Economica.

Dokumentationsarchiv des österreichischen Widerstandes (Hrsg.) (1994): Handbuch des österreichischen Rechtsextremismus. Aktualisierte und erweiterte Ausgabe. Wien: Deuticke.

Europäische Kommission/Eurobarometer (2004):[http://europa.eu.int/comm/public_opinion/ index_en.htm (letzter Abruf 8.11.2004)].

Eurobarometer 61, European Opinion Research Group EEIG (2004): National Report Austria [http://europa.eu.int/comm/public_opinion/archives/eb/eb61/nat_austria.pdf (letzter Abruf 15.8.2004)].

Filzmaier, Peter/Hajek, Peter (2004): Wien ist anders? Die Wahlen zum Europäischen Parlament 2004. In: Häupl/Oxonitsch/Millmann (2004): 320-342.

Flash Eurobarometer 162 (2004): Post European elections 2004 survey [http://www. europarl.eu.int/press/Eurobarometer/index_en.htm (letzter Abruf 8.11.2004)].

Häupl, Michael/Oxonitsch, Christian/Millmann, Gerd (Hrsg.) (2004): Wiener Jahrbuch für Politik 2003/04. Wien: Echo-Verlag.

Luef, Wolfgang (2004): Europawahlen in Österreich. Parteien und Programme. In: europaspiegel – das e-Journal von Europolit: http://www.europaspiegel.de/index/aprint372/ page3, 28.05.2004, Abruf vom 8.11.2004.

Mokre, Monika (2004): The EP-Elections in Austria and Germany. Paper presented at the Conference „European elections 2004: Debates, stakes, perspectives", 23.-24. September 2004, Luxemburg.

OGM – Österreichische Gesellschaft für Marketing (2004): ORF-Wahltagsbefragung. Wahlen zum Europäischen Parlament, verfügbar unter http://www.ogm.at.

Picker, Ruth/Salfinger, Brigitte/Zeglovits, Eva (2004): Aufstieg und Fall der FPÖ aus der Perspektive der empirischen Wahlforschung: Eine Langzeitanalyse (1986-2004). In: Österreichische Zeitschrift für Politikwissenschaft. 3. 263-280.

Plasser, Fritz/Ulram, Peter (2002): Das österreichische Politikverständnis. Von der Konsens- zur Konfliktkultur? Schriftenreihe des Zentrums für angewandte Politikforschung. Bd. 25. Wien: WUV.

Plasser, Fritz/Ulram, Peter (2004): Analyse der Europawahl 2004. Wähler, Nichtwähler, Motive [http://www.gfk.at/de/download/PRESS/Politik_Analyse%20Europawahl% 202004.pdf].

Puntscher-Riekmann, Sonja/Picker, Ruth (2005): European Elections in Austria. In: Déloye, Yves (2005): i.D.

Schmitt, Hermann/van der Eijk, Cees (2003): Die politische Bedeutung niedriger Beteiligungsraten bei Europawahlen. Eine empirische Studie über die Motive der Nichtwahl. In: Brettschneider et al. (2003): 279-302.

Schmitter, Philippe/Trechsel, Alexander (2004): The Future of Democracy in Europe. Trends, Analyses and Reforms. Integrated Project „Making democratic institutions work". Green Paper to the Council of Europe. Council of Europe Publishing.

SORA – Institute for Social Research and Analysis (2004): Wählerstromanalyse der EU-Wahl 2004 im Auftrag des ORF. Als Datensammlung und Forschungsbericht verfügbar unter: http://www.sora.at.

Zeglovits, Eva/Picker, Ruth (2004): European Election Studies 2004: Die NichtwählerInnen bei den Wahlen zum Europa-Parlament in Österreich. Unveröffentlichter Arbeitsbericht. SORA – Institute for Social Research and Analysis.

Europawahlkampf in Großbritannien oder: Die Kampagne, die es nicht gab

Pontus Odmalm

1 Einleitung

Im Vergleich zu früheren nationalen wie europäischen Wahlen in Großbritannien überraschten die vergangenen Europawahlen vor allen Dingen in zweierlei Hinsicht: Erstens war die Wahlbeteiligung wesentlich höher als bei den vorangegangenen des Jahres 1999. Zweitens konnte die *United Kingdom Independence Party* (*UKIP*) einen unerwarteten Wahlerfolg verbuchen, während die Konservativen und die *Labour*-Partei relativ hohe Wahlverluste hinnehmen mussten. Im Folgenden soll nach Gründen für diese Besonderheiten gefragt werden und dabei besonderes Augenmerk auf die Rolle des Wahlkampfes sowie der von den konkurrierenden Parteien jeweils favorisierten Strategien gelegt werden. Dabei wird untersuchungsleitend von der Annahme ausgegangen, dass die beiden Großparteien (*Conservative* und *Labour Party*) ihr eigentliches Wahlkampfpotenzial nur unzureichend ausschöpften und kein besonderes Interesse am Wahlkampf zeigten, da sie den Wahlen zum Europäischen Parlament, entsprechend der „Second-Order Election"-These (vgl. K. Reif/H.Schmitt 1980), nur eine untergeordnete Bedeutung zumaßen.

Hauptfokus des Wahlkampfes, dies vorneweg, war die britische EU-Mitgliedschaft. Ihre bestenfalls als ambivalent zu bezeichnende Einstellungen zur Europäischen Union (EU) führten *Labour* und *Conservatives* in eine Sackgasse, wovon letztlich vor allem die *UKIP* profitieren konnte. Während die etablierten Parteien in den jüngsten nationalen Wahlkämpfen immer wieder und erfolgreich auf politische Marketing-Techniken zurückgriffen, verzichteten sie im 2004er Wahlkampf fast gänzlich auf solche Konzepte. Die *UKIP*, als Hauptkonkurrentin, stützte ihre Kampagne dagegen auf eine explizit EU-skeptische und populistische Rhetorik. Diese und eine starke mediale Präsenz, mündeten, wie zu zeigen sein wird, in einem vorher nicht für möglich gehaltenen Wahlerfolg.

2 Der britische Kontext: Stimmungen und Themen des Wahlkampfs

Großbritannien zeichnet sich schon nahezu traditionell im Vergleich zu anderen EU-Ländern durch einen ausgeprägten Europa-Pessimismus aus. Dies trifft sowohl für die Bevölkerung als auch für die Positionierung der Parteien gegenüber der EU zu (vgl. G. Evans 1998; P. Taggart 2004). Dessen ungeachtet stieg die Wahlbeteiligung bei der Europawahl 2004 auf 38,8 Prozent. Auch wenn dieser Wert unter dem EU-Schnitt von 45,7 Prozent blieb (vgl. den einleitenden Beitrag von J. Ten-

scher in diesem Band), signalisierte er doch einen signifikanten Zuwachs gegenüber der Wahl 1999, an der sich nur jeder vierte Brite (24 Prozent) beteiligte. Damit wurde 2004 nicht nur das Niveau früherer Europawahlen erreicht (1979: 31,6
Prozent; 1984: 32,6 Prozent; 1989: 36,2 Prozent und 1994: 36,4 Prozent), sondern
ein neuer Höchstwert erzielt.[1] Dies ist besonders frappierend, da die Wahlbeteiligung bei nationalen Parlamentswahlen in den vergangenen Jahren rückläufig gewesen ist (von 71,4 Prozent 1997 auf 59,4 Prozent 2001).

Diese Zahlen müssen jedoch in Verbindung mit dem gesamten politischen
Klima in Großbritannien des letzten Jahres gesehen werden: Zweifellos dominierte
Labour nicht nur die nationale politische Arena, sondern auch die mediale Agenda.
Die Partei hatte 2001 ihre zweiten Unterhaus-Wahlen gewonnen, sodass die Europawahl in der Mitte der Legislaturperiode (die nächsten Unterhauswahlen finden
2006 statt) nicht nur von den politischen Kontrahenten, sondern auch von den
Massenmedien genutzt wurden, um eine Art „Zwischenbilanz" zu ziehen. Diese
viel ambivalent aus: Obwohl die Regierung auch 2004 hohe Popularität genoss,
sank das Ansehen des Premierministers Tony Blair angesichts der Beteiligung
britischer Truppen am Irak-Krieg zunächst rapide. Laut einer Umfrage vom Juni
2004 waren nur 30 Prozent mit Blairs Amtsführung zufrieden, während 61 Prozent
Unmut äußerten (vgl. ICM Research 2004). Zudem hatte die von Blair angeführte
New Labour-Regierung in den vergangenen Jahren die Partei immer weiter in
Richtung politische Mitte gesteuert und dabei eine stärker pro-europäische Haltung
als ihr konservativer Vorgänger eingenommen. Dennoch sollte das Thema „Europa" auch von ihr zugunsten nationaler bzw. innenpolitischer Fragen nicht weiter
forciert werden. Dies hat zweierlei Gründe: Zum einen prosperiert die britische
Wirtschaft seit einigen Jahren – ein innenpolitischer „Joker" –, zum anderen orientiert sich die Blair-Regierung außenpolitisch doch stärker transatlantisch als europäisch.

Auf der anderen Seite zeichnet sich die größte Oppositionspartei im Unter-
haus, die *Conservative Party*, seit dem Verlust der Regierungsverantwortung 1997
durch permanente Wechsel der Parteiführung und somit fehlender Kontinuität in
der Führung aus. Nach William Hague und Ian Duncan Smith übernahm letztlich
2003 Michael Howard im November das Amt des Parteivorsitzenden. Ungeachtet
der personellen Fluktuation genießt das Thema „Europa" seit der Ära Thatchers
nicht nur eine dauerhaft hohe innerparteiliche Popularität, sondern ist zugleich
einer der wesentlichen Streitpunkte innerhalb der *Conservative Party*. Vor diesem
Hintergrund wurde die Europawahl nicht nur zu einem bedeutsamen Stimmungstest für eine populäre Regierung mit einem unpopulären Premierminister, sondern

---

1   Die Konservativen erzielten bei der Europawahl 2004 27 Sitze, gefolgt von *Labour* mit 19 Mandaten (22,6 Prozent), dahinter landeten die *UKIP* mit 11 (16,1 Prozent) und die *Liberal Democratic
Party* mit 12 Sitzen (14,9 Prozent). Die restliche Mandate fielen an die *Grünen* (2 Sitze; 6.3 Prozent), die *Scottish Nationalist Party* (2 Sitze; 1.4 Prozent), die *Plaid Cymru: Party of Wales* (1 Sitz;
1 Prozent); die *Democratic Unionist Party* (1 Sitz; 28,4 Prozent in Nordirland); die *Social Democratic* und die *Labour Party* (1 Sitz, 28,1 Prozent in Nordirland) und die *Ulster Unionists Party* (1
Sitz; 17,6 Prozent in Nordirland).

auch zur Messlatte für eine Opposition, die seit einiger Zeit darum kämpft, sich als fähige und ernsthafte Regierungsalternative zu behaupten (vgl. P. Taggart 2004). Taggart verweist auf zwei Themen, die Schwerpunkte im Wahlkampf waren: Die europäische Verfassung und die EU-Erweiterung. Doch obwohl diese zunächst die mediale Wahlkampfagende bestimmten (vgl. S. Carey/J. Burton, 2004), wurden sie schnell von dem populistischen Slogan „Ja oder Nein zur EU" verdrängt. Dies äußerte sich in einer rasant ansteigenden Unterstützung der *UKIP* in den Meinungsumfragen sowie in der Verpflichtung des Fernsehprominenten Robert Kilroy-Silk als Zugpferd des *UKIP*-Wahlkampfs.

Dieser Wechsel der Wahlkampfagenda spülte auch einige „Spin-off-Themen" nach oben, die im Verhältnis Großbritanniens zur EU seit jeher eine besondere Rolle spielen. Dazu zählen speziell Fragen der (illegalen) Einwanderung und der Asylanten-Problematik, der Euro, der Souveränitätsverlust sowie – im Jahr 2004 in besonderem Maße (vgl. den Beitrag von R. Picker/E. Zeglovits in diesem Band) – die Korruption in den EU-Institutionen. Alle diese Themen wurden mit der britischen EU-Mitgliedschaft verknüpft. Das durch die Vereinfachung des Wahlkampfs auf die Frage „Pro oder Contra EU" dominant werdende *Cleavage* hieß „Mitgliedschaft oder Austritt". Das brachte die etablierten Parteien und deren Wahlkampfausrichtung zusehends in Positionierungsprobleme. Augenscheinlich wurde dies besonders bei der *Labour Party*, wo Tony Blair in der Fernsehberichterstattung kaum präsent war und sich vor allem in Kritik an Michael Howard als neuem Parteichef der Konservativen übte.

Der *Labour*-Wahlkampf selbst stellte die bestehenden Vorteile der EU-Mitgliedschaft, wie wirtschaftliche Integration und innereuropäische Kooperationsmöglichkeiten, in den Vordergrund, während die Frage nach der zukünftigen Richtung der britischen Mitgliedschaft weniger stark thematisiert wurde. Einen besonderen Schwerpunkt bildete der Schutz nationaler Interessen auf EU-Ebene. Als präemptive Maßnahme griff die *Labour*-Kampagne auch „traditionelle" konservative Themen auf. So betonte die Partei die Notwendigkeit einer stärkeren Integration und Kooperation, um transnationale Kriminalität und insbesondere illegale Einwanderung zukünftig effektiver bekämpfen zu können. Die Tories der *Conservative Party* wurden als Euroskeptiker gebrandmarkt und *New Labour* verwies mit ihrem Slogan „Britain is working, don't let the Tories wreck it"[2] auf die zahlreichen Verfehlungen der konservativen Regierung. Somit zielte der *Labour*-Wahlkampf auf die Wirtschaft und die Kritik an den Konservativen, wohingegen die europäische Dimension fast keine Beachtung fand.

Demgegenüber sollte sich, wie zu erwarten gewesen war (s.o.), das Thema „Europa" für die Konservativen als besonders problematisch erweisen: Erstens galt es, die drei innerparteilichen Strömungen in Einklang zu bringen: Anti-EU-Hardliner, gemäßigte Europa-Skeptiker sowie Pro-Europäer mussten in ein Boot gebracht werden. Zweitens wurde der konservative Plan, ein Referendum zum Verfassungsvertrag zu fordern, von der *Labour Party* zunichte gemacht, als sich Tony Blair unerwartet für einen Volksentscheid aussprach. Schließlich drohten die

---

2 „In Großbritannien läuft es, lasst es euch nicht von den Tories kaputt machen!"

sicher geglaubten Wählerstimmen der starken Europa-Skeptiker, die die Konservativen bisher immer für sich hatten verbuchen können, an die *UKIP* verloren zu gehen. Um sich gegenüber *Labour* und *UKIP* positionieren und profilieren zu können, entwickelten die *Tories* eine doppelte Wahlkampfstrategie: In inhaltlicher Sicht wurde vor allem starke Kritik an der Funktionsweise der EU geübt, namentlich der komplexen und intransparenten Bürokratie, die mit dem Label „Betrug und Verschwendung" versehen wurde. Daneben versuchten die Konservativen, die Wahl zur Vertrauensabstimmung gegenüber der gegenwärtigen *Labour*-Regierung zu stilisieren und zu instrumentalisieren. Demnach sollte die Europawahl vor allem als eine Art „Mid-Term-Test" für *Labours* Leistungen angesehen werden (vgl. P. Taggart 2004).

Die kleineren Parteien, wie die *Liberal Democrats* und die *Green Party*, setzten im Wahlkampf thematisch hauptsächlich auf die britische Beteiligung am Irak-Krieg. Gegenüber den Konservativen und *Labour* unterscheiden sich die *Liberal Democrats* durch eine eindeutige Pro-Europa-Position: Die EU wird als der beste Weg gesehen, auch für Großbritannien wirtschaftliches Wachstum zu sichern und Gerechtigkeit, Sicherheit und Frieden zu verbreiten. Vor diesem Hintergrund kritisierten sie vor allem, dass Blairs Unterstützung der amerikanischen Politik im Irak-Konflikt Großbritannien von den anderen europäischen Ländern isolieren würde. In ihrem Wahlprogramm stellten sie zudem die Leistungen ihrer jetzigen und zukünftigen Europa-Parlamentarier heraus.

Demgegenüber nutzten die *Grünen* die Wahlen dazu, ihre Unzufriedenheit mit der Blair-Regierung zum Ausdruck zu bringen. Wie die *Liberal Democrats* positionierten sie sich offen gegen den Irak-Krieg, aber ihr Wahlkampf enthielt auch Themen, die sich in keinster Weise auf das Europäische Parlament bezogen, wie z.B. Studiengebühren und Probleme des ÖPNV in Großbritannien.

3   Die Europawahl und der britische Wähler

Bisherige Studien zu britischen Europawahlen haben sich zumeist auf die Wahlbeteiligung bzw. -enthaltung im Vergleich zu nationalen Wahlen konzentriert. In dieser Hinsicht unterstützen die geringen Beteiligungsquoten im Zuge der Europawahlen 1994 und 1999 die These der „Second-Order Elections" (K. Reif/H. Schmitt 1980). Tatsächlich gingen in diesen Jahren in etwa so viele Briten zu europäischen wie zu kommunalen Wahlen. Auch andere Aspekte der „Second-Order"-These (vgl. zusammenfassend den Beitrag von A. Wüst/D. Roth in diesem Band) traten im Vorfeld der 2004er Europawahl immer wieder zu Tage: geringe Beteiligung, ein Meinungsumschwung zu Lasten der Regierungspartei sowie die relativ hohe Unterstützung für kleinere Parteien. Außerdem hatte in den bisherigen Wahlkämpfen immer die nationale und nicht die europäische Ebene im Mittelpunkt des Wahlkampf gestanden (vgl. D. Butler/M. West 1995; J. Curtis/M. Steed 2000).

Generell ist die Bereitschaft, zur Wahl zu gehen, bei Second-Order-Wahlen geringer als bei nationalen.[3] Die geringe Wahlbeteiligung bei Europawahlen aber a priori auf deren vermeintliche Nachrangigkeit zurückzuführen, würde wesentliche weitere Faktoren außer Acht lassen. Zu diesen gehören, erstens, die formalen Bedingungen der Wahl, z.b. ob die Wahl verpflichtend oder nicht ist, an welchem Tag die Wahl stattfindet, wie der Zugang zur Wahl geregelt ist (Brief- oder Urnenwahl) usw. (vgl. C. van der Eijk et al. 1996). So hat sich das Wahlverfahren in Großbritannien über die Jahre hinweg geändert. Für die 1999er Wahl wurde erstms eine Verhältniswahlliste eingeführt, die geschlossene Listen für die einzelnen Regionen vorsah.[4] Dieses, auch 2004 genutzte Verfahren, ersetzte die bis dahin gültige einfache Mehrheits- bzw. Einerwahlliste. Daneben wurden die 84 Einerwahlkreise in elf Regionen zusammengeschlossen (neun für England, während Schottland und Wales als separate Bezirke zählen). Die Bezirke sind unterschiedlich groß, North East ist mit vier Sitzen der kleinste, während London, North West (jeweils zehn Sitze) und South East (elf Sitze) die größten Distrikte repräsentieren. Die Wahl konnte durch Briefwahl oder an der Wahlurne durchgeführt werden und war nicht verpflichtend. Darüber hinaus vereinfachte ein neues Gesetz die Briefwahl.

Unabhängig vom Wahlverfahren ergibt sich ein weiterer Erklärungsgrund für die i.d.R. niedrige Wahlbeteiligung bei Europawahlen aus der geringen Bedeutung, die die Wähler diesen Wahlen beimessen. Diese werden tendenziell als weniger wichtig eingestuft als nationale Wahlen, weshalb sich auch eher weniger Bürger an ihnen beteiligen. Allerdings kritisieren Blondel et al. (1998) eine solche Erklärung als zumindest fragwürdig, da die Wahlbeteiligung an europäischen Wahlen nicht allein durch an der nationalen Ebene orientierte politische Einstellungen beeinflusst werden könne (vgl. auch R. Scully 2001; M. Marsh 1998).

Drittens könnte die unterdurchschnittliche Wahlbeteiligung an EU-Wahlen auch auf ein vorherrschendes Legitimations- und Demokratiedefizit der europäischen Institutionen zurückgeführt werden. Dies bezieht sich zwar in erster Linie auf die Wahrnehmung des Ministerrates und der Kommission, die – gerade in Großbritannien – weder als demokratisch gewählt noch als demokratisch verantwortlich angesehen werden (vgl. M. Franklin/C. van der Eijk 1996), obwohl die entsprechenden Mitglieder doch von demokratisch strukturierten Mitgliedstaaten entsandt werden. Das EU-Parlament ist von dieser defizitären Wahrnehmung gleichsam mitbetroffen.

Im Vergleich zu diesen Erklärungsversuchen rückt Taggart (2004) die einzelnen britischen Regionen in den Mittelpunkt der Betrachtung, um gegenwärtige Trends im Europawahlverhalten zu erfassen. Demzufolge umfasst Großbritannien

---

3 Ausnahme von dieser Regel sind vor allen diejenigen Länder, in denen eine gesetzliche Wahlpflicht dazu führt, dass die Wahlbeteiligung bei nationalen wie europäischen Wahlen nahezu gleich und hoch ausfällt (z.B. Belgien, Luxemburg; vgl. den Beitrag von B. Weßels in diesem Band).

4 2004 fand die Wahl am 10. Juni statt, wobei die Öffnungszeiten der Wahllokale zwischen den einzelnen Wahlkreisen variierten. Auf den Termin der Europawahl fielen auch die Wahl zur Greater London Authority, die Wahl des Bürgermeisters von London sowie weitere Gemeinderats- und Stadtratswahlen.

sechs verschiedene Wettbewerbsmuster bzw. sechs verschiedene Parteiensysteme, die aufgrund spezifischer Regionalismen entstanden sind: die South and Midlands von England, Nordengland, London, Wales, Schottland und Nordirland.[5] Eher selten ist in all diesen Regionen die Vorherrschaft einer einzelnen Partei. Vielmehr dominieren verschiedene Parteien in verschiedenen Regionen, wobei die *Liberal Democrats* die Ausnahme bilden, weil sie im Vergleich mit den anderen Parteien nur geringe regionale Abweichungen aufweisen.

Die Aufteilung Großbritanniens manifestiert sich auch in einer parteipolitischen Spaltung innerhalb Englands, und zwar zwischen dem Norden (Yorkshire und Humber, dem Nordosten und dem Nordwesten) sowie dem Süden (der Südosten, Südwesten, der Osten Englands, die East und West Midlands, aber ohne London). In Nordengland gibt es eine starke *Labour*-Vormacht mit den Konservativen und den *Liberal Democrats* als zweit- bzw. drittstärksten politischen Kräften. In dieser Region kam die *UKIP* bei den vergangenen Europawahlen mit 12,8 Prozent auf den vierten Platz. Außerdem ist diese Region eine Hochburg für die *British National Party* (*BNP*). Die *BNP* erzielte hier mit fast 7 Prozent ihren größten Stimmenanteil. Im Gegensatz hierzu dominieren die Konservativen den Süden, wo der Hauptkonkurrent 2004 die *UKIP* und nicht *Labour* war. Aus dem Süden stammt die Mehrheit der *UKIP*-Wähler: Der durchschnittliche Stimmanteil lag hier bei 22,6 Prozent, während es im nationalen Durchschnitt 16,1 Prozent waren.[6] *Labour* schnitt dagegen im Süden mit 17,8 Prozent der Stimmen besonders schlecht ab (nationaler Durchschnitt: 22,6 Prozent). London und Schottland sind dagegen durch eine traditionelle Zwei-Parteien-Dominanz gekennzeichnet. *Labour* und die Konservativen dominieren die Parteienlandschaft Londons, während es in Schottland die *Labour Party* und die *Scottish National Party* sind. Dies bestätigte sich auch bei den vergangenen Europawahlen.

Neben den skizzierten Erklärungsversuchen und den regionalen Spezifika des Parteiensystems kann eine Mischung aus (1) mangelndem Interesse an der EU, (2) defizitärem und geringen Wissen über die EU-Institutionen sowie (3) einer ausgeprägten EU-Skepsis als Schlüssel für die vergleichsweise geringe Wahlbeteiligung der Briten an Europawahlen herangezogen werden. Diese drei Variablen stehen i.d.R. in direktem Zusammenhang, d.h. wenn eine Haltung vorhanden ist (z.B. „fehlendes politisches Interesse"), dann ist normalerweise auch eine zweite (z.B. „fehlendes politisches Wissen") und eine dritte vorhanden. Deren Ausprägung hängt wiederum in starkem Maße von der Intensität und den Inhalten des Wahlkampfs ab. In diesem Sinne betonen Bicchi et al. (2003) die zentrale Bedeutung der Kampagne, da diese diejenige politische Aktivität ist, die speziell darauf abzielt, politisches Wissen bzw. politisches Interesse zu steigern. Ungeklärt ist je-

---

5   Dies ist aufgrund der größeren Wahlkreise von besonderer Relevanz für Europawahlen, zugleich aber auch ein bedeutsamer Indikator für nationale Parlamentswahlen, der die tradierte Vorstellung vom britischen Zweiparteien-System grundlegend in Frage stellt.

6   Das Thema „illegale Einwanderung", das im Rahmen des *UKIP*-Wahlkampfs eine herausragende Rolle spielte (s.o.) brachte der Partei in Bolton sogar 37,6 Prozent ein – einem Bezirk im Süden Englands mit überdurchschnittlich hoher Arbeitslosigkeit, für die die Wähler und die *UKIP* illegale Einwanderer als Hauptschuldige ausgemacht hatten.

doch, *in welchem Maße* der Wahlkampf tatsächlich Einstellungen gegenüber der EU verändern kann und dies getan hat. Dessen ungeachtet scheint ein aktiv und offen geführter Wahlkampf eher politisches Interesse und politisches Wissen zu stimulieren, wodurch der Grad der absichtlichen Nichtbeteiligung an Europawahlen potenziell gesenkt werden kann. Erklärt also die Art und Weise der Kampagnen am ehesten die relativ hohe Wahlbeteiligung in Großbritannien bei den vergangenen Europawahlen?

Um diese Frage beantworten zu könne, rücken im Folgenden der Wahlkampf und insbesondere die spezifischen Wahlkampfstrategien der Parteien in den Fokus der Betrachtung. Dabei wird auf Konzepte und Thesen des politischen Marketings als Wesensmerkmal und zentralem Schlüssel moderner Wahlkämpfe rekurriert: So scheint es, dass auf der einen Seite Europa-skeptische Parteien mittels politischem Marketing erfolgreiche Kampagnen führten, die ihnen erhebliche Stimmengewinne brachten. Auf der anderen Seite konnten die etablierten Parteien nicht genügen Wähler für sich mobilisieren. Ursächlich dafür waren – aus Sicht des politischen Marketings – defizitär geführte Kampagnen sowie ein Unterschätzen der Opposition.

Der folgende empirische Teil basiert auf einer schriftlichen Befragung unter zentralen Wahlkampfakteuren, d.h. unter Europa-Abgeordneten und Wahlkampfmanagern.[7] Die Interviews fanden über einen Zeitraum von Mai bis Juni 2004 statt. Mit den Befragten mussten zu verschiedenen Zeitpunkten drei verschiedene Fragebögen beantworten, um Änderungen im Wahlkampf festzustellen. Schließlich wurden nach Abgabe der Fragebögen mit den Beteiligten informelle Gespräche über die Wahl geführt.

4   Politisches Marketing in Großbritannien

Politisches Marketing hat eine lange Tradition in Großbritannien und lässt sich bis ins frühe 20. Jahrhundert zurückverfolgen (vgl. D. Wring 1996). In der 2004er Europawahl betrieb vor allem die *UKIP* effizientes politisches Marketing.

Nach Wring ist der Ansatz des politischen Marketing besonders nützlich, um strategische Entwicklungen einer politischen Partei zu analysieren. Außerdem verdeutlicht der Ansatz, welche Faktoren neben den Massenmedien und technologischen Innovationen zu Änderungen der Wahlkampfpraxis führen. Als eigenständige Subdisziplin der Politikwissenschaft ist die Politische-Marketing-Forschung noch relativ jung und hat einige terminologische Änderungen erlebt. Bezeichnungen reichen von „Politischem Management" über „Packaged Politics" bis hin zu dem weiteren Begriff der „(post)modernen politischen Kommunikation" (vgl. die Beiträge von J. Tenscher und T. Moring in diesem Band).

---

7   Die GB-Umfrage war Teil des EU Framework 6 Projekts „The Determinants of Active Civic Participation at European and National Level" (CIVICACTIVE). Dieses wurde von Federica Bicchi, Fredrik Langdal und Jean Blondel koordiniert. Die Interviews/Partei waren wie folgt aufgeteilt: *Conservatives* (3), *Labour* (2), *Liberal Democrats* (1), *Green Party* (2) und *UKIP* (3).

Vereinfacht gesagt, stellt das politische Marketing neue Konzepte zur Verfügung, um moderne Politik (besser) verstehen zu können. Der Ansatz argumentiert, dass „marketing (is) a specific form of economic rationality that offers insights into the strategic options and behaviour of parties" (M. Scammell 1999: 719; vgl. auch R. Faucheux 1995; B. Franklin 1994; P. Maarek 1995; für Deutschland vgl. J. Tenscher 2003: 73ff.). Vertreter des politischen Marketings sehen das politische Leben gegenwärtig in einer „neuen" Situation. Dagegen ist für O'Shaughnessy/ Henneberg (2002) der Begriff „politisches Marketing" lediglich ein neuer Terminus für Phänomene, die früher als „Populismus" und „Propaganda" bezeichnet worden waren. Trotz dieser Vorbehalte bezieht sich das Innovative in diesem Ansatz auf das, was Kavanagh (1995) als neue Professionalisierung der Wahlkampfkommunikation bezeichnet. Diese zeigt sich durch den verstärkten Einsatz von effektiver Werbung, Public Relations-Arbeit, Demoskopie und Marketing-Strategien während des Wahlkampfes.

Eine engere Definition schlägt Lees-Marshment vor. Danach dreht es sich im politisches Marketing um „political organizations adapting business-marketing concepts and techniques to help them achieve their goals" (J. Lees-Marshment 2001: 692). Gemeinnützige Organisationen wie etwa politische Parteien, Interessensgruppen und kommunale Gremien benutzen Marketing-Strategien zunächst, um Bürgerinteressen zu identifizieren. In Übereinstimmung mit deren Forderungen ändern sie dann ihr Verhalten, um so ihr „Produkt" besser „verkaufen" zu können. Zusätzlich zu privatwirtschaftlichen Werbeagenturen, Medienberatern, News-Management- und Werbestrategien, die ein positives Image der Spitzenakteure und der politischen Inhalte schaffen sollen, rekrutieren Parteien mittlerweile verstärkt Wahlkampfleiter, Pressesprecher und (externe) Berater zur Verwirklichung dieser Ziele (vgl. B. Franklin 1994).

Lees-Marshment unterteilt politisches Marketing weiter in drei Subkategorien: Produkt-, verkaufs- und marktorientierte Parteien. Produktorientierte Parteien gehen von der Annahme aus, dass der Wähler die von der Partei vertretenen Ideen als die richtigen und wesentlichen identifiziert und entsprechend wählt. Auch wenn es einer produktorientierte Partei nicht gelingen sollte, genügend Wählerunterstützung zu mobilisieren, zögert sie i.d.R., ihre Konzepte bzw. ihr „Produkt" an die Bedürfnisse der Wähler anzupassen. Sie erweist sich insofern als „Produkt-konservativ".

Demgegenüber konzentrieren sich verkaufsorientierte Parteien primär darauf, ihre Argumente den Wählern zu verkaufen. Weil die Parteien wissen, dass diese nicht automatisch akzeptiert werden, nutzen sie Werbe- und Kommunikationstechniken, um potenzielle Wähler von ihren Ansichten zu überzeugen. Zwar wird eine Partei dieser Kategorie ihr Verhalten nicht ändern, um sich dem Publikumsgeschmack anzupassen, aber eine verkaufsorientierte Partei wird versuchen, den Wähler für ihr Angebot zu begeistern.

Marktorientierte Parteien schließlich stützen sich auf Umweltbeobachtungen und Marktanalysen, um Wählerbedürfnisse und -erwartungen zu identifizieren. Entsprechend den Wählerwünschen ändert die Partei ggf. ihr Verhalten. Sie entwickelt und modifiziert ihr „Produkt", das, erstens, die Wählerforderungen befriedigt, zweitens von der Parteiorganisation unterstützt und implementiert wird und drittens auf Regierungsebene durchsetzungsfähig ist.

Es gibt viele Anzeichen für die wachsende Bedeutung des politischen Marketings in der (britischen) Politik. Dennoch verneinen Politiker oftmals deren strategische Rolle, da es von ihrem eigenen Status ablenken oder zu Konflikten innerhalb der Partei führen könnte (vgl. D. Kavanagh 1995; für Deutschland J. Tenscher 2003: 120ff.). Wie oben erwähnt, stehen Marketing und Politik jedoch bereits seit dem frühen 20. Jahrhundert in enger Beziehung zueinander. Ein in diesem Zusammenhang wichtiges Datum in Großbritannien ist die Verabschiedung *des Representation of the People Act* im Jahre 1918, der die Zahl der wahlberechtigten Bürger verdreifachte und auf 20 Millionen erhöhte. Vorher hatten Canvassing, Flugblattaktionen und öffentliche Veranstaltungen im Vordergrund gestanden, doch mit der sich entwickelnden „Massengesellschaft" breiteten sich auch neue Kommunikationsmöglichkeiten und- technologien aus, die zusammen mit dem Propaganda-intensiven Zweiten Weltkrieg die Menschen prägten. Sowohl die *Conservatives* als auch die *Labour Party* richteten entsprechend schon frühzeitig spezielle Abteilungen zur Gestaltung außenkommunikativer Aktivitäten ein.[8] Es dauerte jedoch bis zum Jahr 1979, als die von im engeren Sinne des politischen Marketings als professionalisiert charakterisierte nationale Wahlen stattfanden. Die Konservativen, und insbesondere Margaret Thatcher, nutzten damals Marketing als Strategie-Werkzeug, indem sie u.a. eng mit der Werbeagentur *Saatchi and Saatchi* zusammenarbeiteten (vgl. M. Scammell 1995). Erst im Zuge der politischen Umorientierung der *Labour Party* nach den verloren gegangenen Parlamentswahlen 1987 öffnete sich auch diese Partei politischen Marketingkonzepten in größerem Maße. Dieser Prozess wurde sicherlich erleichtert durch die Ernennung des medienkompetenten Tony Blair zum Parteivorsitzenden und durch die Neufassung des 75-Jahre-alten Artikels 4 des Parteiprogramms (vgl. J. Lees-Marshment 2003; D. Wring 1996).[9]

Obwohl die Rolle der Medien im britischen Kontext immer wieder heruntergespielt worden ist, darf sie – gerade in Bezug auf die Beeinflussung von Bürgereinstellungen gegenüber „Europa" – nicht unterschätzt werden, auch wenn sich dies nicht immer und zwangsläufig in Einstellungsänderungen und im Wahlverhalten manifestiert. In diesem Sinne betonen Carey und Burton (2004) die starke parteipolitische Orientierung der Zeitungen, die auch nicht vor z.T. expliziten (partei-) politischen Stellungnahmen zurückschrecken und insgesamt eine stark Europakritische Haltung einnehmen (vgl. auch P. Anderson/A. Weymouth 1999). Allerdings ist parteipolitische Orientierung einer Zeitung nicht immer gleichbedeutend

---

8   So hatten die *Konservativen* bereits 1911 ein Pressebüro eröffnet und mit Sir Malcolm Fraser ihren ersten Pressesprecher bestimmt. *Labour* war 1917 mit einer Öffentlichkeitsabteilung innerhalb der Parteizentrale gefolgt.

9   Artikel 4 des Parteiprogramms der *Labour Party* geht auf das Jahr 1918 zurück. Erstmalig definierte sich *Labour* (insbesondere im vierten Absatz) als eine klar *sozialistische* Partei, deren primäres Ziel in der Erreichung des kollektiven Besitzes der gemeinschaftlichen Produktionsgüter, in öffentlicher Verwaltung und Kontrolle sowie in einer für alle gerechten Verteilung öffentlicher Güter bestehen sollte (vgl. J. Dearlove/P. Saunders 2000).

mit ihrer Haltung zur EU: So kann eine britische Zeitung beispielsweise sowohl pro-*Labour* als auch contra-EU sein – potenzielle *Labour*-Wähler greifen entsprechend entweder zur *Sun* (anti-EU) oder zum *Mirror* (pro-EU).

Im Vergleich zu den Printmedien ist die Bedeutung des Fernsehens für das Wahlverhalten relativ gering einzuschätzen (vgl. P. Norris et al. 1999). Dies liegt u.a. daran, dass kommerzielle politische Werbung im Fernsehen verboten ist. Die größeren Parteien dürfen jedoch zwei- bis fünfminütige Parteiwahlsendungen (so genannte „Party Election Brodcasts") schalten, die auf allen Kanälen ausgestrahlt werden. Diese Werbespots haben sich im Lauf der Zeit stark gewandelt: Sie sind kostenintensiver geworden und setzen vermehrt auf persuasive Elemente. Oftmals werden sie von angesehenen Filmregisseuren gedreht. Allerdings geht es hier vielfach um die Herstellung eines (positiven) Images und nicht um politische Botschaften (vgl. B. Franklin 1994). Diese werden folglich – wenn überhaupt – hauptsächlich über andere Wahlkampfkanäle verbreitet.

Gleichzeitig sind die Wahlkämpfe professioneller geworden. Das bedeutet nicht zuletzt eine starke Medienorientierung. Vor dem Zeitalter des Fernsehens waren Wahlkämpfe in Großbritannien arbeitsintensiv, wenig technologisiert und getragen von vielen freiwilligen Helfern, Canvassing und öffentlichen Veranstaltungen. Der moderne Wahlkampf hingegen ist kapitalintensiv; er ersetzt Freiwillige durch externe Berater und Kampagnenprofis aus der Medien- und Marketingbranche (vgl. M. Scammell 1995). Die Wahlkampfaktivitäten sind zentralisierter, es gibt weniger face-to-face-Kommunikation mit den Wählern und einen stärkeren Fokus auf die wachsende Gruppe der Wechselwähler. Ein zentrales Element des modernen politischen Marketings ist daher die Profilbildung, bei der die Wählerschaft zuvorderst durch den Faktor „Wiedererkennung des Namens" (name recognition) maximiert werden soll. Gleichwohl reicht die Wiedererkennung des Namens bzw. zu wissen, welche Partei der Kandidat vertritt, für die Stimmenmaximierung alleine noch nicht aus (vgl. D. Lilleker/R. Negrine 2003). Vielmehr braucht der Kandidat auch ein Image, das dem Wähler die Botschaft vermittelt, er sei „der richtige" Abgeordnete. Wenn es den Parteien bzw. in zunehmenden Maße den Kandidaten im Wahlkampf also gelingt, ihr Profil effektiv zu vermarkten, wird sich dies positiv auf die politischen Kenntnisse der Wählerschaft auswirken und ihren Wähleranteil erhöhen – so zumindest die grundlegende Annahme des politischen Marketings.

5   Aber wo war der Wahlkampf?

Angesichts dieser theoretischen Vorüberlegungen kristallisiert sich beim Blick auf den britischen Europawahlkampf 2004 nur eine einzige Partei – die *UKIP* – heraus, die den Nutzen von politischem Marketing erkannte und dessen Potenzial vor allem im Sinne der Instrumentalisierung der Massenmedien zur Verbreitung ihrer anti-EU-Botschaft ausschöpfte. Die durch das CIVICACTIVE-Projekt erhobenen Daten machen dagegen auch deutlich, dass die etablierten Parteien der Europawahl keine hohe Priorität einräumten. Dies lässt sich anhand ihrer Wahlkampfaktivitäten, der Rekrutierung von Mitarbeiten für den Wahlkampf sowie der vielfältigen Bemühungen, die Aufmerksamkeit der Bürger auf die Wahl zu richten, belegen.

Ungefähr sechs bis neun Monate vor der Wahl begannen die Parteien mit ihren Vorbereitungen, wobei die letzten drei bis vier Wochen vor der Wahl die intensivste Phase darstellen. Die meisten Parteien charakterisierten ihre Anstrengungen als auf das gesamte Wahlvolk konzentriert („auf alle"). Einige der Befragten bekundeten auch Interesse an Nichtwählern sowie an Anhängern ihres jeweiligen Hauptkonkurrenten. Nur die *Grünen* zielten, dem politischen Marketingkonzept entsprechend, bewusst auf spezifische Wählergruppen, namentlich auf Homosexuelle, junge und alte Wähler sowie ethnische Minderheiten und Behinderte. Die *UKIP* zeigte sich allerdings als einzige Partei mit ihren Bemühungen, die Wähler zu erreichen, zufrieden.

Obwohl die *Konservativen* mehr Ressourcen für den Wahlkampf aufwendeten (s.u.), mussten sie einen Stimmenverlust von 8 Prozent gegenüber der vorigen Europawahl hinnehmen. Wie erwähnt, vermittelte *New Labour* den Eindruck, die Europawahl sei lange nicht so wichtig wie die nationalen Wahlen. Dies schadete der Partei aber offensichtlich nicht besonders; sie verlor gegenüber der 1999er Wahl „nur" 5,4 Prozent an Wählerstimmen. Nach Angaben aller Parteien – mit Ausnahme von *Labour* – lag der „richtige Beginn" des Wahlkampfs bei zwei bis vier Monate vor der Wahl; ein Indiz dafür, dass sie der Wahl anscheinend doch einige Bedeutung beimaßen. *Labour* hingegen datierte den „richtigen Beginn" des Wahlkampfes erst drei Wochen vor den Wahltag.

Um effektives politisches Marketing betreiben zu können, bedarf es einer ausgeprägten Fokussierung auf die Massenmedien. Es überrascht daher, welche Kommunikationskanäle die Parteien tatsächlich favorisierten und nutzten. Die meisten Aktivitäten bezogen sich auf nämlich auf „traditionelle" Kanäle wie Briefwerbung und das Verteilen von Flugblättern. Öffentliche Wahlkampfveranstaltungen sowie face-to-face-Canvassing lagen auf dem zweiten bzw. dritten Platz. Die *UKIP* ist hier wieder die Ausnahme, denn die Partei setzte vielfach Reklametafeln und Plakate ein, was von den Verantwortlichen auch als Hauptgrund für den Wahlerfolg angesehen wurde. Dessen ungeachtet wurde die Partei, wie die Befragungen der Wahlkampfverantwortlichen zeigen, lange Zeit von den anderen Parteien nicht als ernstzunehmender Konkurrent gesehen. Die etablierten Parteien beschränkten sich vielmehr darauf, die *UKIP* als Randpartei zu stigmatisieren: besonders ihre extremen Ansichten hinsichtlich gegenüber dem „britisch Sein" und dem Thema „Einwanderung" wurden kritisiert, ebenso ihr starker Fokus auf die vermeintliche „Bedrohung", die eine EU-Mitgliedschaft für die britische nationale Identität und Souveränität darstelle. Darüber hinaus schien die *UKIP* von einer relativ konsistenten und stringenten Kampagne gegenüber den sich „wechselhaft" zeigenden anderen Parteien zu profitieren: So vertraute *UKIP* den gesamten Wahlkampf über auf großflächige Plakatierungen, auf die die meisten Konkurrenten verzichteten.

Zweifellos war die britische EU-Mitgliedschaft das Hauptthema des Wahlkampfes. Nachdem die *UKIP* mit ihrem einfachen Slogan „Ja oder Nein zur EU" zusehends ein hohes Maß an Unterstützung in den Meinungsumfragen gewinnen

konnte, wurde dies immer deutlicher. Für die *Labour Party* sollte sich dieses Thema als schwierig zu handhaben darstellen, denn ihre Strategie zielte von Beginn an
darauf ab, einzig die Bedeutung und Vorteile einer EU-Mitgliedschaft in den Vordergrund zu rücken – Gründe für ein „Contra EU" sollten ausgespart werden.
Demgegenüber versuchten *Grüne* und die pro-EU-ausgerichteten *Liberal Democrats*, den Wahlkampf auf die britische Beteiligung am Irak-Krieg zu konzentrieren
und die *Labour*-Regierung anzugreifen. Angesichts ihrer ambivalenten Haltung zur
EU hatten schließlich die *Conservatives* augenscheinlich Probleme, ihre Wahl-
kampfprioritäten zu definieren. Sie beschränkte sich vornehmlich darauf, Kritik an
der Blair-Regierung zu üben und das Thema „Korruption in der EU" zu pushen.
Ferner stellten sie die guten Leistungen der konservativen Europa-Parlamentarier
im Vergleich zu denen der *Labour Party* heraus.

Vor diesem Hintergrund gab es keinen grundständigen *nationalen* Europawahlkampf. Vielmehr war dieser in struktureller Hinsicht regional fragmentiert,
z.T. lokal begrenzt und von einem Thema dominiert: „Ja oder Nein zur EU". Als
die Frage der britischen EU-Mitgliedschaft sowohl in den Massenmedien als auch
bei der Bevölkerung zunehmend an Bedeutung gewann, befand sich die *UKIP*
konsequenterweise in einer günstigeren Position als die anderen Parteien. Eine
einfache und populistische Rhetorik verhalf ihr, sich als Sprachrohr der „schwei-
genden Mehrheit" zu profilieren. Hierzu diente insbesondere eine Flugblattaktion
zu „fünf Freiheiten", für die sich die Partei stark machte: Freiheit vor der EU, vor
Verbrechen, vor Überfremdung, vor zuviel Staat und vor einem Übermaß an *political correctness*.

Die vergleichsweise geringe Bedeutung, die der Europawahl zuteil wurde,
spiegelt sich auch in der Zusammensetzung der Wahlkampfteams wider. Die Größe der regionalen Wahlkampfstäbe variierte erheblich zwischen den Parteien und
reichte von 3 Mitarbeitern bei der *UKIP* bis zu 165 bei den Konservativen. Im
Durchschnitt betrug die Größe der Teams bzw. der „strategischen Einheiten" zwischen 12 und 30 Mitarbeitern. Außer der Geschlechterzugehörigkeit konnten die
Befragten allerdings keine weiteren detaillierten Angaben über die Mitarbeiter
ihrer Wahlkampfteams machen, sondern nur grobe Schätzungen abgeben. Danach
waren Männer überrepräsentiert (zwischen 66 und 80 Prozent) – ein regionales
Wahlkampfteam der *Grünen* setzte sich sogar ausschließlich aus Männern zusam-
men, während bei der *UKIP* immerhin ein ausgewogenes Verhältnis herrschte. Das
Alter der Teammitglieder lag zwischen Ende 20 bis Ende 50, wobei die *UKIP* ein
höheres Durchschnittsalter ihrer Teams aufwies (zwischen 50 und 70 Jahre alt).
Viele Wahlkampfteams stellten Mitarbeiter ein, die sich einzig um europäische
Issues kümmerten, ohne jedoch notwendigerweise auf Erfahrungen aus früheren
Europawahlkämpfen zurückgreifen zu können. Einige Parteien (z.B. die *Konservativen*) setzten auf jüngere Mitarbeiter, die wenig oder keine Erfahrungen gesammelt hatten, während die *Grünen* und *Labour* vor allem Europawahl-erfahrenes
Personal rekrutierten. Im Laufe des Wahlkampfes konnte die *UKIP* einen dramatischen Zuwachs an Mitgliedern und aktiven Helfern verzeichnen. Dabei handelte es
sich um ältere und freiwillige Mitarbeiter, die beim Wahlkampf vor Ort eingesetzt

wurden. Die Großparteien operierten stattdessen weniger mit Freiwilligen, sondern vertrauten professionalisierten Wahlkampfstäben.

Übereinstimmend verzichteten die Parteien weitgehend auf das Outsourcing bestimmter Wahlkampfaktivitäten. Externe wurden zumeist für telefonische Hotlines eingesetzt, wobei die meisten dieser Call Centers in den Parteigeschäftsstellen eingerichtet wurden. Nur sporadisch griffen die Parteien auf Umfrageforscher und Medienberater zurück. Dieser Mangel an professionellen Consultants ist deswegen besonders beachtenswert, da die Entwicklung der nationalen Wahlkampfführung in exakt die entgegengesetzte Richtung geht. Nach Scammell (1999) stützen sich die nationalen Wahlkämpfe der *Conservative* und der *Labour Party* seit einigen Jahren auf extensive Marketing-Untersuchungen der Wählerschaft. *Labour* begann, wie bereits skizziert, bereits 1987, nicht mehr nur einzelne Marketing-Elemente zu verwenden, sondern einen umfassenden Marketing-Ansatz zu verfolgen. Die parteipolitische Entwicklung der darauf folgenden Jahre hat die Partei quasi „gezwungen", Stellung zu beziehen und sich auf eindeutige Positionen festzulegen (Stichwort: „branding"). Image-, Vertrauens- und Reputationsfragen sind so zunehmend ins Zentrum der Beziehung zwischen Partei und Wähler gerückt (vgl. E. Shaw 1994) – und wurden durch konsequentes politisches Marketing aufgelöst.

Gleichzeitig hat ein stärker Marketing-orientierter Ansatz in den vergangenen Jahren zu einer Zentralisierung des Wahlkampfes in den Parteizentralen geführt. Die britische Zentralregierung verfügt über ein breites Arsenal von Medienexperten, die, im Unterschied zur Bundesrepublik Deutschland, auch im Wahlkampf seitens der regierenden Partei eingesetzt werden können. Die ca. 850 Mitarbeiter der Presse- und Öffentlichkeitsabteilung der Regierung sind in den Bereichen „Werbung", „Marketing", „Wahlkampf" und „Öffentlichkeitsarbeit" bzw. „externe Kommunikation" uvm. entsprechend ausgewiesen. Der Pressesprecher des Premierministers sowie die offiziellen Sitzungen der Leiter der ministerialen Presse- und Öffentlichkeitsarbeitabteilungen geben der Zentralregierung einzigartige Instrumente in die Hand, das Nachrichtenmanagement zu steuern. Diese Marketing-Zentralisierung setzt sich bis auf die lokalen Ebenen fort, wo sich wiederum die kommunalen Verwaltungen immer stärker an der Vermarktung und Präsentation der Politik beteiligen.

Trotz der Zentralisierung auf Bundesebene verfügten die lokalen und regionalen Wahlkampfteams im Europawahlkampf 2004 über ein gewisses Maß an Autonomie, der traditionellen Beziehung zwischen nationalen und lokalen Regierungen in Großbritannien folgend.[10] Lokale und kommunale Wahlkampfstrategen stellten zumeist die Wahlkreiskandidaten in den Vordergrund und nicht bestimmte Parteipositionen. Dies forcierte die Personalisierung des Europawahlkampfs vor Ort. Alle Parteien setzten regionale Wahlkampfteams ein, die, nach Auskunft der Befragten, i.d.R. reibungslos mit der Wahlkampfzentrale zusammenarbeiteten. In inhaltlicher Hinsicht operierten die regionalen Gruppen innerhalb des breiten Themenspektrums, das vom Hauptquartier abgesteckt wurde Dadurch konnten sie

---

10 Im Vergleich zu den anderen Parteien waren die Wahlkampfteams der *Grünen* stärker dezentralisiert.

weniger stark kontrolliert und gesteuert werden. Zugleich hatten sie größere Freiheiten bei der Vermarktung des regionalen Kandidaten.

Die Wahlkampfausgaben der einzelnen Parteien variierten erheblich. Die meisten Befragten konnten (oder wollten) die genaue Summe der gesamten Wahlkampfkosten nicht angeben und beschränkten sich auf grobe Schätzungen. Demnach reichte die Ausgabenspanne von sehr niedrig (100.000 bis 150.000 Pfund bei den *Grünen* und den *Liberal Democrats*) bis sehr hoch (1 bis 1,4 Millionen Pfund bei *Conservative* und *Labour*). Die *UKIP* verzeichnete relativ geringe Wahlkampfausgaben, erhielt aber relativ viele Spendengelder (ungefähr 250.000 Pfund, während die *Grünen* 36.000 Pfund und die *Liberal Democrats* 947.000 Pfund erhielten). Die Kosten der vergangenen nationalen Wahlkämpfe waren somit ungefähr *vier Mal höher* als für die Europawahl 2004. Diese Zahlen können als wesentlicher Indikator für die nachgeordnete Bedeutung, die die Parteien der Europawahl beimaßen, angesehen werden (vgl. den Beitrag von J. Tenscher in diesem Band).

Viele der Befragten teilten in den Gesprächen mit, dass es aufgrund fehlender Wahlkampffinanzierung sehr problematisch war, den Wählern die politische Botschaft zu vermitteln. Überraschenderweise wurden die Wahlkampfgelder mehr für die Finanzierung von Flugblattaktionen und weniger für etablierte Marketing-Techniken, wie z.B. Umfragen und Telefon-Canvassing, eingesetzt. Die Ausnahme stellte einmal mehr die *UKIP* dar, die die meisten Gelder für Reklametafeln und Plakate ausgab, was die Bekanntheit der Partei und ihrer Kandidaten vor Ort steigerte.[11] Erwähnenswert ist zudem der hohe Zeitaufwand, den die Mitarbeiter aller Parteien für Anrufe in Privathaushalte aufwendeten (83 Prozent), während Radio und Fernsehen nur 15 Prozent der Zeit in Anspruch nahmen.

Wie oben erwähnt, spielen die britischen Medien, insbesondere die Presse, eine wichtige, wenn vielleicht auch nicht entscheidende Rolle im Prozess der Politikvermittlung sowie bei der Entwicklung von Kritik und Unterstützung gegenüber der Regierung (vgl. S. Carey/J. Burton 2004). Im Europawahlkampf 2004 wurde die massenmediale Agenda von Themen bestimmt, die in Zusammenhang mit der EU-Mitgliedschaft Großbritanniens standen (Souveränität, Immigration, die Verfassung usw.). Daraus ergibt sich die Frage, inwieweit das wahlkampfspezifische Verhältnis von Medien(akteuren) und Parteien die Kampagnen beeinflusste. Die Mehrheit der Parteien gab diesbezüglich an, mittelmäßige bis sehr gute Beziehungen zu den Medien zu unterhalten. Die *UKIP* unterscheidet sich hier abermals von den anderen Parteien: Sie erzielte erhöhte Medienaufmerksamkeit, nachdem die rechts von der Mitte positionierte Zeitung *Daily Telegraph* Mitte Mai überraschend hohe Wählerunterstützung für die *UKIP* verkündet hatte. Bis dahin hatte die *UKIP* fast keine Medienpräsenz erhalten und nicht als ernstzunehmender Herausforderer gegolten. Zusammen mit der Verpflichtung des TV-Stars Kilroy-Silk als prominenter „Wahlkampflokomotive" führte diese Situation zu einer Dominanz der *UKIP*

---

11 Obwohl Canvassing, d.h. die direkte Wähleransprache vor Ort (z.B. an der Haustür), eher ein angelsächsisches Phänomen ist, verweisen die Ergebnisse von Bicchi et al. (2003) in Bezug auf die Europawahlen 1999 darauf, dass zumindest in den „alten" Mitgliedstaaten der EU-15 diese Wahlkampfform weit verbreitet ist und wohl einen positiven Effekt auf die Wahlbeteiligung gehabt haben dürfte.

und ihrer Kandidaten in der Medienberichterstattung. Die anderen Parteien hatten anschließend erhebliche Schwierigkeiten, in den Medien ausreichend und angemessen präsent zu sein. Der Medien-Bonus der *UKIP* in den letzten Wochen vor der Wahl führte schließlich zur Mobilisierung potenzieller Wähler, aber auch zur Rekrutierung von Freiwilligen für den Wahlkampf vor Ort.

Die *UKIP* kann insofern als Gewinner im „Medien-Poker" der Parteien angesehen werden (vgl. P.Taggart 2004). Das überraschend schlechte Abschneiden der *Labour Party* und insbesondere der *Conservatives* bei den Wahlen wurde von den Medien kaum thematisiert. Vielmehr standen auch nach Beendigung des Europawahlkampfs die *UKIP*, ihr unerwarteter Wahlerfolg mit zwölf neuen Europaabgeordneten im Mittelpunkt der Medienberichterstattung. Kilroy-Silk nutzte die Aufmerksamkeit umgehend aus und verkündete *UKIP*s Pläne für die EU, die darin bestanden, die EU zu „vernichten", sie als Quelle von Korruption und Verschwendung sowie als Bedrohung für die britische Souveränität zu brandmarken.

6   Abschließende Bemerkungen

Die britische Europawahl 2004 zeigt einige interessante Entwicklungen. Einerseits stieg die Wahlbeteiligung gegenüber 1999 signifikant. Andererseits mussten die etablierten Parteien Verluste zugunsten der euroskeptischen *UKIP* hinnehmen. Die Ursachen hierfür liegen im Wahlkampf und den politischen Marketingstrategien der Parteien begründet. Wie gesehen, maßen die etablierten Parteien der Europawahl keine hohe Bedeutung zu, was die These der „Second-Order Election" (K Reif/H. Schmitt 1980) nachhaltig unterstützt.

Inhaltlich drehte sich der Wahlkampf vor allem um die britische EU-Mitgliedschaft. Als die Unterstützung für die *UKIP* stark anstieg, wurde dies umso deutlicher. Der *Labour Party* bereitete diese Schwerpunktsetzung Schwierigkeiten, weil ihre Strategie darauf ausgerichtet war, die Bedeutung und Vorteile der Mitgliedschaft herauszuarbeiten. *Grüne* und *Liberal Democrats* versuchten vergeblich, die britische Beteiligung am Irak-Krieg bzw. die Kritik an der *Labour*-Regierung ins Zentrum des Wahlkampfs zu rücken. Und die *Konservativen* hatten schließlich aufgrund ihrer ambivalenten Haltung zur EU generelle Probleme, sich für *ein* wahlkampfrelevantes Thema zu entscheiden. Diese „thematischen Unsicherheiten", Positionierungsprobleme und Schwächen der politischen Konkurrenz spielten *UKIP* zweifelsohne in die Karten.

Schließlich konnte gezeigt werden, dass politische Marketingkonzepte zu einem wesentlich geringeren Grad als in den vergangenen nationalen Wahlkämpfen angewendet wurden – was seinen Ausdruck nicht zuletzt in einer vergleichsweise niedrigen Kapitalausstattung und „überschaubaren" Mitarbeiterstäben fand. So bevorzugten die etablierten Parteien auch Flugblattaktionen, Telefon-Canvassing und andere *arbeitsintensive* Strategien. Der *UKIP* gelang es, die Gelegenheit zu nutzen, die sich durch die verstärkte Medienaufmerksamkeit und der medialen Akzeptanz des Populisten Kilroy-Silk bot. Überdies vertraute sie viel stärker als die anderen Parteien der Visualisierung und Plakatierung vor Ort – und damit vergleichsweise „traditionellen" Kampagnenkanälen –, wodurch sie in den Köpfen der Wähler extrem präsent war. Zu guter Letzt mobilisierte die simple Zuspitzung des Wahlkampfs auf einen (vermeintlichen) Konflikt zwischen nationaler Souveränität auf der einen und „Vormacht" der EU auf der anderen Seite zweifelsohne einige Wähler – der Wahlkampf selbst genoss dennoch, im Vergleich zu nationalen Parlamentswahlen, nur eine nachrangige Bedeutung – und dies sowohl aus Sicht der Wähler als auch der Parteien.

7 Literatur

Anderson, Peter .J/Weymouth, Antony (Hrsg.) (1999): Insulting the Public? The British Press and the European Union. Harlow: Longman.

Bicchi, Federica/Blondel, Jean/Svensson, Palle (2003): The European Parliament Campaign [http://www.ucd.ie/dempart/workingpapers.htm (letzter Abruf 08.11.2004)].

Blondel, Jean/Sinnott, Richard/Svensson, Palle (Hrsg.) (1998): People and Parliament in the European Union. Oxford: Oxford University Press.

Butler, David/West, Martin (Hrsg.) (1995): British Politics and European Elections 1994. London: Macmillan.

Carey, Sean/Burton, Jonathan (2004): Research Note. The Influence of the Press in Shaping Public Opinion towards the European Union in Britain. In: Political Studies. 52. 623-640.

Curtice, John/Steed, Michael (2000): Appendix. An Analysis of the Result. In: Butler/West (1995): 240-256.

Dearlove, John/Saunders, Peter (Hrsg.) (2000): Introduction to British Politics. Cambridge: Polity Press.

Evans, Geoffrey (1998): Euroscepticism and Conservative Electoral Support. How an Asset Became a Liability. In: British Journal of Political Science. 28. 4. 573-590.

Faucheux, Ron (Hrsg.) (1995): The Road to Victory. The Complete Guide to Winning in Politics. Washington: Campaigns and Elections.

Franklin, Bob (Hrsg.) (1994): Packaging Politics. Political Communication in Britain's Media Democracy. London: Edward Arnold.

Franklin, Mark/van der Eijk, Cees (Hrsg.) (1996): Choosing Europe? The European Electorate and National Politics in the Face of the Union. Ann Arbor, Michigan: University of Michigan Press.

Herbowska, Alicja (2004): Candidate Profiles in a Double Arena. Do Parties Treat National and European Elections Differently? [http://www.unc.edu/depts/europe/eui/papers/ herbowska_writing2.doc (letzter Abruf 5.11.2004)].

ICM Research (2004): Are You Satisfied or Dissatisfied with the Job Tony Blair Is Doing As Prime Minister? [http://www.icmresearch.co.uk/reviews/vote-intention-reports/ politician-satisfaction-trends.asp (letzter Abruf 12.01.2005)].

Kavanagh, Dennis (Hrsg.) (1995): Election Campaigning. The New Marketing of Politics. Oxford: Blackwells.

Lees-Marshment, Jennifer (2001): The Marriage of Politics and Marketing. In: Political Studies. 49. 692-713.

Lilleker, Darren G./Negrine, Ralph (2003): Not Big Brand Names but Corner Shops. Marketing Politics to a Disengaged Electorate. In: Journal of Political Marketing. 2. 1. 55-74.

Maarek, Philippe (Hrsg.) (1995): Political Marketing and Communication. London: John Libbey.

Marsh, Michael (1998): Testing the Second-Order Election Model after Four European Elections. In: British Journal of Political Science. 28. 591-607.

Norris, Pippa/Curtice, John/Sanders, David/Scammell, Margaret/Semetko, Holli (Hrsg.) (1999): On Message. Communicating the Campaign. London: Sage.

O'Shaughnessy, Nicholas/Henneberg, Stephan (2002): The Idea of Political Marketing. Connecticut: Praeger.

Reif, Karlheinz/Schmitt, Hermann (1980): Nine Second-Order National Elections. A Conceptual Framework for the Analysis of European Elections Results. In: European Journal of Political Research. 8. 3-44.

Scammell, Margaret (Hrsg.) (1995): Designer Politics. How Elections Are Won. Basingstoke: MacMillan.

Scammell, Margaret (1999): Political Marketing. Lessons for Political Science. In: Political Studies. XLVII, 718-739.

Scully, Roger (2001) Review Article. Voters, Parties and Europe. In: Party Politics. 7. 4. 515-523.

Shaw, Eric (Hrsg.) (1999): The Labour Party Since 1979. Crisis and Transformation. London: Routledge.

Taggart, Paul (2004): 2004 European Parliament Election. Briefing No. 14. The European Parliament Election in the United Kingdom 2004. [http://www.sussex.ac.uk/sei/1-4-2-2.html (letzter Abruf 11.11.2004)].

Tenscher, Jens (2003): Professionalisierung der Politikvermittlung? Politikvermittlungsexperten im Spannungsfeld von Politik und Massenmedien. Wiesbaden: Westdeutscher Verlag.

van der Eijk, Cees/Franklin, Mark/Marsh, Michael (1996): What Voters Teach Us About Europe-Wide Elections. What Europe-wide Elections Teach Us About Voters. In: Electoral Studies. 15. 2. 149-166.

Wring, Dominic (1996): Political Marketing and Party Development in Britain. A „Secret History". In: European Journal of Marketing. 30. 10/11. 92-103.

Europawahlkämpfe in Finnland.
Eine vergleichende Analyse.

Tom Moring

1 Einleitung

Wie in vielen anderen Staaten haben auch in Finnland die innenpolitischen Themen den Europa-Wahlkampf 2004 stark beeinflusst. Im Vergleich zu anderen EU-
Ländern fanden europäische Fragen und Probleme jedoch einen deutlicheren Niederschlag auf der Wahlkampf-Agenda: Vor dem Hintergrund der voranschreitenden europäischen Integration gewannen für die finnischen Wähler Fragen der nationalen Souveränität, der Sicherung staatlicher Leistungen im sozialen Bereich
sowie die innere Sicherheit in einem größer werdenden Europa an Relevanz. Die
Positionierung Finnlands innerhalb der EU und seine Einflussnahme auf den europäischen Staatenverbund etablierten sich als Kernthemen des Wahlkampfs, insbesondere aus Sicht der finnischen Wähler.

Während die finnischen Parteien noch immer nach ihrer Rolle bei Europa-
Wahlkämpfen zu suchen scheinen, haben sich die Wähler – zumindest im Jahr
2004 – von der „Amerikanisierung" des Wahlkampfes verabschiedet. Diese wird in
Finnland durch ein personalisiertes Wahlsystem und eine teilkommerzialisierte
Medienlandschaft begünstigt. Wie in den USA ist also prinzipiell eine ideale Plattform für charismatische, finanziell gut ausgestattete und professionell operierende
Spitzenpolitiker geboten. Dennoch verdeutlichte die Europawahl 2004, dass „amerikanischen" Wahlkampfmerkmalen wie Personalisierung, Professionalisierung
und Kapitalintensivierung in Finnland deutliche Grenzen gesetzt sind. Vor diesem
Hintergrund und der Annahme der gemeinhin unterstellten Medialisierung der
politischen Kultur(en) Europas wird im Folgenden die Entwicklung der Europawahlkämpfe in Finnland in einem Langzeitvergleich untersucht.

2 Die Medialisierungsthese

Das Konzept der Medialisierung hat sich seit Mitte der 1980er Jahre in der skandinavischen Forschungslandschaft etabliert (vgl. G. Hernes 1983; K. Asp 1986,
1990; T. Moring/H. Himmelstein 1996). In einer Markt-Analogie geht die Medialisierungsthese davon aus, dass es in modernen Gesellschaften einen Überschuss an
Informationen bei gleichzeitig wachsenden Aufmerksamkeitsdefiziten gibt, was
sich in einem steten Wettbewerb um das knappe Gut „Publizität" niederschlägt.
Dadurch rücken Herausgeber und Journalisten in eine gesellschaftliche Schlüssel-
position als Gatekeeper der Nachrichten- und Unterhaltungsmedien, die tagtäglich

große Publika ansprechen. Entsprechend der Theorien antizipierender Handlung müssten Politiker in diesem medialen Umfeld eigentlich versuchen, kritische Medienberichterstattung über sich zu vermeiden und stattdessen ihr Handeln vor allem auf Aufmerksamkeitssteigerung und Unterhaltungsformate auszurichten, um die Wählerschaft wieder erreichen und beeinflussen zu können (vgl. K. Asp 1986, 1990).

Die so skizzierte Medialisierung des Politischen in modernen Gesellschaften würde vor allem unter zwei Bedingungen voranschreiten:

1. Es müsste ausreichend Raum für potenzielle Wahlkampfeffekte vorhanden sein, d.h. die Wähler müssten sich in ihrem Abstimmungsverhalten „offener" und „anfälliger" für massenmedial vermittelte Botschaften und Wahlkampfeinflüsse zeigen. Soziopolitische Voraussetzung dieser steigenden Volatilität wäre, dass das klassen- und schichtspezifische Wahlverhalten abnehmen würde.

2. Die Medialisierung steigt tendenziell auch dann an, wenn sich die Autonomie der Medien gegenüber der Politik vergrößert. Das wäre wiederum ein zu erwartendes Ergebnis, wenn die Nachrichtenmedien politisch weniger abhängig wären und es eine verstärkte Konzentration und Kommerzialisierung großer Medienkonzerne gäbe, die der eigenen, internen Medienlogik folgten.

Sollten diese Bedingungen vorherrschen, würden politische Akteure, entsprechend der Medialisierungsthese, in zunehmenden Maße schon im Vorfeld ihres Handelns die medialen Bedürfnisse und Erwartungen mitberücksichtigen. Konsequenterweise gewinnt in diesem Prozess die Fähigkeit, mediale Logiken zu erkennen und entsprechend zu „bedienen", für die politische Planung generell sowie die Wahlkampforganisation im Speziellen zunehmend an Bedeutung. Die verstärkte Medienzentrierung der Politik würde schließlich jedoch, so die grundlegende Annahme der Medialisierungsthese, den Prozess der „Loslösung" der Wähler von den Parteien weiter forcieren.

Diese mitunter verkürzt als „Amerikanisierung" bezeichnete Entwicklung ist in den vergangenen Jahren mehrfach aufgegriffen und diskutiert worden (vgl. D. Kavanagh 1996; R. Negrine/S. Pathanassopoulos 1996; T. Moring 1997; E. Åsard 1997). Wenn auch begrifflich missverständlich, hat die „Amerikanisierungs"-Debatte doch dazu geführt, einige klar identifizierbare Charakteristika der politischen (insbesondere wahlkampfspezifischen) Praxis in den Fokus der Betrachtung zu rücken. In diesem Zusammenhang ist auch der Trend zur verstärkten Professionalisierung der Politik(vermittlung) seit den frühen 1990ern (vgl. z.B. P. Maarek 1995) Gegenstand einiger auf Finnland bezogenen Studien gewesen (vgl. K. Kortelainen 1997; T. Moring 1995; T. Moring/H. Himmelstein 1996; R. Uimonen/E. Ikävalko 1996).

Welches praktische Verhalten seitens der Wähler, der politischen Akteure und der Medien würde die Medialisierungsthese nun ganz konkret für die Wahlkampfanalyse in Finnland erwarten lassen?

- Es ist zu erwarten, dass das Wahlverhalten weniger durch Klassen- oder Schichtzugehörigkeit bestimmt ist. Mit Abnahme entsprechend „langfristiger" Faktoren nehmen die kurzfristigen Einflüsse auf das Wahlverhalten zu. Damit einhergehend ist eine verstärkte „Personalisierung" der Wahlen zu beobachten.

- Mit steigendem Anteil an Wechselwählern ist davon auszugehen, dass sich die Einflussmöglichkeiten der Medien auf das Wahlvolk und den Wahlkampf erhöhen.

- Weil Wechselwähler dazu neigen, ihre Stimmentscheidung später als Stammwähler zu treffen, gewinnen Wahlkämpfe an Bedeutung für das Wahlverhalten.

- Dadurch, dass kommerziell ausgerichtete Medien ihre tradierten Bindungen zu den politischen Parteien lösen, erreichen sie einen höheren Autonomiegrad, was der medialen Eigenprofessionalisierung innerhalb eines relativ homogenen Diskurses zuträglich wäre.

- Mit wachsendem Wettbewerb der massenmedialen Anbieter ist anzunehmen, dass der Faktor „Unterhaltung" im Programmangebot an Bedeutung gewinnt. Dies beschleunigt den Gang der politischen Akteure in die Unterhaltungsformate des Fernsehens. Seitens der Wähler ist davon auszugehen, dass diese ihre Wahlentscheidung zunehmend auf „unterhaltsam" vermittelte Medienbotschaften stützen.

- Insgesamt werden Politiker unter „medialisierten" Rahmenbedingungen ihre Aktivitäten viel stärker auf mediengerechte Darstellung ausrichten und zugleich versuchen, medialen „Fallstricken" auszuweichen.

- Im Ergebnis ist davon auszugehen, dass die Stabilität politischer Verhältnisse mit voranschreitender Medialisierung abnimmt, da kurzfristige Faktoren und massenmediale Einflüsse Wahlergebnisse unsicherer werden lassen und Regierungskonstellationen häufiger wechseln können.

Diese Annahmen können in überprüfbare Indikatoren umgewandelt werden, die die Analyse der Entwicklung Finnlands in den vergangenen Jahren ermöglichen. Dazu gehören namentlich (1) die Stabilität und das Ausmaß von Parteibindungen, (2) der Zeitpunkt der Wahlentscheidung, (3) der Einfluss der Faktoren „Partei" und „Kandidat" auf das Wahlverhalten, (4) der wahrgenommene Einfluss verschiedener Medienformate und schließlich (5) die Prominenz und Relevanz politischer Themen. Inwieweit sich diese Faktoren auf die Wahlen und Wahlkämpfe der vergangenen Jahre in Finnland auswirkten, wird im Folgenden untersucht. Dabei steht der Europa-Wahlkampf 2004 im Mittelpunkt der Betrachtung.[1] Ausgangspunkt der

---

1 Die Studie zum Europa-Wahlkampf 2004 wurde mit einer von Jens Tenscher durchgeführten Studie zur Europawahl in Deutschland abgestimmt. Vergleichende Ergebnisse werden zu einem späteren Zeitpunkt veröffentlicht. Die Wählerstudie war Teil einer langfristig angelegten Panel-Befragung, die seit 1991 durchgeführt wird. Dadurch können das Wahlverhalten und die Präferenzen zu verschiedenen Zeitpunkten erfasst werden: einige Wochen vor der Wahl und unmittelbar nach der Wahl. Seit 1992 hat Gallup Finland die Panel-Umfragen mittels in den teilnehmenden Haushalten installierten Computern, dem „Finland Channel", durchgeführt. 1991 nahmen 1.326 Be-

Analyse sind drei für die Medialisierungsthese relevante Kontextfaktoren: die soziodemografischen Veränderungen in Finnland seit dem Zweiten Weltkrieg, das Ausmaß der Personalisierung des Wahlsystems und die Deregulierung des Mediensystems seit den 1990er Jahren.

3 Der finnische Kontext

3.1 Finnland – eine sich schnell modernisierende Gesellschaft

Die umfassenden gesellschaftlichen Veränderungen in den vergangenen Jahren haben das finnische Parteiensystem grundlegend modifiziert: Volksparteien haben die ehemals Cleavage-orientierten Klientelparteien weitgehend ersetzt, tradierte Parteistrukturen haben sich aufgelöst (vgl. T. Carlson 2000). In Finnland hat sich der soziodemografische Wandel sehr rasch vollzogen: Als früheres Agrarland hat sich die Berufs- und Gesellschaftsstruktur des Landes nach dem Zweiten Weltkrieg nachhaltig transformiert. Dabei fanden die dramatischsten strukturellen Änderungen in den 1950er und 1960er Jahren statt. So ist zwischen 1950 und 1980 der Bedarf an landwirtschaftlichen Arbeitskräften um zwei Drittel gesunken. Auch der Anteil an industriellen Arbeitsplätzen, der nach dem Krieg zunächst stark angestiegen war, ist seit den 1960ern stetig geschrumpft. Gleichzeitig ist der Anteil an Arbeitsplätzen im Dienstleistungssektor in zunehmendem Maße expandiert (vgl. A. Häkkinen/Peltola 2001: 309ff.).

Das für die vorliegende Studie relevante Jahrzehnt, die 1990er, war vor allem durch einen Rückgang des Anteils an Arbeiterhaushalten (5,7 Prozentpunkte zwischen 1990 und 1998) und landwirtschaftlichen Haushalten (2 Prozent im selben Zeitraum) gekennzeichnet. Währenddessen hat sich der Anteil an Rentnern und Arbeitslosen erhöht (2,3 Prozent bzw. 4,8 Prozent) (vgl. M. Riihelä et al. 2001: 408). 1998 waren weniger als 4 Prozent der finnischen Bevölkerung im Primären Sektor tätig, 25 Prozent waren Arbeiter, 35 Prozent Angestellte, während es ungefähr 20 Prozent Rentner und 5 Prozent Arbeitslose gab. Die sinkende Zahl von landwirtschaftlichen Haushalten hat auch zu einer Verringerung der ländlichen Bevölkerung geführt. So lebten Mitte der 1990er bereits fast 60 Prozent der Finnen in Städten (vgl. E. Uusitalo 1998: 15). Allerdings bremste eine umfassende ökonomische Krise in den 1990ern, zumindest vorübergehend, die Migration von der Peripherie ins Zentrum. Gleichzeitig beschleunigte die Krise einen Prozess verstärkter regionaler Differenzierung, da die einzigen neuen Arbeitsplätze in jenen (regionalen) Wachstumszentren entstanden, die vorher durch hohe Arbeitslosenquoten geprägt waren (vgl. A. Häkkinen/Peltola 2001: 342).

Es ist also festzuhalten, dass Finnland zum Beginn des 21. Jahrhunderts in soziostruktureller Hinsicht eine typisch post-industrielle Gesellschaft repräsentiert, in

---

fragte teil (vgl. P. Pesonen et al. 1993). In der ersten elektronischen Panel-Umfrage 1992 sank die Zahl zwar auf 680, diese ist dann aber in den darauf folgenden Wahlen wieder auf 1.000 bis 1.600 Personen angestiegen. 2004 waren es 1.362 Befragte, von denen 928 zur Wahl gingen.

der sich die skizzierten gesellschaftlichen Rahmenbedingungen der Medialisierungsthese nahezu idealtypisch wiederfinden.

3.2 Das personalisierte Wahlsystem

Wie in anderen europäischen Staaten ist auch das finnische Wahlsystem stark für
medialisierte Politik empfänglich. In Finnland geben die Wähler ihre Stimme immer für einzelne Kandidaten ab, die vorher von Parteien oder Wählervereinigungen
nominiert wurden.[2] Die Stimmen werden nach dem d'Hondt'schen Verfahren
ausgezählt, d.h. im ersten Schritt der Auszählung wird zunächst die Gesamtzahl der
abgegebenen Stimmen für jede Partei ermittelt. Im zweiten Schritt werden die
Kandidaten jeder Partei nach ihren persönlichen Stimmenanteilen geordnet (vgl.
http://www.vaalit.fi/21959.htm). Einzig der Stimmenanteil eines Kandidaten entscheidet schließlich über seine Stellung in der Partei. Dieses System lässt offensichtlich mehr Raum für personenbezogenes Wahlverhalten als die verschiedenen
Listenwahlsysteme, die in anderen skandinavischen und europäischen Staaten
praktiziert werden.

Während bei nationalen Parlamentswahlen das Land in verschiedene Wahlkreise unterteilt wird, stellt Finnland bei der Europawahl einen Gesamtwahlkreis
dar, in dem jeder Wähler für jeden Kandidaten in jedem Teil des Landes abstimmt.
Da die Stimmen für einzelne Personen abgegeben werden, erhöhen sich die Chancen für national profilierte und prominente Kandidaten, die in der Lage sind, einen
landesweiten Wahlkampf über die Medien zu bestreiten.

Finnland ist zudem ein Mehrparteiensystem. Da es keine prozentualen Hürden
gibt, um ins Parlament einzuziehen (außer der rein mathematischen Schwelle, die
die d'Hondt'sche Methode vorgibt), können auch kleinere Parteien Mandate bei
kommunalen und nationalen Wahlen erringen. Zurzeit sind acht Parteien im Parlament vertreten und unzählige Wahlkreisgruppen haben Sitze in Gemeinde- und
Stadträten. Es gibt allerdings, seit Beginn der 1980er Jahre, klare „Mächteverhält-
nisse" zwischen den drei Volksparteien – der *Nationalen Koalitionspartei* (*NCP*),
der *Zentrumspartei* (*CP*) und der *Sozialdemokratischen Partei* (*SDP*) – einerseits
sowie den drei kleineren Parteien andererseits, also *Grüne Liga* (*GL*), *Linke Allianz*
(*LA*) und *Schwedische Volkspartei* (*SPP*). Diese sechs Parteien sind alle im Europaparlament vertreten.[3] Aufgrund des Mehrparteiensystems gibt es einen Zwang
zur Koalitionsbildung. Jeweils zwei der drei großen Parteien können das Rückgrat
der finnischen Regierung bilden. Normalerweise benötigt eine solche Koalition
jedoch mindestens noch eine der kleineren Parteien, um die parlamentarische

---

2   Parteien und Wählervereinigungen haben die Möglichkeit, Wahlbündnisse einzugehen und gemein-
    same Kandidatenlisten zu verabschieden. Diese spielten jedoch bei der Europawahl 2004 keine
    Rolle.
3   Die finnischen Parteien schließen sich im Europaparlament folgenden Fraktionen an: *NCP* = Teil
    der *Konservativen* (*PPE-DE*), *CP* und *SPP* = Teil der *Liberalen* (*ELDR*), *SDP* = Teil der *Sozialis-
    ten* (*PSE*), *GL* = Teil der *Grünen* (*ALE*), *LA* = Teil der *Linken* (*GUE/NGL*). Ohne Sitz im Europa-
    parlament sind derzeit die *Christdemokraten* (*CD*) und die *Wahre Finnenpartei* (*TF*).

Mehrheit zu sichern. Angesichts dieser vorhersehbaren Koalitionszwänge sind finnische Wahlkämpfe zumeist fern von radikalen, nicht-koalitionsfähigen Forderungen und Botschaften, die mögliche Koalitionsverhandlungen belasten könnten. Da diese pragmatische, auch konsensual genannte Tradition Finnlands ihren Niederschlag in allen Wahlen findet, kann von den Parteien erwartet werden, dass sie ihre Wahlkampagnen stärker auf Image-Building-Maßnahmen als auf kontroverse Themen konzentrieren.

3.3 Ein dereguliertes Mediensystem

Die Regulierungen und Restriktionen der Medien in Bezug auf politische Inhalte sind seit der Teilkommerzialisierung der finnischen Rundfunklandschaft in den 1990er Jahren auffallend gering. Noch immer hat Finnland eine dominante öffentlich-rechtliche Rundfunkanstalt, *Yleisradio (Yle)*, die aktiver parteipolitischer Berichterstattung während des Wahlkampfs kritisch gegenübersteht. So war es auch dem ersten kommerziellen Sender, *MTV3*, vorbehalten, im Vorfeld der nationalen Parlamentswahlen 1991 die erste Fernsehdebatte auszustrahlen.

Während *MTV3* zu diesem Zeitpunkt noch unter der Lizenz von *Yle* operierte, beschleunigte sich die Teilprivatisierung und Deregulierung des finnischen Mediensystems in den darauf folgenden Jahren rapide: *MTV3* erhielt eine eigene Lizenz und ein neuer kommerzieller Kanal (*Nelonen*) wurde gegründet. Diese Kanäle müssen keinerlei Auflagen in Bezug auf ihre politische Programmgestaltung befolgen. So orientiert sich z.B. *MTV3* inhaltlich am kommerziellen Mainstream; Teil eines breiten Spektrums verschiedener Programmformate sind aber auch Nachrichtensendungen und Wahlkampfdebatten. Heute erzielen die zwei Kanäle von *Yle* (*TV1* und *TV2*) zusammen, wie der Hauptkanal des größten kommerziellen Senders *MTV3*, durchschnittlich mehr als 40 Prozent Einschaltquote. Der Newcomer *Nelonen* (*TV4*) erreicht durchschnittlich mehr als 10 Prozent der Fernsehzuschauer und ist dabei besonders bei den jüngeren Bevölkerungsgruppen erfolgreich (vgl. M. Aslama 2004; Yle Audience Yearbook 2003; www.yle.fi/yleista/kuvat/ykert01_kevyt.pdf).[4]

Parallel zu diesen Entwicklungen des Rundfunksystems wurden in den frühen 1990ern die Auflagen für die politische Berichterstattung des öffentlich-rechtlichen Senders in Wahlkampfzeiten aufgehoben (vgl. T. Moring/H. Himmelstein 1993). Mittlerweile ist es Usus, dass auch hier professionelle Journalisten die Parteiberichterstattung sowie Fernsehdebatten bestreiten. Ihre Produkte unterliegen bestimmten Fairness-Regeln, die *Yle* selbst definiert. Die gesamte geplante Wahlberichterstattung muss zudem vorab vom politisch gewählten Verwaltungsrat der öffentlich-rechtlichen Anstalt genehmigt werden.

---

4   Die Digitalisierung des Sendernetzwerks hat zu einer Ausdehnung der inländischen Fernsehprogrammanbieter geführt. Zur Zeit der Europawahl 2004 haben die Anbieter trotzdem nur einen begrenzten Teil der Bevölkerung erreicht (s.u.).

Im Zuge der Deregulierung wurden auch die Regeln hinsichtlich entsprechender Wahlkampfauftritte von Spitzenkandidaten im Fernsehen geändert. So behandeln die Rundfunkmedien heutzutage Wahlkämpfe, ähnlich der unabhängigen Presse, als einen ganz normalen, wenn auch zentralen Bestandteil der Nachrichtenberichterstattung, bei der sie selbst ihre Prioritäten setzen. Während die Sender jedoch Fairness-Regeln für die „klassischen" Politikvermittlungsformate (Nachrichten, Reportagen, Debatten etc.) proklamieren, haben die Politiker in den vergangenen Jahren in zunehmendem Maße andere Formate zur Selbstdarstellung entdeckt, einschließlich entsprechender Unterhaltungssendungen.

Im Unterschied zu vielen anderen europäischen Ländern erhalten die finnischen Parteien keine freie Werbezeit bei den öffentlich-rechtlichen oder privaten Fernsehsendern. Seit den Kommunalwahlen 1992 steht den Parteien zumindest die Möglichkeit offen, bezahlte politische Werbung im Programm der kommerziellen Sender zu platzieren. Insofern unterscheidet sich das finnische System erheblich von einigen anderen skandinavischen und westeuropäischen Staaten, in denen bezahlte Parteienwerbung im Fernsehen zusehends verboten wird.[5] Politischer Werbung im finnischen Fernsehen dagegen sind weder durch ein Ausgabenlimit, noch durch zeitliche oder inhaltliche Auflagen Grenzen gesetzt (vgl. T. Moring 1995). Gleiches gilt für Parteienwerbung im Radio. Beschränkungen ergeben sich einzig aus den freiwilligen Richtlinien, die der größte private Fernsehsender definiert hat: Nicht ausgestrahlt werden demnach Spots, die persönliche Angriffe zum Inhalt haben oder die kommerzielle mit parteipolitischer Werbung vermischen. Aufgrund der führenden Marktposition von *MTV3* unter den kommerziellen Anbietern haben die von ihm gesetzten Standards Auswirkungen weit über den Sender hinaus. So produzieren die Parteien und Kandidaten ihre Spots normalerweise für die Ausstrahlung auf *MTV3*, verwenden dieselben Spots dann aber auch für andere Kanäle.

Schließlich ist festzuhalten, dass auch die Printmedien in Finnland – wie auch in Norwegen und Schweden – eine besondere Position einnehmen. Neun von zehn finnischen Wählern lesen regelmäßig eine Zeitung, was deren potenziellen Einfluss auf die Vermittlung und Wahrnehmung von Politik erhöht. Die meisten Tageszeitungen sind abonnierte Morgenausgaben, die den Haushalten zugestellt werden. Diejenigen Zeitungen, die ursprünglich den politischen Parteien nahe standen, haben sich mittlerweile von solchen Zwängen befreit. Seit Beginn der 1990er Jahre kann die Berichterstattung der großen finnischen Tageszeitungen als parteipolitisch neutral angesehen werden (vgl. J. Homberg 2004).

---

5   Im skandinavischen Kontext ist Finnland bisher immer die Ausnahme gewesen. In Schweden haben Sender, die für den schwedischen Markt produzieren, aber im Ausland ansässig sind, nur wenige politische Werbespots ausgestrahlt. In Dänemark gibt es keine formalen Beschränkungen, aber die Parteien haben sich darauf geeinigt, keine politische Werbung während den Wahlkämpfen im Fernsehen zu senden. In Norwegen bleibt politische Werbung im Fernsehen bislang verboten. Kürzlich hat aber ein Parteifinanzierungsausschuss Vorschläge erarbeitet, wie das Verbot von paid media aufgehoben werden kann (vgl. NOU 2004: 25).

4 Finnische Wahlkämpfe in der Praxis: Wo blieb 2004 die Medialisierung?

4.1 Die Wahlkampfkosten

Seitdem die finnischen Parteien die Möglichkeit haben, Programmplätze für politische Werbung zu kaufen, haben sie dies in zunehmendem Maße getan.[6] Allerdings stellt die letztjährige Europawahl diesbezüglich eine große Ausnahme dar: Bis auf die Sozialdemokraten verzichteten alle Parteien auf Fernsehwerbung. Ein Grund hierfür mag sein, dass der Wahlkampf in besonderem Maße nicht von den Parteien, sondern von Einzelkandidaten geführt wurde. Nur wenige Kandidaten favorisierten jedoch einen stark auf das Fernsehen ausgerichteten Wahlkampf. Das lässt sich dadurch erklären, dass ein Kandidatenspot erst durch wiederholte Ausstrahlung seine Wirkung entfaltet. Nach Aussagen von Wahlkampfmanagern im Vorfeld der nationalen Parlamentswahlen des Jahres 2003 (vgl. T. Moring 2003) müsste ein Spot mindestens fünf bis sechs Mal geschaltet werden. Doch dafür reichten die Wahlkampfbudgets der einzelnen Kandidaten im Europawahlkampf 2004 schlichtweg nicht aus.[7] Dies verdeutlicht ein Blick auf die Ausgabenstruktur des EU-Wahlkampfs 2004 im Vergleich zu den Budgets des nationalen Wahlkampfs ein Jahr zuvor (vgl. Tabelle 1).

Tabelle 1: Wahlkampfkosten der sechs größten Parteien im Europa-Wahlkampf 2004 in Euro (in Klammern die Ausgaben für den nationalen Wahlkampf 2003)

	NCP	CP	SDP	GL	LA '	SPP	Gesamt in Euro	%
Gesamt	400.000 (750.000)	600.000 (670.000)	550.000 (620.000)	280.000 (280.000)	190.000 (466.000)	350.000 (463.000)	2.370.000 (2.899.000)	100 (100)
Fernsehspots	--- (230.000)	--- (280.000)	200.000 (300.000)	--- (---)	--- (266.000)	--- (60.000)	200.000 (1.136.000)	8,5 (39)
Zeitungs-anzeigen	350.000 (*)	200.000 (*)	50.000 (*)	85.000 (*)	56.000 (*)	245.000 (*)	901.000	38 (*)
Radiospots	--- (*)	7.000 (*)	30.000 (*)	--- (*)	--- (*)	--- (*)	37.000	1,5 (*)
sonstige Werbung	50.000 (*)	22.000 (*)	5.000 (*)	90.000 (*)	98.000 (*)	105.000 (*)	280.000	12 (*)

--- = die Parteiführung benutzte dieses Medium während des Wahlkampfs nicht
* = keine Informationen verfügbar

---

6 Auch die Wähler haben den Parteienspots von Beginn an viel Aufmerksamkeit entgegengebracht. Seit 1995 haben 70 bis 80 Prozent der Wähler bei den nationalen Wahlen mindestens einen der Werbespots der drei größten Parteien gesehen.

7 Insgesamt wurde der Europa-Wahlkampf 2004 von staatlicher Seite mit 1,9 Millionen Euro unterstützt.

Was Tabelle 1 nicht verdeutlicht, ist, dass aufgrund der hohen Bedeutung der Einzelkandidaten deren Kampagnenausgaben insgesamt höher ausfielen als die ausgewiesenen Kosten der Parteienwahlkämpfe. Dies wird beim Blick auf Tabelle 2 ersichtlich. Die Tabelle enthält jedoch nur die Wahlkampfausgaben der gewählten Europa-Abgeordneten und ihrer nominierten Vertreter, die dazu verpflichtet sind, ihre Wahlkampfkosten zu veröffentlichen. Da sich auch weitere Kandidaten um einen Sitz im Europäischen Parlament bewarben, addieren sich die Ausgaben für alle Kandidatenwahlkämpfe tatsächlich zu einer wesentlich höheren Gesamtsumme, als die dargestellten Werte vermuten lassen.

Tabelle 2: Wahlkampfausgaben für die gewählten Kandidaten und nominierten Vertreter der sechs größten Parteien im Europa-Wahlkampf 2004 in Euro (in Klammern die Ausgaben für den nationalen Wahlkampf 2003)[8]

	NCP	CP	SDP	GL	LA	SPP	Gesamt in Euro
Gesamt	420,000 (1,870,000)	610,000 (2,270,000)	340,000 (1,525,000)	80,000 (210,000)	140,000 (530,000)	160,000 (340,000)	1,750,000 (6,745,000)
Durchschnitt	84127 (32,175)	122,100 (33,395)	84,900 (23,111)	40,500 (10,546)	70,500 (21,720)	80,000 (26,032)	87,500 (26,089)
Zahl der Offenlegungspflichtigen	5 (58)	5 (68)	4 (66)	2 (20)	2 (29)	2 (13)	20 (267)

Quelle: Mitteilungen des Justizministeriums sowie J. Broberg (2004).

4.2 Der Wahlkampf aus Sicht der Wahlkampfmanager: professionalisiert aber konventionell

Ein Teil der vorliegenden Studie basiert auf einem Fragebogen für und persönlichen Interviews mit den Wahlkampfmanagern aller sechs im Europaparlament vertretenen finnischen Parteien.[9] Deren Aussagen führen zu der Erkenntnis, dass alle Parteien im Vergleich zu früheren Europawahlkämpfen höhere finanzielle und organisatorische Ressourcen in die 2004er Kampagne investierten. Diese Ausgabenexpansion seitens der Parteien führte dazu, dass sich auch die staatlichen Zuschüsse 2004 im Vergleich zur Europawahl 1999 verdoppelten.

---

8   Es ist beachten, dass die in Tabelle 2 ausgewiesenen Kandidatenbudgets bereits in den Parteienbudgets (vgl. Tabelle 1) enthalten sind. So erhielten die 20 Kandidaten für den Europa-Wahlkampf 2004 eine Gesamtsumme von 114.500 Euro direkt von den Parteien, wobei der höchste Anteil davon an die Kandidaten der *Zentrumspartei* ging, die einen dezentralen Wahlkampf führte und ihre fünf Kandidaten mit 80.550 Euro unterstützte. Tabelle 2 zeichnet nicht die zusätzlichen Finanzmittel seitens lokaler Parteigliederungen aus.

9   Die Wahlkampfmanager Juha Kirstilä (*NCP*), Vesa Mauriala (*SDP*), Markku Rajala (*CP*), Aulis Ruuth (*LA*), Ari Heikkinen und Panu Laturi (*GL*) sowie Berth Sundström (*SPP*) wurden im August 2004 interviewt.

Unabhängig von den Kosten schätzten fünf der sechs Wahlkampfmanager den Grad an Professionalisierung und Modernität des Europa-Wahlkampfs im Vergleich zum nationalen Parlamentswahlkampf 2003 als mindestens so hoch (2 Personen) oder sogar höher ein (3 Personen). Dies überrascht doch, da, wie gesehen, nur eine Partei Fernsehwerbung während des Europa-Wahlkampfs einsetzte, während diese ein Jahr zuvor noch das am stärksten favorisierte Wahlkampfmedium war. Dies deutet darauf hin, dass Wahlkampfspots allein nur ein unzureichender Indikator für die Modernität eines Wahlkampfs sind. Auch ist zu betonen, dass die Einschätzung der betroffenen Akteure, 2004 wäre der am stärksten professionalisierte Europawahlkampf gewesen, nicht eine generelle Professionalisierung des Kampagnenmanagements belegt. Eher ist zu vermuten, dass die Parteien die Kampagnen zu den *Europawahlen* ernster genommen haben – oder dies zumindest in den Interviews zum Ausdruck bringen wollten.

Aus Sicht der Wahlkampfmanager wurden die zentralen Kampagnenstrategien hauptsächlich durch nationale Themen bestimmt, obwohl auch originär europäische Themen auf der Agenda präsent waren bzw. innenpolitische Themen europäisch „gerahmt" wurden. Jeder der Befragten sah als zentrales Wahlkampfthema *Finnlands Position in der EU*. Die drei größten Parteien nahmen sich dieses Issues auf unterschiedlicher Weise an. So stellten die *Nationale Koalitionspartei* und die Sozialdemokraten die Bedeutung der finnischen Beteiligung innerhalb der EU-Entscheidungsgremien heraus. Beide Parteien betonten in diesem Zusammenhang, welche besonderen Einflussmöglichkeiten sich über ihre jeweilige Fraktionszugehörigkeit im Europaparlament ergäben. Dabei verorteten sie sich eindeutig als „rechts-konservative" und „linke, sozialdemokratische" Partei an den Polen des Rechts-Links-Cleavages innerhalb der EU. Außerdem wollte der Parteichef der finnischen Sozialdemokraten als Kommissionspräsident kandidieren. Demgegenüber konnte die *Zentrumspartei*, die mit der weniger einflussreichen *ELDR* in Brüssel zusammenarbeitet, nicht mit dem Pfund des weit reichenden Einflusses auf EU-Entscheidungen wuchern. Der Hauptslogan der Partei war aus diesem Grund bewusst mehrdeutig und lautete: „Mehr EU". So sollte einerseits das Signal gegeben werden, sich für ein Mehr an EU-Zuschüssen einzusetzen, die dem einflussreichen agrarischen Flügel der *Zentrumspartei* zu Gute kommen sollten. Andererseits und zugleich verfolgte die Partei in den Städten unter dem Slogan „Mehr EU" einen Wahlkampf, der sich für die Stärkung der EU-Ebene einsetzte.

Die drei kleineren Parteien hatten unterschiedliche thematische Schwerpunkte im Wahlkampf. Die *Grüne Liga* nahm am pan-europäischen Wahlkampf der europäischen *Grünen* teil. Sie rückte die europäische Dimension in den Fokus der Kampagne, insbesondere mit Blick auf Globalisierungs- und Umweltfragen. Die Plakate propagierten: „Wer grün stimmt, weiß, was er bekommt". Demgegenüber konzentrierte sich die *Linke Allianz* auf Fragen sozialer Gerechtigkeit und sozialer Verantwortung in Europa. Die *Schwedische Volkspartei* schließlich war um den Verlust ihres einzigen Mandats besorgt. Mit dem einprägsamen Bekenntnis der drei Musketiere – „Einer für alle und alle für einen!" – warb sie vor allem um die Unterstützung der schwedischstämmigen Finnen.

Diese thematischen Schwerpunkte der Parteien finden sich auch in einer anderen Untersuchung auf Grundlage wiederholter Befragungen mit den Wahlkampfführungen (vgl. T. Tiilikainen/H. Wass 2004). Hier konnten zusätzlich einige EU-spezifische Wahlkampfthemen identifiziert werden, namentlich die finnische Position in einer erweiterten Union, Fragen im Zusammenhang mit der kommenden EU-Verfassung (wie z.b. die Zusammenarbeit in Verteidigungsfragen oder der Bedarf nach einem Referendum über die Verfassung) sowie schließlich die Frage, wie lange die Übergangsphase für die neuen Mitgliedstaaten bis zur uneingeschränkten Arbeitsplatzwahl ihrer Bürger dauern sollte. Als ebenso wahlkampfrelevantes und stark diskutiertes Thema erwies sich die Suche nach einem Ausgleich zwischen sozial verträglicher Politik und freiem Marktliberalismus in der Europäischen Union sowie die Frage nach der Effizienz der EU.

Insbesondere die Art und Weise, wie *SDP* und *NCP* eine (vermeintliche) Polarisierung Europas in „Links" und „Rechts" in ein Hauptcleavage des Wahlkampfs umwandelten, stellt für Finnland ein neues Phänomen dar. Der starke Fokus auf eine europäische politische Dimension unterscheidet sich auch von früheren Wahlkämpfen, in denen ideologische Differenzen hauptsächlich auf nationaler Ebene gesucht wurden. Lediglich die *Zentrumspartei* fuhr, aus den skizzierten Gründen, einen stärker national geprägten Wahlkampf. Die Partei thematisierte Anpassungsprobleme, mit denen sich Finnland angesichts der voranschreitenden EU-Erweiterung konfrontiert sähe, sowie den Bedarf struktureller Änderungen in Wirtschaft und Regionalpolitik. Alles in allem ist aber festzuhalten, dass die größeren Parteien es weitgehend vermieden, Stellung zu umstrittenen EU-Angelegenheiten, wie z.B. der Türkei-Mitgliedschaft oder der Erweiterung der Währungsunion, zu beziehen (vgl. T. Tiilikainen/H. Wass 2004: 258f.).

Unabhängig von den thematischen Schwerpunkten waren sich die Wahlkampfmanager einig, dass der EU-Wahlkampf 2004 in Finnland vor allem über Werbekampagnen in Zeitungen transportiert wurde. Seit der Europawahl 1999 messen die Befragten diesem Medium eine erhöhte Bedeutung bei. Außerdem habe das Internet an Bedeutung gewonnen. Lediglich der Wahlkampfmanager der Sozialdemokraten betonte die gestiegene Bedeutung der Fernsehwerbung während des Wahlkampfs 2004 – wenig verwunderlich, da die *SDP* ja die einzige Partei war, die bezahlte Werbespots schaltete (s.o.). Aus Sicht der *Nationalen Koalitionspartei* war die direkte Kommunikation in Form einer umfassenden Wahlkampftour die zentrale Plattform, um die Wähler zu mobilisieren, während die *Zentrumspartei* ihren kurz vor der Wahl gesendeten Radiospots besondere Bedeutung zumaß. Alle Parteien betrachteten Plakatwerbung zwar als ein wichtiges Element, aber nicht wichtiger als bei früheren Wahlkämpfen. Überdies vertrauten alle Parteien auf neue Kommunikationsmedien, wie z.B. Emails, Intranet und SMS-Botschaften via Handys. Letztere wurden jedoch auf die interne Kommunikation mit der aktiven Mitgliederbasis beschränkt, um sich vor eventuellen „Spam-Problemen" zu schützen.

Wenn es um die Frage der Wirkungskraft einzelner Kommunikationsmedien geht, wurde von Seiten der Wahlkampfmanager vor allem der Zeitungsberichterstattung und politischen Informationssendungen im Fernsehen für den 2004er

Wahlkampf das größte Potenzial zugeschrieben. TV-Unterhaltungsprogramme wurden demgegenüber als nahezu irrelevant erachtet. Schließlich ist zu betonen, dass die Befragten sich gespalten bei der Frage zeigten, ob der Europawahlkampf 2004 die „Amerikanisierung" der finnischen Wahlkampfkultur vorangetrieben hätte: Drei der Befragten vertraten diese Meinung, einer sah wenig Änderungen und zwei verneinten dies. Dies ist sicherlich nicht zuletzt auf die unterschiedlichen (positiven wie negativen) Konnotationen des Amerikanisierungsbegriffs im Unterschied zu Termini wie „Professionalisierung" und „Modernisierung" (s.o.) zurückzuführen.

4.3 Nur geringe Änderungen im Wahlverhalten im Lauf der Zeit

Ungeachtet des skizzierten dramatischen strukturellen sozialen Wandels und der Deregulierung des finnischen Mediensystems erweist sich die politische Kultur des Landes, wie die Langzeitdaten seit 1991 verdeutlichen, als erstaunlich stabil. Dies überrascht umso mehr angesichts des personalisierten Wahlsystems, das sich in besonderem Maße anfällig für Wählerschwankungen zeigt. Lediglich bei der ersten finnischen Europawahl des Jahres 1996 und den Präsidentschaftswahlen 1994 demonstrierten die Wähler ein – im Vergleich zu nationalen und Kommunalwahlen – stärker „amerikanisiertes", d.h. kandidatenzentriertes Abstimmungsverhalten. Hierzu trug zweifelsohne auch ein entsprechend „personalisierter" Medienhype in jenen Jahren bei (vgl. T. Moring 1998). Dieser sowie die Einführung eines landesweiten Einheitswahlkreises[10] führten vor allem bei älteren Wählern dazu, dass sie eher nach dem Kandidatenangebot und weniger nach Parteinähe wählten. Zudem ist darauf hinzuweisen, dass die Europawahl 1996 mit Kommunalwahlen zusammenfiel. So führten die Parteien zwei parallele Wahlkämpfe einschließlich separater Nominierungsverfahren. Jeder Wähler hatte eine Stimme für die Kommunal- und eine für die Europawahl. Am Wahltag selbst beteiligten sich deutlich mehr Finnen an den EU-Wahlen als in den folgenden Jahren 1999 und 2004, an denen keine weiteren Wahlen anstanden. Es ist also anzunehmen, dass die Kombination aus Kommunal- und Europawahl auch diejenigen 1996 an die Urne brachte, die sich sonst wenig für das Europäische Parlament interessieren (vgl. auch den Beitrag von D. Schneider/P. Rössler in diesem Band).

Insgesamt gesehen haben sich die Verhaltensweisen innerhalb der Wählerschaft, die in Zusammenhang mit medialisierter Politik stehen, über den betrachteten Zeitraum entweder als stabil erwiesen oder sogar wieder umgekehrt. Diese Annahme lässt sich anhand der Entwicklung (a) der Volatilität der Wählerschaft, (b) des Zeitpunkts der Wahlentscheidung, (c) der Prioritätenverteilung zwischen Partei und Kandidat sowie (d) der generellen Stabilität der Themenprioritäten verdeutlichen. Diese Aspekte sollen im Folgenden untersucht werden.

---

10 Alle früheren Parlaments- und Präsidentenwahlen fanden in regional differenzierten Wahlkreisen statt. Erst mit der Präsidentschaftswahl 1994 und der Europäischen Parlamentswahl 1996 mussten die Finnen in einem landesweiten Wahlkreis mit einheitlichen Wahllisten ihre Stimme abgeben.

Tabelle 3 veranschaulicht zunächst, dass sich die finnische Wählerschaft in den vergangenen zwanzig Jahren als erstaunlich stabil erwiesen hat: Egal, ob kommunale, nationale oder europäische Wahlen anstanden, jeweils rund zwei Drittel der Wähler haben einem Kandidaten einer der drei großen Parteien ihre Stimme gegeben. Auch die Wählerwanderungen *zwischen* den Parteien hat sich in den vergangenen Jahren kaum verändert, wie ein Vergleich der Umfragedaten von jeweils aufeinander folgenden Wahlen zeigt (ohne Abbildung). Scheinbar lassen sich Gewinne und Verluste der Parteien weniger durch Verschiebungen zwischen den Parteien, sondern am besten durch den Faktor „Aktivierung" erklären: Wie Tabelle 3 verdeutlicht, ist die Wahlbeteiligung in den vergangenen Jahren für alle Wahlen nahezu stetig gesunken. Erst zu Beginn des 21. Jahrhunderts hat sie sich – auf niedrigem Niveau – stabilisiert. Dies ist ein augenscheinlicher Indikator dafür, dass die Parteien immer weniger in der Lage gewesen sind, ihre potentiellen Wähler zu aktivieren. Der Blick auf die Wahlbeteiligung bei der Europawahl 2004 verrät, dass diese zwar im Vergleich mit den nationalen Wahlen 2003 niedrig ausfiel, sich jedoch gegenüber der vorangegangenen Europawahl um fast zehn Prozentpunkte erhöhte. Der Spitzenwert von 1996, ein Jahr nach dem EU-Beitritt Finnlands, als die Europawahl zeitgleich mit den Kommunalwahlen stattfand (s.o.), blieb allerdings 2004 unerreicht.

Tabelle 3: Die relative Unterstützung für die drei größten Parteien 1983-2004 (Angaben in Prozent)

	NCP	CP	SDP	3 Großparteien Gesamt	Beteiligung
Parl 1983	22,1	17,6	26,7	66,4	81,0
Komunal 1984	23,0	20,2	24,7	67,9	74,0
Parl 1987	23,1	17,6	24,1	64,8	76,4
Kommunal 1988	22,9	21,1	25,2	69,2	70,5
Parl 1991	19,3	24,8	22,1	66,2	72,1
Kommunal 1992	19,1	19,2	27,1	65,4	70,9
Parl 1995	17,9	19,9	28,3	66,1	71,8
Kommunal 1996	21,6	21,8	24,5	67,9	61,3
EU 1996	20,2	24,4	21,5	66,1	60,0
Parl 1999	21,0	22,4	22,9	66,3	68,3
EU 1999	25,3	21,3	17,9	64,5	31,4
Kommunal 2000	20.8	23.8	23.0	67,6	55,9
Parl 2003	18,6	24,7	24,5	67,8	69,7
EU 2004	23,7	23,4	21,2	68,3	41,1
Kommual 2004	21,8	22,8	24,1	68,7	58,6

Quelle: Statistics Finland

Das Ausmaß der Wahlbeteiligung schlägt sich auch in den Stimmenanteilen nieder, die die einzelnen Parteien auf sich verbuchen konnten. Generell gilt, dass diejenigen Parteien, die über mehr loyale Stammwähler verfügen bzw. einen größeren Anteil an Wählern in jenen sozialen Schichten haben, die sich in überdurchschnittlichem Maße an Wahlen beteiligen, bei Wahlen mit niedriger Beteiligung tendenziell besser abschneiden. In Finnland sind dies vor allem die *Nationale Koalitionspartei* und die *Schwedische Volkspartei.* Entsprechend dieser Annahme konnte die *Nationale Koalitionspartei*, die die meiste Unterstützung traditionsgemäß aus den südlichen Bevölkerungszentren bezieht, bei den vergangenen Europawahlen ihre 1999 gewonnenen Sitze auch 2004 behaupten (vgl. Tabelle 4). Dies ist bemerkenswert, da die Zahl der finnischen MdEPs aufgrund der Erweiterung der EU von 16 auf 14 schrumpfte. Die *NCP* profitierte jedoch davon, dass die Wahlbeteiligung 2004 in den Bevölkerungszentren im Süden Finnlands am höchsten ausfiel (52,3 Prozent in der Hauptstadt Helsinki, 45,8 Prozent in den umliegenden südlichen Küstengebieten), wohingegen die Wahlbeteiligung in den östlichen Peripherien des Landes mit ca. 33 Prozent sehr niedrig war. Auch die *Zentrumspartei*, die hauptsächlich in den peripheren, EU-skeptischen Teilen Finnlands und in Kleinstädten gewählt wurde, konnte ihren Wahlerfolg von 1999 bestätigen und schickte wiederum vier Abgeordnete in das Europäische Parlament. Ebenso konnten die Sozialdemokraten, die *Linke Allianz*, eine vorwiegend EU-skeptische, sozialistische Partei links der *SDP*, und die *Schwedische Volkspartei*, die sich in ein städtisch geprägtes pro-EU-Lager und ein ländlich geprägtes EU-skeptisches Lager teilt, ihre Sitze verteidigen. Demgegenüber verlor die *Grüne Liga* einen ihrer zwei Sitze. Trotz gestiegener Unterstützung konnten schließlich die *Christdemokraten* ihren 1999 gewonnenen Sitz nicht verteidigen.[11]

Tabelle 4: Ergebnisse und Beteiligung an den finnischen Europawahlen im Vergleich (Angaben in Prozent bzw. in Mandaten)

	EU-Parlament 1996	EU-Parlament 1999	EU-Parlament 2004	Sitze im EP 2004 ('99)	Komm.-parlament 1996	Nationales Parlament 2003
NCP	20.2	25.3	23.7	4 (4)	21.6	18.6
CP	24.4	21.3	23.4	4 (4)	21.8	24.7
SDP	21.5	17.9	21.2	3 (3)	24.5	24.5
GL	7.6	13.4	10.4	1 (2)	6.3	8
LA	10.5	9.1	9.1	1 (1)	10.4	9.9
SPP	5.8	6.8	5.7	1 (1)	5.4	4.6
Andere	10	6.2	6.5	- (1)	10	9.7
Gesamt	100	100	100	14 (12)	100	100
Beteiligung	60.0	31.4	41.1		61.3	69.7

Quelle: Statistics Finland

---

11 In der vorigen Wahl gingen die *Christdemokraten* noch eine taktische Wahlallianz mit *CP* und *SPP* ein, wodurch sie ein Mandat errangen, ohne selbst genügend Stimmen bekommen zu haben. Wie oben erwähnt, können die kleineren Parteien vom finnischen Wahlsystem profitieren, wenn die Wähler ihre Stimme auf einen Kandidaten konzentrieren. In der 2004er Wahl gab es jedoch keine entsprechenden Wahlbündnisse und so fehlten den *Christdemokraten* entscheidende eigene Stimmen trotz erhöhter Unterstützung. Ironischerweise verloren die *Christdemokraten* ihren Sitz damit sogar zwei Mal: Der Europaabgeordnete, der 1999 für die Partei ins Parlament zog, hatte sich nämlich schon während der Legislaturperiode der *Nationalen Koalitionspartei* angeschlossen.

Der zweite Indikator zur Bestimmung der Volatilität des Wahlverhaltens ist der Zeitpunkt der Wahlentscheidung. Auch hier lässt sich eine Trendänderung feststellen. Bis Mitte der 1990er Jahre gaben immer mehr Wähler an, erst spät im Wahlkampf ihre Wahlentscheidung getroffen zu haben. Seit Mitte der 1990er Jahre hat sich diese Entwicklung stabilisiert bzw. sogar umgekehrt (vgl. Abbildung 1). Während sich bei der ersten Europawahl 1996 viele Wähler lange Zeit nicht festlegen konnten oder wollten, ist der Anteil der Spätentschlossenen deutlich zurückgegangen. Hierin kommt sicherlich auch ein Prozess der Gewöhnung gegenüber der Europawahl zum Ausdruck.

Abbildung 1: Zeitpunkt der Wahlentscheidung[12]

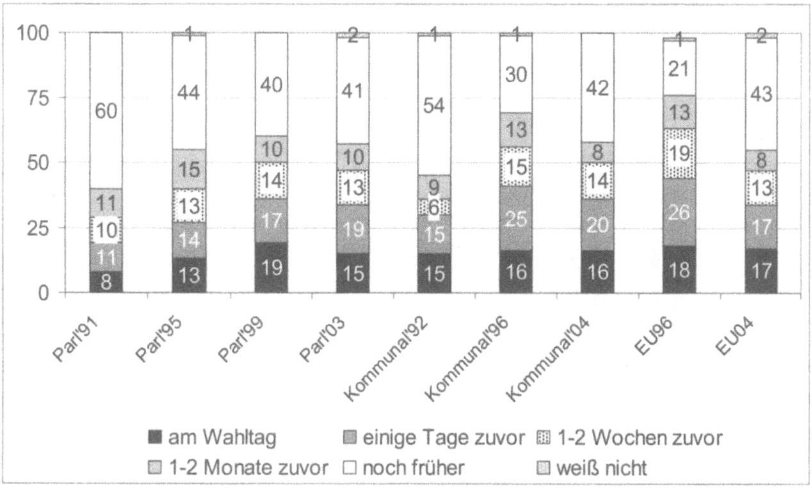

■ am Wahltag　■ einige Tage zuvor　▥ 1-2 Wochen zuvor
▢ 1-2 Monate zuvor　☐ noch früher　▨ weiß nicht

Quelle: Gallup Finland

Werden Wahlen derselben Ebene miteinander verglichen, wird offensichtlich, dass bis um Ende der 1990er Jahre der Anteil derjenigen, die sich im Wahlkampf lange Zeit unentschlossenen darin zeigten, wen sie wählen wollten, wuchs. In den letzten Jahren ist der Anteil dieses Wählertyps jedoch bei allen Arten von Wahlen gesunken. Unabhängig von der Art der Wahl entscheidet sich mittlerweile ungefähr jeder zweite Wähler ein bis zwei Monate vor dem Wahltag, welchem Kandidaten er seine Stimme geben möchte – also noch bevor die „heiße" Wahlkampfphase einsetzt, die sich in Finnland normalerweise auf die letzten drei Wochen vor dem Wahltag konzentriert.

---

12 Die Frage lautete: „Wann haben sie sich schließlich entschieden, für welchen Parteikandidaten sie abstimmen werden?" Es ist darauf hinzuweisen, dass in Finnland auch schon einige Wochen vor der Wahl die Stimme per Briefwahl abgegeben werden kann, weswegen ein beträchtlicher Teil der Wähler am Wahltag nicht mehr zur Urne geht.

Als weiterer Indikator für die Überprüfung der Annahme, die finnische Wählerschaft würde sich im Sinne der Medialisierungsthese verändern, stellt sich die
Frage, ob eher kandidaten- oder eher parteiorientiert gewählt wird. Ersteres spräche
für eine zunehmende Personalisierung des Wahlverhaltens, während die Parteien-
zentrierung für ein Fortbestehen sozialstrukturell determinierten Wahlverhaltens
stünde. Antworten hierauf ergeben sich aus dem Langzeitvergleich der Anteile
derjenigen Wähler, die ihren Wahlentscheid hauptsächlich vom Kandidaten, dessen
Persönlichkeit und Image, abhängig machten, und denjenigen, die ihre Stimme
vorwiegend für eine Partei abgaben. Wie Abbildung 2 veranschaulicht, spricht
auch die Entwicklung dieses Indikators gegen die Medialisierungsthese: Denn mit
Ausnahme der Kommunalwahlen 2004 war bei allen Arten von Wahlen – verglichen mit ähnlichen Wahlen in den 1990ern – die Stimmabgabe in den letzten Jahren verstärkt motiviert durch das Parteienangebot und weniger abhängig von den
zur Wahl stehenden Kandidaten.

Abbildung 2:   Parteien- versus Personenorientierung

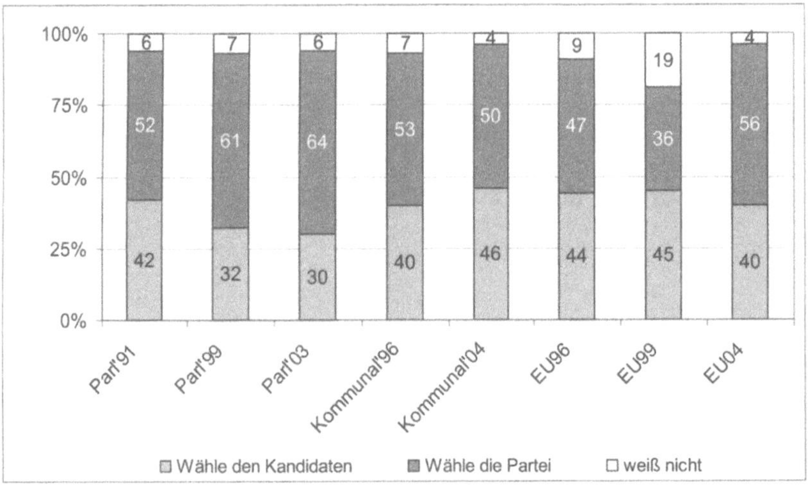

Quelle: Gallup Finland

Um diese Entwicklung besser verstehen zu können, erscheint es sinnvoll, sich die
Veränderung der Issue-Präferenzen auf Seiten der Wählerschaft in den vergangenen Jahren anzusehen. Nach den von Gallup Finland durchgeführten kontinuierlichen Umfragen zählten bei den Wahlen Anfang und Mitte der 1990er ökonomische
und finanzpolitische Issues, wie der Zustand der Volkswirtschaft und Steuerfragen,
zu den Top-Themen. Zusammen mit den Themen „soziale Sicherheit" und „Arbeitsmarkt" sahen ungefähr 40 Prozent der Wähler diese Fragen als sehr wichtig

an.[13] Vor dem Hintergrund der schweren wirtschaftlichen Krise der frühen 1990er leuchtet dies ein. Während aber in der zweiten Hälfte des Jahrzehnts die großen wirtschaftlichen Fragen an Bedeutung verloren, blieben soziale Themen aus Sicht der Bürger weiterhin äußerst bedeutsam – Fragen der Bildung und der Gesundheitsversorgung kletterten über die 40-Prozent-Marke.

Dieselben Prioritäten bestimmten auch den Europawahlkampf 2004, gepaart mit der Besorgnis über den finnischen Einfluss auf die EU-Politik sowie Fragen der nationalen Sicherheit. Wie beschrieben, wurden die Kampagnen thematisch entlang dieser Ängste und Themen der Wählerschaft ausgerichtet. Zur Verdeutlichung ist in Tabelle 5 die Bedeutung von zehn verschiedenen Wahlkampfthemen aus Sicht der Wahlkampfmanager („Team") dargestellt. Diese Wahrnehmungen werden verglichen mit den Prioritäten der Wähler der jeweiligen Parteien sowie mit der Agenda aller Wähler.

Tabelle 5: Vergleich der Themenprioritäten der Wähler und die Wahrnehmung der Themenrelevanz seitens der Wahlkampfmanager während des Europa-Wahlkampfs 2004 (n=928)

	EU	Einw.	Fin.	Ter.	U.	SozSi.	ÖfLeis..	InSi.	Agrar	RePol.
NCP Team	30	20	40	30	20	20	20	30	30	30
NCP Wähler	14	12	42	31	12	18	19	40	10	14
CP Team	30	10	40	40	20	20	30	30	40	30
CP Wähler	17	11	50	41	10	28	34	50	41	47
SDP Team	20	20	50	30	20	30	40	30	20	30
SDP Wähler	15	13	47	31	13	45	47	40	9	17
GL Team	40	40	40	40	20	40	50	40	40	30
GL Wähler	10	11	36	12	66	30	32	20	7	7
LA Team	30	20	40	20	40	40	40	20	30	40
LA Wähler	11	17	38	25	17	67	59	40	12	27
Wahlkampfteam Mittelwert	30	25	41,6	30	26,6	28,3	35	28,3	33,3	31,6
Wähler Mittelwert	13	12	42	29	19	35	35	40	16	22

EU	EU-Erweiterung	SozSi.	Soziale Sicherheit
Einw.	Einwanderung	ÖfLeis.	Öffentliche Leistungen
Fin.	Finnlands Position in der EU	InSi.	Innere Sicherheit
Ter.	Terrorismus	Agrar	Agrarpolitik
U.	Umweltpolitik	RePol.	Regionalpolitik

Auffällig ist zunächst die große Differenz der thematischen Prioritäten zwischen *NCP* und allen anderen Parteien.[14] Dies gilt, mit Ausnahme der Einigkeit hinsicht-

---

13 Die Wähler konnten aus einer 4-stufigen Skala auswählen: sehr wichtig; wichtig; nicht so wichtig; überhaupt nicht wichtig.

14 Auch die *Zentrumspartei* spaltete sich thematisch ab: Ihre Wähler waren deutlich stärker als alle anderen an Agrarzuschüssen und der Regionalpolitik interessiert.

lich der Frage der nationalen Sicherheit, sowohl für die Agenda der Wahlkampfmanager als auch der Wähler. So drehte sich sowohl für den *NCP*-Wähler als auch
für den *NCP*-Wahlkampfinitiator – im Unterschied zu allen anderen – die Wahl
weniger um Fragen der sozialen Sicherheit und staatliche Leistungen. Alle Partei-
en, außer der konservativen *NCP*, räumten der Notwendigkeit, das öffentliche
Leistungssystem bzw. den Wohlfahrtsstaat in Finnland zu erhalten, hohe Priorität
ein. Im Wahlkampf konnte dies verknüpft werden mit der Sorge großer Wählergruppen bezüglich der finnischen Rolle in der EU: Schließlich fordern die finnischen Bürger vor allem von ihren Europaparlamentariern, den finnischen Daseins-
vorsorgestaat im Rahmen der EU zu verteidigen. Andere Wählersegmente, namentlich der politischen Rechten, schenkten diesem Aspekt keine große Beachtung. Aus ihrer Sicht stellt die EU in erster Linie ein Organ dar, das das Funktionieren eines freien Marktes in Europa gewährleistet. Vor dem Hintergrund dieser
Spannungslinie, die sich quer durch die Wählerschaft zog, präsentierte sich der
2004er Europa-Wahlkampf im Vergleich zu den Europawahlen 1996 und 1999 als
wesentlich *stärker politisiert.*

Diese Schlussfolgerung wird durch den geringen Erfolg von reinen „Promi-
nenz-Kandidaten" erhärtet, die von einigen Parteien rekrutiert wurden. Wie erwähnt, ist das Wahlsystem personalisiert – ohne *politische* Kompetenz und Soziali-
sation ist Kandidaten bisher jedoch nur geringer Erfolg beschieden gewesen. So hat
sich bei finnischen Wahlen der vergangenen Jahren vor allem der „Polit-Promi" als
erfolgreicher Idealtypus herauskristallisiert: Ein solcher Politiker repräsentiert eine
erfolgreiche Mischung aus Medienprominenz, geschickter Image-Arbeit und politischer Glaubwürdigkeit. Daneben waren 2004 auch einige professionell geführte
regionale Kampagnen erfolgreich.

*4.4 Die Informationskanäle: Nachrichtenmedien dominieren, junge Wähler
vertrauen dem Internet*

Die meisten Wähler präferieren „konventionelle" Nachrichtenformate, um sich
über Politik zu informieren. In Anbetracht des im westeuropäischen Kontext un-
gewöhnlich hohen Grades an Deregulierung des finnischen Rundfunks und der
damit einhergehenden „Entertainisierung", mag dies überraschen. Dennoch ist
festzuhalten, dass nicht nur ältere, sondern auch jüngere Wähler vor allem den
„klassischen" Nachrichtenformaten, d.h. der tagesaktuellen Berichterstattung in
Fernsehen und Zeitungen, vertrauen, wenn sie sich über den Wahlkampf informieren wollen (vgl. Tabelle 6). In dieses allgemeine Muster passt sich auch die vergangene Europawahl ein. Ein neues Phänomen kam jedoch erstmals bei den Parlamentswahlen 2003 zum Vorschein: Fast ein Drittel der Jungwähler informierte
sich über das Internet über die Kandidaten, um seine Wahlentscheidung zu treffen.

Dieser neue Trend hat sich auch bei der Europawahl im Juni und bei den Kommunalwahlen im Herbst 2004 fortgesetzt.[15]

Tabelle 6: Die Bedeutung der verschiedenen Medien für die Wahlentscheidung bei jungen Wählern (18-34 Jahre, Angaben in Prozent, Mehrfachantworten möglich)

	Kommunal'92	Parl'95	EU/Kommunal'96	Parl'99	Parl'03	EU04
Fernsehnachrichten	22	22	31	25	23	32
Zeitungen	18	25	33	30	24	26
Fernsehspots	5	7	12	11	6	3
Zeitungsanzeigen	15	11	21	26	19	11
Wahlsendungen im TV	13	17	24	20	15	11
Fernsehunterhaltung	*	*	3	6	3	4
Internetseiten der Kandidaten	*	*	*	9	31	31
Wahlkampfveranstaltungen	5	3	4	5	4	4
Freunde, Verwandte	21	15	13	16	17	14

Quelle: Gallup Finland

Beim Vergleich der Nutzung verschiedener Medien im Vorfeld der Wahlentscheidung fallen keine besonderen Altersunterschiede auf (ohne Abbildung). Lediglich das Internet machte in den vergangenen Jahren, wenig überraschend, den Unterschied: Nach den Umfragen von Gallup Finland nach den finnischen Parlamentswahlen 2003 und den Europawahlen 2004 stuften weniger als zehn Prozent der älteren Wähler (ab 35 Jahre) im Jahr 2004 die Internetseiten der Kandidaten als wichtig für ihre Entscheidung an. Abgesehen von diesem Medium stimmten die Medienpräferenzen jedoch im Wesentlichen zwischen den Altergruppen überein: Bei den älteren Wählern lag die Zeitungsberichterstattung knapp vor den Fernsehnachrichten, während bei den Jüngeren die Reihenfolge genau umgekehrt war.

Überdies ist festzuhalten, dass die Bedeutung der politischen Fernsehwerbung (Wahlwerbespots und Wahlsondersendungen) zwar Mitte der 1990er zeitweilig anstieg, doch in den vergangenen Jahren wieder an Bedeutung verloren hat. Tatsächlich spielte politische Fernsehwerbung im vergangenen Jahr bei keiner Altersgruppe eine entscheidende Rolle als Informationsressource für die Wahlentscheidung. Gleiches gilt auch für die Bedeutung von Unterhaltungsformaten des Fernsehens. Dies mag unterschiedliche Gründe haben: Während die neuen Politikfor-

---

15 Die erstaunlich hohe Zahl (31 Prozent sowohl bei der nationalen Wahl 2003 als auch bei der Europawahl 2004) lässt sich teilweise dadurch erklären, dass die Befragung computerunterstützt in Privathaushalten stattfand, alle Befragte also über einen privaten PC mit Internetanschluss verfügen. Dies erklärt jedoch nicht den Anstieg um 21 Prozent derjenigen, die ihren Wahlscheid im Vergleich von 1999 und 2003 auch auf Internet-Informationen stützten.

mate in den 1990ern noch zunächst auf großes Interesse bei Wählern stießen, scheint deren „Neuigkeitswert" mittlerweile verflogen zu sein. Darüber hinaus ist festzuhalten, dass sich die politische Rhetorik und der politische Stil der finnischen Eliten seit 1995 gravierend geändert haben. Der frühere, stark medienorientierte Premierminister der *Zentrumspartei*, Esko Aho, wurde durch den Sozialdemokraten Paavo Lipponen ersetzt, der gerade in der Anfangszeit auf die Trumpfkarte „Mediencharisma" weitgehend verzichtete und entsprechende Politikformate nicht nutzte.

Damit Wahlwerbespots und Unterhaltungsprogramme überhaupt einen Einfluss ausüben können, muss es sie natürlich zuallererst auch geben. Gerade bei den nationalen Parlamentswahlen haben die Parteien viele Wahlkampfgelder für die politische Fernsehwerbung ausgegeben – während sie jedoch bei den Europawahlen 2004 weitgehend darauf verzichteten (s.o.). Der Wettbewerb zwischen den verschiedenen Medienformaten hat sich ebenfalls in den vergangenen Jahren verstärkt, forciert durch die steigende Konkurrenz verschiedener Fernsehanbieter. Dessen ungeachtet belegt eine kürzlich veröffentlichte Inhaltsanalyse der Wahlkampfberichterstattung von *Yle* und *MTV3* während der drei Parlamentswahlen in den 1990ern, dass sich weder die Nachrichtensendungen noch die Spitzenkandidatendebatten in quantitativer oder qualitativer Hinsicht groß gewandelt hätten (vgl. A. Rappe 2004). Tatsächlich hat der Wettbewerb nicht zu einem größeren Angebot an unterhaltungsorientierten Informationssendungen geführt. Ganz im Gegenteil: Die Nachrichtenprogramme des kommerziellen Senders *MTV3* haben sich inhaltlich eher denen des öffentlich-rechtlichen Senders *Yle* angenähert und konkurrieren heute um ähnliche Zielgruppen. Allerdings hat *Yle* seinen Anteil an politischen Unterhaltungsprogrammen in den vergangenen Jahren erhöht.

Vor diesem Hintergrund kann die sinkende Bedeutung von (politischen) Unterhaltungsformaten für den Wahlentscheid nicht etwa auf ein fehlendes Angebot zurückgeführt werden. Vielmehr ist festzuhalten, dass sich das Mediennutzungsverhalten der finnischen Wähler als erstaunlich „konservativ", stabil und resistent gegenüber Formatinnovationen erweist. Dies muss als weiteres Argument gegen die Medialisierungsthese interpretiert werden.

5   Zusammenfassung

Ausgehend von der Medialisierungsthese wurde angenommen, dass der Wandel der Medienlandschaft und des soziopolitischen Kontexts seinen Niederschlag in einer vergleichsweise instabilen politischen Kultur Finnlands finden würde: Weil die Klassen- bzw. Schichtzugehörigkeit für das Wahlverhalten immer weniger entscheidend sei, wurde unterstellt, dass die Wähler in zunehmendem Maße gegenüber Medieneinflüssen anfälliger wären. Überdies sollte die Teilkommerzialisierung des Mediensystems nicht nur den intermediären Wettbewerb steigern, sondern auch der medialen Logik im Vergleich zur parteipolitischen Logik mehr Gewicht einräumen. Da schließlich das finnische Wahlsystem stark personalisiert ist, wurde erwartet, dass Finnland eine „ideale Fallstudie" für den neuen Typus eines stark medialisierten Wahlkampfes wäre. Die entsprechenden Rahmenbedingungen sind schließlich in Finnland gegeben: Der soziale Wandel hat sich vollzogen; das personalisierte Wahlsystem wird auch bei den Europawahlen angewendet; und der Medienwettbewerb hat sich verschärft; selbst bezahlte politische Fernsehwerbung ist inzwischen möglich, wenn auch die Wahlkampfberichterstattung weiterhin eher „traditionell" verläuft. Und dennoch haben sich die von der Medialisierungsthese prognostizierten Konsequenzen nicht bestätigt:

- Wie gesehen, hat sich die Gesamtstabilität der Parteien in den vergangenen zwanzig Jahren nicht sonderlich verändert. Auch die Wählerwanderungen zwischen Wahlen hielten sich in Grenzen.

- Zwar rückte, wie die Medialisierungsthese erwarten ließ, der Zeitpunkt der Wahlentscheidung zunächst immer näher an den Wahltag, was die Einflussmöglichkeiten für Wahlkämpfe erhöhte. Diese Tendenz hat sich jedoch seit Mitte der 1990er Jahre nicht fortgesetzt bzw. ist in den vergangenen Jahren sogar rückläufig – selbst beim für Finnen zunächst neuen Typus der Europawahl.

- Gleiches zeigte sich beim Blick auf die Entwicklung des Grads an Personalisierung des Wahlverhaltens. Sowohl bei den nationalen Parlamentswahlen als auch bei den Europawahlen ist der Anteil derjenigen, die nach dem Kandidaten und nicht nach der Partei wählen, in den vergangenen Jahren gesunken. Nur bei den Kommunalwahlen hat der Faktor „Personalisierung" an Gewicht gewonnen.

Wie lässt sich diese unerwartete Entwicklung erklären? Eine Antwort muss dem spezifischen Charakter der jeweiligen Wahl Rechnung tragen. So ist für viele finnische Wähler der europäische Kontext von Europawahlen immer noch Neuland. Dies führt einerseits zu Passivität einiger Wähler und andererseits zur Entwicklung eines neuen Wahlverhaltens anderer. Wie skizziert, haben selbst ältere Wähler in Finnland ihr Routinewahlverhalten mit der Einführung der Europawahlen 1996 verändert. Tatsächlich scheinen die Unterschiede zwischen den verschiedenen Wahltypen die Wähler stärker zu beeinflussen als die langfristigen Änderungen in der Wahlkampfkultur oder der Medienlandschaft.

Spätestens seit der Europawahl 2004 sind die Wähler aber offenbar mit der europäischen Dimension besser vertraut. Wie die im Vergleich zu 1999 gestiegene Wahlbeteiligung vermuten lässt, haben die Finnen in den vergangenen Jahren einen stärkeren Bezug zur Europapolitik entwickelt – wenn auch dieser Bezug durch nationale Interessen geprägt ist. Vor dem Hintergrund der Langzeitanalyse finnischer Wahlkämpfe lässt sich demzufolge konstatieren, dass der Typus „Europawahl" seinen Platz in der finnischen politischen Kultur festigen wird, je mehr sich die finnischen Wähler an die EU-Dimension der Politik gewöhnen. Zugleich sind die Parteien in zunehmendem Maße dabei, den Wählern europäische Themen „schmackhaft" zu machen, indem sie diese an innenpolitisch relevante Issues anknüpfen.

Erst die longitudinal vergleichende Analyse, die verschiedene Wahltypen mit einbezieht, offenbart schließlich, dass die spezifischen Charakteristika der politischen Kultur und der jeweils betroffenen politischen Wahlebenen medialen und soziokulturellen Tendenzen zu einer stärkeren Medialisierung entgegenwirken. Dabei scheint die oben beschriebene konsensuale Tradition der finnischen Politik eine besondere Rolle zu spielen. In Kombination mit den relativ homogenen Wertvorstellungen der Wähler haben die größeren Parteien schlichtweg ein geringeres Interesse, konfliktorientierte Wahlkampfstrategien zu verfolgen. So bleibt die Systemstabilität auf Dauer erhalten, selbst wenn immer wieder z.T. extensiv neue Kampagnentechniken eingesetzt werden. Auch der Einfluss medialisierter Politik auf finnische Wahlen dürfte auf absehbare Zeit trotz des sozialen Wandels, eines personalisierten Wahlsystems und der geringen Regulierung von Wahlkampfsendungen vergleichsweise gering ausfallen. Das etablierte Mächtegleichgewicht scheint nicht in Gefahr. Wie das finnische Beispiel zeigt, muss die Medialisierung der Politik nicht zwangsläufig in nur eine, vorgegebene Richtung führen.

6 Literatur

Åsard, Erik (1997): Not so „Americanized" After All? A Comparison of Political Campaign Ads in Sweden and the United States. Vortrag gehalten im Rahmen der Tagung „Images of Politics", Amsterdam, 23.-25. Oktober 1997.

Aslama, Minna (2004): Suomalainen tv-tarjonta 2003. Liikenne ja viestintäministeriön julkaisuja 58/2004.

Asp, Kent (Hrsg.) (1986): Mäktiga massmedier. Studier i politisk opinionsbildning. Stockholm: Förlaget Akademilitteratur.

Asp, Kent (1990) Medialisering, medielogik, mediekrati. Nordicom information. 4. 7-11.

Broberg, Jenny (Hrsg.) (2004): *De invaldas valfinansiering i riksdagsvalet 2003.* Unveröffentlichte Magisterarbeit. Helsinki: University of Helsinki.

Carlson, Tom (2000) Partier och kandidater på väljarmarknaden: studier i finländsk politisk reklam. Åbo: Åbo Akademi.

Diamond, Edwin/Bates, Stephen (Hrsg.) (1989): The Spot. The Rise of Political Advertising on Television. Cambridge: MIT Press.

Häkkinen, Antti/Peltola, Jarmo (2001): On the Social History of Unemployment and Poverty in Finland 1860 – 2000. In: Kalela et al. (2001): 309-345.

Kalela, Jorma/Kiander, Jaakko/Kivikuru, Ullamaija/Loikkanen, Heikki A./Simpura, Jussi (Hrsg.) (2001): 1990s Economic Crisis. The Research Programme on the Economic Crisis of the 1990s in Finland. Down from the Heavens, Up from the Ashes. The Finnish Economic Crisis of the 1990s in the Light of Economic and Social Research. Helsinki: Government Institute for Economic Research.

Hernes, Gudmund (1983): Media, Struktrur, vridning og drama. Nordicom information. 3-4. 2-13.

Holmberg, Jukka (Hrsg.) (2004): Etusivun politiikkaa. Yhteiskunnallisten toimijoiden representointi suomalaisissa sanomalehtiuutisissa 1987-2003. Jyväskylä: University of Jyväskylä.

Holtz-Bacha, Christina/Kaid, Lynda Lee (1995): A Comparative Perspective on Political Advertising. Media and Political System Characteristics. In: Kaid/Holtz-Bacha (1995): 8-18.

Kaid, Lynda Lee/Holtz-Bacha, Christina (Hrsg.) (1995): Political Advertising in Western Democracies. London: Sage.

Kavanagh, Dennis (1996): New Campaign Communications. Consequences for British Political Parties. In: Harvard Journal of Press/Politics. 1. 3. 60-76.

Kortelainen, Kai (Hrsg.) (1997) Mielikuvien taktiikka. Martti Ahtisaaren ja Elisabeth Rehnin imagotaisto vuoden 1994 presidentinvaaleissa. University of Tampere: Mimeo.

Maarek, Philippe J. (Hrsg.) (1995): Political Marketing and Communication. London: John Libbey.

Ministry of Justice Finland (2004) [http://www.vaalit.fi/21959.htm (letzter Abruf 21.11.2004)].

Moring, Tom (1995): The North European Exception. Political Advertising on TV in Finland. In: Kaid/Holtz-Bacha (1995): 161-185.

Moring, Tom (1997): „Amerikaniseras" politiken? Medieförändring, väljarmobilitet och nya former för val i samverkan. In: Lindberg/Molin (1997): 77-114.

Lindberg, Steve/Molin, Yngve (Hrsg.) (1997): Festskrift till Sten Bergklund. Vasa: Samhälls- och vårdvetenskapliga fakulteten vid Åbo Akademi.

Moring, Tom (1998) Election Effects on Campaigning in Finland. Vortrag gehalten im Rahmen der Jahrestagung der International Association for Mass Communication Research. Glasgow, 26.-30. Juli 1998.

Moring, Tom (2003): Between Ban and Laissez Faire. Nordic Strategies to Political Television Advertisements. Vortrag gehalten im Rahmen der Jahrestagung des European Consortium for Political Research. Marburg, 18.-21. September 2003.

Moring, Tom (2004) A Reality Check. 10 Years of Paid Political Advertising on TV in Finland. Vortrag gehalten auf der Konferenz „The changing hues of political expression in the media". Amsterdam, 19 Juni 2004.

Moring, Tom/Himmelstein, Hal (1992) The New Image Politics in Finnish Electoral Television. In: Ruoho (1992): 99-134.

Ruoho, Iiris (Hrsg.) (1992): Finnish Papers Presented at the IAMCR Conference, Brazil 1992. Tampere: University of Tampere.

Moring, Tom/Himmelstein, Hal (Hrsg.) (1993) Politiikkaa riisuttuna. Helsinki: Oy Yleisradio Ab.

Moring, Tom/Himmelstein, Hal (1996) The New-Image Politics in Finnish Electoral Television. In: Paletz (1996): 117-143.

Paletz, David L. (Hrsg.) (1996): Political Communication Research. Approaches, Studies, Assessments. Band 2. Norwood: Ablex.

Negrine, Ralph/Pathanassopoulos, Stylianos (1996): The „Amercianization" of Political Communication. A Critique. In: Harvard Journal of Press/Politics. 1. 2. 45-62.

NOU (2004): 25. Penger teller, men stemmer avgjør Om partifinansiering, åpenhet og partipolitisk fjernsynsreklame Utredning fra et utvalg nedsatt ved kongelig resolusjon 17. oktober 2003. Avgitt til Moderniseringsdepartementet 29. november 2004. Norges offentlige utredninger 2004 [http://www.odin.dep.no/mod/norsk/dep/utvalg/002001-991455/dok-bn.html].

Pesonen, Pertti/Sänkiaho, Risto/Borg, Sami (Hrsg.) (1993): Vaalikansan Äänivalta. Helsinki: WSOY.

Rappe, Axel (Hrsg.) (2004) Valbevakning i förändring. 1990-talets riksdagsval i finsk television. Åbo: Åbo Akademis förlag.

Riihelä, Marja/Sullström, Risto/Suoniemi, Ilpo/Tuomala, Matti (2001): Income Inequality in Finland during the 1990s. In: Kalela et al. (2001): 385-410.

Tiilikainen, Teija/Wass, Hanna (2004) Puolueiden vaalikampanjat vuoden 2004 europarlamenttivaaleissa. In: Politiikka. 46. 4. 250-263.

Uimonen, Risto/Ikävalko, Elisa (Hrsg.) (1996): Mielikuvien maailma. Miten mediajulkisuutta muokataan ja imagoja rakennetaan? Helsinki: Inforviestintä.
Uusitalo, Eero (Hrsg.) (1998) Elinvoimaa maaseudulle – miksi, kenelle ja miten? Maaseutupolitiikan perusteet. Helsinki: Otava.
Yle Audience Yearbook (2005) [http://www.yle.fi/yleista/kuvat/2003yleisokertomus.pdf (letzter Abruf 04.01.2005)].

Wahlkampf gegen Europa. Die Wahlen zum Europäischen Parlament in Estland 2004

Külli-Riin Tigasson

1 Einleitung

Die Wahlen zum Europäischen Parlament (EP) in Estland waren in vielerlei Hinsicht ein besonderes Ereignis – und nicht nur, weil sie die ersten Europawahlen in diesem Land waren, das erst sechs Wochen vor der Wahl, am 1. Mai 2004, der Europäischen Union beitrat. Zu diesem Zeitpunkt und während der Kampagne gehörte Estland zu den EU-skeptischsten Mitgliedstaaten (vgl. EOS Gallup Europe 2004). Dies fand seinen Niederschlag in einer entsprechend negativen „Tonlage" des gesamten Wahlkampfes. Im Zentrum der seitens der politischen Parteien geäußerten Kritik stand dabei sowohl die Europäische Union bzw. ihre Institutionen als auch jene Parteien und Kandidaten, die eine tiefere Integration der EU befürworteten.

Überdies stellten die rechtlichen Grundlagen für die Parteienwerbung eine weitere Besonderheit der EP-Wahlen in Estland dar. Entsprechende Regulierungen erweisen sich im Vergleich zu anderen europäischen Staaten als äußerst liberal, da in Estland kein Unterschied zwischen kommerzieller und parteipolitischer Werbung gemacht wird. So steht es den Parteien frei, sich beliebig viele Werbezeiten zur Platzierung ihrer eigenen Wahlwerbespots zu kaufen. Daraus ergibt sich, dass die kommunikative Situation vor allen estnischen Wahlen in hohem Maße durch die bezahlte politische Selbstdarstellung der Parteien geprägt ist.

Die Möglichkeiten der Parteien, durch ihre strategische Kommunikation die Wähler zu beeinflussen, waren und sind zudem durch eine ausgeprägt hohe „Ungebundenheit" der estnischen Wählerschaft weit reichend. Während in etablierten Demokratien bisweilen über „die *angestiegene* Volatilität, den Bindungsverlust der Wähler gegenüber den Großparteien" und „über die wählerischer und unberechenbarer gewordenen Stammwähler" geklagt wird (vgl. E. Wiesendahl 1998: 13ff.), haben in den „neuen Demokratien" des postkommunistischen Ost- und Mitteleuropas hingegen solche feste Bindungen zwischen Parteien und Wähler zumindest nach dem Zweiten Weltkrieg *bisher kaum existiert*. Bis heute sind die politischen Parteien in Estland nur in geringem Maße institutionalisiert und die Bindungen zwischen Parteien und Wähler vergleichsweise lose (vgl. B. Grofman et al. 2000: 329ff.). Dies ist besonders zu betonen angesichts zahlreicher Wirkungsstudien zur politischen Werbung, die zeigen, dass Wahlkampagnen weniger „Stammwähler" beeinflussen als diejenigen, die parteiunabhängig sind oder noch keine konkreten

Vorstellungen von den Kandidaten haben (vgl. G. Garramone et al. 1990; K. Kahn/ P. Kenney 1999).

Hinsichtlich des Kampagnemanagements selbst hat sich in den vergangenen Jahren – zumindest mit Blick auf westliche Mediendemokratien – die Vermutung der zunehmenden *Kommerzialisierung* und *Professionalisierung* durchgesetzt. Demnach würden Parteien auf Marketingstrategien zurückgreifen, die zunächst dem unternehmerischen, privat-kommerziellen Feld vorbehalten schienen. Wähler würden nicht mehr als Bürger begriffen, die, normativ betrachtet, zum öffentlichen Diskurs über politische Fragen eingeladen werden sollten, sondern eher als *Kunden*, deren Unterstützung es zu maximieren gelte (vgl. J. Blumler/M. Gurevitch 1995: 207f.). Dieser Wandel der Wahlkommunikation, der sich in vielen westlichen Ländern abzeichnet, wird oft mit dem Stichwort *Amerikanisierung* beschrieben. Damit gemeint sind weitere Merkmale wie Personalisierung der Kampagne, Wahlkampf als Kandidaten-Wettstreit, Angriffswahlkampf (*negative campaigning*), die zunehmende gerichtete Konzentration der Kampagnen auf eindeutige Zielgruppen, das Ereignis- und Themenmanagement oder die Professionalisierung. Entsprechend dieses Ansatzes befindet sich die Kampagnenplanung immer mehr in den Händen von Kommunikationsexperten, also von bezahlten Profis, wie Meinungsforschern, Medienberatern, Werbe- und PR-Agenturen, die die früheren Tätigkeiten der freiwilligen Partei-Helfer in zunehmendem Maße übernehmen (vgl. W. Schulz 1997: 186; R. Meadow 1989: 253ff. sowie die Beiträge von J. Tenscher und T. Moring in diesem Band).

Es ist jedoch zu betonen, dass das Stichwort „*Amerikanisierung*" irreführend ist, weil es implizit darauf verweist, dass eben jene Merkmale gegenwärtiger Kampagnenkommunikation exklusiv US-amerikanischen Ursprungs wären. Analytisch fruchtbar wäre es dagegen zweifelsohne, sich weniger Gedanken um das Ausmaß US-amerikanischer „Kolonisierungen" zu machen, insbesondere da sich entsprechende Tendenzen in unterschiedlichem Maße in allen westlichen Demokratien wiederfinden und länderspezifisch umgesetzt werden. So erweisen sich z.B. die politischen Kampagnen in Estland, wo die Wahlkampagnen weniger restriktiv als in den USA behandelt werden, in mancherlei Hinsicht sogar „amerikanischer" als das US-amerikanische „Vorbild". Vor diesem Hintergrund empfiehlt z.B. Ralph Negrine (1996: 158), den Begriff „*modern publicity process*" zu verwenden, der u.a. auf den zunehmenden Einfluss des Fernsehens auf das moderne (auch politische) Leben verweist.

Unabhängig davon, ob von „*Amerikanisierung*" oder „*modern publicity process*" gesprochen wird, bietet die freizügige Handhabung der Wahlkommunikation in Estland für die geschilderten Tendenzen – für die Professionalisierung und Kommerzialisierung der politischen Kampagnenkommunikation – jedoch einen fraglos geeigneten Nährboden. Um diese Vermutung zu überprüfen und um das Niveau der Professionalisierung und Kommerzialisierung der estnischen politischen Kommunikation einzuschätzen, wird im Folgenden die EP-Wahlkampagne 2004 in einen größeren historischen Kontext eingebettet und mit estnischen Wahlkampagnen der vergangenen zwölf Jahre verglichen. Dabei wird ein besonderer Blick auf die Rolle der Wahlwerbung und die massenmediale Agenda geworfen.

Zunächst rücken aber zum einen das politische und das Mediensystem Estlands und zum anderen der spezifische politische Kontext, in dem die Europawahl 2004 stattfand, in den Fokus der Betrachtung.

2 Die Rahmenbedingungen der Wahlen zum Europäischen Parlament: Politisches und Mediensystem

2.1 Politisches und Wahlsystem Estlands

Estland ist eine parlamentarische Demokratie mit einem Einkammerparlament (*Riigikogu*) und 101 Abgeordneten. Das Amt des Staatspräsidenten ist weitgehend ein zeremonielles und repräsentatives, auch wenn der Amtsinhaber im Vergleich zum deutschen Bundespräsidenten traditionellerweise über stärkere politische Eingriffsrechte verfügt. Die Regierung Estlands unter der Leitung des Ministerpräsidenten ist dem Parlament verantwortlich.

Die Parteien stellen im Vergleich zu anderen intermediären Instanzen die zentralen Größen im politischen Willensbildungsprozess dar. Angesichts der Tatsache, dass die Republik Estland erst 1991 ihre Unabhängigkeit von der Sowjetunion erklärte und die neu gegründeten Parteien kaum an Traditionen anknüpfen konnten, hat sich die Ausbildung eines stabilen Parteiensystems bisher verzögert. Zwar wurden die ersten unabhängigen Parteien bereits Ende der 1980er Jahre gegründet, seitdem bestimmen jedoch Parteineugründungen, -abspaltungen und -verschmelzungen die „kaleidoskopische" (vgl. B. Grofman et al. 2000: 329ff.) estnische Parteienlandschaft. Ende der 1990er Jahre schien sich dennoch eine gewisse Stabilisierung abzuzeichnen – fünf bis sechs größere Parlamentsparteien und mehr als ein Dutzend außerparlamentarischer Kleinparteien bestimmten das Bild. Allerdings erschütterte der unerwartete und präzedenzlose Erfolg der 2001 neu gegründeten konservativen Partei *Res Publica* bei den Kommunalwahlen 2002 die sich konsolidierende Parteienlandschaft grundlegend. Mit einer massiven Wahlkampagne und dem Slogan „Neue Politik" konnte sie nicht nur 2002 das zweitbeste Wahlergebnis im ganzen Land erzielen, sondern dieses auch bei den Parlamentswahlen 2003 wiederholen; wiederum erreichte *Res Publica*, dieses Mal mit dem Slogan „Ordnung muss sein", das zweitbeste Ergebnis und 24,6 Prozent aller Stimmen.

Der schnelle Aufstieg *Res Publicas* ist nicht zuletzt deswegen bemerkenswert, weil sich in ihm nicht nur die hohe Volatilität der Wählerschaft, sondern vor allem auch die hohe Politikverdrossenheit der Esten widerspiegeln. Die Unzufriedenheit mit dem politischen System und den Parteien war (und ist) zehn Jahre nach Erklärung der neuerlichen Unabhängigkeit so hoch, dass allein das Versprechen einer „Neuen Politik" immerhin ein Viertel der Wähler (zumeist Protestwähler) überzeugen konnte. Überdies signalisieren die seit Jahren hohen Anteile an Wahlverweigerern eine ausgeprägte und weit verbreitete Unzufriedenheit der Esten mit ihrem politischen System, dem politischen Angebot und den Leistungen der Parteien und Politiker (vgl. Abbildung 1).

Abbildung 1: Beteiligung an den Parlamentswahlen 1992-2003 und an der Wahl zum
Europäischen Parlament 2004 (Prozent der Wahlberechtigten)

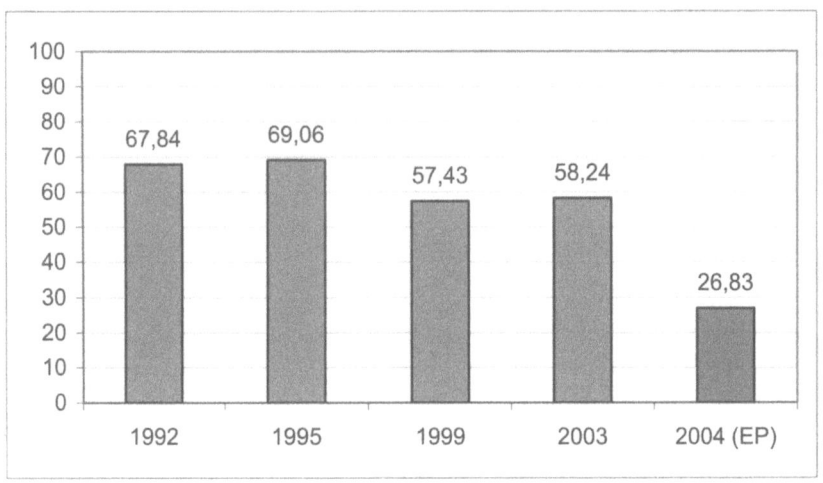

Quelle: Wahlkommission Republik Estlands

Estland scheint sich seit Mitte der 1990er Jahre in einer Vertrauenskrise zu befinden, von der laut Meinungsumfragen insbesondere die Parteien und andere politische und öffentliche Institutionen betroffen sind (mit Ausnahme des Staatspräsidenten und der Zentralbank) (vgl. Staatsmonitoring Estlands 2004). Loyalität und
Vertrauen der Menschen sind demzufolge weniger auf den Staat als vielmehr auf
die private Gemeinschaft gerichtet – zweifelsohne kommt hier das Erbe fehlender
Rechtsstaatlichkeit im Kommunismus sowie eine Nähe zur politischen Kultur skan-
dinavischer Staaten zum Ausdruck (vgl. S. Gänzle 2004: 103 sowie den Beitrag
von T. Moring in diesem Band). Der Vertrauensverlust und die Enttäuschung gegenüber der Politik ist teilweise aber auch eine Konsequenz aus überhöhten und
nicht erfüllten Erwartungen, die die Esten Ende der 1980er, Anfang der 1990er
Jahre während des Höhepunkts der nationalen Befreiungsbewegung hegten: Die
Hoffnungen der Bevölkerung gegenüber einer raschen politischen wie wirtschaftlichen Konsolidierung waren damals so hoch, dass sie nicht so schnell oder kaum
realisiert werden konnten (vgl. P. Vihalemm et al. 1997: 197ff.).

Die Bindungen zwischen den Wählern und Parteien sind in Estland auch deswegen so schwach, weil sich die Parteien bis zum heutigen Tag in erster Linie um
Personen und weniger um Programme und gesellschaftliche *Cleavages* formiert
haben. Entsprechend lassen sich die estnischen Parteien auch nur schwerlich auf
der bekannten „Rechts-Links-Achse" einordnen. Überdies bedeuten „rechts" und
„links" in Estland etwas Anderes als im allgemein üblichen (deutschen) Sprach-
gebrauch: Zunächst galten die „Linken" als „Pro-Sowjet", während „rechts" Ausdruck für „Pro-Freiheit" war. Während der zweiten Hälfte der letzten Dekade sind
dann die Befürworter der radikalen Reformen als „rechts" und diejenigen, die für

gemäßigte Reformen standen, als „links" bezeichnet worden (vgl. B. Grofman et al. 2000: 346).

Vor den Wahlen zum Europäischen Parlament 2004 schien sich jedoch erstmals auch in Estland die „klassische" Rechts-Links-Dimension durchzusetzen. Die Hauptakteure der EP-Wahlkampagne waren sechs estnische Parlamentsparteien: die linksorientierte *Zentrumspartei*, die liberale *Reformpartei*, die konservativ-populistische *Res Publica*, die national-konservative *Vaterlandsunion*, die ländliche *Bürgerunion* und die *Sozialdemokratische Partei* Estlands. Die zwei wichtigsten unabhängigen Einzelkandidaten waren Martin Helme, der ein Hauptorganisator der Anti-EU-Kampagne vor dem Referendum über die EU-Mitgliedschaft Estlands gewesen war (das Referendum fand am 14. September 2003 statt), sowie Marek Strandberg, der die Unterstützung der estnischen grünen Organisationen genoss. Insgesamt wurden 95 Kandidaten und Kandidatinnen nominiert; 91 Kandidaten von zehn Parteien sowie vier Einzelkandidaten (vgl. Tabelle 1).

Tabelle 1: Zahl der Kandidaten und Mandate bei den EP-Wahlen in Estland 2004

	Zahl der Kandidaten	Mandate
Bürgerunion	12	0
Reformpartei	12	1
Res Publica	12	0
Sozialdemokratische Partei	12	3
Vaterlandsunion	12	1
Zentrumspartei	12	1
Russische Partei Estlands	12	0
Demokratische Partei	3	0
Sozialdemokratische Arbeitspartei	3	0
Rentnerpartei	1	0
Einzelkandidat: Georgi Böstrov	1	0
Einzelkandidat: Martin Helme	1	0
Einzelkandidat: Marek Srandberg	1	0
Einzelkandidat: Heikki Heinrich Tann	1	0

Quelle: Wahlkommission Republik Estlands

Das Gesetz zur Wahl für das Europäische Parlament sah ein Proporzverfahren in einem gesamtestnischen Einheitswahlkreis vor: Gewählt werden konnten demnach jene Kandidaten, die auf einer Parteiliste (laut Gesetz konnte jede Kandidatenliste maximal zwölf Kandidaten umfassen) nominiert waren oder die als Einzelkandidat ins Rennen gingen. Die Tatsache, dass Estland bei der Europawahl 2004 nur einen Wahlkreis bildete, leistete zweifelsohne der Personalisierung des Wahlkampfs im Vergleich zu nationalen Parlamentswahlen (mit zwölf Wahlkreisen) Vorschub – die Spitzenkandidaten standen so im Mittelpunkt der Kampagnen.

Zur Berechnung der Sitzverteilung im EP kam das d'Hondtsche Verfahren zum Einsatz, das einen weiteren Vorteil für jene Parteien bietet, die proportional mehr Stimmen erzielen (vgl. B. Grofman et al. 1999: 227ff.). Dieses Verfahren kommt in Estland seit Beginn der 1990er Jahre bei allen Wahlen zum Einsatz, da es die schrittweise Konsolidierung des „kaleidoskopischen" Parteiensystems vorantreiben sollte.

2.2 Das Mediensystem und die rechtlichen Grundlagen für die Wahlwerbung

Presse und Rundfunk spielen eine zentrale Rolle im Prozess der Identitätsfindung und -bildung Estlands. Es gibt zwei überregionale Qualitätszeitungen – *Postimees* und *Eesti Päevaleht* – sowie eine nationale Boulevardzeitung, *SL Õhtuleht*. Die größte nationale Wochenzeitung ist *Eesti Ekspress*. Darüber hinaus findet sich in jedem der 15 Landkreise wenigstens eine Lokalzeitung. Estland verfügt überdies über drei nationale Fernsehanstalten – das öffentlich-rechtliche *ETV* und zwei Privatsender, *Kanal 2* und *TV3*. Beide Kommerzkanäle sind im Besitz ausländischer Unternehmen: *Kanal 2* gehört zur Norwegischen Schibsted Gruppe, *TV3* zur Schwedischen Modern Times Gruppe. Der Radiosektor zeichnet sich schließlich durch ein Nebeneinander des öffentlich-rechtlichen *Eesti Raadio* und weiterer mehr als 30 Privatsender aus.

Die politische Wahlwerbung in Presse und Rundfunk sowie auf *Outdoor-Medien* unterliegt in Estland keiner speziellen Regulierung: Es gelten prinzipiell dieselben Richtlinien wie für die kommerzielle Werbung. Allerdings werden im öffentlich-rechtlichen Fernsehen *ETV* seit 1999 keine bezahlten Parteienspots mehr ausgestrahlt. Da auch keine Verpflichtung zur Vergabe freier Sendezeit an die Parteien besteht, ermöglichte *ETV* nur in den Parlamentswahlen 1992 und 1999 die Ausstrahlung von Parteien produzierter TV-Spots. Bei den vergangenen EP-Wahlen mussten die Parteien jedoch auf die kostenlose Sendezeit verzichten und sich auf die Teilnahme an den Fernsehdebatten beschränken, welche wiederum in der Gestaltungshoheit der Journalisten/Medienanstalten und nicht der Politiker/ Parteien lagen. Überdies veröffentlichten die nationalen Qualitätszeitungen vor den Wahlen zahlreiche Streitgespräche der involvierten Spitzenkandidaten.

Im Gegensatz zu vielen westlichen Ländern steht es den estnischen Parteien völlig frei, sich beliebig viel Sendezeit für ihre Wahlwerbung (sowie Werberaum in der Presse bzw. Plakatflächen) zu kaufen. Auch werden, im Unterschied z.B. zu Deutschland, Parteienspots nicht in separaten, eindeutig gekennzeichneten Blöcken ausgestrahlt, sondern sind in den Fluss der kommerziellen Werbung eingebettet: Spitzenpolitiker erscheinen somit zwangsläufig zwischen *Pampers*- und Spülmittelwerbung sowie neben den Werbespots für Erotik-Hotlines.

Obwohl unklar ist, in welchem Maße und mit welcher Intensität Zuschauer (und Wähler) Fernsehwerbung verfolgen, bieten diese doch den estnischen Parteien enorme Möglichkeiten, die kommunikative Situation vor den Wahlen strategisch zu beeinflussen und zu gestalten. Die entsprechende Omnipräsenz der Wahlwerbung wird nicht zuletzt dadurch belegt, dass in allen Wahljahren die politischen

Parteien zu jenen *Brands* gehörten, die am meisten beworben wurden: So zählte z.b. im Wahljahr 1999 die *Zentrumspartei* – neben EMT (dem größten Handy-Netzwerk) und Nokia – zu den drei meist beworbenen Marken (vgl. *ETA* 06.03. 2000) und die „Warengruppen, die 1999 am meisten beworben wurden, waren Mobilkommunikation, Konzerte, Wahlen, Haushaltshygiene und Autos" (ebenda).

Vor dem Hintergrund dieser besonderer Bedeutung der „paid media" wundert es nicht, dass in den vergangenen Jahren die Wahlkampfkosten ständig gewachsen sind, wobei ihr Zuwachs sogar größer als das Gesamtwachstum des estnischen Werbemarkts ausfällt (vgl. Tabelle 2). Allerdings sind die Kosten für die Europawahlkampagne deutlich niedriger gewesen als die Ausgaben für die nationalen Wahlen 1999 und 2003. Dies deutet zum einen darauf hin, dass die Europawahl für die Parteien im Vergleich zu nationalen Wahlen (wo es tatsächlich um die Existenz von Parteien geht) einen deutlich geringeren Stellenwert besaß. Zum anderen fielen die Kosten der EP-Kampagne insgesamt niedriger aus, da Estland nur einen Wahlkreis darstellte und die Parteienlisten nur ein Zehntel der Kandidaten nationaler Wahlen umfassten.

Tabelle 2: Wachstum der Wahlkampfkosten im Vergleich zum Zuwachs des Nettoumsatzes des Werbemarkts 1995-2004

	Wahljahr			
	1995 Parlament	**1999** Parlament	**2003** Parlament	**2004** EP
Wahlkampfkosten, Parteien gesamt (Million €)	0,5	1,47	3,97	1,27
Nettoumsatz des Werbemarkts (Million €)	18,01	40,96	58	63,58
Wahlkampfkosten im Vergleich zum Nettoumsatz des Werbemarkts (%)	2,78	3,59	6,84	1,99

Quellen: Wahlkommission Republik Estlands, TNS Media Intelligence (TNS Emor, TNS BMF, TNS Gallup)

Die Wahlausgaben sind in Estland nicht begrenzt und die Wahlkampagnen werden von den Parteien selbst finanziert. Das Geld dafür stammt aus Mitgliedsbeiträgen, Spenden von Privatpersonen, Parteirücklagen, Krediten und der staatlichen Finanzierung, basierend auf den Wahlergebnissen der vergangenen nationalen Parlamentswahl. Das estnische Parlament hat zudem einige Monate vor den Wahlen zum Europäischen Parlament 2004 ein neues Gesetz zur Bekämpfung politischer Korruption verabschiedet, wonach es Unternehmen untersagt ist, Parteien finanziell zu unterstützen. Da bislang jedoch unternehmerische Spenden als zentrale Einnahmequelle zur Finanzierung von Wahlkampagnen galten, hat der Staat seine finanzielle Parteienunterstützung verdreifacht.

3   Europawahlen: Kampf um die Stimmen der EU-Skeptiker

3.1 Die politische Atmosphäre vor den Europawahlen

Der Wahlkampf zum Europäischen Parlament entwickelte sich zur negativsten Kampagne, die Estland seit seiner Unabhängigkeit im Jahr 1991 gesehen hat. Dabei richteten sich die Attacken der Parteien nicht nur auf den jeweiligen politischen Kontrahenten, sondern vor allem (und in noch höherem Maße) auf die EU. Vorrangiges Ziel vieler Parteien schien es zu sein, die Stimmen der großen Schar an EU-Skeptikern zu gewinnen. Dies schlug sich in einem entsprechend EU-kritischen Wahlkampf nieder. Tatsächlich fiel denn auch, laut Eurobarometer-Meinungsumfrage, vor den Europäischen Wahlen, die Unterstützung der Mitgliedschaft in keinem EU-Mitgliedstaat so niedrig aus wie in Estland, das zum Zeitpunkt der Wahlen mit Großbritannien und Lettland zu den euroskeptischsten Mitgliedstaaten der EU zählte (vgl. EOS Gallup Europe 2004).

Allerdings ist zu betonen, dass die Skepsis der Esten gegenüber der EU traditionellerweise sehr hoch ausfällt. Selbst der positive Ausgang des estnischen Referendums über den EU-Beitritt vom 14. September 2003 schien lange Zeit auf der Kippe zu stehen. Meinungsumfragen vor dem Referendum ließen vermuten, dass weit mehr estnische Wähler gegen den EU-Beitritt stimmen würden als in anderen Beitrittsländern – und nur einige Monate vor der Volksabstimmung war zu befürchten, dass weniger als die Hälfte der Bürger ihr „Ja-Wort" geben würden (vgl. Abbildung 2). Vor diesem Hintergrund starteten die Parteien im Sommer 2003 eine entsprechende Referendumskampagne. Da keine der estnischen Parlamentsparteien per se als „anti-EU" bezeichnet werden kann, warben immerhin fünf der sechs großen Parteien damals für den EU-Beitritt (mit Slogans wie z.B. „Ja für Estland, ja für Europa!", „Das Leben wird besser", „Dabei sein ist besser", oder, etwas provozierender, „Mehr schöne Männer" u.a). Nur die *Zentrumspartei* verzichtete auf jegliche Aussagen und eine Kampagne, da sie sich vorab nicht auf eine eindeutige Position einigen konnte.

Im Zuge der Kampagnen für den EU-Beitritt stieg die Zustimmung der Bevölkerung gegenüber der EU kontinuierlich, sodass letztlich 66,83 Prozent der Wähler dem EU-Beitritt zustimmten. Gleichwohl ist festzuhalten, dass sich nur 64 Prozent der Wahlberechtigten am Referendum beteiligten. Nur Malta und Lettland wiesen ähnlich niedrige Zahlen auf – ein deutliches Indiz für die weiter vorherrschende Distanz der Esten gegenüber dem „Projekt Europa". So blieb auch, trotz des erfolgreichen Beitrittsreferendums, die Einstellung der Bevölkerung gegenüber der EU vor den Wahlen zum Europäischen Parlament weiterhin skeptisch. Gründe hierfür liefern Toots und Vettik (2004: 35f.): Demnach belegen Umfragedaten aus Estland, dass die Einstellungen gegenüber der EU (Zustimmung wie Distanz) vor allem vom Vertrauen in staatliche Institutionen, der Sozialstruktur der Befragten und deren Kenntnissen über die EU abhängen. So stehen jene Personen, die mit der estnischen Regierung und dem nationalen Parlament zufrieden sind, der EU-Integration deutlich positiver gegenüber (vgl. ebenda). Dasselbe gilt auch für Bürger mit höherem sozioökonomischen Status (Bildung, Einkommen) und guten

Kenntnissen über die EU. Im Umkehrschluss folgt daraus, dass sich die Gegner des EU-Beitritts zuvorderst aus den sozial benachteiligten Gruppen rekrutierten.

Abbildung 2: Unterstützung für die EU in Estland, 2001-2005 (Angaben in Prozent der wahlberechtigten Bürger (ab 18 Jahren) (N variiert je nach Zeitpunkt der Befragung zwischen 730 und 760)

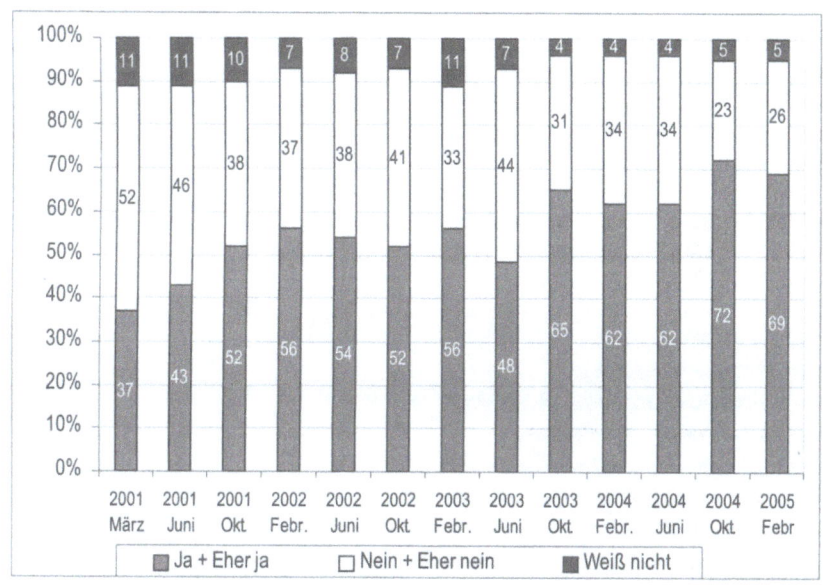

Quellen: Staatskanzlei der Republik Estland, TNS Emor (EU Monitoring)

Zwar erfährt Estland seit Beginn der 1990er Jahre einen rapiden gesellschaftlichen Wandel und seit der Mitte derselben Dekade einen ökonomischen Aufschwung (das so genannte „estnische Wirtschaftswunder"). Von diesem ausgenommen sind jedoch große Teile der Bevölkerung, namentlich die Land- und russischsprachige Bevölkerung sowie Rentner, die in besonderem Maße die sozialen Kosten der Reformen verspüren. Gerade jene Gruppen sind es jedoch, die durch die Einführung der Marktreformen und den Prozess der wirtschaftlichen Liberalisierung bereits benachteiligt wurden, die nun den EU-Beitritt Estlands als einen weiteren Schritt in Richtung „Westernisierung" begriffen und die damit verbundenen Veränderungen ablehnten.

Aber nicht nur die „Verlierer" des Transformationsprozesses waren gegen die EU eingestellt, sondern auch jene Bevölkerungsteile der „Gewinnerseite", die der Meinung waren, dass die EU überreguliert, zu protektionistisch und im Vergleich zu Estland zu „wenig liberal" sei. Als Sprachrohr dieser Gruppen fungierten u.a. Martin Helme und Ivar Raig, die Hauptorganisatoren der Anti-EU-Kampagne vor

dem Beitrittsreferendum, die das Tempo des estnischen Wirtschaftswunders durch
einen Beitritt zur „überregulierten" EU gebremst sahen (vgl. Maaleht 2003). Auch
Äripäev, die größte Wirtschaftszeitung Estlands und Befürworterin der (neo-)
liberalen Marktwirtschaft, verfolgte ganz offen lange Zeit eine EU-skeptische Berichterstattung. Entsprechend empfahl *Äripäev*, im Gegensatz zu den anderen (pro-
europäischen) estnischen Qualitätszeitungen, erst zwei Tage vor dem Referendum
ihren Lesern, für einen EU-Beitritt zu stimmen.

Neben den genannten (zuvorderst ökonomischen und sozialen) Gründen ist
die Ablehnung der EU seitens großer Teile der estnischen Bevölkerung vor allen
Dingen auf einen Umstand zurückzuführen: Drei Viertel der EU-Gegner und sogar
ein Drittel der EU-Befürworter befürchten, dass die der Sowjetunion mühsam
abgerungene nationale Souveränität Estlands von Brüssel „geschluckt" werden
könnte (vgl. Tabelle 3).

Tabelle 3:   Einschätzung des Einflusses des EU-Beitritts auf die estnische
Gesellschaft (Juni 2003, Angaben in Prozent, N = 988)

	EU-Gegner	EU-Befürworter
Die Preise steigen	98	91
Bessere Sicherheitsgarantien	53	83
Die Entscheidungsmöglichkeiten von Kleinstaaten verkleinern sich	78	56
Die Wirtschaftsentwicklung verbessert sich	43	88
Schwierigere Konkurrenzbedingungen für estnische Unternehmen	83	52
Regionale Entwicklung Estlands gleicht sich aus	27	69
Arbeitslosigkeit steigt	72	33
Nationale Identität wird ausgelöscht, Nationalkultur wird geschädigt	73	30

Quelle: Forschungszentrum Faktum

Wie Tabelle 3 verdeutlicht, sahen – kurz vor dem Beitrittsreferendum – nicht nur
die EU-Befürworter, sondern auch die Gegner durchaus einige Vorzüge des EU-
Beitritts Estlands. Allerdings überwogen in beiden „Lagern" doch die Befürchtungen: Sogar mehr als die Hälfte der Befürworter prognostizierte, dass sich die Ent-
scheidungsmöglichkeiten von Kleinstaaten (inkl. Estlands) in der EU verringern
und dass estnische Unternehmen nicht konkurrenzfähig sein würden.

3.2 Die Strategien der Parteien

Vor dem Hintergrund der ausgeprägten und anhaltenden EU-Skepsis in der Bevölkerung konnte es nicht überraschen, dass mehrere Parlamentsparteien, die noch im
Sommer 2003 vor dem Referendum zum EU-Beitritt kräftig für die EU geworben
hatten, im Frühjahr 2004 während der Wahlkampagne zum Europäischen Parlament ihre Strategie komplett änderten. Die Mehrheit der Parteien richtete nunmehr
ihren Wahlkampf auf die Darstellung eines (vermeintlichen) Konflikts zwischen

den nationalen Interessen Estlands auf der einen Seite und der Europäischen Union auf der anderen Seite aus – und präsentierten sich zugleich als eigentliche Lösung des Konflikts.

Mitunter basierten diese Strategien jedoch nicht nur auf rein kommunikations-strategischen Motiven. Namentlich in den Kampagnen der (neo)liberalen und kon-servativen Parteien (vor allem *Res Publica, Reformpartei* und *Vaterlandsunion*) kamen zweifelsohne auch inhaltlich-ideologische Standpunkte und Positionierun-gen gegenüber der EU zum Ausdruck. Denn, während Estland seit Anfang der 1990er Jahren sich eher in eine neoliberale Richtung entwickelt hat, erscheint „die EU sozialdemokratisch gefärbt, mit ein paar Sprenkeln christlicher Soziallehre" (Monks 2005: 30). Entsprechend kritisier(t)en einige Staatschefs der „alten" EU-Mitgliedsländer fortwährend die niedrigen Steuersätze Estlands als „Steuern- und Sozialdumping". Ganz in diesem Sinne forderte auch der deutsche Bundeskanzler Gerhard Schröder kurz vor der EU-Osterweiterung eine Harmonisierung der direk-ten Steuern in der EU und die Aufgabe des Prinzips der Einstimmigkeit in der EU-Steuerpolitik. Dies waren schließlich die zentralen Themen des EU-Wahlkampfes, die, gekoppelt an die Debatte um die EU-Verfassung, in der Frage kulminierten, ob und wie sich Estland Souveränität – in ökonomischen, fiskalischen und sozialen Fragen – bewahren konnte.

Vor diesem Hintergrund entschied sich *Res Publica*, die neokonservative Par-tei des damaligen Ministerpräsidenten Juhan Parts, die noch im Sommer 2003 eine kostenintensive Kampagne für den EU-Beitritt durchgeführt hatte, vor den Euro-pawahlen für den Slogan: „Wir brechen durch!". Sie warnte vor dem „Diktat der großen Länder", sprach sich „gegen Europa-Steuern" und gegen eine verstärkte Immigration von Drittländern in die EU aus. Die Kampagne von *Res Publica* be-schränkte sich jedoch nicht darauf, die EU als Bedrohung estnischer Souveränität zu brandmarken, sondern zugleich die ideologischen Gegner, die Sozialdemokra-ten, anzugreifen. Diese wurden u.a. auf der Homepage *Res Publica*s als „faul", „zentralistisch", „bürokratisch" und belastend für die Wirtschaft bezeichnet (vgl. http://www.respublica.ee/?id=5672, letzter Abruf 18.06.2005).

Der Hauptslogan der zweiten Regierungspartei, der liberalen *Reformpartei*, lautete: „Bewahre den Erfolg Estlands!". Ihr Hauptthema war die Steuerpolitik; Estland sollte sich „gegen die hohen europäischen Steuern zu Wehr setzen". Zur Illustration dieses Anspruchs stellte z.B. ein Fernsehspot eine Familie beim ge-meinsamen Mittagessen dar. Gezeigt wird ein Vater, der sich nach dem Verzehr einer Suppe noch ein Stück Kuchen nehmen möchte, dies aber von seinen Kindern verwehrt bekommt. Dazu der Begleitkommentar: „Deine Kinder werden dir nie verzeihen, dass du im Jahr 2004 Estland erlaubt hast, die Steuern zu erhöhen." Neben der Steuerpolitik thematisierte die Kampagne der *Reformpartei* noch die „Überbürokratisierung der EU", welche auf Plakaten als „überreguliert" und „zu wenig frei" dargestellt wurde.

Die dritte Regierungspartei, die ländliche *Bürgerunion*, die sich wie die ande-ren Regierungsparteien vor dem Referendum zum EU-Beitritt noch als „pro-EU" positioniert hatte, wählte die Euro-Währung als Hauptthema ihrer Wahlkampagne. Unter dem Slogan „Bewahre die estnische Krone!" wurde gegen die Einführung des Euro in Estland gekämpft. Dies geschah, obwohl die estnische Krone direkt an den Euro (ursprünglich an die Deutsche Mark) gekoppelt ist und Estland selbst *de facto* kaum Währungspolitik betreibt, sondern von der Währungspolitik der Europäischen Zentralbank beeinflusst wird.

Auch die Kampagne der linksgerichteten und populistischen *Zentrumspartei* war von EU-skeptischen Äußerungen gekennzeichnet. Im Unterschied zur *Reformpartei* und zu *Res Publica* wurde jedoch keine Stellung gegen die Harmonisierung der Steuerpolitik bezogen. Stattdessen „beschränkte" sich die Kampagne auf die allgemeine Sorge über den drohenden Verlust der Souveränität Estlands. „Unsere Reliquie ist Freiheit!" lautete der Hauptslogan der *Zentrumspartei* in Anlehnung an den Kinoerfolg „Die letzte Reliquie", der den historischen Freiheitskampf der Esten gegen die ausländische bzw. deutsche Fermdherrschaft schildert. Überdies thematisierte die *Zentrumspartei*, die sich als einzige Partei vor dem Referendum ja nicht eindeutig positioniert hatte, die EU-bedingte Preissteigerung.

Die zweite Oppositionspartei, die national-konservative *Vaterlandsunion* verzichtete in ihrer Kampagne, anders als die oben genannten Parteien, auf Negativität und EU-Skepsis. Stattdessen betonte sie ihre Rolle als ehemalige Regierungspartei, die sich für einen EU- und NATO-Beitritt stark machte. Die Werbekampagne ignorierte EU-spezifische Themen und zielte zuvorderst darauf ab, die Wahlbeteiligung insgesamt zu erhöhen. So mahnte der ehemalige Zehnkampf-Olympiasieger Erki Nool, der den zweiten Listenplatz der *Vaterlandsunion* innehatte, in einem Fernsehspot, dass „Nichtwähler die Entscheidung über ihre Zukunft in fremde Hände geben" würden. Insgesamt legte die Partei viel Wert auf die interpersonelle Kommunikation und den direkten Kontakt mit den Wählern.

Schließlich entpuppte sich die *Sozialdemokratische Partei* Estlands, die dritte Oppositionspartei, als einzige, die sich für die Europäische Union und die Fortsetzung des Integrationsprozess stark machte.

Die finanziellen Mittel, die den Parteien für ihre Kampagnen zur Verfügung standen, fielen recht unterschiedlich aus. Insgesamt gaben die zehn angetretenen Parteien im Europawahlkampf 2004 19,992 Millionen Estnische Kronen (rund 1,3 Millionen €) aus. Bemerkenswert dabei ist, dass gerade jene Parteien, die am meisten Geld in ihre Kampagne steckten, am wenigsten Stimmen gewinnen konnten. So hatte *Res Publica* zwar das komfortabelste finanzielle Polster, dennoch schmolz der Anteil, der sie unterstützenden Wähler von 17 Prozent im Februar schließlich auf einen Stimmenanteil von lediglich 6,7 Prozent bei den Europawahlen im Juni (vgl. Tabelle 4). Auf der anderen Seite holten die Sozialdemokraten mit der von allen Parlamentsparteien kostengünstigsten Kampagne von acht Prozent im Februar auf 36,8 Prozent abgegebener Stimmen am Wahltag auf. Dadurch wurden sie zum eindeutigen Wahlsieger.

Die Ursachen für diesen Wahlausgang sind vielfältig: So entpuppte sich die Europawahl in besonderem Maße als eine *Personenwahl*, bei der vor allem die Kandidaten mit außenpolitischem Profil eine Hauptrolle spielten. Die Regierungsparteien konnten hiervon jedoch kaum profitieren, da sich ihre Partei-Leader nicht in den Wahlkampf einschalteten und sich stattdessen auf die nationalen Regierungsgeschäfte konzentrierten. Vor dem Hintergrund des Fehlens entsprechender

„Top-Kandidaten" erklärt sich schließlich das schwache Abschneiden von *Reformpartei* und *Res Publica* am Wahltag. Die oppositionellen Sozialdemokraten vertrauten dagegen im Wahlkampf auf den ehemaligen Außenminister Toomas Hendrik Ilves. Im Sog dieses populären Spitzenkandidaten errangen die Sozialdemokraten mehr als ein Drittel aller Stimmen, obwohl noch kurz vor der Wahl nur rund jeder zehnte Wähler die Partei unterstützte (vgl. Tabelle 4).

Tabelle 4: Die Veränderung der Unterstützung der Parteien im Laufe der Kampagne (Prozent der Wahlberechtigten, N = ca. 750 monatlich), erhaltene Stimmen bei den EP-Wahlen und Wahlkampfkosten

	Februar, %	April, %	Juni, %	Stimmen, %	Wahlkampf-kosten, €
Bürgerunion (UEN)	7	8	8	8	224.550
Reformpartei (ELDR)	11	18	16	12,2	288.100
Res Publica (EPP-ED)	17	14	12	6,7	323.000
Sozialdemokratische Partei (PES)	8	8	11	36,8	96.400
Vaterlandsunion (EPP-ED)	6	7	5	10,1	103.500
Zentrumspartei (ELDR)	19	13	16	17,5	224.900
Sonstige	4	5	5	8,7	21.550
Weiß nicht	28	27	27	-	-

Quellen: Staatskanzlei, Wahlkommission der Republik Estland, TNS Emor, Parlamentarischer Sonderausschuss zur Durchführung des Antikorruptionsgesetzes

Ungeachtet der hohen Personalisierung des Wahlkampfes erklärt diese doch nicht allein den Wahlausgang. Einen wesentlichen Beitrag hierzu hat zweifelsohne auch das hohe Maß an *negative campaigning* der Kampagnen einiger Parteien geleistet. Wie skizziert, vertrauten ja insbesondere *Res Publica* und die *Reformpartei* im Europawahlkampf auf EU-kritische Strategien. Ein beachtlicher Anteil der pro-EU-eingestellten Bürger scheint hiervon jedoch abgeschreckt worden zu sein; sie gaben entweder ihre Stimme den sich gegenüber der Europäischen Union positiv oder zumindest neutral positionierenden Parteien oder sie blieben schlichtweg den Wahlen fern.[1] Offensichtlich hatten mehrere Parteien gerade dieses hohe Verweigerungspotenzial unterschätzt bzw. keine geeigneten kommunikationsstrategischen Maßnahmen getroffen; und das, obwohl eine bereits im April 2004 durchgeführte Meinungsumfrage signalisierte, dass die Wahlbeteiligung unter den gegenüber der EU positiv eingestellten Bürger im Vergleich zu den EU-Skeptikern deutlich höher ausfallen würde (vgl. A. Saar 2004). Tatsächlich sank denn auch im Verlauf der EU-Kampagne die Bereitschaft der Wähler, an den Wahlen teilzunehmen, kontinuierlich (vgl. Tabelle 5).

---

1 Hier bestätigen sich die Befunde zahlreicher Studien, wonach negative Wahlkampagnen vor allem den Anteil der Wahlverweigerer, insbesondere unter den so genannten Stammwählern, erhöhen (vgl. C. Holtz-Bacha 2000: 58).

Tabelle 5: Die Veränderung der Bereitschaft, an den Wahlen teilzunehmen
(Angaben in Prozent der wahlberechtigten Bevölkerung)

	Februar 2004 (759 Befragte)	März 2004 (756 Befragte)	Mai 2004 (760 Befragte)
Ja, sicherlich	38	37	29
Eher ja	35	31	29
Eher nicht	6	12	14
Sicher nicht	8	13	19
Weiß nicht	13	7	9

Quelle: Forschungszentrum Faktum

Gleichwohl, ungeachtet eines EU-kritischen Wahlkampfes und sinkender Bereitschaft an einer Wahlteilnahme blieb die öffentliche Unterstützung für die EU insgesamt im Wahljahr 2004 unverändert hoch bei 62 Prozent wahlberechtigten Bürgern (vgl. Abbildung 2). Daraus folgt, dass sich *negative campaigning* weder für die Parteien in Stimmen auszahlte noch die EU-Skepsis vergrößert hätte. Es schlug sich vielmehr in einer sinkenden Bereitschaft zur Wahlteilnahme nieder, die letztlich mit einer historischen Tiefstmarke der Wahlbeteiligung an estnischen Wahlen (26,8 Prozent) endete (vgl. Kapitel 2.1). Vor diesem Hintergrund gilt es im Folgenden, einen detaillierten Blick auf die Entwicklung der Werbestrategien der Parteien zu werfen.

3.3 Die Werbekampagne im Fernsehen

Wie oben erwähnt, hat die äußerst liberale Regulierung der parteipolitischen Werbung die Professionalisierung und Kommerzialisierung der Kampagnenkommunikation in Estland rapide beschleunigt. Zu Beginn der 1990er Jahren wurden die Kampagnenthemen noch größtenteils von den Spitzenkandidaten selbst festgelegt und die Wahlstrategien innerhalb der Parteigremien diskutiert. Werbe- und PR-Agenturen wurden damals nur zur technischen Verwirklichung der vorher von Parteien und Politikern entworfenen Strategien und Ideen eingespannt. Seit Mitte der 1990er Jahre haben die extern bezahlten Profis (Meinungsforscher, Medienberater, Werbe- und PR-Agenturen) jedoch immer mehr Einfluss auf die Kampagnengestaltung, Wahlslogans, -versprechungen und -themen gewinnen können.

Von den rund 1,3 Millionen Euro, die die Parteien in den Europawahlkampf investierten (s.o.), entfiel ein Großteil (neben Plakatierungen und sonstiger Outdoor-Werbung) auf die Produktion von Wahlwerbesendungen für das Fernsehen.[2] Während der Wahlkampagne zum Europäischen Parlament wurden 41 Fernsehspots von sechs Parteien ausgestrahlt. Dabei produzierte die Regierungspartei *Res*

---

2   Da nicht alle Parteien in ihren Wahlkampfkostenerklärungen die Ausgaben für die Fernseh-, Radio- und Outdoorwerbung unterschieden, lässt sich die Verteilung der Wahlkampfausgaben und die damit zugesprochene Relevanz einzelner Werbekanäle nicht exakt wiedergeben.

Publica mit 17 deutlich am meisten Spots – die kleineren Parteien beschränkten sich auf ein bis drei Werbesendungen. Insgesamt wurden diese 41 Spots 1.965 Mal ausgestrahlt, wodurch die bezahlte Parteienwerbung via TV im Laufe der Kampagne 91,5 Prozent der Bevölkerung im wahlberechtigten Alter erreichte (vgl. Tabelle 6). Während der *Primetime* sahen bis zu 230.000 Menschen einen Spot, was einem Marktanteil von rund 16 Prozent der estnischen Bevölkerung und zugleich den Zuschauerzahlen der populärsten Unterhaltungssendungen entspricht (vgl. TNS Emor 2004).

Tabelle 6: Einschaltquoten für die Wahlwerbespots während der Wahlkampagne zum Europäischen Parlament 2004

	Wahlberechtigte Bevölkerung
Quantität	1.965
Häufigkeit	92,1
Reichweite	942.000
Reichweite (% von Zielgruppe)	91,5 %
Reichweite 1-Jährige >	91,5 %
Reichweite 3-Jährige >	88,2 %
Reichweite 20-Jährige >	71,8 %
Reichweite 50-Jährige >	50,9 %

Quelle: TNS Emor TV Audience Meter Survey

Alle Wahlspots der Parteien wurden einer Inhaltsanalyse unterzogen. Analog zu Christina Holtz-Bachas Langzeitstudie über Parteienspots in Deutschland wurde hierbei zwischen zwei Untersuchungsebenen unterschieden (vgl. C. Holtz-Bacha 2000: 151ff.): Auf der ersten Ebene fungiert der gesamte Spot als Analyseeinheit (Rahmencodierung), auf der zweiten Ebene dienen Sequenzen (oder Szenen) als Analyseeinheit, wobei eine Sequenz als Kontinuum von Ort, Zeit, Handlung oder Figuren verstanden wurde. Die Rahmencodierung erfasste die Daten zur allgemeinen Struktur der Spots, z.B. Partei, Sender, Gesamtlänge. Die Sequenzcodierung liefert darüber hinaus Informationen über die verbale und visuelle Gestaltung der Parteienwerbung, z.B. Themen, Kandidaten, Symbole. Insgesamt wurden für die 41 Spots 106 Sequenzen identifiziert, sodass die mittlere Zahl der Sequenzen pro Spot 2,5 beträgt. Die verwendete Methode erlaubt es, die estnischen Wahlspots im Rahmen des EU-Wahlkampfs 2004 mit den deutschen Parteienspots der Jahre 1957 bis 1998 (vgl. C. Holtz-Bacha 2000) sowie mit jenen TV-Spots, die im Rahmen der nationalen und lokalen Wahlen in Estland von 1992 bis 2002 ausgestrahlt wurden, zu vergleichen.

Im Vergleich zu den Wahlspots in Deutschland, wo die durchschnittliche Länge eines Spots z.B. im Bundestagswahlkampf 1998 noch 44 Sekunden betrug (vgl. C. Holtz-Bacha 2000: 158), fallen die estnischen Wahlspots sehr kurz aus: Die durchschnittliche Länge der Spots lag bei der Europawahl 2004 in Estland bei nur 24,5 Sekunden (vgl. Abbildung 3).

Abbildung 3:   Länge der Spots 1992-2004, in Sekunden (N = 95 Spots)

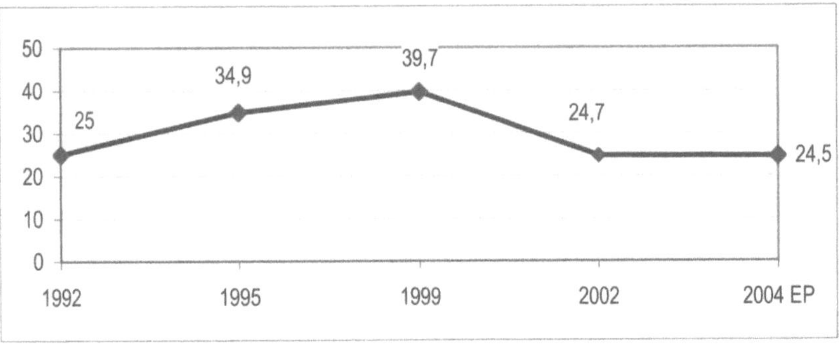

Es fällt auch auf, dass bis zum Wahljahr 1999 die durchschnittliche Länge der estnischen Spots zunahm – erst die beiden letzten Wahlen (2002 und 2004) verweisen auf eine deutliche Trendwende, die im Zusammenhang mit der skizzierten zunehmenden Personalisierung der Kampagnenkommunikation steht. Denn seit 2002 haben die Parteien versucht, für möglichst viele Kandidaten eigene Wahlspots zu produzieren und zu platzieren. Dies reduzierte schließlich deren durchschnittliche Länge: Je mehr Spots für einzelne Kandidaten produziert wurden, desto kürzer fielen diese aus. Anders hätten die Produktions- und Platzierungskosten nicht mehr getragen werden können. So tendieren die Parteien immer häufiger dazu, anstatt eines 40-sekündigen Spots, der für die ganze Partei wirbt, eher zwei 20-sekündige Spots zu produzieren, in deren Fokus einzelne Kandidaten stehen. Diese Trendwende schlägt sich in der Anzahl der produzierten Spots deutlich nieder: Waren dies in den Wahljahren 1992 bis 1999 insgesamt jeweils lediglich fünf bis 13 Wahlspots – so wurden im Wahljahr 2002 bereits 27 und 2004 schon mehr als 40 Spots produziert (vgl. Tabelle 7).

Tabelle 7:   Untersuchungsmaterial, Fernsehspots 1992-2004

Wahljahr	Spots	Sequenzen	Sekunden
1992 nationale Parlamentswahlen	5	27	125
1995 nationale Parlamentswahlen	9	29	314
1999 nationale Parlamentswahlen	13	49	516
2002 Kommunalwahlen	27	102	668
2004 Wahlen zum Europäischen Parlament	41	106	1007
Insgesamt	95	313	2630

Die Untersuchung der thematischen Struktur der Spots erfolgte mittels der skizzierten Sequenzcodierung. Dabei galt es zunächst zu entscheiden, ob eine Sequenz überhaupt ein sachpolitisches Thema beinhaltete oder nicht. Kein sachpolitisches Thema lag immer dann vor, wenn zum Beispiel die Landschaft Estlands dargestellt oder wenn über personale Eigenschaften von Kandidaten gesprochen wurde. Den sachpolitischen Sequenzen wurden dann im weiteren Verlauf jeweils maximal zwei Themenkategorien zugeordnet.

Im Vergleich zur Wahlwerbung in Deutschland, wo für etwas mehr als drei Viertel aller Sequenzen (78 Prozent) ein sachpolitisches Thema festzustellen ist (vgl. Holtz-Bacha 2000: 174), erweist sich die estnische Wahlwerbung als weniger themenorientiert:.Nur 57 Prozent der Sequenzen der Wahlwerbespots des Europawahljahres 2004 hatten einen offenkundigen Themenbezug (vgl. Abbildung 4). Immerhin ist die Tendenz eindeutig: Im Rahmen der vergangenen Wahlkämpfe haben sachpolitische Stellungnahmen in TV-Spots kontinuierlich zugenommen.

Abbildung 4: Anteil der Sequenzen mit sachpolitischem Thema 1992-2004 (Angaben in Prozent, n = 313 Sequenzen)

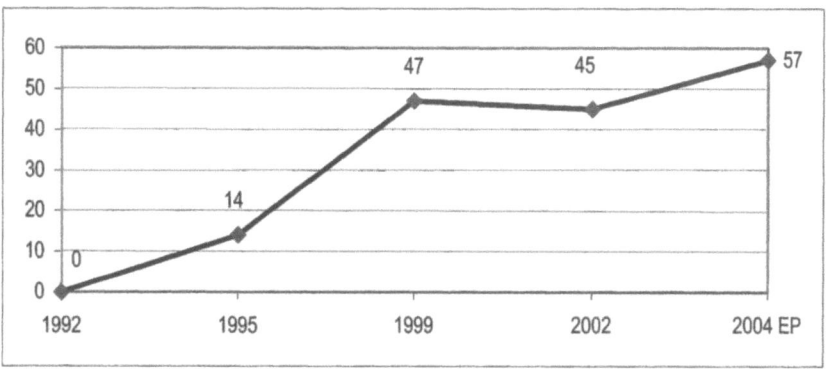

In Bezug auf die Wahlwerbung zum Europäischen Parlament 2004 heben sich drei Themenbereiche hervor (vgl. Tabelle 8): An der Spitze der „Spot-Agenda" liegt die Thematisierung der voranschreitenden EU-Integration (zwölf Sequenzen), inkl. der Problematisierung estnischer Souveränitätsfragen, welche größtenteils negativ beantwortet wurden. So waren 80 Prozent dieser Sequenzen mit einer entsprechend negativen oder kritischen Bewertung versehen, d.h. die verstärkte EU-Integration wurde als Gefahr für die Souveränität Estlands dargestellt.

Das zweitpopulärste Thema stellten technische Informationen für die Wähler dar (elf Sequenzen), also z.B. allgemeine Wahlaufrufe, Informationen über das Wahldatum und die Wahllokale. Dieses Thema wurde erwartungsgemäß neutral behandelt. Als drittwichtigstes Thema kristallisierten sich schließlich Fragen der Sozialpolitik heraus bzw. die Konsequenzen, die sich aus der Vergabe der Mittel der EU-Strukturfonds' für die estnische Gesellschaft ergeben würden (neun Sequenzen). Dieses Issue wurde i.d.R. positiv dargestellt. Die einzige Ausnahme war ein Spot, in dem die langen Übergangsfristen kritisiert wurden, denen sich Arbeiter aus den neuen EU-Staaten bei Migration in die „alte" EU ausgesetzt sehen würden. Auch die Themenkategorien „Eurobürokratie" und „Steuerpolitik" wurden schließlich kritisch dargestellt, während die anderen – marginalen – sachpolitischen Aspekte weitgehend neutral behandelt wurden.

Tabelle 8: Sachpolitische Themen in den EP-Parteienspots

Themen	Anzahl der Sequenzen
Tiefere Integration der EU/Nationale Souveränität	12
Technische Informationen (Wahldatum, Wahllokalen)	11
Sozialpolitik in der EU	9
Eurobürokratie	6
Immigration, Russische Minderheit in Estland	5
Steuerpolitik	5
Außenpolitik der EU	3
Agrarpolitik	2
Euro-Währung	2
Sonstiges	4

Die Orientierung an Sachthemen wird mitunter als Gegensatz zur Personalisierung betrachtet (vgl. T. Patterson/R. McClure 1976). Diese dichotome Verkürzung auf die Formel „Images _oder_ Issues" übersieht allerdings, dass Personalisierung eine Reduktion von Komplexität bedeutet, die insofern im Dienste der Politikvermittlung steht, als sie schwierige, meist abstrakte politische Prozesse (und Themen) an Personen festmacht (vgl. u.a. C. Holtz-Bacha 2000: 183).

Abbildung 5: Politikerpräsenz 1992-2004 (Angaben in Prozent, n = 313 Sequenzen)

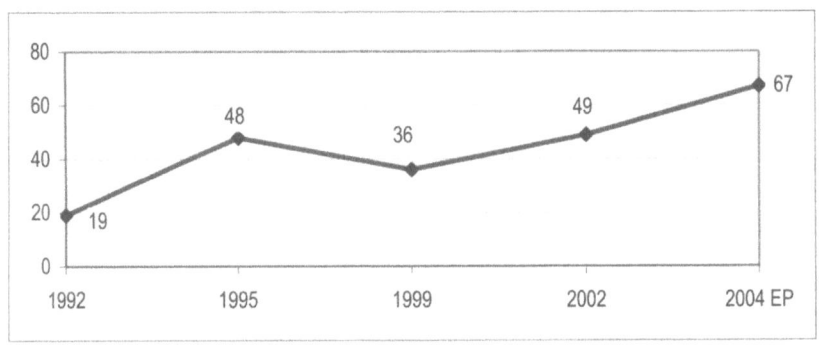

Um nun das Niveau der Personenorientierung der estnischen Wahlwerbung einschätzen zu können, wurde im Laufe der Sequenzcodierung das Auftreten der Politiker bzw. der Kandidaten festgehalten. Dabei zeigt sich, dass im Vergleich zu deutschen Fernsehspots die estnische Wahlwerbung in stärkerem Maße personenorientiert argumentiert: Während in Deutschland etwa 56 Prozent der Sequenzen keinen Politiker zum Inhalt haben (vgl. C. Holtz-Bacha 2000: 186), war dies bei den vergangenen Europawahlen in Estland nur in einem Drittel der Spotsequenzen der Fall (vgl. Abbildung 5).

Beim Blick auf die bezahlte Fernsehwerbung der estnischen Parteien ist demzufolge besonders auffallen, dass sich diese seit Anfang der 1990er Jahre sowohl in die Richtung verstärkte Sachthemenorientierung *als auch* in Richtung zunehmender Personenorientierung entwickelt hat. Obwohl diese Veränderungen an sich zwar noch keine Aussage darüber erlauben, in welchem Maße und auf welche Art und Weise politische Themen behandelt werden, scheint es doch, dass diese zwei Tendenzen der politischer Kommunikation nicht unbedingt im Widerspruch zueinander stehen müssen, sich – zumindest im estnischen Fall – sogar gegenseitig zu bedingen scheinen.

3.4 Die EP-Kampagne in den Zeitungen

Um die Analyse des Europawahlkampfes in Estland nicht auf die selbst produzierten Kommunikationsangebote der Parteien und Kandidaten zu beschränken und um Aussagen über den Erfolg des Themen- und Ereignismanagements der Parteien treffen zu können, soll abschließend ein Blick auf die massenmediale Agenda geworfen werden. Dazu wurden die zwei größten überregionalen Tageszeitungen Estlands – *Postimees* und *Eesti Päevaleht* – einer Inhaltsanalyse unterzogen. Der Untersuchungszeitraum erstreckt sich auf die letzten drei Wochen des Wahlkampfs, also vom 24. Mai bis 12. Juni 2004. Analysiert wurden alle Beiträge – Nachrichten, Leitartikel, Interviews, Meinungsartikel, Debatten und Analysen (nicht aber: Wahlwerbung und Kurzmeldungen der Rubrik „Vermischtes") –, in denen mindestens einmal die Stichworte „die Wahlen zum Europäischen Parlament" bzw. „die Europawahlen" erwähnt wurden. Für die Beiträge wurden bis zu drei Themen codiert, der jeweilige Autor (Journalisten, Experten, Politiker/Parteien) sowie Themenbewertungen festgehalten (neutral, positiv, kritisch).

Postimees und *Eesti Päevaleht* haben im untersuchten Zeitraum insgesamt 58 Beiträge zu den Europawahlen publiziert: 14 Beiträge (meist Meinungsartikel) stammten von Politikern, bei 42 wurde der Journalist als Autor identifiziert, nur zwei Artikel wurden von einem Experten oder einem freien Kolumnisten verfasst.

Die Inhaltsanalyse verdeutlicht, dass die Tageszeitungen vor allem über die „dramaturgischen" und unterhaltsamen Aspekte des Wahlkampfes berichteten (vgl. Tabelle 9). Nicht die Wahlversprechen, Wahlprogramme und sachpolitischen Positionen und Issues standen für die Journalisten im Mittelpunkt des Interesses, sondern in erster Linie die Wahlkampagne an sich, die Inszenierung eines Spektakels bzw. Wettlaufs: Dies kommt zum Ausdruck in 13 journalistischen Beiträgen über den Verlauf der Kampagne (einschließlich entsprechender Wahlkampfanalysen) sowie in weiteren sieben Artikeln, in denen Umfragewerte im Sinne des „Horse-Race-Journalismus" besprochen wurden.

Tabelle 9:   Wahlbezogene Themen in *Eesti Päevaleht* und *Postimees*,
              24.05.-12.06.2004

	Journalisten und unabhängige Experten	Politiker und Parteien	Total
Kampagnenverlauf	13	3	16
EP-Kampagne in anderen Mitgliedstaaten	10	0	10
Tiefere Integration der EU/ Nationale Souveränität	0	9	9
Funktionen des EP	5	2	7
Meinungsumfragen	7	0	7
Wahlaktivität	6	1	7
Technische Informationen (Wahldatum, Wahllokalen)	5	0	5
Agrarpolitik der EU	0	2	2
Außenhandelpolitik der EU	0	2	2
Diäten der EP-Abgeordneten	2	0	2
Sozialpolitik der EU	1	1	2
Weitere EU-Erweiterung	0	2	2
Außenpolitik der EU	0	1	1
Umweltpolitik der EU	0	1	1

Auffällig demgegenüber ist, dass es die Journalisten weitgehend vermieden, sachpolitische Themen zu analysieren – dies wurde den Politikern selbst überlassen.
Zwar entschieden die Journalisten und Redakteure in ihrer Rolle als *Gatekeeper*
auch über die Gastbeiträge und die darin besprochenen Themen. Dennoch scheinen
sie durch ihre Selbstbeschränkung auf die dramaturgischen und „sportlichen" Aspekte des Wahlkampfs und die fehlende *unabhängige* Reflexion über sachpolitische Themen den Politiker überproportional viele Gestaltungsmöglichkeiten im
Hinblick auf die Medienagenda eingeräumt zu haben. Folglich konnten die Partei-
en ihren Einfluss über die selbst produzierte Wahlwerbung hinaus auch in großem
Maße auf die Themenprioritäten der Medienberichterstattung ausdehnen. Dennoch
unterschieden sich Fernsehspots und Presseberichterstattung in ihrer sachpolitischen Ausrichtung: Während in den Spots die zukünftige Integration der EU bzw.
die Souveränität Estlands, sozial- und steuerpolitische Issues sowie die Eurobürokratie dominierten, konnten sich nur zwei dieser Themen („Integration der EU"
und „Sozialpolitik") einigermaßen behaupten.

Abschließend ist auf die Art und Weise, den „Ton", der Berichterstattung zu
verweisen. Dieser variiert je nach Thema und fiel zumeist neutral aus. Das zentrale
Issue jedoch, der Kampagnenverlauf, wurde in drei von vier Fällen negativ bewertet – kritisiert wurden insbesondere die hohe Negativität der Kampagne, aber auch
die strategischen Umorientierungen der Parteien, die sich vor dem Referendum
noch als EU-Befürworter präsentiert hatten, nunmehr aber um die Stimmen der
EU-Skeptiker rangen. Auch die voranschreitende EU-Integration, das zentrale

sachpolitische Thema, wurde zumeist (in 66 Prozent entsprechender Beiträge) negativ beurteilt; dieses Mal waren es jedoch ausschließlich die politischen Akteure, die in Gastbeiträgen, die Gefährdung der Souveränität Estlands betonten. Die einzigen Ausnahmen hier waren zum einen die Sozialdemokraten und zum anderen der ehemalige Vorsitzende von *Res Publica*, Rein Taagepera. Dieser schrieb in einem Meinungsartikel, der in völligem Widerspruch zur „offiziellen" Parteilinie stand, dass nur die weiter voranschreitende Integration und Entwicklung der EU zu einer Föderation es verhindern könne, dass die EU, aber auch Estland „immer mehr Macht an die globalen Korporationen verlieren" würde (Taagepera 2004: 17).

4 Zusammenfassung und Schlussfolgerungen

Wie gezeigt werden konnte, ermöglicht die äußerst liberale Regulierung der politischen Werbung in Estland den politischen Parteien in großem Maße durch ihr eigenes Kommunikationsmanagement den Kampagnenverlauf und den Wahlkampfkontext zu beeinflussen. Vor diesem Hintergrund verwundert es nicht, dass die Professionalisierung und Kommerzialisierung der Kampagnenkommunikation in Estland seit Anfang der 1990er Jahre rapide vorangeschritten sind: Die Kampagnenkosten sind schnell gewachsen und bezahlte externe Wahlkampfberater haben immer mehr Einfluss auf die Kampagnengestaltung gewonnen. Dabei kommt der bezahlten Werbung im Fernsehen eine herausgehobene Rolle zu.

Wie die Inhaltsanalyse der Parteienspots der Jahre 1992 bis 2004 zeigte, setzen die estnischen Parteien in zunehmendem Maße sowohl auf eine verstärkte Sachthemenorientierung als auch auf zunehmende Personalisierung. Der des Öfteren unterstelle Widerspruch zwischen Issue- und Imageorientierung scheint sich hier, im estnischen Kontext, nicht nur nicht zu bestätigen, sondern gleichsam aufzulösen. Die Europawahlen 2004 passten sich in dieses Schema ein bzw. führten den Trend fort.

Diese waren insgesamt geprägt von einer hohen Kandidatenzentrierung sowie außergewöhnlicher Negativität und EU-Skepsis. Dieser „Grundton" fand sich in den Kampagnenstrategien vieler Parteien wieder. Diese hatten vor dem Hintergrund der vorherrschenden Distanz der Esten gegenüber „der EU" innerhalb eines halben Jahres eine radikale Kehrtwende vollzogen: Während im Sommer 2003 im Vorfeld des Referendums über den EU-Beitritt Estlands die „Pro-EU"-Kampagnen deutlich überwogen, rückten im Frühjahr 2004 die Mehrzahl der Parteien die Kritik an der EU und den EU-Befürwortern in den Mittelpunkt ihrer Kampagne. Allerdings hat dieser Strategienwechsel den Parteien nicht den erwünschten Erfolg gebracht; sie erschienen unglaubwürdig und trafen nicht die Stimmung der Wähler. Zum Teil „niederschmetternde" Stimmenergebnisse für die Regierungsparteien und eine präzedenzlose Wahlverweigerungsrate waren die Folge. Den „Wahlsieg" trugen schließlich die oppositionellen Sozialdemokraten davon, die nicht nur den populärsten Spitzenkandidaten hatten, sondern sich auch als einzige Partei für die Fortsetzung des europäischen Integrationsprozesses stark machte.

Zusammenfassend ist festzuhalten, dass dem „Wahlkampf gegen Europa" in Estland 2004 kein Erfolg beschieden war. Dass sich trotz einer Vielzahl an negativen Parteienkampagnen die Esten nicht noch weiter gegenüber der EU distanzierten, dürfte schließlich wohl vornehmlich der Medienberichterstattung gut zuschreiben zu sein, die sich unaufhörlich kritisch mit dem *negative campaigning* der Parteien auseinander setzte.

5 Literatur

Blumler, Jay G./Gurevitch, Michael (Hrsg.) (1995): The Crisis of Public Communication. London/New York: Routledge.

Edinger, Michael (2004) (Hrsg.): Die Neuen. EU-Beitrittstaaten im Profil. Erfurt: Landeszentrale für politische Bildung Thüringen.

EOS Gallup Europe (2004): European Elections 2004 Barometer.

ETA (Estnische Nachrichtenagentur) (2000): Eesti reklaamituru suurus oli mullu 639 miljonit krooni. 06.03.2000.

Gänzle, Stefan (2004): Estland. In: Edinger (2004): 96-113.

Garramone, Gina M./Atkin, Charles K./Pinkleton, Bruce E./Cole, Richard T. (1990): Effects of Negative Political Advertising on the Political Process. In: Journal of Broadcasting and Electronic Media. 34. 299-311.

Grofman, Bernard/Mikkel, Evald/Taagepera, Rein (1999): Electoral Systems Change in Estonia, 1989-1993. In: Journal of Baltic Studies. 30. 227-249.

Grofman, Bernard/Mikkel, Evald/Taagepera, Rein (2000): Fission and Fusion of Parties in Estonia. In: Journal of Baltic Studies. 31. 329-357.

Holtz-Bacha, Christina (Hrsg.) (2000): Wahlwerbung als politische Kultur. Parteienspots im Fernsehen 1957-1998. Wiesbaden: Westdeutscher Verlag.

Kahn, Kim Fridkin/Kenney, Patrick J. (1999): Do Negative Campaigns Mobilize or Suppress Turnout? Clarifying the Relationship between Negativity and Participation. In: American Political Science Review. 93. 877-889.

Kanzlei des estnischen Parlaments (2005): Valimisreklaam TV kanalites enne 2003. aasta Riigikogu valimisi. Tallinn: Unveröff. Manuskript in der Abteilung für die Sozial- und Wirtschaftsinformation der Kanzlei des estnischen Parlaments.

Lauristin, Marju/Vihalemm, Peeter/Rosengren, Karl Erik/Weibull, Lennart (Hrsg.) (1997): Return to the Western World. Cultural and Political Perspectives on the Estonian Post-Communist Transition. Tartu: Tartu University Press.

Maaleht (2003): Maalehe suur eurodebatt: peaminister Juhan Parts väitles eurovastastega. 04.09.2003. 3.

Meadow, Robert G. (1989): Political Campaigns. In: Rice/Atkin (1997): 253-272.

Monks, John (2005): EU: Wir brauchen soziale Mindeststandards. Ein Gespräch von Petra Pinzler und Joachim Fritz-Vannahme mit Europa-Gewerkschafter John Monks. In: Die Zeit. 11.05.2005. 30.

Negrine, Ralph (Hrsg.) (1996): The Communication of Politics. London: Sage.

Parlamentarischer Sonderausschuss zur Durchführung des Antikorruptionsgesetzes (2004): Kokkuvõte Euroopa Parlamendi valimiskampaania rahastamise aruannetest [http://www.riigikogu.ee/failid/kokkuvote.doc (letzter Abruf 27.6.2005)].

Patterson, Thomas E./McClure, Robert D. (Hrsg.) (1976): The Unseeing Eye. The Myth of Television Power in National Elections. New York: Paragon.

Rice, Ronald E./Atkin, Charles K. (Hrsg.) (1997): Public Communication Campaigns. London/Newbury Park/New Delhi: Sage.

Saar, Andrus (2004): Europarlamendi valimistest aastal 2004: kes? Saar Poll Sozialforschungen [http://www.saarpoll.ee (letzter Abruf 27.6.2005)].

Schulz, Winfried (Hrsg.) (1997): Politische Kommunikation. Theoretische Ansätze und Ergebnisse empirischer Forschung zur Rolle der Massenmedien in der Politik. Opladen/Wiesbaden: Westdeutscher Verlag.

Staatsmonitoring Estlands (2004): Regierung, Parteien und Europäische Union [http://www.riigikantselei.ee/?id=372 (letzter Abruf 17.06.2005)].

Taagepera, Rein (2004): Erakond ja eurovalik. In: Postimees. 25.5.2004. 17.

TNS Emor (2004): TV Audience Meter Survey.

TNS EMOR/Staatskanzlei Republik Estlands (2005): EU-Monitoring.

Toots, Anu/Vetik, Raivo (2004): Estland vor dem EU-Beitritt. In: Aus Politik und Zeitgeschichte. 5-6. 35-40.

Vihalemm, Peeter/Lauristin, Marju/Tallo, Ivar (1997): Development of Political Culture in Estonia. In: Lauristin et al. (1997): 197-210.

Wiesendahl, Elmar (1998): Wie geht es weiter mit den Großparteien in Deutschland? In: Aus Politik und Zeitgeschichte. 1/2. 13-28.

VERZEICHNIS DER AUTORINNEN UND AUTOREN

Verzeichnis der Autorinnen und Autoren

Bieber, Christoph, Dr., *1970
Studium der Politikwissenschaft und Germanistik in Gießen und Berlin. Wissenschaftlicher Assistent am Institut für Politikwissenschaft der Justus-Liebig-Universität Gießen, Mitglied des dortigen Zentrums für Medien und Interaktivität. *Publikationen u.a.*: Politische Projekte im Internet. Online-Kommunikation und politische Öffentlichkeit. Frankfurt/New York 1999; Interaktivität: Ein transdisziplinärer Schlüsselbegriff. Frankfurt/New York 2004 (hrsg. mit Claus Leggewie).

Brettschneider, Frank, Prof. Dr., *1965
Studium der Politikwissenschaft, Publizistik und Jura an der Johannes Gutenberg-Universität Mainz; 1995 Promotion, 2002 Habilitation, jeweils an der Universität Stuttgart. Zwischen 1990 und 2000 wissenschaftlicher Mitarbeiter an der Johannes Gutenberg-Universität Mainz und an der Universität Stuttgart. 2000 bis 2001 Vertretung der Professur „Öffentliche Kommunikation und Journalismus" an der Friedrich-Schiller-Universität Jena. Seit April 2001 Professor für Kommunikationswissenschaft an der Universität Augsburg. Mitglied des wissenschaftlichen Beirats des Instituts für Medienanalysen Medien Tenor. Seit 2000 einer der Sprecher des Arbeitskreises „Wahlen und Politische Einstellungen" der Deutschen Vereinigung für Politikwissenschaft (DVPW). *Publikationen u.a.*: Spitzenkandidaten und Wahlerfolg. Personalisierung – Kompetenz – Parteien. Ein internationaler Vergleich. Wiesbaden 2002. Öffentliche Meinung und Politik. Eine empirische Studie zur Responsivität des Deutschen Bundestages zwischen 1949 und 1990. Opladen: 1995. Europäische Integration in der öffentlichen Meinung. Opladen: 2003 (hrsg. zus. mit Jan van Deth und Edeltraud Roller).

Langguth, Hans-Hermann, *1965
1990 bis 1998 Fern-Studium Journalistik an der Universität Leipzig. 1988 bis 1990 Lokalredakteur, 1990/91 Redaktionsleiter, 1991 bis 1999 stellvertretender Chefredakteur bei der Tageszeitung „Freies Wort" Suhl. 1999 bis 2002 Pressesprecher des Bundesvorstandes Bündnis 90/Die Grünen. Seit 2002 1. Stellvertretender Regierungssprecher und Stellvertretender Leiter des Presse- und Informationsamtes der Bundesregierung.

Löffler, Klaus, Dr. jur., *1953
Jurastudium in Freiburg, Promotion 1984. 1985/86 Projektleiter der Konrad-Adenauer-Stiftung. Ab 1986 Beamter des Europäischen Parlaments. Seit 1994 Leiter des deutschen Informationsbüros des Europäischen Parlaments. *Publikationen u.a.*: Keine Angst vorm Euro: Geldwerte Tipps für alle. Köln 1997 (hrsg. zus. mit Jörn-Uwe Mezgirts); (Hrsg.): Das Europa-Weihnachtsbuch. Eine literarische

Weihnachtsreise durch Europa. Bonn 2002; Europäisches Parlament: 5. Wahlperiode (1999-2004). Bürger-Handbuch. Darmstadt 2004 (hrsg. zus. mit Andreas Holzapfel).

Maier, Jürgen, Dr. rer. pol., *1968
Diplom Politikwissenschaft 1995 in Bamberg; Promotion Politikwissenschaft 1999 in Bamberg; seit 2004 Juniorprofessor für Methoden der empirischen Sozialforschung an der Technischen Universität Kaiserslautern. *Publikationen u.a.*: Politikverdrossenheit in der Bundesrepublik Deutschland. Opladen 2000; Methoden der sozialwissenschaftlichen Datenanalyse. München 2001 (zus. mit Michaela Maier und Hans Rattinger).

Maier, Michaela, Juniorprof. Dr. phil., *1973
Diplom Germanistik/Journalistik 1998 in Bamberg; Promotion Kommunikationswissenschaft 2001 in Jena; seit 2003 Juniorprofessorin für Angewandte Kommunikationspsychologie an der Universität Koblenz-Landau. *Publikationen u.a.*: Methoden der sozialwissenschaftlichen Datenanalyse. München 2001 (zus. mit Jürgen Maier und Hans Rattinger); Zur Konvergenz des Fernsehens in Deutschland. Konstanz: 2002; Der Wert von Nachrichten im deutschen Fernsehen. Opladen 2003 (zus. mit Georg Ruhrmann, Jens Woelke und Nicole Diehlmann.

Moring, Tom, Prof. Dr., *1952
Studium der Journalistik und Politikwissenschaft an der Universität Helsinki; Promotion 1990. Von 1971 bis 1985 Journalist und Assistant Managing Editor des Swedish Current Affairs Departments; seit 1991 beschäftigt an der Swedish School of Social Science der Universität Helsinki, zunächst als wissenschaftlicher Angestellter, seit 1998 als Professor für Journalistik und Kommunikationswissenschaft; von 1999 bis 2001 Generalsekretär des Europäischen Büros für Minderheitensprachen in Brüssel. *Publikationen u.a.*: Political Elite Action: Strategy and Outcomes. Helsinki 1989; The North European Exception: Political Advertising on TV in Finland. In Kaid, Lynda Lee/Holtz-Bacha, Christina (Hrsg.): Political Advertising in Western Democracies. London 1995, S. 161-185; Finland at the Crossroads: How Finland Avoided Being Engulfed into the Communist Block. In: Ugelvik Larsen, Stein/Hagtvet, Bernt (Hrsg.): Modern Europe after Fascism 1943-1980s. Social Science Monographs. Boulder/New York 1998, S. 1073-1098.

Odmalm, Pontus, Dr. phil., *1974
Studium der Politikwissenschaft an der Lund Universität (Schweden), Promotion in Vergleichender Regierungslehre an der University of Sussex (Großbritannien). Derzeit wissenschaftlicher Assistent am European Institute der University of Sussex. *Publikationen u.a.*: Civil Society and Migrant Organisations in Sweden. In: Special Edition of Journal of Ethnic and Migration Studies, 2004, 30 (3); Migration Policies and Political Participation. Inclusion or Intrusion in Western Europe? Palgrave: MacMillan 2005 (i.D.); Getting Ethnic Questions on the Agenda. Party

Formation as a Strategy for Social Movements. In: Social Movements Studies: Journal of Social, Cultural and Political Protest 2005 (i.D.) (zus. mit Charles Lees).

Picker, Ruth, M.A., *1973
Studium der Psychologie an der Universität Wien, Auslandsstudium an der New York University (NYU). 1998/99 Forschungsassistentin an der NYU/Department for Applied Psychology sowie 2001 am Centre for the Study of Violence and Reconciliation (CSVR)/Johannesburg. Seit 2002 wissenschaftliche Mitarbeiterin und Projektleiterin bei SORA im Bereich Wahlen und Politik.

Reinemann, Carsten, Dr., *1971
Studium der Publizistik, Politikwissenschaft und Psychologie in Mainz. 1997 wissenschaftlicher Projektmitarbeiter am Institut für Kommunikations- und Medienwissenschaft in Leipzig. 1997 bis 2003 wissenschaftlicher Mitarbeiter am Institut für Publizistik in Mainz. Promotion zum Dr. phil. 2002. Seit April 2003 wissenschaftlicher Assistent am Institut für Publizistik in Mainz. *Publikationen u.a.*: Schröder gegen Stoiber. Nutzung, Wahrnehmung und Wirkung der TV-Duelle. Wiesbaden 2003 (zus. mit Marcus Maurer); Medienmacher als Mediennutzer. Kommunikations- und Einflussstrukturen im politischen Journalismus der Gegenwart. Köln 2003.

Rettich, Markus, M.A., *1962
Studium der Politikwissenschaft, Mittleren und Neueren Geschichte und Öffentliches Recht an den Universitäten Bonn und Heidelberg. Tätigkeit als freier Journalist, Redaktionsvolontariat bei der „Frankfurter Allgemeinen Zeitung". 1994 Mitwirkung beim Aufbau des Medien Tenor Instituts, seither dort Leiter des Politikressorts, verantwortlich für die kontinuierliche Analyse der Politikberichterstattung. *Publikationen u.a.*: Amerikanisierung oder Die Macht der Themen. Bundestagswahl 1998 – Die Medien Tenor-Analyse der Berichterstattung und ihrer Auswirkung auf das Wählervotum. Bern u.a. 1998 (zus. mit Roland Schatz); zahlreiche Veröffentlichungen in der Fachzeitschrift „Medien Tenor".

Rössler, Patrick, Prof. Dr. rer. soc., *1964
Studium der Publizistik, Rechts- und Politikwissenschaft an der Universität Mainz; 1989 bis 1997 wissenschaftlicher Mitarbeiter an der Universität Hohenheim, 1997 bis 2000 wissenschaftlicher Assistent an der Universität München, seit 2000 Professor, seit 2004 Lehrstuhlinhaber für Kommunikationswissenschaft an der Universität Erfurt. Stellvertretender Vorsitzender der Deutschen Gesellschaft für Publizistik- und Kommunikationswissenschaft (DGPuK) e.V., Herausgeber der Buchreihe „Internet Research", Mit-Herausgeber der „Reihe Rezeptionsforschung" (R. Fischer Verlag, München). *Publikationen u.a.*: Agenda-Setting. Opladen 1997; The Individual Agenda-Designing Process. How Interpersonal Communication, Egocentric Networks and Mass Media Shape the Perception of Political Issues by Individuals. In: Communication Research, 1999, 26 (6), S. 666-700; Politische Akteure

in der Mediendemokratie. Opladen 2002 (hrsg. zus. mit Heribert Schatz u. Jörg-Uwe Nieland).

Roth, Dieter, Hon.Prof., Dr.phil., Dipl. Volkswirt, *1938
Studium der Volkswirtschaftslehre, Politikwissenschaft und Soziologie an den Universitäten, Heidelberg, Frankfurt/M., Mannheim, Cornell University Ithaca/N.Y., Ann Arbor/Mich. 1967 bis 1973 Assistent von Rudolf Wildenmann, 1974 Mitgründer der Forschungsgruppe Wahlen e.V., dort Vorstand bis 2003. 1987 bis 1999 Lehrbeauftragter, seit 1999 Honorarprofessor an der Universität Heidelberg *Publikationen u.a.*: Empirische Wahlforschung. Opladen 1998; Das Superwahljahr: Deutschland vor unkalkulierbaren Mehrheiten? Köln 1994 (hrsg. zus. mit Wilhelm Bürklin); Das rot-grüne Projekt an der Wahlurne: Eine Analyse der Bundestagswahl vom 22. September 2002. In: Egel, Christoph/Ostheim, Tobias/Zohlnhöfer, Reimut (Hrsg.): Das rot-grüne Projekt. Eine Bilanz der Regierung Schröder 1998-2002. Wiesbaden 2003, S. 29-52.

Schicha, Christian, Dr., *1964
Studium der Kommunikationswissenschaft, Germanistik und Philosophie an der Universität Essen. Derzeit wissenschaftlicher Mitarbeiter an der Universität Marburg im Fach Medienwissenschaft. *Publikationen u.a.*: Diskurs-Inszenierungen. Zur Struktur politischer Vermittlungsprozesse am Beispiel der ökologischen Steuerreform. Opladen 2002 (zus. mit Carsten Brosda und Thomas Meyer); Politikvermittlung in Unterhaltungsformaten. Medieninszenierungen zwischen Popularität und Populismus. Münster 2002 (hrsg. zus. mit Carsten Brosda); Talk auf allen Kanälen. Angebote, Akteure und Nutzer von Fernsehgesprächssendungen. Wiesbaden 2002 (hrsg. zus. mit Jens Tenscher); Die Theatralität der politischen Kommunikation. Medieninszenierungen am Beispiel des Bundestagswahlkampfes 2002. Münster 2003.

Schneider, Daniel, B.A., *1979
Studium (B.A.) der Kommunikationswissenschaft und Wirtschaftswissenschaften an der Universität Erfurt; derzeit Magister-Student der Kommunikationswissenschaft an der Universität Erfurt sowie PhD-Student an der Stanford University (USA). *Publikation*: „Instant Messaging: Neue Räume im Cyberspace. Nutzertypen, Gebrauchsweisen, Motive, Regeln" (i.V.).

Tenscher, Jens, Juniorprof. Dr. phil., *1969
Studium der Politischen Wissenschaft, Medien- und Kommunikationswissenschaft sowie der Deutschen Philologie an den Universitäten Mannheim und Windsor (Kanada). Promotion an der Universität Koblenz-Landau. 1997/98 wissenschaftlicher Mitarbeiter im Fachgebiet Kommunikationswissenschaft und Sozialforschung der Universität Hohenheim, seitdem beschäftigt am Institut für Sozialwissenschaften (Politikwissenschaft) der Universität Koblenz-Landau, Campus Landau, zunächst als wissenschaftlicher Mitarbeiter, seit dem WS 2003/04 als Juniorprofessor für Politikwissenschaft mit Schwerpunkt Politische Soziologie. *Publikationen u.a.*:

Professionalisierung der Politikvermittlung? Politikvermittlungsexperten im Spannungsfeld von Politik und Massenmedien. Wiesbaden 2003; Machtdarstellung und Darstellungsmacht. Beiträge zu Theorie und Praxis moderner Politikvermittlung. Baden-Baden 2003 (hrsg. zus. mit Ulrich Sarcinelli); Bundestagswahlkampf 2002. Zwischen strategischem Kalkül und der Inszenierung des Zufalls. In: Falter, Jürgen/Gabriel, Oscar/Weßels, Bernhard (Hrsg.): Wahlen und Wähler. Analysen aus Anlass der Bundestagswahl 2002. Wiesbaden 2005, S. 102-133.

Tigasson, Külli-Riin, M.A., *1975
1993-1998 Journalistikstudium an der Universität Tartu (Estland), 1995-1996 Korrespondentin bei der estnischen nationalen Nachrichtenagentur *ETA*, 1998-1999 Pressesprecherin der Parlamentsfraktion *Mõõdukad* (Sozialdemokratische Partei Estlands); 1999-2003 Korrespondentin bei *Radio Free Europe, Estonian Service*, 2000-2003 Magisterstudium (Medien- und Kommunikationswissenschaft) an den Universitäten Tartu und Leipzig; derzeit Doktorandin an der Universität Tartu, seit 2003 Redakteurin bei der Tageszeitung *Eesti Päevaleh*. *Publikation u.a.:* Estnische Frauen und Männer auf dem Weg in eine gleichberechtigte Gesellschaft: die Beteiligung an der Politik. In: Hoecker, Beate/Fuchs, Gesine (Hrsg.): Handbuch Politische Partizipation von Frauen in Europa. Band II: Die Beitrittstaaten. Wiesbaden 2004, S. 23-43 (zus. mit Tiina Raitviir).

Weßels, Bernhard, Priv.-Doz. Dr., *1955
Studium der Soziologie, Volkswirtschaftslehre, Statistik und Politikwissenschaft an der Freien Universität Berlin. 1982-1989 wissenschaftlicher Mitarbeiter am Zentralinstitut für Sozialwissenschaftliche Forschung der Freien Universität Berlin, seit 1989 am Wissenschaftszentrum Berlin für Sozialforschung. Stellvertretender Direktor der Abteilung „Demokratie: Strukturen, Leistungsprofil und Herausforderungen". Privatdozent an der Freien Universität Berlin. *Publikationen u.a.:* Contestation Potential of Interest Groups in the EU: Emergence, Structure, and Political Alliances. In: Marks, Gary/Steenbergen, Marco R. (Hrsg.): European Integration and Political Conflict, Cambridge 2004, S. 195-215; The German Party System: Developments after Unification. In: Reutter, Werner (Hrsg.): On the Road to 'Normalcy': Politicies and Politics of the Red-Green Federal Government (1989-2002). New York 2004, S. 47-65; Staatsaufgaben: gewünschte Entscheidungsebene für acht Politikbereiche. In: van Deth, Jan W. (Hrsg.): Deutschland in Europa, Wiesbaden 2005, S. 257-273.

Wilke, Jürgen, Prof. Dr., *1943
Studium der Germanistik, Publizistik und Kunstgeschichte in Mainz und Münster (Westf.). Promotion zum Dr. phil. 1971. Journalistische Tätigkeit. Wissenschaftlicher Mitarbeiter am Institut für Publizistik der Universität Mainz. Habilitation 1983. Von 1984 bis 1988 Professor (Lehrstuhl Journalistik I) an der Katholischen Universität Eichstätt. Seit 1988 Professor für Publizistik an der Universität Mainz. *Publikationen u.a.:* Die Visualisierung der Wahlkampfberichterstattung in Tageszeitungen 1949-2002. In: Knieper, Thomas/Müller, Marion G. (Hrsg.): Visuelle

Wahlkampfkommunikation. Köln 2004, S. 210-230; Unter Druck gesetzt. Vier Kapitel deutscher Pressegeschichte. Köln 2002; Grundzüge der Medien- und Kommunikationsgeschichte. Von den Anfängen bis ins 20. Jahrhundert. Köln 2000.

Wüst, Andreas M., Dr. phil., *1969
Studium der Politikwissenschaft, Geschichte und Geographie an der Universität Heidelberg (1989-96) und als Stipendiat des Verbandes der Deutsch-Amerikanischen Clubs an der University of Delaware, USA (1992/93). Projektgebundene Tätigkeiten bei der Forschungsgruppe Wahlen und ipos (1993-2000), am Zentrum für Umfragen, Methoden und Analysen (1997) und am Institut für Politikwissenschaft (IPW) der Universität Heidelberg (2002). Seit 1999 Lehrbeauftragter am IPW der Universität Heidelberg. 2002 Promotion an der Universität Heidelberg. Seit 2002 Projektmitarbeiter und Projektleiter am Mannheimer Zentrum für Europäische Sozialforschung der Universität Mannheim. *Publikationen u.a.*: Wie wählen Neubürger? Politische Einstellungen und Wahlverhalten eingebürgerter Personen in Deutschland. Opladen 2002; (Hrsg.): Politbarometer. Opladen 2003.

Zeglovits, Eva, M.A., geb. Thalhammer, *1976
Studium der Statistik in Wien, 1998 bis 2000 Mitarbeiterin am Europäischen Zentrum für Wohlfahrtspolitik und Sozialforschung (Wien), seit 1999 Mitarbeiterin (seit 2003 Bereichsleiterin) bei SORA Institute for Social Research and Analysis im Bereich Wahlen und Politik. Seit 2000 externe Lektorin für verschiedene Lehrveranstaltungen aus Statistik und Mathematik an der Universität Wien und Wirtschaftsuniversität Wien.

Neu im Programm
Politikwissenschaft

Alexander Bogner /
Helge Torgersen (Hrsg.)

Wozu Experten?
Ambivalenzen der Beziehung
von Wissenschaft und Politik
2005. 395 S. Br. EUR 36,90
ISBN 3-531-14515-0

Jan W. van Deth (Hrsg.)

Deutschland in Europa
Ergebnisse des European Social Survey
2002-2003
2005. 385 S. Br. EUR 34,90
ISBN 3-531-14345-X

Daniel Dettling (Hrsg.)

**Parteien in der
Bürgergesellschaft**
Zum Verhältnis von Macht
und Beteiligung
2005. 158 S. Br. EUR 21,90
ISBN 3-531-14543-6

Nico Fickinger

Der verschenkte Konsens
Das Bündnis für Arbeit, Ausbildung und
Wettbewerbsfähigkeit 1998 - 2002: Moti-
vation, Rahmenbedingungen und Erfolge
2005. 352 S. mit 38 Abb. und 61 Tab.
Br. EUR 34,90
ISBN 3-531-14517-7

Wolfgang Strengmann-Kuhn (Hrsg.)

Das Prinzip Bürgerversicherung
Die Zukunft im Sozialstaat
2005. 220 S. Perspektiven der Sozialpolitik. Br. EUR 24,90
ISBN 3-531-14509-6

Ralf Tils

Politische Strategieanalyse
Konzeptionelle Grundlagen und
Anwendung in der Umwelt- und
Nachhaltigkeitspolitik
2005. 328 S. mit 5 Abb. Br. EUR 32,90
ISBN 3-531-14461-8

Franz Walter

Abschied von der Toskana
Die SPD in der Ära Schröder
2., erw. Aufl. 2005. 206 S. Br. EUR 21,90
ISBN 3-531-34268-1

Hans Zehetmair (Hrsg.)

Das deutsche Parteiensystem
Perspektiven für das 21. Jahrhundert
2005. 232 S. Br. EUR 21,90
ISBN 3-531-14477-4

Erhältlich im Buchhandel oder beim Verlag.
Änderungen vorbehalten. Stand: Juli 2005.

www.vs-verlag.de

VS VERLAG FÜR SOZIALWISSENSCHAFTEN

Abraham-Lincoln-Straße 46
65189 Wiesbaden
Tel. 0611.7878-722
Fax 0611.7878-400

If you have any concerns about our products,
you can contact us on
ProductSafety@springernature.com

In case Publisher is established outside the EU,
the EU authorized representative is:
Springer Nature Customer Service Center GmbH
Europaplatz 3, 69115 Heidelberg, Germany

Printed by Libri Plureos GmbH
in Hamburg, Germany